21세기 교회의
순전함 회복
-침례교회를 중심으로

21세기 교회의 순전함 회복
-침례교회를 중심으로

• 초판 1쇄 발행 2016년 6월 10일

• 지은이 토마스 화이트, 제이슨 두싱, 말콤 야넬
• 옮긴이 조동선
• 펴낸이 조유선
• 펴낸곳 누가출판사

• 등록번호 제315-2013-000030호
• 등록일자 2013. 5. 7.
• 주소 서울특별시 공항대로 637 B-102(염창동, 현대아이파크 상가)
• 전화 02-826-8802 팩스 02-6455-8805

• 정가 17,000원
• ISBN 979-11-85677-11-8 03230

21세기 교회의 순전함 회복

● 침례교회를 중심으로 ●

토마스 화이트, 제이슨 두싱, 말콤 야넬 편집

조동선 옮김

존 해밋, 마크 데버 : 교회 멤버십

대니얼 에이킨, 데이비드 알랜, 토마스 화이트, 제이슨 리 : 침례

토마스 화이트, 이머 케이너 : 주의 만찬

그레고리 윌즈, 스탠톤 놀만 : 교회 치리

말콤 야넬 : 전신자 제사장직분

출판사 누가

이 책은 역자가 교수로 재직 중인 Southwestern Baptist Theological Seminary에서 침례교 유산Baptist Heritage이라는 과목의 교과서 중 하나이다. 8년간 침례교 신학에 대해 강의하면서 언제나 이 책이 번역되기를 바라는 마음을 가지고 있었다. 이 책은 침례교 목회자와 평신도 리더들이 꼭 읽어야 할 책이며, 교회 멤버십 교육에 큰 유익을 줄 것으로 확신한다. 이 책의 저자들은 모두 침례교의 역사와 신학에 대해, 특별히 자신이 저술한 분야에서는 학문성이 입증된 사람들이다. 또한 대부분 담임 목회를 했거나 교회의 협동 사역자로서 설교와 성경 공부를 인도하고 있다. 이들이 침례교 신학의 정체성을 세우고자 하는 것은 단순히 학문적 흥미와 직업적 경력을 위한 것이 아니다. 이 책의 저자들은 성경을 신앙의 유일한 권위로 고백하며 계시된 말씀대로 순종하고자 하는 헌신된 그리스도인들이다. 역자는 이 책의 저자들 중 상당수와 함께 같은 신학교에서 교제하며 일을 해 왔기 때문에 그들이 가지고 있는 침례교회에 대한 사랑을 누구보다 잘 알고 있다. 그들은 자신들이 현재 교회에서 실행하고 있고 또 그렇게 하려고 노력하고 있는 목회자-신학자들이다. 그러므로 이 책이 제안하는 것들은 단순한 이론들이 아니라 이 책의 저자들이 실제로 교회를 건강하게 만들기 위해 적용해온 성경적 원리들인 것이다. 이 책은 침례교회들이 회복하고 보존하여 다음 세대에 전수해야만 하는 귀중한 원리들과 목회적 제안들을 담고 있다. 이 책은 항구적인 진리와 변화하는 문화속에서 어떻게 순전한 성경적 교회론을 유지할 수 있는지 고민하는 독자들에게 도움이 될 것이다.

비록 이 책이 침례교회의 역사와 교회론을 담고 있지만 다른 전통에 있는 그리스도인들도 변화하는 많은 유익을 얻을 것이다. 교회 멤버십의 중요성, 주의 만찬, 교회 치리, 만인 제사장 주의에 대한 가르침은 구원론의 전통이 다른 개신교인이라 해도 공감할 수 있으며 같이 보존해야 할 유산들이다. 또한 역자는 감히 다른 전통의 독자들도 신자의 침수 침례라는 침례교회의 원칙을 통해서도 유익을 얻을 수 있다고 믿는다. 신자의 침수 침례는 초대 교부 시대에도 쉽게 발견되는 보편적 원리였다. 유아세례를 주는 전통에 속한 분들은 왜 침례교인들이 신자의 침수 침례를 선택과 기호의 문제가 아닌 계시에 대한 순종의 문제로 인식하는지 이해하는데 도움이 될 것이다.

마지막으로 이 책이 출판될 수 있도록 도움을 주신 분들께 감사의 마음을 전하고 싶다. 이 책을 통해 참된 교회의 모습을 확신하여 책이 번역되도록 재정적 지원을 아끼지 않고 후원해 주시고 격려해 주신 황규환 안수 집사님, 번역문을 교정해 주고 검토해 주신 화요 신학 모임의 목사님들(김기현/김주희 사모, 김성기, 김한국, 배익호, 손해도, 윤효원, 이창한, 이현승, 정종성, 조원건)과 아내 정경희 사모 그리고 이 책을 실제로 디자인해 주시고 가장 많은 부분에서 수고해 주신 누가 출판사의 편집팀과 대표이신 정종현 목사님께 감사 드린다.

Seminary Hill에서 **조동선**

서론

● 토마스 화이트 ●

어떤 유명한 체육관의 라커룸에서 나는 친구들과 앉아서 이야기하고 있었다. 우리는 이제 막 역기 들기를 끝낸 상황이었다. 하루에 한 시간씩, 일주일에 나흘씩, 몇 달 동안 역기를 들어 올렸는데도, 우리가 들어 올릴 수 있는 역기의 무게는 아주 조금 밖에 늘지 않았다. 나는 정체기에 빠져있었고 돌파구를 찾을 수 없을 것처럼 보였다. 그런데 그 체육관에 있던 한 남자가 내게로 와서는 내가 나의 한계를 넘어 설 수 있도록 도와줄 뭔가를 자신이 가지고 있다고 말했다. 나는 기대하는 마음으로 앉으면서 그 남자가 영원한 젊음에 대한 비밀을 이제 나에게 알려 주려나 생각했다. 바로 그때 그는 자신의 주머니에서 하나의 작은 유리병을 꺼내 들었다. 그 유리병의 뚜껑 위에는 바늘로 액체를 빼내기 위한 작은 공간이 있었다. 그 병에는 테스토스테론testosterone, 남성 호르몬을 분비시키는 스테로이드의 하나임 – 역자주이라는 표가 붙어 있었다. 나는 그때 내가 선택의 갈림길에 있음을 알았다. 그 스테로이드를 먹음으로써 내 인격의 순전함을 타협하고 벤치 프레스수평으로 놓인 벤치에 누워 바벨을 가슴에서부터 팔 길이만큼 밀어올린 다음 다시 가슴 쪽으로 천천히 내리는 역기 운동을 하는 것 – 역자주와 스쿼드역도에서, 웅크린 자세로 머리와 어깨 뒤쪽에 바벨을 두고 앉았다 일어서기를 반복하는 운동 – 역자주를 할 때 조금 더 많은 무게추를 역기에 올려놓는 보상을 받을 수도 있었다. 반대로 나의 인격적 순전함을 유지하면서 고전적인 방식으로 더 많은 무게를 들어 올릴 수 있도록 노력할 수도 있었다. 역기를 들어 올리는 것의 본질이 숫자에 대한 것이었는가? 아니면 숫자가 늘어가는 과정에 대한 것이었는가? 내가 역기를 들어 올리는 목적이 더 커지고 멋지게 보이기 위한 것이었는가 아니면 단순히 내 몸을 건강하게 관리하기 위한 것이었는가? 나는 이런 질문들에 대해 어떤 대답들을 해야 할 것인가로 몇 달간이나 고민했다. 내가 더 열심히 운동했음에도 다른 사람들이 나보다 더 빨리 역기의 무게를 늘려가는 것을 지켜만 보아야 했다. 그것은 공평해 보이지 않았다.

지역 교회 역시 비슷한 딜레마에 직면해 있다. 교회도 수많은 전략을 사용해서 수적으로 성장할 수 있다. 교회는 소비자의 구미를 맞추어 주고, 최근에 유행하고 있는 환경을 조성하며, 사람들이 느끼고 있는 필요들을 채워 주고, 교회 멤버들을 기분 나쁘게 만들지 않으며, 교회에 오는 모든 사람을 즐겁게 해 줌으로써 수적으로 성장할 수 있다. 그러나 교회 성장을 성취하기 위한 이런 "보장된" 방법들은 교회 공동체에 피해를 줄 수도 있다. 그것은 마치 근육의 성장을 보장하는 약들이 오히려 그 약을 사용하는 개인의 몸에 피해를 줄 수 있는 것과 같다. 교회는 반드시 몇 가지 어려운 질문들을 해야만 한다: 이런 사고방식이 교회의 순전함을 훼손하고 있는가? 숫적 성장이 가장 중요한 것인가? 교회는 오직 더 크고 더 멋있어지기만을 원하는가? 아니면 수적 성장을 희생하거나 느린 속도로 성장하더라도 교회의 순전함을 유지하는 것에 만족할 것인가?

이 시점에서 당신은 아마도 "어떻게 교회가 수적 성장 때문에 순전함을 상실할 위험에 처할 수 있단 말인가?"라고 생각하고 있을 것이다. 그렇다면 지난 150년 동안 침례교인들에게 무슨 일이 발생했는지 생각해 보라. 1850년대 이후로 "영혼의 능력soul competency"과 "신자의 ("신자들" 보다는) 제사장 직분the priesthood of 'believer'"의 왜곡된 강조점들이 나타났으며, 대부분의 침례교회에서 교회 치리는 상실되었고, '닫혀진 성만찬'closed Communion 또는 '닫힌 성만찬'close Communion – 침수 침례를 받은 사람들에게만 허용된 성만찬에서 좀 더 '열린 성만찬'유아세례자나 침수가 아닌 관수례자들이라도 신앙을 고백하면 허용하는 성만찬으로 성만찬 견해도 바뀌게 되었으며, 신자의 침수 침례라는 침례교회의 특징을 계속해서 지켜내는 데도 실패하게 되었다. 이런 변화들이 침례교인들에게 어떻게 영향을 주어왔는가?

두 가지 주요한 영역들이 논의될 필요가 있다. 이 서문에서 강조되고 있는 이 두 가지는 독자들이 이 책의 전체 내용을 이해하도록 도울 것이다. 첫째, 이 책은 어떻게 사건들 혹은 동향들이 침례교회의 순전성과 목적을 도전해 왔는지를 살펴볼 것이다. 둘째, 어떻게 우리가 현대 문화의 도전들에 응답하면서도 지역 교회와 신학적 순결성을 유지하거나 회복할 수 있는지를 설명할 것이다. 이 두 가지 영역을 염두에 두면서, 이 책을 쓴 침례교의 신앙의 전문가들은 이 중요한 주제들에 관해 설명하려고 노력했다.

침례교 교회론에 대한 도전들

침례교 교회론을 형성하는데 영향을 미쳤던 도전들이 그 중요도에 따라 이 책에 언급된 것은 아니다. 그 도전들은 이 서문에서 논의되지 않는다. 그 도전들에 대한 구체적 논의들은 다음 장들에서 다룰 것이다. 서론에서는 침례 교회를 현 상태에 이르도록 영향을 준 여러 가지 요소를 독자들에게 소개하겠다.

첫째, 극단적 개인주의와 "신자들"_{believers} 보다는 한 "신자"_{believer} 의 개인주의적 제사장 직분에 대한 신념이 모든 교인 개개인이 자기 생각대로 할 권리가 있다고 느끼는 회중들을 만들어 내었다. 극단적 개인주의는 교회 멤버들로 하여금 교회의 다른 지체들로부터 격려나 훈계를 받지 않고도 자기 자신만의 방식대로 영적인 삶을 살 수 있다고 믿게 하였다. 더구나 개인주의적 제사장 직분은 자신이 믿고 싶은 것은 무엇이든지 옹호하며 그런 개인의 제한 없는 자유의 정당성을 부인하는 자들을 비난하는 데 사용되는 일종의 신학적 용어가 되어 버렸다. 침례 교인들은 자신이 믿고 싶은 것은 무엇이나 믿을 수 있는 그런 자유를 가진 사람들이 아니며 결코 그런 적도 없었다. 침례 교인들은 성경의 권위에 종속되어 있으며 개인의 목적을 이루기 위해 해석학적 원칙들을 훼손하지 않고 성경의 분명한 의미에 순종해야만 한다. 자기 스스로 결정해 버린 입장은 교회 치리(한 멤버의 죄가 다른 사람들에 의해 지적되었을 때)와, 닫힌 성만찬, 그리고 침례에 대한 바른 견해로서 오직 한 견해를 옹호하려는 자세를 훼손시킨다.

둘째, 신학에 대한 경시가 많은 침례 교회에 영향을 미쳐왔다. 건전한 신학 그리고 특별히, 의도적이든 아니든, 건전한 교회론이 사라졌다. 교회 치리는 대부분의 침례 교회에서 거의 실행되지 않고 있다. 교회 치리의 상실은 중생한 자만의 교회 멤버십이라는 침례교 신념에 많은 영향을 미쳤다. 더 이상 중생한 자만의 교회 멤버십을 지키지 않는 침례 교회에서는, 영적이지 않은 사람들이 영적인 결정들에 계속 영향력을 미치기 때문에 회중 정치가 문젯거리가 되어 버린다. 이런 문제는 침례교인들로 하여금 교회의 치리와 의미 있는 교회 멤버십을 다시 실행함으로써 문제를 그 근원부터 바로잡으려고 하기 보다는 회중 정치를 아예 포기하게 만들었다. 침례 교회의 교인 명부들은 교회의 문턱을 거의 밟지도 않는 많은 사람의 이름을 포함하고 있다. 교회 치리의 상실과 중생한 자만의 교회 멤버십에 대한 경시가 침례 교회들의 교회론적 쇠락을 기능상 입증하고 있다.

셋째, 대형 교회의 등장은 침례교 교회론에 독특하면서도 새로운 도전들을 가져왔다. 예를 들어, 매 주일 5,000명이 넘는 사람들이 출석하는 교회에서 어떻게 치리가 이루어질 수 있겠는가? 그 수는 나의 고향인 사우스 캐롤라이나의 호니아 패스라는 도시에 사는 사람들보다 1,500명이나 더 많다. 또한, 대부분의 교인이 서로를 알지 못하고 교회의 교역자들이 모든 교인과 개인적 관계를 맺는다는 것이 불가능한 상황에서 어떻게 주의 만찬을 합당하게 지켜낼 수 있겠는가? 대형 교회들은 어느 정도 교회 멤버들이 익명으로 신앙생활을 하며 교회의 사역에 헌신해야 하는 의무감을 느끼지 않고도 교회에 출석하는 혜택을 받도록 허용하고 있다. 대형 교회 자체가 잘못된 것이라고 주장하는 것은 아니다. 예루살렘에 있던 첫 번째 교회에도 하루에 3,000명이 새로 늘었다. 그러나 대형 교회는 우리가 고민해야만 하는 새로운 도전들을 침례 교회에 주고 있다.

넷째, 소비자 중심의 문화 또한 침례 교회에게 여러 도전을 주고 있다. 이런 이런 소비자 중심의 문화는 더 많은 출석률을 얻기 위해 사람들을 즐겁게 하려고 시도한 교회들과, 세상이 교회에 제공하는 것을 받아들이고자 하는 교인들 스스로가 초래한 것이다. 아마도 이런 소비자 중심의 태도는 자기 기분에 따라 교회 멤버십을 이 교회에서 저 교회로 옮기는 사람에게서 가장 여실히 드러날 것이다. 그런 사람은 개인의 만족과 교회의 사역에 헌신하는 것 보다는 자기가 필요하다고 느끼는 것들에 더욱 집중하게 된다. 교회들은 이런 사람들을 너무 쉽게 받아 들임으로써 이런 행태를 더욱 강화하고 있다. 이런 소비자 중심의 교회 문화를 드러내는 또 다른 행태는 정당한 신학적 이유도 없이 자신들의 집에 가까이 있는 신학적으로 건전한 교회들을 지나쳐 집에서 훨씬 멀리 있는 "유명한" 교회들에 참석한다는 것이다. 만일 누군가가 자신의 집에서 매우 멀리 있는 교회에 참석하는 것이 믿음의 내용 때문이 아니라 그저 자신의 선호도 때문이거나 또는 "상업적 매력" 때문이라면, 그 사람은 아마도 종의 자세가 아니라 소비자의 사고방식을 드러내고 있는 것이다. 나는 내가 좋아하는 음식의 선호도 때문에 집에서 먼 곳에 있는 레스토랑까지 운전해 가지만 레스토랑이나 백화점을 선택하는 것과 같은 방법으로 교회를 선택해서는 안 된다.

다섯째, 아마도 침례교회가 직면하고 있는 가장 큰 도전은 "구도자 중심"의 교회 운동일 것이다. 구도자 중심의 교회들은 예수 그리스도의 복음으로 사람들에게 다가가는데 불필요한 장애를 적극적으로 없애려고 한다. 그렇지만 동시에 구도자 중심의 교회는 교회 치리를 실행하지 않는다. 부적절한 행위를 한 교회 멤버를 공개적으로 징계하는 것보다 덜 구도자 중심적인 것들은 거의 없을 것이다. 비록 모두는 아니라 해도 대부분의 구도자 교회는 교회 멤버에게만 허용하는 가장 엄격한 형태의 성만찬을 실행하지 않는다. 또한, 대부분의 구도자 교회는 같은 신앙과 행습을 따라 침례를 받은 사람에게만 허용되는 닫힌 성만찬도 실행하지 않는다. 그들은 주의 만찬이 오직 믿는 자들만을 위한 것이라는 점을 전혀 언급하지 않은 채 누구에게나 허용하는 열린 성만찬을 실행하는 경향이 있다. 왜냐하면, 주의 만찬에 대한 성서적 제한들이 많은 방문객에게는 구도자에게 비우호적인 것으로 이해될 수 있기 때문이다. 신자만의 침수 침례와 같은 논쟁적인 교리는 구도자 중심의 침례 교회에서는 광범위한 논의를 얻지 못한다. 이 분명한 성서적 교리는 역사적으로 침례교 전통에 매우 중요한 것이지만 구도자 중심의 전통에는 잘 어울리지 않는다.

이런 다섯 가지 도전들에 직면한 우리가 오늘날의 문화 속에서 어떻게 분명한 침례교 교회론을 유지할 수 있을까? 이 책에 제시된 내용은 이런 도전들에 대응하며 어떻게 교회가 문화와 연관성을 유지하면서도 합당한 교회론을 유지할 수 있는지를 보여주려는 시도이다. 이런 논의들은 구도자 중심의 세상에서 교회를 이루어 나가면서도 필요한 신학적 신념들을 지킴으로써 교회의 순전함을 유지해 나가는것을 포함한다. 내가 여기서 다룬 도전의 많은 부분이 신학적 순전함을 훼손하지 않는 긍정적 특징도 가지고 있다. 이 책의 어려운 과제는 합당한 신학과 실제적인 타당성 사이의 균형을 제시하는 것이다.

현대 문화를 다루는 것의 신학적 중요성

이 책은 지역 교회를 유익하게 하고 현대 문화 속에서도 신학적 순결함의 추구를 회복 하도록 하는 신학적 신념과 실제적인 적용의 여러 영역을 언급하고 강조한다. 이 책은 신학적 중요성의 정도에 따라 구성되지는 않았다. 그 이유는 모든 요소가 어느 정도 서로 연관되어 있기 때문이다. 이 책에 쓰인 에세이들은 다섯 가지의 폭 넓은 분야에 따라 주제별로 구성되어 있다: 교회 멤버십, 침례, 주의 만찬, 교회 치리, 그리고 보편적 제사장 직분.

첫째, 의미 있는 교회 멤버십은 반드시 되찾아야 한다. 의미 있는 교회 멤버십은 교회가 직면해 있는 소비자 중심의 교회 문화에 대한 해답이 될 것이다.

더구나 자신들의 역할을 이해하고 있는 멤버들로 가득한 교회는 멤버들의 20%가 교회 일의 80%를 감당하는 교회보다 훨씬 더 균형 잡힌 교회가 될 것이다. 교인들이 멤버십을 심각하게 받아들이기 위해선 멤버들에 대한 성경적 기대가 무엇인지 먼저 그들에게 제시해 주어야 한다. 악의적으로 또는 무지함 때문에 성경적 기대에 미치지 못하는 자에게는 교회의 치리를 집행하고 멤버에 대한 성경적 기대를 제시해 줌으로써 의미 있는 교회 멤버십을 회복하도록 해야 한다. 멤버십은 또한 주의 만찬과 침례에 대한 바른 가르침을 통해 강조될 수 있다. 어떤 교회든지 바르게 사역을 하기 위해선, 그 교회가 멤버십을 의미 있는 것으로 이해해야만 한다.

중생한 자만의 교회 멤버십의 중요성에 대한 강조는 반드시 회복되어야 한다. 믿는 자들의 교회에 대한 바른 신학적 이해는 멤버들이 교회 안에서 각자 자신의 역할을 이해하는 태도에 영향을 미치게 될 것이다. 이와 맞물려, 믿는 자들의 침례는 침례를 지역 교회에 입교하는 관문으로 만들고 공적인 신앙 고백을 요구함으로써 중생한 자만의 교회 멤버십을 보호해준다. 오직 이 상징적 의식인 침례에 참여하는 자만이 지역 교회의 멤버로 인정될 것이다. 그러므로, 올바로 이해된 침례는 교회로 들어오는 관문을 보호한다. 반면 교회의 치리는 교회의 순전함을 계속해서 보호해 줄 것이다. 올바른 교회의 치리가 없다면, 어떤 교회도 의미 있는 중생한 자만의 교회 멤버십을 유지할 수 없다. 중생한 자만의 교회 멤버십이 성공적으로 유지되는 것은 회중 정치가 바르게 실행되도록 해준다. 중생한 자만의 멤버십은 아마도 침례교회의 삶에 있어 가장 결정적이며 중심적인 요소일 것이다.

둘째, 침례 교회는 반드시 침례에 대한 올바른 이해를 되 찾고 그대로 실천해야 한다. 교단의 이름이 파생된 이 침례에 대한 교리는 유명무실해져 버렸다. 침례의 중요성을 의심하는 덜 보수적인 교회와 그 중요성을 무시하는 구도자 중심 교회의 도전에 관해, 많은 젊은 목회자와 교회의 일꾼들은 침례의 교리를 지키기 위한 적절한 훈련을 받지 못했다. 따라서 이 책은 침례의 다음과 같은 면들에 집중하고 있다: 침례는 그 대상자가 반드시 믿는 자이어야 하며, 침수의 형태로 이루어져야 하고, 내적인 변화에 대한 외적인 상징이며, 신앙에 대한 공개적 고백이며, 지역 교회로 들어가는 관문이고, 그리고 교회 안에 있는 신자들 사이에서 언약의 관계를 시작한다. 침례에 대한 이런 관점들은 바른 신학을 긍정적으로 제시할 것이며, 동시에 침례에 대한 성경적 교리의 중요성에 도전하는 현대의 이슈들을 다루게 될 것이다.

셋째, 침례 교회들은 주의 만찬에 대한 올바른 견해를 이해하고 유지해야만 한다. 주의 만찬에 대한 바람직한 이해는 이 의식을 예배 순서의 마지막에 덧붙여진 것으로 분기별로 꼭 해야만 하는 행사가 아니라, 의미있게 축하하도록 기념할 수 있게 해 줄 것이다. 주의 만찬은 십자가에 죽으신 그리스도에 대한 기념, 그리스도의 몸의 교제와 연합, 그리고 기다리고 있는 승리자 그리스도의 재림을 축하하는 것이다. 반면 주의 만찬은 화체설〔주의 만찬의 떡과 포도주가 실제로 그리스도의 몸과 피로 바뀐다는 카톨릭 교리〕과 공체설〔주의 만찬의 떡과 포도주가 실제로 바뀌는 것은 아니지만, 그리스도의 몸과 피가 떡과 포도주와 함께 존재한다는 루터교의 교리〕의 오류를 부인한다. 또한 바르게 이해된 주의 만찬은 교회의 치리와 중생한 회중으로부터 분리될 수 없다. 이런 강조점은 주의 만찬과 관련되어 언급된 여러 교회론적 연결점들을 무시하거나 수요 저녁 예배와 같이 구도자들이 거의 참여하지 않는 예배에서만 주의 만찬을 하려고 하는 구도자 중심의 조직들과는 바로 긴장 관계를 형성하게 될 것이다.

넷째, 침례 교회는 반드시 올바른 교회의 치리도 회복해야만 한다. 교회 치리는 언제나 징계받는 자의 회복을 추구한다. 교회의 치리는 쉽게 왜곡될 수 있고 다른 견해를 가진 사람들을 쫓아 내는 정치적 도구나 혹은 다른 사람들을 공격하려는 율법주의적 망치로 사용될 수 있다. 그러나 이런 오용들은 성서적인 교회 치리의 바른 예가 아니다. 성서적인 교회 치리는 죄 가운데 있는 멤버를 의도적으로 대면하여 그 사람의 개인적인 회복과 신자로 이루어진 그리스도의 몸의 순전함을 계속 유지할 것을 추구한다. 성경적인 교회 치리가 상실 되었기 때문에 교회 밖에 있는 많은 사람이 교회는 세상과 전혀 다를 바가 없다고 결론 내린다. 이런 일은 결코 일어나서는 안된다. 성서적 교회 치리가 강화되어 의미 있는 멤버십이 회복될 때, 교회는 세상과 매우 다르게 보이게 될 것이다. 일관된 교회 치리가 없는 한, 교회는 결코 성공적으로 의미 있는 멤버십을 얻거나 중생한 자만의 교회 멤버십을 유지하지 못할 것이다.

마지막으로, 침례교회는 침례교회의 신학적 실행에 구체적인 도전을 제시하는 이머징 또는 구도자 그룹에 대해 반드시 논의해야 한다. 이머징 또는 구도자 그룹이 가지고 있는 교회 공동체와 전도의 열정에 대한 매우 중요한 강조점을 부정하지 않으면서도, 침례교인들은 이런 운동들이 이룬 성공을 고려해 보면서 올바른 신학적 실행을 검토해 보아야 한다. 지역 교회는 수적 증가 이외의 성공에 대한 다른 척도가 필요 하지만, 회심한 사람들의 삶이야말로 교회가 성공적으로 그 사명을 완성했는지를 나타내는 것이다. 성경을 따르며 성경으로부터 유래된 전통적인 침례교회의 질서는 이머징 그룹에 의해 표현된 공동체에 대한 강조와 구도자 그룹이 가지고 있는 전도에 대한 강조를 실제적인 방법으로 반영할 수 있다. 아마도 이머징과 구도자 운동은 어떤 의미에선 교회에 대한 불완전한 신학으로 인해 지역 교회에서 사라진 것들을 인식한 것일 것이다. 전통적인 침례교회와 성서적 신학을 유지하면서도 우리는 공동체와 전도에 대한 초점을 합당하게 강조할 수 있다. 이 책은 침례교회 교회론에 대한 합당하고 온전한 이해가 어떻게 지역 교회의 순전함을 지켜내며 구도자 위주의 세상속에서 교회를 성공적으로 세워나갈 수 있는지 보여줄 것이다.

1장

중생한 자들의 교회 멤버십

존 해밋 John S. Hammett

◇◇◇◇◇

교회의 표징에 대하여 일반적으로 인정된 두 가지 목록이 있다. 그 첫번째 목록은 교회의 고전적 표징으로 불릴 수 있는 것으로 니케아 신조 안에서 발견된다. 이 신조는 교회를 "하나의, 거룩한, 보편적인, 그리고 사도적"인 것으로 묘사하고 있다.[1] 두번째 목록은 종교 개혁자들로부터 유래한다. 그들은 참된 교회는 말씀에 대한 순전한 전파와 교회 의식들에 대한 바른 집행이 있는 곳에서 발견된다고 대체로 동의하였다. 이 두가지 목록들을 보면, 이것들이 교회의 본질에 대한 성경의 귀납적 연구로부터 나온 것이라기 보다는 당시 고대 교회의 이단들로부터 참된 교회를 구분하려는 신학 논쟁의 차원에서 만들진 것으로 보인다. 글렌 힌슨Glenn Hinson은 이 고전적 표징들에 대하여 다음과 같이 말하고 있다: "이것은 주로 (정통)교회들이 몬타니우스, 노바티안, 그리고 도나티우스 분파들과 관련하여 자신들을 구분짓기 위한 노력으로 형성된 것이다."[2] 이와 비슷하게, 종교 개혁주의적 표징 역시 종교 개혁주의 교회를 카톨릭 교회로부터 구분하였던 복음에 대한 이해를 강조하고 있다. 왜냐하면, 말씀의 순전한 전파는 곧 복음의 전파이고, 성례전의 올바른 실천은 종교 개혁가들이 복음을 애매모호하게 만들거나 부정한다고 보았던 성례에 대한 카톨릭적인 견해에 대항하는 것이었다.

---

1 비록 오늘날 니케아 신조라고 알려져 있지만, 교회에 대한 이런 표현들은 325년에 결의된 니케아 신조에 포함되었던 것이 아니라 381년에 열린 콘스탄티노플 종교 회의에서 첨가된 것이다.

2 E. Glenn Hinson, *introduction to Understanding of the Church*, trans. and ed. E. Glenn Hinson (Philadelphia: Fortress, 1986), 4.

　1장의 주제는 교회의 침례교적 표징이라 말할 수 있는 중생한 자의 교회 멤버십에 대한 원칙이다. 고전적이며 종교 개혁적인 교회의 표징들처럼, 이 중생한 자의 멤버십은 침례 교회들을 다른 국가 교회들로부터 구별시켜주는 역할을 하였다. 그러나 그 다른 두 개(고전적 그리고 종교 개혁주의적)의 표징들보다 이 침례교적 표징이 더욱 명백하게 교회에 대한 성서적 가르침으로부터 나온 것이며, 침례교 교회론의 발달에 있어 중심이 되어 왔다. 이번 장에서는 먼저 중생한자의 교회 멤버십에 대한 성서적 근거를 살펴본 후, 침례교회의 삶 속에서 이 원칙이 어떻게 형성되었고 쇠퇴하게 되었는지를 밝혀 보고, 침례교 교회론에 있는 이 원칙의 중심성을 논한 후 오늘날 침례교회에서 이것이 회복될 수 있는 방안들을 제시할 것이다.[3]

중생한 자들의 교회 멤버십에 대한 성서적 근거

　중생한 자들의 교회 멤버십이 성경으로 부터 나왔다는 근거는 압도적이며, 심지어 당황스러울 정도로 분명하다. 다음에 제시된 것은 그 주된 증거들 중 일부분이다.

'에클레시아Ekklesia'라는 단어

　구약에는 하나님의 백성에 대한 두가지 히브리어 단어들이 있다: 에다edah 와 콰할qahal '에클레시아'라는 헬라어 단어는 '에다'가 아닌 '콰할'만을 번역하는데 사용되었다. 로쌀 코에넨Lothar Coenen 은 이 두가지 용어들을 다음과 같이 구분한다: "'콰할'은 늘 정의내리기 어려운 부분이 있다. 왜냐하면, 이것은 부르심을 듣고 그것을 따라가는 사람들만을 포함하기 때문이다. 반면에 '에다'는 출

3　이런 방안들에 대한 더욱 충분한 논의는 존 해밋의 *Bibilical Foudations for Baptist Ecclesiology* (Grand Rapids Kregel, 2005), 81-131에서 볼 수 있다.

생에 의해 가입되는 영구적인 공동체를 의미한다."[4] 따라서 초대 기독교인들은 자신들의 모임을 위해 출생을 통해서가 아니라 부르심에 대한 응답을 통하여 모임에 참여하게 된다는 쾌할을 선택하였다. 신약이 에클레시아라는 단어를 사용하는 방법이 이점을 확증해 준다. 에클레시아라는 단어의 어원 연구의 중요성에 대해선 논쟁의 여지가 있지만, 교회가 하나님에 의해 부르심을 받은 자들kletos로 여러번 언급되고 있는 것이 사실이다 (예를 들어, 롬 1:7; 고전 1:2; 유 1).

교회에 대한 성경적 묘사들

사도행전에서 누군가가 복음에 반응하지 않은 채 교회와 연합한 사례가 나오는 부분을 찾기란 불가능하지는 않을지라도 어려운 일이다. 대신 교회들은 "그의 (베드로의) 메세지를 받아들인" 사람들(행 2:41), "구원받은" 사람들(행 2:47), "믿는 사람들"(행 4:4), 그리고 "제자가 된 자들"(행 14:21)로 이루어져 있다.[5] 대부분의 바울 서신들은 그 서두에서 바울이 신자들의 모임을 대상으로 글을 쓰고 있다는 것을 보여준다. 바울은 그들을 "그리스도 예수안에서 거룩하게 된 자들"(고전 1:2), "그리스도 예수 안에서 신실한 자들"(엡 1:1), 그리고 "거룩하고 신실한 자들"(골 1:2)이라고 불렀다. 또한 60여 차례 이상 바울은 교회 안에 있는 자들을 "성도들," 즉 하나님께 헌신 되어 구별된 자들로 부르고 있다.

신약 성경은 교회의 본질이 무엇인가를 설명하기 위해 수많은 이미지들을 사용하고 있다. 그 모든 이미지들은 교회가 진정으로 믿는자들로 이루어 졌다는 것을 전제로 하고 있다. 만일 사람들이 실제로 하나님께 속하지 않았다면, 어떻게 교회가 "하나님의 백성들"이 될 수 있겠는가? 만일 교회의 멤버들이 실제로 그리스도와 연합되어 있지 않다면, 어떻게 교회가 "그리스도의 몸"이 될 수 있겠는가? 만일 교회를 이루고 있는 모든 개인들안에 하나님이 실제로 거하

---

4   Lothar Coenen, "Church," in *New International Dictionary of New Testament Theology*, ed. Colin Brown (Grand Rapids: Zondervan, 1975), 1:295.

5   이 장에 사용된 모든 영어 성경 구절들은 NIV(New International Version)에서 왔다.

시지 않는다면, 어떻게 성령님께서 교회를 하나님이 거하시고 예배를 받으시는 거룩한 성전으로 만들 수 있겠는가?

교회 멤버들에 대한 성경적 기대들

교회는 신자들로 이루어진 몸이 되어야 수행할 수 있는 과제들을 부여 받았다. 예를 들어, 교회 치리 배후에 있는 전제는 교회가 거룩한 몸이어야 한다는 것이다. 더 나아가 신약 서신들의 수신자들인 교회 멤버들은 서로를 위해 기도하고, 서로를 가르치며 훈계하고, 서로를 상담하며, 서로를 덕스럽게 하고 격려하며, 서로 사랑하고 용서하며, 서로를 섬기며, 서로의 짐을 나누어지도록 명령받고 있다. 사실상, 신약 성경에는 적어도 37개의 "서로" 지켜야 할 명령들이 있다.[6] 신약 저자들이 중생한 자들로 구성되었다고 여겨지지 않는 모임들에게 이러한 명령들을 주었다고 보기는 힘들다.

중생한 자들의 교회 멤버십의 형성과 몰락

중생한 자들의 교회 멤버십에 대한 강력한 성경적 근거는 도대체 어떻게 교회에 대한 다른 이해가 발달할 수 있었는가 하는 질문을 불러일으킨다. 어떻게 중생한 자만의 멤버십이라는 교회의 이런 본질을 강조하는 것이 침례교인들에게 남겨진 것인가? 왜 이 점이 그토록 오랫동안 무시되었는가? 침례교인들 이전의 역사적 정황은 초대 교회 안에 중생한 자들의 교회 멤버십이 어느 정도는 실행되어 왔다는 것을 보여준다. 그러나 침례교인들이 이점을 강조하기 1000년 이전에 이미 여러 가지 다양한 요인들로 인해 중생한 교회의 멤버십이라는 개념이 상실되었다. 중생한 자들의 교회 멤버십은 침례교인들의 기원에

---

6   신약 성경에 나타난 31개의 "서로" 지켜야 할 명령의 리스트를 보고자 한다면 다음의 자료를 참조하라. Jeremy Oddy, "Christian Fellowship: A Theological Study of Koinonia in the Local's Church" (Th. M. Guided Research Report, Southwestern Baptist Theological Seminary, 2004), 23.

핵심적인 이유였으며, 침례교 역사의 대부분에 있어서 침례교 교회론에 중심적인 것이었음에도 불구하고, 슬프게도 역사는 중생한 자들의 교회 멤버십이 20세기 침례교인들의 삶속에서 급격하게 쇠퇴하였음을 기록하고 있다. 중생한 자들의 교회 멤버십은 오늘날 반드시 회복되어야 할 필요성이 있다.

섞인 몸 corpus permixtum 사상에 대한 발달

교부 시대의 상당 기간 중생한 자들의 교회 멤버십이 유지되었다는 증거가 있다. 아마도 가장 강력한 증거는 "침례 준비반 the catechumenate "일 것이다. 이것은 새로운 기독교인들에 대한 훈련 과정으로 특별히 2세기와 3세기에 많은 교회에서 사용되었다.[7] 이 침례 준비반은 "〔복음의 메시지에 대한〕 믿음을 발휘하고, 엄격한 성경 연구 과정에 헌신하며, 침례를 준비하고, 믿는 자들의 공동체에 참여하는 사람들"을 위한 것이었다.[8] 최대 3년까지 길어질 수 있는 이 준비과정은 중생한 자들을 위한 것이었고, 교회 멤버십으로 이어지는 것이었다. 이것은 중생한 자들의 교회 멤버십에 대한 강력한 헌신을 반영하는 것이었으며, 초대 교회에서는 "보편적인 현상"이었다.[9]

이러한 엄격한 준비과정 이외에도, 로마 제국 내에서 일어난 교회에 대한 핍박은 교회내에서의 형식적인 교회 멤버십을 단념시켰다. 콘스탄틴의 회심, 기독교의 합법화, 그리고 기독교의 국가적 도입으로 인해, 교회 멤버십에 대한 새로운 접근이 발전하게 되었다. 역사가들은 콘스탄틴의 회심 이전에는 기독교

---

7 초대 교회의 침례 준비반에 대한 표준적인 자료는 보통 Hippolytus of Rome (A.D. 170-235)을 저자로 보는 사도전승(the Apostolic Tradition)이다. 이 작품의 최근 영어 번역은 다음의 자료를 참조하라. Paul F. Bardshaw, Maxwell E. Johson, and L. Edward Phillips, *The Apostolic Tradition* (Minneapolis: Fortress, 2002).

8 Clinton Arnold, "Early Church Catechesis and New Christians' Classes in Contemporary Evangelicalism," *Journal of the Evangelical Theological Society* 47, no. 1 (March 2004): 42. 아놀드는 초대 교회의 침례 준비반과 오늘날 수 많은 복음주의 교회들이 새멤버나 새로운 기독교인 클래스에서 행하는 것 사이에 있는 어떤 흥미있는 유사한 점들과 다른 점들을 지적하고 있다.

9 Ibid., 53.

인들이 로마 제국 인구의 약 10%를 차지했었는데 한 세기 만에 그 수가 90% 까지 갑자기 증가한 것을 주목하고 있다.[10] 많은 사람들이 침례 준비반의 과정을 거치지 않고 교회 멤버십을 허락받았다고 말하는 것이 맞을 것이다. 사회학자 로드니 스탁 Rodney Stark 은 기독교인이 되는 기준의 하향화에 대해 논평하면서, "교회는 기독교인이 되는 것을 쉽게 만들었다 – 너무 쉬워서 실제적 회심은 거의 일어나지 않을 정도로."라고 말한다.[11]

물론, 중생한 자들의 멤버십에 대한 헌신의 쇠퇴는 수많은 저항을 불러왔고, 그 중의 하나가 북 아프리카에 있었던 도나티스트 the Donatist 운동이었다.[12] 특별히 도나티스트들은 교회가 그리스도를 부인했던 제사장들과 주교들 또는 이전의 핍박때에 성경을 원수들에게 넘겨주었던 배교자들을 너무나 쉽게 교회안으로 받아 들이는 것을 염려했다. 도나티스트들은 교회 멤버들 가운데서 가시적인 거룩함이 나타나기를 원했고, 거룩함을 유지하기 위해 자신들을 카톨릭 교회 로마 카톨릭 교회가 생겨나기 이전 2세기부터 5세기까지의 정통 교회를 일컫는 말 – 역자 주 로부터 분리해내었다. 그러나, 어거스틴은 도나티스주의자들이 카톨릭 교회로부터 자신들을 분리한 것을 핍박에 굴복한 카톨릭 성직자들이 저지른 그 어떤 죄보다 더 악한 것으로 보았다. 그는 교회의 거룩함은 그 머리되신 예수 그리스도의 거룩함으로서 오직 종말에 이르러서야 그 몸된 멤버들안에서 가시화된다고 주장했다.

세상에 있는 교회를 설명하기 위해, 어거스틴은 그리스도의 한 비유를 사용하였는데 그것은 알곡과 가라지의 비유이다. 이 비유는 어거스틴 이후 수 세기 동안 사용되어왔다. 어거스틴은, 오늘날 우리가 보듯, 교회에는 불신자들과 신

---

10 Robert G. Clouse, Richard V. Pierard, and Edwin Yamauchi, *Two Kingdoms: The Church and Culture Through the Ages* (Chicago: Moody, 1993), 109.

11 Rodney Stark, *For the Glory of God: How Monotheism Led to Reformations, Science, Witch-Hunts, and the End of Slavery* (Princeton and Oxford, UK: Princeton University Press, 2003), 40.

12 Ibid., 40-41. 스탁은 수도원 운동이 교회내에 일어난 경건과 헌신의 쇠퇴에 대항한 가장 큰 저항 운동이었다고 믿고 있으며, 저자 본인도 이 의견에 동의한다.

자들이 서로 섞여 있는 것이라고 주장했다. 이것이 섞인 몸_{corpus permixtum} 사상이다. 이 알곡과 가라지는 현재 교회 안에서가 아니라 오직 마지막 심판석에서만 서로 분리될 것이다. 물론, 이런 주장에 대한 분명한 반대는 다음과 같은 사실에서 나타난다. 예수님은 알곡과 가라지가 함께 자라는 밭을 교회가 아니라 세상이라고 말씀하셨다(마13:38). 그러나 어거스틴의 영향력이 우세하게 되었다. 그리고 교회에 대한 기정화된 견해는 섞여 있는 몸이었으며 이 견해는 천년이 넘게 유지되었다.[13]

침례교 삶속에 나타난 중생한 자들의 교회 멤버십

성경이 쉽게 이용 가능해지고, 개신교인들 사이에서 성경이 신학에 대한 유일한 규범적 자료가 되자, 중생한 자들의 교회 멤버십이 즈빙글리가 있던 취리히에서 재침례교도들_{Anabaptsits}과 함께 거의 즉각적으로 다시 나타나게 되었다.[14] 또한, 중생한 자들의 교회 멤버십은 17세기 초기 영국 침례교인들에 의해서 옹호되었다. 비록 신자의 침례가 침례교인들의 가장 눈에 띄는 표징이긴 했지만, 초기 침례교인들과 재침례교인들에게 보다 더 근본적인 이슈는 교회를 구성해야 할 사람들의 성격이었다. 레온 맥베스_{Leon McBeth}는 "아마도 침례교인들의 기원은 순결한 교회에 대한 추구로서 가장 잘 설명될 것이다. 그들은 '가시적인 (내적인 신앙을 외적으로 표현한) 성도들,' 즉 참된 신자들로 구성된 교회를 추구했다"라고 말한다.[15] 초기 침례교 신앙 고백문들은 이 중생한 자들의 교회 멤버십에 대해 반복적으로 강조하고 있다.[16] 1656 소머셋 고백서_{the Sormerset Confession}는

13　이 견해에 대한 역사적 배경을 더욱 알고 싶다면 다음의 자료를 참조하라. G. G. Willis, *Saint Augustine and the Donatist Controversy* (London: SPCK, 1950).

14　종종 아나뱁티스트들 가운데 존재했던 여러 분파들에 대한 적절한 이해가 없이 모든 아나뱁티스트들을 반 삼위일체론자들, 뮌스터와 같은 혁명주의자들, 혹은 성경의 계시와 권위를 무시하는 신령주의자들로 정죄하는 경향이 있어왔다. 이 책에서 말하는 아나뱁티스트는 스위스에서 즈빙글리의 초기 제자들로 시작된 복음주의 아나뱁티스트들을 말한다. 로마 카톨릭과 마찬가지로 루터와 칼빈은 유아 세례와 공권력에 의지한 종교 개혁을 거부했기 때문에 그들의 신학적 정통성에 상관 없이 그들을 모두 이단자 취급을 하였지만 현재 미국 교회사 학계에서는 이런 무 비평적 분류를 더 이상 지지 하지 않는다 - 역자 주.

15　Leon McBeth, *The Baptist Heritage* (Nashville: Broadman Press, 1987), 75.

16　이 중생한 자들의 교회 멤버십에 대한 관심의 예들은 사실상 17세기 모든 영국 침례교인들의 신앙 고

중생한 자들의 교회 멤버십을 유지하는 것이 교회의 의무이자 신실함의 문제라고 지적하면서 교회의 책임을 강조하고 있다: "그리스도의 교회안으로 멤버들을 허입하는데 있어서 교회와 사역자들은 중생에 대한 분명한 증거와 능력으로 믿음의 역사를 산출해 내는 사람들 이외에 그 어떤 사람도 받아들이지 않도록 신중해야 한다. 이것은 하나님께 신실한 교회와 사역자들이 가져야할 의무이다." 침례교인들은 교회의 순결성에 대한 그들의 열정을 19세기까지 잘 보전해 왔다. 1905년까지만 해도, 첫 번째 세계 침례교 대회에서 프리먼J. D. Freeman 은 침례교도들에 대해 다음과 같이 말할 수 있었다: "중생한 자들의 교회 멤버십에 대한 원칙은 오늘날 기독교 세계에서 그 어떤 것보다 더 우리의 독특성을 나타내준다."[17]

그러나 위험한 징조들이 오랫동안 분명하게 나타나 있었다. 예를 들어, 19세기 초 미 남부에 있는 침례교회들은 전형적으로 교회의 멤버십을 가진 사람들보다 교회 출석 인원들이 훨씬 많았다. 교회 멤버십을 가진 사람들의 자녀들은 예배에는 참석했지만 10대가 되기 전에는 침례나 교회 멤버십에 적합한 대상자로는 거의 여겨지지 않았다. 더구나 많은 성인들이 교회에는 정기적으로 출석하면서도 멤버십과 중생한 자들의 삶과 관련된 교회의 기준이 그들에게 너무나 벅찬 것이어서 교회의 멤버십을 추구하지는 않았다. 100명의 교회 멤버십을 가지고 있는 교회라면 당연히 200-300명에 이르는 출석자들이 있었다. 그러나 19세기 초에 남부 전체를 걸쳐 침례교, 감리교, 그리고 장로교회에 있는 복음주의 교회의 멤버십을 가진 사람들의 숫자가 증가하기 시작했는데 이것은 경건의 증가 때문이 아니라 교회들이 멤버십의 기준들을 낮추었기 때문이었다.[18]

백문들속에서 발견될 수 있다. William Lumpkin, ed., *Baptist Confessions ofFaith* (Philadelphia: delphia: Judson Press, 1959). 18세기와 19세기 침례교인들의 문서속에서도 그런 관심들이 나타나고 있다. Mark Dever, ed., *Polity: Biblical Arguments on How to Conduct Church Life* (Washington, DC: Center for Church Reform, 2001).

17 J. D. Freeman, "The Place of Baptists in the Christian Church," in *The Baptist World Congress: London, July 11-19, 1905, Authorised Record of Proceedings* (London: Baptist Union Publication Department, 1905), 27.

18 Christine Heyrman, *Southern Cross: The Beginnings of the Bible Belt* (New York: Alfred A. Knopf,

미국 기독교는 오래전부터 민주적이며, 평등주의를 추구하는 대중적인 운동이 되어버렸다. 또한, 일반적으로 대중 문화를 수용해왔다. 다시 말해, 미국 복음주의 기독교는 마케팅이라는 것이 생겨나기 이전에 이미 시장 중심으로 운영되고 있었다.[19] 예를 들어, 미국 제 2차 대각성에 대한 한 연구는 "복음주의 교회들이 성장했는데 대부분은 가격이 적절했고 거리에는 상인들로 가득차 있었기 때문이었다"라고 결론을 내리고 있었다.[20] 또한, 미국의 매우 강력한 특징인 개인주의가 교회들 안에서 영향을 미치기 시작 했다.[21] 그리하여 교회는 멤버십을 추구하는 후보자가 고백하는 신앙의 진정성을 보다 면밀하게 살펴 보는 것에 소홀하게 되었고, 생활속에서 자신의 신앙 고백을 부정하는 사람들을 치리하는 것에 주저하게 되었다.

동일한 문제들이 오늘날까지 지속되고 있다. 어떤 이들은 기독교가 미국에서 이토록 대중적일 수 있는 이유는 미국의 기독교가 요구하는 것이 거의 없기 때문이라고 주장한다.[22] 이것은 전통적, 현대적, 구도자 중심의, 그리고 이머징 교회 모두에게 해당되는 문제이다. 교회가 성장을 간절히 원할때 마다, 청중

1997), 27.

19 많은 미국 교회 역사가들은 미국 기독교의 대중적이며 시장 중심의 성격을 인정하고 있다. John Woodbridge, Mark Noll, and Nathan Hatch, *The Gospel in America: Themes in the Story of America's Evangelicals* (Grand Rapids: Zondervan, 1979); Nathan Hatch, *The Democratization of American Christianity* (New Haven and London: Yale University Press, 1989); Gregory A. Wills, *Democratic Religion: Freedom, Authority, and Church Discipline in the Baptist South 1785-1900* (New York: Oxford University Press, 1997); and, Mark Noll, *America's God: From Jonathan Edwards to Abraham Lincoln* (Oxford and New York: Oxford University Pres, 2002).

20 Hatch, *Democratization of American Christianity*, 15. Hatch는 다음의 작품을 인용하고 있다. Terry D. Bilhartz, *Urban Religion and the Second Great Awakening: Church and Society in Early National Baltimore* (Rutherford, ford, NJ: Fairleigh Dickinson University Press, 1986), 98-99.

21 치리의 쇠락은 Wills에 의해 기록되어있다. *Democratic Religion*. 다른 요인들은 해밋(Hammett)의 글에 설명되어 있다. John S. Hammett, "From Church Competence to Soul Competence: The Devolution tion of Baptist Ecclesiology," *Journal for Baptist Theology and Ministry* 3, no. 1 (Spring 2005): 145-63.

22 Woodbridge, Noll, and Hatch, *Gospel in America*, 179.

에게 매력있게 보이도록 메시지를 바꾸어 보려는 유혹이 생겨난다.[23] 오늘날 남침례교 같은 교단은 그 공식적인 문서에서 중생한 자의 교회 멤버십을 유지하고 있다. 그러나, 실제로 남침례교 교회들은 교회 멤버들의 삶 속에 있는 중생의 증거를 거의 보여주지 못한다. 이혼과 도덕적인 문제들이 불신자들만큼이나 교회 멤버들 가운데서도 보편적이라는 것은 잘 알려진 문제이다. 심지어 가장 너그럽게 계산한 수치라 해도 남침례교회 재적 멤버들의 거의 2/3가 주일 오전 예배에 결석하고 있음을 볼 수 있다. 진지하게 말해서, 중생한 자들의 교회 멤버십이 오늘날 북미에 있는 대다수 침례교회의 특징이라고는 말할 수 없다.[24]

침례교 교회론의 중심으로서의 중생한 자들의 교회 멤버십

실행에 있어서는 중생한 자의 교회 멤버십을 상실했음에도 불구하고, 이것은 여전히 침례교 교회론에 중심적인 것으로 남아 있다. 사실상 중생한 자들의 교회 멤버십의 상실은 침례교 교회론의 다른 영역들에 있는 문제들과 직접 연결되어 있다. 저스티스 앤더슨 Justice Anderson 이 말했듯, 중생한 자들의 교회 멤버십은 "침례교 교회론의 기본적인 것이며 논리적으로는 교회 정치론의 출발점이다."[25] 찰스 디위스 역시 침례 교회론에 있는 중생한 자들의 교회 멤버십의 중심성을 주장한다: "중생한 자들의 교회 멤버십과 침례교인들의 삶의 다섯 가

---

23 윌로우크릭 교회에 대해 이런 비판은 G. A. Pritchard, Willow Creek Seeker Services: Evaluating a New Way of Doing Church (Grand Rapids: Baker, 1996), 242-59을, 새들백 교회에 대한 비판은 Jonathan R. Wilson, "Practicing Church: Evangelical Ecclesiologies at the End of Modernity," in The Community of the Word: Toward an Evangelical Ecclesiology, ed. Mark Husbands and Daniel J. Treier (Downers Grove, IL: InterVarsity Varsity Press, 2005), 63-72을 그리고 모든 "성장 중심의" 교회들에 대해서는 Alan Wolfe, The Transformation of American Religion: How We Actually Live Our Faith (New York: Free Press, 2003), 36, 166-67을 참조하라.

24 2005년에는 43,699 남침례교회들의 총 멤버수는 16,270, 315이었다. 그런데 오직 평균적으로 6,062,321명, 즉 37.2%만이 주일 아침 예배를 참석하였다.

25 Justice Anderson, "Old Baptist Principles Reset," *Southwestern Journal of Theology* 31 (Spring 1989): 5-12.

지 영역 - 교회 언약, 예식, 치리, 전도, 소그룹 - 사이에 직접적인 관계가 존재한다."[26] 이제부터 우리는 중생한 자의 멤버십과 침례 교회론의 네 가지 영역 사이의 관계를 살펴볼 것이다.

중생한 자들의 교회 멤버십과 신자의 침례

위에서 살펴보았듯이, 신자의 침례가 가장 눈에 띄는 침례교의 특징일 수 있지만, 이 특징은 중생한 자들의 교회 멤버십이라는 논리적으로 더 우선적인 원칙에 의해 유지되고 있다. 침례교인들은 침례가 교회 멤버십을 얻기 위한 의식이라는 사실상 거의 모든 다른 교회의 견해를 받아들였다. 침례교회가 다른 교회들과 다른점은 교회가 오직 중생한 자들로만 즉 신자들로만 이루어져야 한다는 것이다. 그러므로, 그들이 침례를 주고 멤버로 받아들일 사람들은 오직 믿는 자들 뿐이다. 이런 논리적 주장은 그들이 이해하는 침례에 대한 성서적 가르침에 의해 지지 된다. 그들은 논의의 여지 없이 오직 믿는 사람들만을 침례의 합당한 대상자로 보았다.

침례교인들은 중생한 자의 교회 멤버십에 대한 논리와 성경적 근거, 이 두 가지 모두가 교회 멤버십 이전에 선행되어야 하는 신자의 침례를 요구한다는 것을 보았다(발견했다). 또한 신자의 침례가 중생한 자의 교회 멤버십을 지켜주는 하나의 방법임을 보았다.거의 100년 전에 침례교 신학자인 스트롱(A. H. Strong)은 유아 세례가 중생한 자의 교회 멤버십을 약화시키며, 궁극적으로는 그것을 파괴시킬 것이라고 주장했다. 왜냐하면 어떤 유아들은 자라면서 중생을 경험할 수도 있지만 다른 유아들은 중생을 경험하지 않으면서도 교회의 멤버십을 유지하게 될 것이고, 그렇게 되면 시간이 지남에 따라 중생하지 않은 자의 교회 멤버십은 일반적이 될 것이기 때문이다.[27]

---

26   Charles 드위스, *A Community of Believers: Making Church Membership More Meaningful* (Valley ley Forge, PA: Judson Press, 1978), 13.

27   A. H. Strong, Systematic *Theology* (Philadelphia: Judson Press, 1907), 958.

오늘날, 어떤 침례교회들은 신자의 침례를 경험하지는 않았지만 중생의 분명한 증거를 가진 사람들을 교회 멤버십 안으로 받아들이는 것을 고려하고 있다. 만일 중생의 분명한 증거가 요구된다면, 이러한 실행이 반드시 중생한 자의 교회 멤버십을 파괴하지는 않을 것이다. 그러나 이런 실행은 침례를 선택이 아닌 모든 그리스도인이 순종해야만 하는 그리스도의 분명한 명령으로 보는 전통적인 침례교회의 견해를 포기하게 만들 것이다. 마크 데버_{Mark Dever}는 만일 교회가 그러한 그리스도의 분명한 명령에 대한 순종을 거절했던 자를 멤버십 안으로 받아들인다면, 교회는 그런 사람을 치리하는 것 이외에 다른 방도가 없다고 말한다.[28] 신자의 침례와 중생한 자의 교회 멤버십을 함께 지키는 것은 중생한 자의 교회 멤버십을 보호하고 신자가 받아야만 하는 침례의 중요성을 인정하는 길이다.

중생한 자들의 교회 멤버십과 회중정치

중생한 자들의 교회 멤버십이 침례교 교회론의 근간이 되는 두번째 영역은 회중 정치이다. 중생한 자의 교회 멤버십은 회중 정치의 분명한 전제 조건이 된다. 레이놀즈_{J. L. Reynolds}는 1849년에 다음과 같은 말로 회중주의에 대한 근거를 제시했다: "만일 교회가 성령님에 의해 가르침을 받았다는 믿을만한 증거를 제시하는 사람들로만 이루어진다면, 교회는 그들에게 자율적으로 교회의 이익을 다루도록 맡겨질 수 있을 것이다."[29] 더욱이 수많은 초기 침례교 고백서들은 중생한자로 이루어진 교회가 스스로를 통치할 수 있다는 믿음을 반영하고 있다. 이는 교회를 구성하는 개인들이 중생했으며 성령님이 내주하시기 때문만이 아니라 그리스도께서 "교회의 능력_{church power}"이라고 부르는 특별한 은사를 그분의 가르침대로 모인 단체적인 몸, 즉 중생한 멤버로 이루어진 교회에 주셨기 때

28　Mark Dever, *A Display of Gods Glory: Basics of Church Structure*, 2nd ed. (Washington, DC: Center for Church Reform, 2001), 52-53.

29　J. L. Reynolds, "Church Polity or the Kingdom of Christ, in its Internal and External Development," reprinted in Dever, Polity, 345.

문이기도 하다.[30]

최근에 어떤 침례교인들중에 회중 정치를 버리고 장로 정치를 채택하는 움직임이 있어왔다. 이 움직임은 중생한 사람들과 그렇지 않은 사람들로 섞여 있는 회중으로 하여금 자신들을 책임감 있게 다스리도록 만들려고 노력하는 목회자들이 겪는 어려움들 때문에 더욱 탄력을 받게 되었다. 그러나 문제는 교회 정치 시스템으로써의 회중 정치가 아니라 더 이상 중생한 자만으로 이루어지지 않은 회중 자체이다. 회중 교회 정치는 중생한 자의 교회 멤버십을 요구한다.

중생한 자들의 교회 멤버십과 닫힌 주의 만찬

역사적으로, 대부분의 기독교 그룹들은 침례가 주의 만찬에 참여하기 이전에 선행되는 것이 적절하다고 보았다. 5세기부터 15세기까지 대부분의 교회는 유아 세례를 실행해 왔기 때문에, 침례-주의 만찬이라는 순서가 당연하게 보여졌고 결코 의문시되지 않았다. 침례교인들은 침례-주의 만찬이라는 순서에는 동의하지만 유아 세례는 전혀 침례로 인정하지 않았다. 그들은 주의 만찬에 참여하기에 앞서 신자의 침례를 요구하였다. 더욱이 침례교인들은 주의 만찬을 침례 받은 신자들의 어떤 그룹이 아니라 특별히 지역 교회에 주어진 것으로 보았다. 따라서 침례 받은 신자들로 이루어진 교회(즉, 중생한 자들로 이루어진 교회)만이 바로 주의 만찬에 합당한 대상이다. 침례와 교회 멤버십 그리고 주의 만찬 사이에 있는 이 연결은 가장 최근의 침례교 신앙 고백인 *The 2000 Baptist Faith and Message*에 분명하게 표현되었다. 침례에 관하여 이 신앙 고백문은 다음과 같이 말한다: "교회 의식으로서 침례는 교회 멤버십과 주의 만찬을 누리는데 요구되는 선행 조건이다." 침례를 전제 조건으로 하는 주의 만찬은 '닫힌 closed or close 주의 만찬'으로 불린다. 왜냐하면 주의 만찬에 대한 참여가 교회 멤버들에게 제한되기 때문이다. 어떤 교회들은 자신들의 교회 멤버들에게만 주

---

30 Hammett, "From Church Competence to Soul Competence," 148-51.

의 만찬의 참여를 제한한다. 그러나 더 많은 경우 자신의 교회를 방문중인 다른 침례교회의 멤버들이 주의 만찬에 참여하도록 허용한다(이 견해는 때때로 '일시적으로 허용된(transient)' 또는 '닫힌'(closed) 주의 만찬으로 불린다).

최근에, 어떤 침례교인들은 열린open 주의 만찬의 입장을 취하였다. 이 견해는 교회에 있는 어떤 그리스도인이라도 주의 만찬에 참여할 수 있다는 것이다. 비록 이 입장이 더 호의적인 것 처럼 보일수도 있지만, 역사적으로 침례교인들은 적어도 두 가지 이유에서 이 입장을 거절해 왔다. 첫째, 침례교인들은 이 열린 주의 만찬이 신자의 침례believer's baptism에 대한 중요성을 평가 절하하는 것으로 보아왔다. 19세기 침례교 신학자 대그J. L. Dagg는 바로 이점을 들어 닫힌 주의 만찬에 대한 자신의 옹호를 다음과 같이 결론지었다: "왜 침례가 주의 만찬으로 가는 길을 열기 위해 짓밟혀야만 하는가?"[31] 둘째, 침례교인들은 침례와 주의 만찬 사이 뿐만 아니라 교회와 주의 만찬 사이에 있는 관계를 보았다. 영향력 있는 제2차 런던 신앙 고백문Second London Confession에서 침례교인들은 주의 만찬을 "그들이 그리스도와 형제들 서로간에 갖게 되는 교제의 끈이자 서약"으로 불렀다. 현대 침례교 신학자인 스탠리 그랜즈Stanley Grenz도 같은 점을 지적하면서 다음과 같이 말했다: "주의 만찬은 그리스도 뿐만 아니라 그분과 교제하는 다른 형제들과도 이루게 된 현재의 공동체에 대한 상징이다."[32]

주의 만찬에 대한 이런 견해가 중생한 자들의 교회 멤버십과 어떤 연관성을 가지고 있는가? 만일 주의 만찬이 지역 교회에 주어진 것이며 그리스도인들이 그리스도와 그리고 형제들과 경험하는 연합과 교제를 풍성하게 하고 표현하기 위한 것이라면, 두 가지 결론이 분명해진다. 첫째, 주의 만찬은 오직 중생한 사

---

31 J. L. Dagg, *Manual of Theology, Second Part: A Treatise on Church Order* (Charleston, SC: Southern Baptist Publication Society, 1858; reprint, Harrisonburg, VA: Gano Books, 1982), 225. 대그는 닫힌 주의 만찬에 대한 가장 강력한 옹호들 중 하나를 제시하면서 그것에 반대하는 10가지 반대 견해들을 고려한 후 거절하고 있다.

32 Stanley Grenz, *Theology for the Community of God*(Nashville: Broadman & Holman, 1994), 701.

람들만을 위한 것이다. 왜냐하면, 오직 그들만이 그리스도와의 교제를 경험할 수 있기 때문이다. 둘째, 다른 신자들과의 교제를 깊게 하고 그 교제를 표현하기 위한 주의 만찬의 수평적 측면은 실제로 그런 관계를 맺고 있는 사람들, 즉 지역 교회의 멤버들에 의해서만 충분히 경험 될 수 있는 것이다. 따라서 주의 만찬에 대한 완전한 경험은 지역 교회의 중생한 멤버들 가운데서만 가능할 것이다. 주의 만찬에 대한 역사적인 침례교의 이해는 중생한 자들의 교회 멤버십을 강화하기 때문에, 이 두 가지 침례교회의 이해는 서로 잘 어울린다. 찰스 디위스Charles Deweese 는 "중생한 자들의 교회 멤버십의 본질과 생명력은 그리스도인들이 그들의 침례와 주의 만찬에서 서약한 것들에 진실 되고자 하는 그들의 열정에 크게 의존한다"고 주장한다.[33]

중생한 자들의 교회 멤버십과 교회 치리

교회 치리와 중생한 자들의 교회 멤버십은 다음과 같이 서로 연결되어 있다. 교회 치리는 오직 중생한 사람들로 이루어진 회중에 의해서만 효과적으로 실행될 수 있다. 반면 중생한 자들의 교회 멤버십은 교회 치리가 일관성 있게 실행될 때에만 유지될 수 있다. 때때로, 중생한 자들의 교회 멤버십에 반대하는 이유들 중 하나는 누가 중생한 자인지를 알기가 어렵다는 것이다. 비록 중생이 내적이며 보이지 않는 일이라는 것을 침례교인들은 인정하지만, 동시에 그들은 중생은 가시적인 결과들을 낳게 될 것이라고 성경이 가르친다고 믿는다. 침례 교회의 신앙 고백문들은 교회 멤버십에 적합한 자들로서 "가시적인 성도들"visible saints 에 대해 반복적으로 말한다.

더욱이, 초기 침례교인들은 중생한 자들로 이루어진 회중이 한 개인의 삶속에 있는 중생의(혹은 중생하지 않은) 증거를 평가할 수 있으며, 그렇기 때문에 교회 멤버십을 확장하거나 교회를 치리할 수 있는 능력이 있다고 보았다. 아마도

33　Deweese, *Community of Believers*, 41.

교회의 능력에 대한 가장 완전한 진술은 매우 중요하면서도 영향력이 있는 2차 런던 신앙 고백문에서 발견될 것이다: "그분[그리스도]의 생각에 따라 그리고 그분의 말씀안에서 선포된 대로 모인[즉, 중생한 멤버로 모인] 각각의 교회들에게, 그분은 그 교회들이 예배와 치리에 있어서 자신이 세운 질서를 수행하기에 필요한 모든 능력과 권위를 주셨으며, 그 능력을 합당하고 바르게 사용하기 위한 명령들과 규례들도 함께 주셨다."

치리를 수행할 수 있는 이 교회의 능력은 특별히 "천국의 열쇠들"에 관한 마 16:19에 있는 그리스도의 말씀과 관련이 있다. 그 열쇠들이 가진 능력은 "누군가를 회중안으로 받아 들이거나 들어 오지 못하게 금지할 수 있는"[34] 능력으로 그리고 특별히 "모든 지역 교회"[35]에게 주어진 것으로 이해되어졌다. 여기서 인용된 문구들의 주인공들인 벤자민 키취 Benjamin Keach 와 벤자민 그리피스 Benjamin Griffith 같은 초기 침례교인들은 침례 교회들이 치리를 적절하게 실행할 수 있다는 보편적인 침례교회의 견해를 반영하고 있었다. 그렇게 믿었던 이유는 침례 교회가 그리스도께서 어느 정도의 권위를 부여하신 중생한 신자들로 구성되고 합당하게 모인 교회이기 때문이었다. 중생한 자들의 교회 멤버십은 교회의 치리를 합당하게 사용하기 위한 전제 조건이다.

한편 교회의 치리는 중생한 자들의 교회 멤버십에 대한 보호가 되기도 한다. 왜냐하면, 인간의 판단은 오류가 있을 수 있고 교회들이 언젠가는 자신들이 한 신앙 고백과 반대 되는 삶을 보여주는 사람을 멤버로 받아들일 것이기 때문이다. 교회 치리의 실행에 있어 그 초기의 그리고 가장 중요한 희망은 치리의 고려 대상이 되는 멤버가 회개하여 하나님과 교회와의 관계에 있어서 회복을 경험

---

34 Benjamin Keach, "The Glory of a True Church and Its Discipline Display'd," in Dever, *Polity*, 71.

35 Benjamin Griffith, "A Short Treatise Concerning a True and Orderly Gospel Church," in Dever, *Polity*, 99.

하는 것이다. 그러나 회개가 일어나지 않는 상황에서는 치리가 교회를 보호 한다. 치리는 교회가 그리스도로 인해 중생한 사람들의 진정한 모임이라는 주장이 비판의 대상이 되기보다는 믿을 만한 것이 되도록 할 것이다. 교회가 믿지 않은 사람들과 전혀 차이가 없는 삶을 사는 위선자들과 교인들로 가득 차 있다는 소리를 듣고 있는데, 이것은 많은 현대 교회들에 대한 정확한 비판이기도 하다.

교회의 치리와 중생한 자들의 교회 멤버십에 대한 침례교회의 헌신은 미국 침례교도들 사이에서 19세기까지는 잘 유지되었다. 사실, 그렉 윌즈_{Greg Wills} 는 19세기 조지아주 침례교인들에 대해 다음과 같이 진술한다: "그들은 치리를 교회의 삶 중심에 두었다…심지어 복음을 설교하는 것조차 치리의 실행보다 더 중요한 것이 아니었다."[36] 그러나, 19세기 후반부터 교회 치리의 실행은 침례교인들 사이에서 쇠퇴하기 시작했고 20세기에서는 사실상 사라져 버렸다. 치리가 쇠퇴하고 사라짐에 따라, 중생한 자들의 교회 멤버십도 같은 식으로 쇠퇴하고 사실상 사라지게 되었는데, 이러한 일들은 충분히 예측 가능한 결과들이었다.

중생한 자의 교회 멤버십 회복을 향하여

의미 있는 그리고 진정한 헌신과 중생의 증거를 수반하는 멤버십을 회복하려는 어떤 시도라도 분명히 위험들로 가득 차 있다. 오늘날 그런 멤버십이 북미주에 있는 침례교회들에 가능하기나 한 것인가? 누군가 초기 침례교인들이 너무 배타적이며 불필요하게 사람들을 거절했다고 주장할 수는 없는가? 만일 우리가 침례를 받으러 오는 사람들에게 심각하게 질문해야 하고, 교회 치리를 정규적으로 실행해야 한다면, 사람들의 기분이 상하고, 그들이 오늘날 교회들로부터 멀어지지 않겠는가? 이런 멤버십의 회복이 투쟁 할 만한 가치가 있는 전

---

36   Wills, *Democratic Religion*, 8.

투인가? 이런 질문들은 모두 주의 깊게 고려해 볼 만한 가치가 있는 것들이다.

나는 확실히 이런 영역에서 변화를 시도하고자 하는 어떤 목회자가 있다면, 다음과 같이 권면하고 싶다. 서서히 개혁하며 자신의 사람들과 신뢰 관계를 형성하고 변화를 모색하는 동안, 성경적 진리에 대한 교인들의 이해를 증진시켜야 한다. 특별히, 처벌보다는 구속적인 교회 치리가 분명하게 설명돼야 한다. 그럼에도 불구하고, 내게는 이런 영역에 있어 변화를 위한 시간이 무르익은 것으로 보인다. 구체적으로 증명할 수는 없지만 새신자반을 채택하고 교회 언약에 대한 헌신을 요구하며 심지어 치리를 실행하기 시작한 적은 수의, 그러나 서서히 증가하는 교회들이 있다는 사실에 나는 고무되어 있다.[37] 나는 왜 의미 있는 멤버십의 회복이 투쟁 할 가치가 있는가에 대한 네 가지 이유들과 지역 교회에서 그런 회복을 시작하기 위한 세 가지 실제적 제안들을 제시 하고 싶다.

왜 의미 있는 멤버십을 회복해야 하는가?

첫째, 우리의 공동체적인 복음 증거에 미칠 영향 때문에, 의미있는 교회 멤버십 회복이 오늘날 침례교회의 가장 중요한 우선순위가 되어야 한다. "당신의 교회에는 위선자들로 가득 차 있습니다"라며 복음을 거절하는 일반적인 핑계에 대해 "글쎄요, 우리는 완벽하지는 않지만 그리스도를 따르는 것에 헌신되어 있습니다"라고 응답할 수 있으며, 교회 멤버들의 삶이 그 대답을 증명해 준다고 가정해 보라. 의미 있는 멤버십은 사람들을 몰아내기 보다는 교회가 그들에게 제공할 수 있는 가장 매력적인 증거가 될 것이다. 그렉 윌즈 Greg Wills 는 미국 침례 교회들이 가장 높은 비율의 치리를 유지했던 1790년 부터 1860년 사이에 미국 인구 성장률의 두 배에 해당하는 역사상 가장 높은 교회 성장률을 기

---

37 한가지 교훈적인 예가 워싱턴 D. C. 에 있는 캐피털 힐 침례교회 (Capitol Hill Baptist Church)이다. 그 교회는 목회자들과 교회 리더들을 일주일짜리 컨퍼런스에 초대한다. 이 컨퍼런스에서 그 교회는 중생한 자들의 교회 멤버십 회복에 대한 과정을 설명하고 방문객들로 하여금 자신들의 새신자 클래스들과 멤버들의 모임들을 살펴 보고 중생한 자들의 교회 멤버십에 관련된 이슈들에 대하여 그 교회 스텝들과 이야기를 나누도록 허용하고 있다. http://www.9marks.org. 을 참조.

록했다는 것을 주목하였다. 그러나 후에 교회 치리가 쇠퇴하자, 교회 성장도 같이 쇠퇴하였다.[38] 과연 의미 있는 멤버십의 회복이 복음의 빛으로 하여금 우리를 통해 더 큰 분명함과 아름다움으로 비춰도록 할 수 있을까? 서로 매우 다른 상황이지만, 릭 워렌Rick Warren 과 마크 데버Mark Dever 둘 다 삶이 변화되고 있는 사람들로 이루어진 회중이 가지고 있는 복음전파의 영향력에 대해 말하고 있다.[39] 우리의 공동체적인 복음 증거는 의미있는 멤버십의 회복을 통해 크게 증가될 것이다.

둘째, 우리 공동체의 건강이 강화될 것이다. 만일 교회의 대다수가 중생하지 않았다면, 어떻게 교회가 서로 사랑하며, 서로를 위해 기도하고, 격려하라는 명령대로 살 수 있겠는가? 만일 교회의 멤버들이 그리스도와 그리고 형제들과의 교제 없이 산다면, 어떻게 교회들이 책임 있게 자신들을 통치할 수 있는가? 에베소서 4:16과 골로새서 2:19은 몸은 모든 부분이 자기 일을 할 때만 자란다고 말한다. 그러나 만일 몸의 지체들이 중생하지 않았다면 그들은 몸을 건축하기보다는 무너뜨리게 될 것이다.

의미 있는 멤버십을 회복하는데 열심을 내야 하는 세 번째 이유는 말 그대로, 죽어있는 수 백만의 교회 멤버들을 부흥시킬 수 있는 교회 멤버십의 잠재력 때문이다. 중생의 증거가 삶에서 나타나지 않는 장기 결석 멤버들은 자신들의 교회 멤버십이 천국에 갈 수 있게 한다고 믿고 있을 수도 있다. 의미 있는 교회 멤버십 회복은 그런 멤버들에게 도전을 주게 될 것이다. 조만간, 그들은 자신들이 그리스도의 제자들과 그의 몸인 교회의 멤버들이 마땅히 살아내야 하는

---

38   Wills, *Democratic Religion*, 36.

39   Mark Dever, "Pastoral Success in Evangelistic Ministry: The Receding Horizon" in *Reforming Pastoral Ministry: Challenges for Ministry in Postmodern Times*, ed. John H. Armstrong (Wheaton, ton, IL: Crossway), 255. 데버는 "만일 어떤 교회가 교인들의 삶이 실제로 변화된 교회라는 평판을 지역 사회에서 얻을 수 있다면, 당신은 어떤 놀라운 것들을 보게 될 것이다."라고 말한다. 릭 워렌의 *목적이 이끄는 삶* (Zondervan, 1995, 247페이지) 또한 이점에 동의한다: "교회에 다니지 않는 수많은 사람들을 진정 교회로 이끌 수 있는 것은 변화된 삶들 즉 변화된 많은이들의 삶들이다.".

삶을 살고 있지 않다는 사실에 직면해야 할 것이다. 이런 개인들을 회개에 이를 수 있도록 반복된 노력을 한 후에 이루어지는 애정 어린 그러나 확고한 교회 치리는 교회가 이들이 위험한 상태에 있다는 것을 깨닫게 할 수 있는 가장 심각한 방법이 될 것이다. 그런 치리가 중생의 증거를 보이지 않는 멤버들에게 경고의 말을 해 주지는 않은 채 분명히 구원받지 못한 상태에 계속 있도록 허락하는 지금의 교회 정책보다는 훨씬 더 애정이 담긴 것이다.

마지막으로, 의미 있는 교회 멤버십 회복은 그리스도를 영광스럽게 할 것이다. 엡5:25-27은 그리스도께서 교회를 거룩하고 영광스런 교회로 자기 앞에 내세우시기 위해 어떻게 돌아가셨는지 묘사하고 있다. 만약, 거룩하고 영광스러운 교회의 모습이 그리스도께서 십자가를 지신 목적이었다면, 그것은 또한 우리 사역의 목적이 되어야 한다. 그리스도는 그 분의 신부가 거룩할 때 영화롭게 되신다. 그러나 그 분은 자신의 신부를 이루고 있는 많은 멤버들이 구원받지 못한 사람들처럼 사는 한 영광 받으실 수 없다. 미국 찰스턴 지방회의 "교회 치리 요약서"는 교회가 중생하지 못한 자들을 교회 안으로 몰려들게 하는 것은, "그리스도의 교회를 매춘부로 만드는 것"이라고 말한다.[40] 교회 멤버십이 첫째로 그리스도께 진실하고 살아있는 헌신을 뜻하며, 두번째로는 그 지역 교회의 사람들에 대한 헌신을 의미한다고 믿는 사람들로 교회가 구성될 때, 그리스도께서 영광스럽게 되신다. 교회 멤버십이 의미 있는 것이 될 때, 그리스도께서 영광스럽게 되신다.

어떻게 중생한 자들의 교회 멤버십을 다시 되찾을 수 있는가?

교회 멤버십이 600명이지만 평균 200명 정도만 참석하고, 나머지 400명 중에서 반은 너무나 오랫동안 결석중이어서 오직 몇 명의 나이든 교회 멤버들만 그들이 누구인지 알고 있는 그런 교회에 어떻게 중생한 자들의 교회 멤버십이

---

[40] James Leo Garrett Jr., *Baptist Church Discipline* (Nashville: Broadman Press, 1962), 36.

실제로 이루어질 수 있을까? 어떻게 목사나 교회 리더가 의미 있는 교회 멤버십에 대한 생각을 심어 줄 수 있을까? 어디서 시작해야 하는가? 이런 질문에 대한 답으로 세 가지를 제안하고자 한다. [41]

교회 언약서의 회복

드위스는 침례교인들이 그들의 역사속에서 "수백의 그리고 아마도 수천의 교회 언약서들을 작성하고 사용해왔다"라고 말했다.[42] 이런 문서들은 비록 교리가 이차적인 것으로 종종 언급되지만 교리보다는 신앙 행실을 더욱 강조한다는 면에서 신앙 고백문들과 다르다. 다양성에도 불구하고, 그 언약서들은 내용과 목적에 있어서 상당한 유사성을 가지고 있다. 드위스는 교제에 대한 헌신, 교회가 치리하는 권위의 수용, 교회의 예배와 개인적 헌신을 지지하겠다는 서약, 그리고 서로에 대한 상호적 돌봄에 대한 헌신이 거의 모든 침례교 교회 언약문에 나타나고 있다고 말한다. [43]

더욱이, 교회 언약서들을 사용하는 주된 원인들 중 하나는 정확하게 중생한 자들의 교회 멤버십을 보호하기 위해서이다. 과거 교회들은 교회 언약서 채택을 포함한 헌신을 중심으로 세워졌다. 교회 멤버가 되는 것은 교회 언약서를 자신의 것으로 완전히 받아 들이는 것을 포함했다. 드위스는 "침례교인들은 언약서가 교회의 본질, 정의, 그리고 구성에 핵심적이라고 강력하게 그리고, 반복적으로 말해왔다"라고 논평한다.[44] 교회 언약서는 완벽함을 요구하지는 않는다. 진실로, 그것은 성경에 분명하게 또는 암시적으로라도 명령되지 않은 것은 그

---

41   중생한 자들의 교회 멤버십을 회복하는 것에 대한 좀더 구체적인 제안들에 대해선, Mark Dever와 Paul Alexander 의 책을 참조하라. *The Deliberate Church: Building Biblically in a Haphazard Age* (Crossway, 2005, 33-74) 은 교회의 언약서들, 새신자 클래스들, 교회 치리, 그리고 수많은 관련된 주제들을 실제적이고 기본적인 방식으로 다루고 있다.

42   Charles W. Deweese, *Baptist Chnrch Covenants* (Nashville: Broadman Press, 1990), 이 책에서 드위스는 대표적인 예로 79개의 교회 언약서들을 소개하고 있다.

43   Ibid., 55.

44   Ibid., 97.

어느 것도 요구하지 않는다. 그러나, 언약서는 교회 멤버십이 중생한 자라면 반드시 받아 들여야만 하는 어떤 헌신을 포함하고 있다는 것을 분명히 명시했다.

19세기 말과 20세기 초에, 언약서를 만들고 이것을 실행하는 것이 쇠퇴하였다. 이러한 쇠퇴를 가져 온 여러가지 요인들이 있는데, 수적인 성장을 위해 중생한 자들의 교회 멤버십을 희생시킨 것, 미국 사회의 일반적인 세속화, 그리고 서로에 대해 책임감 있는 멤버가 되지 않으려는 교회 멤버들의 태도 등이 그것들이다. 1853년에 뉴턴 브라운 J. Newton Brown 이 작성한 언약서는 미국에 있는 많은 침례교회에 의해 채택되었다. 드위스는 브라운의 언약서가 지닌 과도한 인기 때문에 오히려 침례 교회들이 피해를 보게 되었다고 말한다. 드위스에 따르면:

언약서 채택의 쇠퇴는 차별화된 자신만의 서약서를 작성하는 대신에 외부에서 인쇄된 표준화되고 획일화된 언약서들을 단순히 채택하려는 경향을 가진 교회들이 점점 많아 지면서 생겨난 것이다. 침례교 역사를 통틀어 언약서의 가치와 역동성은 교회들이 자신들이 사용해온 언약서들을 만드는데 쏟은 노력의 정도와 밀접하게 관련되어 있다.[45]

그는 다음과 같이 덧붙이고 있다: "그런 표준화된 언약서를 지지한 침례교 언론들과 출판사들은 교회안에서 회중의 치리가 약화되는데 명백하게 이바지 하였다. 그것은 교회들이 자발적으로 헌신해야 할 언약적 책임에 대해 철저하게 생각하고, 고심하고, 그리고 직접 작성하는 것을 불필요하게 만들었기 때문이다."[46]

그러므로 나는 다음과 같이 제안하는 바이다. 중생한 개인들의 의미 있는 멤버십을 회복하고자 하는 교회는 그들이 교회로서 누구이며 무엇인지에 대하여

---

45 Ibid., 36.
46 Ibid., 89.

그리고 성경이 신자들의 몸으로서 서로에게 어떤 종류의 헌신을 요구하시는지에 대하여 논의를 시작해야 한다.[47] 이런 논의들은 교회로 하여금 교회 언약서를 채택하도록 이끌 것이다. 다른 교회들의 언약서들은 참조될 수 있지만[48] 스스로 자신들의 교회에 적합하며 자신들의 교회를 위한 언약서를 직접 작성하는 편이 훨씬 낫다. 이러므로 전체 회중은 그 언약서가 자신들에게 강요된 것이 아니라 자신들의 것으로 소유한 것이 될 것이다. 그 다음 교회가 형제들에 대한 그리고 그리스도에 대한 헌신을 표현하는 언약서를 발전시킬 때, 교회는 현재의 멤버십을 해체하고 교회 언약서에 자신들의 이름으로 서명하는 사람들을 중심으로 교회 멤버십을 재결성 하고자 하는 투표를 해야 한다.[49] 이런 절차는 서약하기로 제시된 날짜를 여러 번 발표한 뒤에 이루어져야 한다. 나는 심지어 목회자가 제안된 언약서와 그것을 중심으로 멤버십을 갱신한다는 교회의 결정이 담긴 편지를 모든 멤버에게 보낼 것을 격려한다. 느헤미야 9-10장에 이런 언약식의 성서적 전례를 찾아볼 수 있다. 느 8-9장에 나타난 부흥과 죄 고백의 시간 이후, 느헤미야는 하나님의 백성들이 내린 결정을 기록하고 있다: "우리가 이 모든 일로 말미암아 이제 견고한 언약을 세워 기록하고 우리의 방백들과 레위 사람들과 제사장들이 다 인봉하나이다 하였느니라(개역개정)." 모든 리더들을 이름대로 기록한 후, 본문은 나머지 백성들이 지도자들의 서명에 동참했다고 기록하고 있다 (10:28-29). 그들의 "구속력 있는 동의" 즉 언약은 구체적인 헌신을 요구 하는 그들의 삶의 영역들을 분명히 하고있다. 문맥적으로 볼 때, 핵심 사안들은 주위 이방인들과의 결혼을 피하고 안식일에 상거래를 하지 않는 것과

---

47   Deweese, *Community of Believers*, 28-40. 드위스는 교회 언약서를 준비하고 실행하는데 필요한 실제적 절차들에 대한 유익한 개요를 제시하고 있다.

48   예를 들어, 새들백 교회와 캐피털 힐 침례교회의 언약서들은 해밋을 비롯한 많은 곳에서 볼 수 있다. Hammett, *Biblical Foundations*, 128-29.

49   Alan Neely, "Church Membership: What Does It Mean? What Can It Mean?" in *Proclaiming the Baptist Vision: The Church*, ed. Walter B. Shurden (Macon, GA: Smyth & Helwys, 1996), 47. Neely은 한 메노나이트 교회의 예를 추천하고 있다. 이 교회는 매 3년마다 기존의 교회 멤버십을 해체시키고 교회의 교제 가운데 계속적으로 남고자 하는 사람들에게 자신들의 이름을 새롭게 서약함으로써 그들의 언약 갱신을 나타내도록 한다. 이런 실행으로 부터 내가(해밋) 바꾸고 싶은 유일한 부분은 3년 대신 매년 교인들의 언약을 갱신하는 것이다.

그리고 성전 예배를 지지하는 것이었다(10:30-39). 현대의 언약서들은 현대 교회들이 그들의 삶에 전적으로 중요하다고 여겨지는 헌신의 영역들을 나열할 수 있다. 느헤미야 당시의 사람들은 그들의 헌신에 대한 진술을 요약하여 다음과 같이 결론짓고 있다: "우리가 우리 하나님의 전을 버려두지 않으리라(10:39)." 교회 언약서를 채택하는 것은 오늘날 하나님의 백성들이 "우리가 우리 교회를 버려두지 않으리라"라고 말할 수 있는 유일한 길이다.

이런 성경적인 예는 오늘날 교회 언약서에 대한 아름다운 모델을 제시한다. 언약서는 그리스도게 그리고 성도들간에 대한 헌신의 영역들을 구체화하는 교인들의 구속력 있는 동의가 될 것이다. 교회 언약서 채택을 축하하는 예배의 마지막에 교회 리더십들은 앞으로 나와 교회 언약서에 첨가된 명부에 자신의 이름에 서명하도록 초대될 것이다. 그 다음은 언약의 책임들을 기꺼이 받아 들이는 모든 사람들이 앞으로 나와 서명하도록 초대된다. 동일한 교회 언약서와 서명을 위한 명부는 병으로 거동할 수 없는 그러나 여전히 교회에 헌신되어 있는 사람들에게 전달되어야 한다. 언약서에 서명하는 사람들은 교회의 멤버가 될 것이다. 그 이후에 새로 더해지는 멤버를 위한 절차는 언약서에 서명하는 것이 포함될 것이며, 기존의 멤버들은 매년 새롭게 언약서에 서명하도록 요청될 것이다. 이 일은 교회의 연례 재헌신의 행사가 될 수 있다.

나는 세 가지 이유에서 앞서 제시한 접근법(언약식)을 좋아한다. 첫째, 언약식은 성서적이다. 이것은 성서적 패턴을 따르며 성서적 헌신을 요구한다. 둘째, 언약식은 오랫동안 결석하고 있는 멤버들의 문제점을 현실적으로 다루어준다. 교회가 누가 멤버십을 유지해야 하며 누가 멤버십으로부터 정리되어야 하는지를 선택하도록 하는 대신, 위에 제시된 자발적 언약식은 이런 선택의 짐을 개인이 담당하도록 한다. 교회는 누군가를 쫓아내거나 치리를 통해 멤버십을 박탈할 필요가 없게 된다. 그러나 이 언약식은 교회의 언약서에 서약하러 오지 않는 개인들의 결정들을 존중하게 된다. 셋째, 언약식은 중생한 자들의 교회 멤버십 회복이라는 목적을 달성하기 위한 장기 전략을 수립하게 한다. 언약식은 교회 멤버십 회복에 충분하지 않지만 좋은 출발점이 된다. 언약식에 참석하지 않고, 서명하지 않는 사람들을 어떻게 할 것인가? 대부분 교회에서 그런 사람들이 상당수에 이를 것이다.[50] 언약식에 오지 않는 사람들은 회중의 사랑과 관심의 대상이 되어야만 한다. 회중들은 오지 않은 사람들을 방문하여 그 이유를 확인해야만 한다. 그리스도의 교회는그 분의 뜻에 따라 서약을 하지 않은 사람들을 교회로 환영해야 한다. 그분의 뜻은 교회가 그분과 그분의 사람들에게 헌신하는 것이고 이것이 바로 교회 언약서가 말하고 있는 것이기 때문이다. 교회 언약서에 서약하지 않는 사람 중 상당수가 구원 받지 못한 사람들일 수도 있다. 그러나 서약하지 않았다고 누군가를 구원받지 못했다고 선언하는 것은 교회가 할 일이 아니다. 오직 하나님만이 사람의 중심을 아신다.

교회가 말할 수 있고 해야만 하는 것은 이것이다. 그리스도를 사랑하고 그분의 백성과 하나 되고자 하는 사람이라면 교회의 언약에 헌신하는데 문제가 있어서는 안되며 교회는 그리스도에 대한 헌신을 표현하지 않는 자들에 대하여 심각하게 염려하고 있다는 것이다. 진실로 그들이 처해 있는 위험에 대해 경고하는 것이 교회의 일이다. 그러나 장기적으로 교회를 결석하고 있는 사람들이 가장 복음화 하기 힘든 사람들에 속한다는 것을 인정하지 않는 것은 정직한 것이 아니다. 그들 중 많은 경우, 아마도 대부분이 그들을 향한 복음의 노력에 반응하지 않을 것이다. 그들은 교회의 일부분이 되지 않겠다고 그야말로 선택한 것이다. 사실상 그들은 교회에 출석하기를 중단한 이후 교회 일부분이 된 적이 없는 사람들이다. 서약하지 않기로 한 그들의 결정은 단지 그들이 영적으로 실제 어떤 사람들인가를 나타내 줄 뿐이다. 매년 갱신되는 교회 언약식의 채택은 좋은 출발점이지만 중생한 자들의 교회 멤버십을 회복하고 보존하기 위한 유일한 절차는 아니다.

---

50   예를 들어, 미조리주에 있던 유니온 제일 침례교회가 1997년 언약서에 서약함으로써 멤버십을 재 정비했을 때, 그들의 멤버십은 1,200명에서 333명으로 급격하게 줄어들었지만 그 이후 성장하기 시작했다.

침례와 교회 멤버십의 개혁

초기 침례교인들은 침례 후보자에게 침례를 주고 그를 교회 멤버십 안으로 받아들이기 전에 교회가 그의 삶을 살피고 중생의 증거를 찾을 수 있는 능력을 갖고 있다는 강한 확신을 가지고 있었다. 오늘날 많은 침례 교회들이 그리고 의심할 여지 없이 많은 그리스도인이 그런 확신을 공유하지는 않는다. 그들은 혹이나 그리스도를 추구하는 자들을 교회 밖으로 내쫓고, 사람들을 교회로부터 멀어지게 만들고, 남을 판단하려는 태도가 생겨날까 봐 두려워한다. 그리고 그들은 또한 사람들의 판단은 틀릴 수 있다는 것도 잘 알고 있다. 그러나 나는 침례를 주고 새로운 멤버를 환영하는데 있어서 교회가 취할 수 있는 친절하고도 책임감 있는 몇몇 판단의 기준들이 있다고 믿는다.

첫 번째 판단 기준은 멤버십을 지원하는 누군가를 환영하는 것과 실제로 멤버십을 공식적으로 부여하는 것 사이에 있는 분명한 구분을 만드는 것이다. 오늘날 북미에 있는 대부분의 침례 교회 중에 어떤 사람이 예배 마지막 부분에 앞으로 나와 교회의 멤버십을 요청할 경우 무슨 일이 일어나는가? 아마도 회중들 가운데 약간의 웅성거림이 있을 것이다. 그러나 몇 가지 형식적인 질문들 이후에 그 사람은 회중 투표를 받게 된다. 문제는 교회 멤버들이 그 사람에 대해 투표할 어떤 근거도 가지고 있지 않다는 것이다. 누구도 멤버십을 요구한 그 사람의 요청을 반대할 것을 생각하지 않는다. 그러므로 회중 투표는 사실상 아무런 의미도 없는 제스처가 되어 버렸다. 즉 회중 투표는 교회들이 멤버십을 매우 심각하게 생각했을 시대에나 의미를 가졌던 옛 유산물이 되었다. 더 나은 방법은 멤버십을 요청하는 사람을 환영하고 그가 내린 결정(그것이 다른 침례 교회에서 옮겨오는 멤버십이든 또는 침례를 받고 그 다음에 교회 멤버십을 얻고자 하는 것이든)을 기뻐하되, 멤버십에 필요한 다른 조건들이 충족될 때까지 멤버십의 요청에 대한 회중 투표를 연기하는 것이다.

다른 충족되어야 할 조건 중 하나는 어떤 클래스를 마치는 것이 될 수 있다.

새신자 클래스 또는 새교우 클래스라고 다양하게 불리는 그런 클래스들은 오늘날 침례교안에서 더욱 보편화 되어가고 있다. 이런 클래스들은 초대 교회의 침례 준비반catechumenate과 어떤 유사성을 지니고 있다. 초대 교회에서는 새로운 회심자들이 침례의 준비 과정으로서 침례 전에 기독교 신앙의 기본적 요소들에 대해 교육을 받았다.[51] 북미 이외의 많은 침례교 그룹들 가운데, 이런 클래스들은 하나의 규범이다.[52] 이 클래스들은 여러가지 중요한 목적들을 달성하고 있다. 그것들은 멤버가 될 사람들이 다른 사람들을 만나고 관계를 발전시켜 나갈 자연스러운 상황을 제공한다. 또한 새신자(혹 새교우) 클래스들은 장래 멤버가 될 사람들에게 교회의 사역을 소개하는 기회도 제공한다. 그리고 가장 중요한 것으로, 이 클래스들은 각자 개인의 영적 상태에 대해 논의할 수 있는 환경을 제공한다. 왜냐하면, 이런 클래스들의 중요한 한 요소는 복음에 대한 개인의 이해를 확인하는 것이기 때문이다. 심지어 다른 교회에서 멤버십을 이전한 사람들도 자신들이 어떻게 그리스도를 알게 되었으며 복음을 어떻게 이해하고 있는지에 대하여 나눌 기회를 받아야만 한다. 왜냐하면, 어떤 교회에서는 복음이 분명하게 설명되지 않기 때문이다. 새로운 회심자로서 침례를 요구하는 자들에게 있어서 복음에 대한 그런 확인은 본질적인 것이다.

일단 새로운 멤버가 될 사람들이 이 클래스를 마치게 되면, 클래스를 가르쳤던 교사들이 그들을 침례와 (또는) 교회 멤버십을 받도록 추천할 수 있을 것이다. 그리고 멤버들은 그런 추천에 근거하여 어느 정도의 확신을 하고 회중 투표를 진행할 수 있게 된다. 나는 잠재적인 새신자들이 새신자반에서 회심하게 된 몇 몇 경우들에 대해 알고 있다. 또 다른 경우에는 새신자반에서 생애 처음으로 복음에 대해 분명한 이해를 하고 거절하는 사람들도 보았다. 그들은 예배 시간

---

51 Deweese, *Community of Believers*, 43-48. 드위스는 그런 침례 이전의 클래스들을 중생한 자들의 교회 멤버십에 아주 중요한 것으로 보고 있다.

52 예를 들어, 브라질에서 선교사로서의 3년동안, 나는 새신자반을 운영하지 않는 어떤 침례 교회도 보지 못했다.

에 감정적으로 복음의 메시지에 반응하였지만 그들이 그리스도를 신뢰하는데 있어 요청되는 헌신에 대해 깨닫게 되자 그분을 전적으로 신뢰하기를 원치 않았다. 그러나 나는 복음을 분명하게 이해하고 거절하는 것이 복음에 대해 이해하지도 못했거나 그리스도께서 구원하는 믿음의 대상이 된다는 것이 무엇을 의미하는지 알지도 못했지만 침례를 받았기 때문에 자신은 안전하다고 믿는 것보다 훨씬 낫다고 생각한다.

새로 회심하여 침례를 받고자 하는 사람들을 대상으로 개설되는 새신자반에 대해 종종 제기되는 반대는 다음과 같은 것이다. 신약의 패턴은 어떤 클래스도 없이 회심한 이후 침례가 즉각 시행되었다는 것이다. 이런 주장은 사도행전에 기록된 거의 모든 회심과 침례의 경우에 사실이다(행 2:41; 8:12, 36-38; 10:48; 16:32-33). 그러나 어떤 경우들에서는 회심과 침례 사이에 있는 시간의 관계성이 분명하지 않거나 (18:8) 침례가 회심과 관련되어 전혀 언급되어 있지 않다 (4:4; 5:14; 13:48; 14:1, 21). 어쨌든 신약성경 어디에도 회심 후 즉각적인 침례에 대한 명령이 나타나 있지 않다. 2세기에 교회는 침례를 받는 자들이 진정으로 회심한 자들인 것을 확실히 하기 위해 침례 준비반을 제정하기 시작했다.[53] 이것이 새신자반의 동기이다.

침례와 관련하여 주의가 특별히 필요한 부분은 매우 어린 아이들의 경우이다. 어린아이들과 사역을 해 본 사람이라면 5살 어린이가 쉽게 예수님을 자신의 마음속에 오시도록 영접할 것을 알고 있다. 그러나 매우 최근까지도 침례 교인들은 어린아이들을 결코 침례의 대상자들로 여기지 않았다. 신자의 침례는 성인 침례와 사실상 거의 동의어로 이해되어져 왔다. 침례를 요구하는 것은 상당한 성숙의 정도를 요구하는 결정으로 여겨졌다. 교회가 누군가에게 침례를 베푸는 것은 그 사람을 교회의 멤버십이 요청하는 책임들 안으로 환영하는 것

53　Arnold, "Early Church Catechesis and New Christians' Classes," 42.

이다. 이 책임들은 교회의 운영에 참여하는 것인데, 유치부 아동들에게는 부적절해 보인다. 해외에 있는 대부분의 침례교인들은 10살때까지 침례를 연기한다. 그러나 침례를 위한 어떤 최소한의 연령을 확증하는데 있어, 임의적으로 정하는 것을 회피하기는 어렵다.

나는 어떤 교회들이 침례 예비반을 요구하며 침례자의 나이를 최소한 7살이나 그 이상으로 제한함으로써 올바른 방향으로 나아가고 있다고 믿는다. 이러한 제한들은 하나님께서는 그분이 원하시면 어떤 아이라도 구원하실 수 있다는 것과 침례가 구원에 필요 조건이 아니라는 사실에 대한 분명한 가르침이 병행되어야만 한다. 그러므로 만일 어떤 아이들이 7세 이전에 구원 받는다면 그들의 침례를 연기하는 것이 결코 그들의 구원을 위태롭게 하지 않을 것이다. 그대신, 어린아이들의 침례를 연기하는 것은 침례 받고자 하는 그들의 결정이 깊이 뿌리를 내리고 자라도록 시간을 제공할 것이다. 그 결과 아이들이 침례를 받을 때가 되면, 침례가 그들에게 더욱 의미 있는 것이 될 것이다. 또한, 7세 이후로 침례를 연기하는 것은 점점 늘어가는 재침례rebaptism의 수를 줄이게 될 것이다. 이 재침례는 교회 멤버들이 어린아이로서 받았던 자신들의 침례가 사실상 신자의 침례가 아님을 자신의 인생 가운데 후에 깨닫게 될 때 시행된다.[54] 또한 너무 어린 아이에게 침례 주는 것에 대한 거부는 중생한 자들의 교회 멤버십 회복을 향한 또 다른 유익한 과정이 될 것이다.

다른 이들은 심지어 7살도 침례를 받기엔 너무 어리다고 생각한다. 회심이 가능한 나이를 임의로 정하는 것은 실수라고 하면서도, 윌리암 헨드릭스William Hendricks는 "9살 이전의 아이들이 하나님으로 부터의 완전한 분리인 죄에 대한

---

54 아트 머피는(Art Murphy), 플로리다 올랜도에 있는 제일 침례교회 아동부 목사, 다음과 같이 말한다, " 우리는 7세 이하 때 침례의 결정을 내린 거의 대부분의 아이들이 후에 또 다른 결정을 내려야만 하는 것을 발견했다." 여기서 또 다른 결정은 재침례를 의미한다. 머피 "아동을 그리스도께 인도하기 (Leading a Child to Christ)," *SBC Life* (June July 1998), 9.

절망을 표현할 수 있다거나 경험한다는 것은 매우 의심스럽다. 누구도 자신이 잃어버린 바 되었다는 것을 인식하지 못하고 구원 받을 수는 없다"라고 말한다.[55] 이런 주장은 책임연령 또는 도덕적 책임연령이라는 이슈를 발생시킨다. 유대교안에서 책임연령은 12살이다. 바르 미츠바(유대교 성년의식)에서 아이는 성인의 영적 책임들을 감당하게 된다.[56] 이것이 롬 7:9에 나타난 바울의 진술에 대한 배경일 것이다: "전에 율법을 깨닫지 못했을 때에는 내가 살았더니 계명이 이르매 죄는 살아나고 나는 죽도다." 유대교 소년은 그의 바르 미츠바에서 율법준수에 대한 전적인 책임을 갖게 된다. 이것이 책임연령에 관한 성서적 근거에 가장 근접한 것이다. 그리고 책임연령은 12살이다. 이것은 또한 예수님이 그의 특별한 소명을 처음으로 나타내기 시작하신 바로 그 때이기도 했다(눅 2:41-50). 더욱이 유아 세례를 실행하는 그룹들에서도 입교의식을 거의 12살 정도에 한다. 마지막으로 대부분의 발달 심리학자들도 사람이 12살 정도 일 때 충분한 도덕적 결정 능력을 갖추게 된다는 데에 동의한다.

이런 이유로 인해, 어떤 이들은 12살을 침례에 적절한 나이로 본다. 이것은 물론 캘리포니아 선 밸리에 있는 그레이스 커뮤니티 교회와 그들의 목사인 존 맥아더John MacArthur가 취하고 있는 입장이다. 그들은 진정으로 거듭나지 않은 아동에게 침례를 주는 것은 그 아동에게 해를 끼치는 것이며, 특별히 만일 그 아이가 자신의 침례를 구원의 증거로 여기게 된다면 그 아동을 위험하게 만드는 것으로 믿는다. 그러므로 그들은 지속적인 헌신에 대한 좀 더 의미 있는 증거와 부모의 입김에 의해서가 아닌 진정한 중생의 증거를 기다리는 것이 더 지혜로운 것으로 생각한다.[57] 그들의 방식은 아동이 그런 증거들을 보일 수 있는 최소

---

55 William L. Hendricks], *A Theology for Children* (Nashville: Broadman Press, 1980), 249.

56 David Alan Black, *The Myth of Adolescence* (Yorba Linda, CA: Davidson Press, 1999), 59-67]를 참조하라, 12살에 일어나는 중요한 변화들에 대하여, 블랙(Black)은 바르 미츠바를 중심으로 한 유대교 전통, 12살때 예수님에 대한 이야기, Piaget and Erikson과 같은 심리학자들의 발달 이론과 James Fowler의 믿음의 단계에 대한 연구에 의존한다.

57 그레이스 커뮤니티 교회[Grace Community Church], 아이들에게 복음전하기[Evangelizing Children (Sun Valley, CA: Grace Books International, 2003), 6]. 웹싸이트 참조 http://www.

한의 나이인 12살까지 기다리는 것이다.[58] 침례에 대한 적절한 나이를 몇 살로 교회가 선택하든, 여기서 우리의 관심은 아이들을 침례와 교회 멤버십의 후보자들로 받아 들이는데 신중한 태도를 보이도록 권장하는 것이다. 이런 태도야말로 신자의 침례와 중생한 자들의 교회 멤버십에 대한 침례교회의 헌신을 심각하게 고려하는 것이다.

그렇다면 복음으로의 초청 시간에 어린아이가 자신의 부모들과 함께 앞으로 나아온다면, 목사는 무엇을 해야 하는가? 반드시 그는 그 아이와 아이의 부모들과 함께 기도해야 하며 그들과 회중들에게 다음과 같이 말해야 한다: "우리는 조니Johnny와 그의 부모님들을 함께 축하하고 싶습니다. 오늘은 조니가 예수님과의 관계에서 중요한 단계를 거치게 되었습니다. 우리는 조니와 그의 부모님들과 이점에 대해 더욱 대화를 나눌 것입니다. 그리고 적절한 때에 우리는 그를 침례와 교회 멤버십의 후보자로 세울 것입니다. 오늘 여러분이 앞으로 나와서 조니가 내린 결정에 대해 조니와 그의 부모님들을 축하해 주기를 원합니다." 이것은 그 아이의 결정을 인정하고 교회가 그를 축하해 주고 그의 결정을 기뻐하도록 해 주지만 그 아이의 결정으로 인해 그가 구원받았다고 성급하게 결론을 내리는 것은 아니다. 또한 교회로 하여금 그 아이를 바로 침례 주도록 하지도 않는다. 그러나 인간이 할 수 있는 한 모든 면에서 교회가 오직 중생한 자들만을 받아들이도록 확실히 하고자 하는 이런 주의에도 불구하고, 중생하지 않은 상태에서 실수로 멤버로 인정되었거나 혹은 교회 멤버가 된 후 시간이 지나서도 중생하지 않은 사람처럼 살기 시작하는 멤버들을 다루어야 할 필요가 여전히 남아 있다. 그러므로 의미 있는 중생한 자들의 교회 멤버십을 회복하기

gracechurch.org/ministries.

58 2001년도 진행된 남침례교인들 중 자신들이 회심을 경험했다고 고백한2000명의 예배자들 대한 조사에서 많은 사람들이 자신들이 다른 나이보다도 12살에 회심을 경험했다고 지적한 것은 매우 흥미로운 사실이다. 실제로 그 나이에 회심한 사람들의 수가 11살이나 13살에 회심한 사람들의 수를 합친 것 보다 더 많았다. "리서치 보고: 남침례교인들 가운데 나타난 회심과 증언" [Research Report: Conversion and Witnessing Among Southern Baptists (Alpharetta, GA: North American Mission Board, SBC, 2002), 2, available at http:// www.nambnet/research].

위한 세 번째 단계가 필요하다.

구속적 [징계이후 성서적 신앙으로의 회복을 추구하는] 교회 치리의 회복

교회 치리에 대한 강력한 강조는 초기 아나뱁티스트들과 침례교인들의 중요한 특징 중 하나였다. 이 강조점은 회중 정치의 핵심적 요소로서 신앙 고백들안에 포함되어 있었다. 교회의 순결성을 유지하기 위해 치리는 그들의 교회 안에서 보편적으로 실행되었다. 그리고 치리는 그들의 신학자들 가운데서 논의되었던 인기있는 주제였다. 교회 치리는 19세기 미국 침례교안에 잘 보존되어 있었고 여전히 북미 밖에 있는 침례교회 안에 남아있다. 그러나 우리가 이미 살펴 보았듯, 북미에 있는 침례교회 가운데서 교회 치리가 19세기 말에 쇠퇴하였고, 20세기에는 거의 사라져 버렸다. 교회 치리 이슈는 전체적으로 중생한 자들의 교회 멤버십과 같은 몇 가지 장애물에 직면하게 되었다. 즉, 미국 사회의 전반적인 세속화, 미국의 개인주의, 비판적으로 비쳐지는 것에 대한 두려움, 그리고 멤버를 수적으로 증가시키고자 하는 열망 등 이다. 구속적인 교회 치리와 중생한 자들의 교회 멤버십은 함께 무너져 내렸다. 그러나 교회 치리에 대한 강력한 성서적 근거가 있으며[59] 우리 교회 안에는 치리를 해야 할 명백한 필요가 있다. 실제로 모든 사회적 지표들에 대한 여론조사들을 보면 교회와 세상 사이에 거의 차이가 없다는 것을 보여준다. 존 대그John L. Dagg가 100년전에 통찰력있게 말했듯, "치리가 교회를 떠날 때, 그리스도께서도 치리와 함께 떠나신다"[60] 어떻게 목회자들이 오늘날 교회 안에서 치리를 다시 바로 세울 수 있겠는가? 한마디로 말해서, 그들은 치리를 매우 조심스럽게 해야 할 것이다.[61]

---

59 마18:15-20과 고전5:1-13은 치리에 대한 고전적 본문들이다. 그러나 치리는 또한 갈 6:1; 살후3:14-15; 딤전 1:20; 5:19-20. .

60 John L. Dagg, *Manual of Church Order* (Charleston, SC: Southern Baptist Publication Society, 1858; reprint, Harrisonburg: Gano Books, 1990)], 274]

61 Deweese, *The Community of Believers*, 74-80. 현대 교회들이 어떻게 교회치리의 행습을 회복할 수 있을지에 대한 9가지 실제적이며 도움이 되는 제안들을 제시하고 있다. 써던 침례 신학 저널2000년 겨울호는 교회치리의 주제에 대한 6개의 유익한 기사들을 제공하고 있다. 두 자료들은 모두 교회치리 도입의 중요성과 [도입의 과정에서 발생할 수 있는] 위험들을 인지하고 있다.

나는 치리를 회복하는 것이 목회자가 새로운 부임지에 도착하자마자 해야할 첫 번째 일이라고는 생각하지 않는다. 사람들은 그들의 목회자가 그들을 사랑하는지를 보고 알아야 할 필요가 있다. 그렇지 않다면 교회 치리에 대한 목회자의 생각을 사람들은 자신들을 미워하는 마음에서 나온 것으로 생각할 것이다. 목회자는 교회 치리를 다루고 있는 본문들에 대한 설교와 가르침을 통해 성서적 기반을 다져야만 하며 또한, 치리에 대하여 전통적으로 침례교회가 지지해온 예들을 설명해 주어야만 한다. 바라건대, 이런 노력이 치리에 대한 어떤 논의를 유발시킬 것이다. 그런 논의의 결과로 교회 치리에 대한 어떤 공식적인 진술들이 교회 헌장이나 언약서와 같은 중요 문서에 포함되어야 한다.

이런 문서들 속에는 다음과 같은 것들이 분명하게 진술되어야만 한다. 교회의 멤버가 되는 것과 언약서에 서명을 하는 것은 치리에 관한 교회의 권위를 인정하는 것이 포함되어야 한다. 그런 진술은 치리를 받는 회원들에 의한 법적 소송으로 부터 교회를 지켜 줄 것이다. 그 진술들은 또한 치리의 목적이 치리 받는자의 회복, 교회를 위한 보호, 그리고 지역 사회에서 교회의 단체적 간증임을 지적해 주어야 한다. 더구나 치리가 시험에 들었지만 회개하고 그리스도 안에서 자라나기를 원하는 연약한 자를 위한 것이 아니라 도전적으로 불순종하는 완강한자에 대한 것임이 분명하게 설명되어야 한다. 또한 치리는 개인적 원한에 대한 보복을 정당화하지 않는다는 것도 설명되어야 한다. 어떤 죄는 사랑으로 덮어야만 한다(벧전 4:8).

교회의 연합, 교회의 순결함, 또는 교회의 교리를 위협하는 죄들에 대해선 교회의 치리가 필요하다. 이런 죄를 짓는 자들에 대해서, 교회는 마 18장에 나오는 치리의 패턴을 따라야만 한다. 문제를 인식하고 있는 사람이 개인적으로 그리고 최대한의 겸손함으로 죄를 짓고 있는 형제를 대면해야 한다. 이런 개인적인 만남은 죄를 범한 형제와 직접 대면하는 사람이 대화에 진전이 있다고 생각하는 한 계속될 수 있다. 그러나 만일 그 죄를 범한 형제가 회개하지 않는다

면, 두명 혹 세명(목회자들, 교회 스텝들, 친구들)이 함께 가서 그 형제에게 다시 회
개를 촉구해야 한다. 오직 두, 세 증인의 반복된 노력이 허사임이 판명될 때에
만 이 문제가 교회 앞에 제시되어야 한다.

치리를 다시 교회로 도입하기가 쉽지 않을 것이라는 점을 되풀이해서 말할
필요가 있다. 제임스 리오 개릿 James Leo Garrett Jr. 은 한 세대 전에 이렇게 말했다:
"치리를 회복하려는 사람들은 치리의 끔찍한 절박성에 대해 완전히 확신하고
있어야만 한다."[62] 나는 사람들이 그런 어려움 뿐만 아니라 강력한 단체적 간증,
영적 성장, 방황하는 형제들을 돌이키는 것, 잃어버린 교회 멤버들에게 그들이
처한 위기에 대해 깨닫게 하는 것, 그리고 의미 있는 교회 멤버십 회복들로부터
나오게 될 치리의 놀라운 유익들에 대해서도 분명하게 보아야만 한다고 덧붙이
고 싶다.

결론

이번 장은 교회에 대한 침례교적 특징이라고 역사적으로 불릴 수 있는 중생
한 자들의 교회 멤버십을 살펴보았다. 그러나 오늘날 대부분의 침례교회가 이
특징을 결코 보여주고 있지 않다. 사실상 많은 미국 교회의 비만은 미국 인구률
에 나타난 비만의 유행과 거의 맞먹는다. 많은 교회가 멤버들의 숫자를 자랑한
다. 그러나 그 멤버 다수는 살찐 세포와 같아서 교회의 생명과 건강에 기여하는
바가 없다. 오히려 교회에 위협을 조성하고 있다. 나는 이 책을 읽는 분들이 하
나님이 교회를 통해 영광 받으실 것이라는 바울의 송영이 참으로 울려퍼지도록
변화들을 모색하려는 신실한 일꾼들 가운데 있기를 기도한다: "우리 가운데서
역사하시는 능력대로 우리가 구하거나 생각하는 모든 것에 더 넘치도록 능히

---

[62] Garrett, *Baptist Church Discipline*, 25.

하실 이에게 교회 안에서와 그리스도 예수 안에서 영광이 대대로 영원무궁하기

를 원하노라 아멘(엡 3:20-21. 강조는 저자의 것이다)"

2장

의미있는 교회 멤버십 회복하기

마크 데버 Mark Dever

◇◇◇◇◇

당신은 다람쥐들 때문에 어려움을 겪고 있던 한 침례교회에 대해 들어 본 적이 있는가? 다람쥐들이 위로는 다락까지, 아래로는 심지어 부엌안까지 교회 빌딩안으로 침입하였다. 마침내 누군가가 해답을 내놓았다. 교회는 다람쥐들에게 침례를 베풀었고, 지금은 교인들이 다람쥐들을 오직 성탄절과 부활절에만 보게 되었다!

이 이야기는 많은 우리 침례교회들이 가지고 있는 교회 문화의 슬픈 반영이다. 오늘날 "교회 멤버십 이전 주간Transfer Church Membership Week"을 기억하는 사람은 거의 없다. 이 행사는 1953년에 남침례교 총회에서 시작 되었다. 당시 남침례교인들 중 상당수의(거의 30%에 해당하는) 사람들이 타 지역에 있는 다른 교회에서 신앙 생활을 하고 있었기 때문에 – 역자 주 자신의 멤버십이 소속된 교회에 더 이상 출석하지 않고 있었다. 멤버십 이전 주간 행사는 이런 유명무실한 교회 멤버십으로 인해 발생한 문제를 처리하기 위한 시도였다. 그 후 몇년 뒤 1962년에, 제임스 리오 게릿James Leo Garrett, Jr. 은 "소극적이며 참여하지 않는 교회 멤버들과 더 이상 그 지역에 거주 하지않는 사람들의 교회 멤버십 문제가 남침례교단의 주요 어려움 중 하나가 되었다"라고 지적했다.[1] 비록 이것이 정확한 지적이라고 해도, 이 문제는 최근에 발생한 것은 아니다. 1938년 리치몬드 (버지니아)에서 열린 남침례교 총회에서 이 문제에 대한 염려가 표출되었고, 이 문제를 조사하기 위한 위원회가 결성되었다. 그리고 수십년이 지났지만, 문제는 여전히 그대로 남아있다.

---

1   James Leo Garrett Jr., *Baptist Church Discipline* (Nashville: Broadman Press, 1962), 1.

사실, 더 이상 교회가 있는 지역에 거주하지 않는 멤버들의 문제는 더욱 악화된 것 같으며 아마도 오늘날 남침례교인 중 2/3 에 해당하는 사람들이 비 출석교인으로 분류되는 문제를 초래한 것으로 보인다. 어떤 교회라도 특정 주일날 출석하지 않는 교인이 있다. 아마도 출석하지 못한 교인은 선교지에 있거나 은퇴자들의 거주지에 있을수도 있다. 어떤 사람은 병이 들어 계속 집에만 머물 수도 있다. 다른 사람들은 타 지역으로 이사를 하였는데 단순히 교회 멤버십을 아직 이전하지 못했을 수도 있다. 또 어떤 사람들은 군대에 있거나 해외에서 정부의 일을 하고 있을 수도 있고 다른 이들은 일년 중 일부를 대학에서 보낼수도 있다.

나는 대부분의 우리 교회 멤버들이 거의 모든 주일날 이곳이든 다른 곳이든 교회에 출석하는데 하등의 문제가 없다고 생각한다. 그런데 그들은 출석하지 않는다. 그들은 자신들이 출석하는 곳에 멤버로 참여해야만 한다. 그리고 만일 그들이 출석할 수 있는데도 그렇게 하지 않는다면, 그들은 한 교회의 멤버로 허락되어서는 안된다. 사실상 그들은 죄가운데 있는 것이다. 히 10:25은 우리가 함께 모이기를 폐하는 어떤 사람들처럼 되어서는 안된다고 가르치고 있다. 이 분명한 가르침을 불순종하는 것은 결석자들이 계속적인 회개와 믿음에 대한 확신을 가지고 있지 않음을 보여준다.

어떤 멤버의 정기적인 그리고 묵인된 결석은 또 다른 문제을 일으키기 시작한다. 그런 잘못된 인식이 생겨나고 퍼지는 것을 허락하는 교회는 도대체 어떤 종류의 리더십을 갖고 있는 것인가? 교회에 허입되고자 하는 사람들에게 어떤 기대치가 전달될 것인가? 만일 교회치리가 있다면 어떤 종류의 교회치리가 시행되고 있는가? 사실, 멤버들 사이에 있는 묵인된 무관심은 그 교회가 행한 전도의 종류와 회심과 심지어 복음 자체에 대한 교회의 이해에 대해 의문을 갖게 한다. 출석하지 않는 멤버들로 하여금 계속 교회 멤버십을 유지하도록 허용하는 것은 성경에 대한 노골적인 불순종이며 그리고 문제가 되고 있는 사람들의 영적인 건강에 대한 뻔뻔스러운 무관심으로 보일 것이다. 따라서 이런 현상은 건강하지 않은 관용을 교회에 들어오도록 만든 교회의 가르침에 대해서도 의문을 제기하게 될 것이다.

의미있는 교회 멤버십을 회복하는 것은 어려운 주제이다. 당신이 이해되지 않은 것을 어떻게 되찾을수 있는가? 당신이 믿지 않는 것을 어떻게 의미있는 것으로 만들 수 있는가? 결국, 여호와의 증인들이 삼위일체를 또는 무슬림들이 그리스도의 신성을 신속하고 쉽게 거절하듯이, 오늘날 성경을 믿는다는 많은 그리스도인들도 같은 식으로 교회 멤버십이 성경적이라는 것을 거절한다! 이런 그리스도인들은 "우리에게 교회 멤버십에 대한 분명한 성경 구절을 보여주시오"라고 말한다. 그러나 하나님이 그분의 말씀속에 계시한 진리는 단순하고 아주 분명하게 진술된 성경구절에만 제한되는 것이 아니다. 그리스도에 대한, 성부에 대한 그리스도의 관계, 그리고 성부와 성자에 대한 성령의 관계와 같은 가장 중요한 가르침들 대부분은 관련 구절들이 서로 비교 되어지고 삼위일체 교리가 체계적으로 제시될 때 가장 잘 분명하게 이해된다. 그리고, 교회 멤버십에 대한 가르침도 그런 식으로 이해될 수 있다. 그렇다면, 오늘날 우리는 현재의 지역교회와 같이 특정한 조직체가 아닌 모임안에서 멤버십이 무엇을 의미해야 하는지를 물어보아야 한다. 유명한 기독교 저술가들로부터 선교 전략가들에 이르기까지 많은 사람 가운데 심지어 지역교회가 무엇인가에 대한 정의가 점점 사라져 버렸다. 교회 멤버십의 주제는 어려운 것이다. 그러나 이 주제의 어려움에도 불구하고 멤버십의 중요성은 회복되어야 할 가치가 있다.

이 장에서 첫번째 해야 할 일은 교회에 대한 정의를 내리는 것이다. 많은 연구가 필요한 부분이 바로 이 처음 기초적인 작업이다. 그 다음 교회 멤버십이 정의되어야 한다. 멤버십을 실행하는 이유와 명확한 멤버들에 대한 필요조건들이 반드시 고려되어야 한다. 우리가 무엇을 상실했는지 조차 이해하지 못하는 것을 다시 회복할 수는 없다. 최종적으로, 특별히 무엇이 멤버십을 의미있는 것으로 만들게 되는지 고려하게 될 때, 우리는 그런 의미있는 멤버십을 회복하기 위해 지역 교회가 어떤 절차들을 밟을 수 있는지를 고려하게 될 것이다. 요약하자면, 교회와 교회의 멤버십 그리고 그 멤버십이 어떤 의미가 있는지를 논의 할 것이다. 그런 다음 회중이 멤버십의 의미에 대한 공감을 회복할 수 있는 절차들로 결론을 맺을 것이다. 이 모든 것은 지역 교회가 하나님의 영광을 위해 세워져가는 것을 보기 위한 열망으로 시작하게 되었다.

교회의 정의

교회란 무엇인가? 교회가 건물이 아니라는 것은 상식적인 것이다. 그리고 교회가 건물을 가져야 할 필요가 없다는 것도 사실이다. 왜냐하면 첫 몇 세기 동안 교회들은 건물을 소유하지 않았다. 그들은 개개인의 집에서 모였다. 교부 시대에 발전하게 된 구원과 교회에 대한 오해가 교회란 특정한 그리고 성스러운 장소를 정기적으로 요구하는 것이라고 이해하게 만들었다. 그러나 종교 개혁 시대에는 건물이 그리스도인이 모이는 교회의 필요조건은 아니라는 것이 다시금 분명해졌다. 반면 당시 그리스도인의 교회에 요구된 필요조건은 멤버들이었다!

교회는 중생한 멤버들로 이루어진다. 이 멤버들은 그들이 단체적으로(교회로서) 또는 개인적으로(집에서) 소유한 건물이나 세를 내고 빌린 공간에서 모일 수 있다. 그러나 본질적인 것은 사람들이다. 구체적인 사람들의 공동체가 없다면 어떤 교회도 존재하지 않는다. 사무엘 존스Samuel Jones 는 자신의 교회치리에 대한 논문에서 교회를 잘 정의하였다: "복음을 전하는 하나의 지역 교회는 특별한 언약에 의해 하나의 분명한 공동체 안으로 포함되고, 한 장소에 함께 모여 서로간의 그리고 그들의 머리되시는 그리스도와의 교제로 인한 기쁨을 나누며 그분이 세우신 모든 제도 안에서 서로간의 덕을 세우며 성령을 통해 하나님의 영광을 추구하는 일단의 성도들로 이루어진다."[2]

그리스도께서 교회에 세우신 제도들은 무엇인가? 그것들은 근본적으로 복음 전파, 믿는 자들에게 침례를 시행하는 것, 그리고 정기적으로 준수되어야 하는 주의 만찬이다. 왜 그리스도께서 그것들을 제정하셨는가? 그리스도인의 유익을 위해서 제정하셨다. 그 제도들을 통해 그리스도인에게 권고하시고 교회로 세워지게 하시며 복음이 말씀과 상징으로 그리고 입술(고백)과 생활로 선포되도록 하셨다.

교회는 하나님께 공적인 예배를 드리고 증거와 전도를 통해 그리스도의 왕국을 확장하기 위해 일한다. 머리되시는 그리스도와 함께 몸된 교회는 자신들의 장로들(데버 목사의 침례교회에 있는 모든 장로는 목사로 간주된다-역자 주)과 집사들을 선택하며 멤버들을 받아들이고 내보내기도 하며, 교회가 보기에 합당할 때 멤버들을 치리할 수 있다. 그리고 교회는 자신들의 판단에 따라 하나님의 말씀이 가르치는 것이라고 믿어지는 모든 방법을 통해 그리스도를 함께 따를 수 있다. 하나의 교회는 외부적인 통제로부터는 독립적이지만, 당연히 다른 교회들과 평화와 사랑을 추구하며, 기도로 서로 관심을 보이며, 그들과 함께 활동하는 그런 관계속에 존재한다. 교단들은 교회들이 아니라 단순히 지역 교회가 그리스도께 순종하며 수적으로 성장하도록 도우려고 만들어진 파라처치parachurch 와 같은 조직들이다.

---

2   Samuel Jones, *Treatise of Church Discipline], in Polity: BiblicalArguments on How to Conduct Church Life*, ed. Mark Dever (Washington, DC: Center for Church Reform, 2001), 118. "교회치리"가 역사적으로는 한 교회가 어떤 멤버에 대해서 취하는 교정 조치(예를 들어, 질책, 출교)에만 국한되지는 않았다는 것을 주목해야 한다. 치리는 더 넓은 의미를 가지는데 여전히 어떤 그룹에서는 "정치체제" 그리고 "실행"과 유사하게 사용되고 있다. 예를 들어, 연합 감리교회의 치리서(*The Book of Discipline ofthe United Methodist Church* (Nashville: Abingdon Press, 2005)]는 거의 출교에 대해선 말하고 있지 않다! 제자는 "따르는 자"이다. 치리는 "따르고, 살아가는, 그리고 지역 회중을 위해 함께 사는 길"이다. 그러므로 치리는 역사적으로는 정치체제와 실행이라는 단어들과 거의 같은 말이다.

지역 회중은 그 교회의 삶을 함께 만들어 가야하는 모든 일에 있어서(예를 들어, 장로와 집사의 선택, 설교, 침례, 주의 만찬의 실행) 언제나 성경에 의해 지도를 받아야 한다. 유익해 보일 수 있는 교회 조직의 다른 문제들은 (예를 들어, 교회 직원 같은 직분의 창출) 허용될 수는 있지만 필요한 것은 아니다. 지역 교회는 내부적인 문제들을 관리하고 기금이나 다른 금전적 재산을 받고 분배하는 일과 이에 대해 교회에 보고하는데 있어서 자신들의 일을 스스로 처리할 수 있다.

그래서 교회는 하나님을 예배하고 섬기며, 그분의 말씀을 증거하고, 복음을 전하며, 침례와 주의 만찬을 집행하며, 그리스도인들을 섬기며, 사랑과 거룩과 그리고 서로 연합하여 함께 살아가며, 교회의 일들을 스스로 처리하며, 선함과 긍휼함을 보이되, 특별히 도움이 필요한 멤버들에게 해야한다. 교회는 그 스스로가 진리를 중심으로 연합하며, 하나님과 형제를 사랑하며, 하나님 자신의 거룩함을 세상에 반영하는 거룩한 삶으로 특징지어져야 한다. 교회는 하나님의 영광을 그분의 창조 세계에 보여주어야 할 사명을 가지고 있다(요 13:34-35; 엡 3:10-11; 빌 2:14-16). 교회는 그리스도에 대한 믿음을 통해 교회안에서 적법한 지위를 가지고 있는 하나님의 가족으로 입양된 자들만으로 이루어진다는 의미에서 하나의 배타적인 공동체이다. 그 지위는 멤버십이라고 불린다.

멤버십의 정의

어떻게 성경이 그리스도인의 삶을 긍정적으로 묘사하고 있는가? 그리스도인의 삶은 홀로 사는 것이 아니라 다른 그리스도인과 함께 살아가는 것이다. 기독교 신앙은 개인의 신앙이 중요하지만, 개인 마음대로 주장할 수 있는 사적인 것은 아니다. 그리스도를 진실로 따르는 것은 헌신을 요구하며 규칙적인 것이지 우연히 그리고 가끔 이루어지는 것이 아니다. 이것이 우리가 교회의 멤버가 된다고 할 때 의미하는 것이다. 교회 멤버십은 우리 주변에 사는 그리스도인들을 사랑하며 그들에게 사랑받겠다는 공식적인 헌신이다. 멤버십을 통하여 우리는 그들과 정기적으로 만나 관계를 맺는다. 그리고 그들에게 책임있는 신앙인이 되도록 요구하며 또 우리 자신도 그들에게 책임있는 신앙인이 된다. 어떤 특정한 회중이 멤버가 된 우리를 가르치고 인도하며 사랑하고 돌보고 또 필요하다면 우리를 바르게 교정해 주는 책임을 받아들이는 것이다. 지역 교회는 성향이 같은 친구들의 자연 발생적인 모임이 아니다. 사실, 이러한 육신적인 동질성은 그리스도인들의 마음을 움직여 하나가 되게하고, 주위의 세상에 복음을 나타내어야 하는 초자연적인 연합을 어렵게 만든다.

교회 멤버십이 바르게 이해될 때, 우리는 그것이 그리스도인들이 나누는 공동의 삶에 대한 표현임을 알게 된다(요한1서 1:3). 교회 멤버십은 우리가 하나의 영적인 집, 하나의 가정을 함께 형성할 때 맺게 되는 관계에 대한 표현이다(벧전 2:5). 교회 멤버십은 복음안에서의 파트너십을 의미하며 (빌 1:5; 갈 2:9), 행 2장의 초대 교회에서 보게 되는 그런 나눔의 교제를 포함한다. 우리가 서로 나누는 것은 하나님이 우리에게 은혜롭게 자신의 것을 나누어 주신 그 방식을 반영하는 것이다. 교회 멤버들은 예수 그리스도와의 교제안으로 부르심을 받은 사람들이어야 한다. 그것이 바울이 신약 성경에서 자신의 서신들을 썼을 때 당연한 것으로 생각했던 것이다(예를 들어, 고전 1:9. 참조 시 27:4). 그리스도인은 그리스도안에 있고 그분안에 거하도록 부르심을 받았다(요 15:4-5; 참조 골 2:6-7). 하나님과 맺는 매일의 교제는 다른 그리스도인들과 함께 속해 있는 교회 공동체에 대해 우리가 맺게되는 정기적인 교제안에서 표현되어야만 한다. 이것이 그리스도의 몸으로서의 지역 교회에 대한 이미지가 실제로 표현되는 길이다(롬 12:5 참조). 그리스도인들은 같은 성령의 내주하심을 가지고 있다. 그래서 우리는 서로를 향한 우리의 관심속에서 그분의 내주하심을 삶으로 나타내도록 부르심을 받았다(고전 12:25).

성령 안에서 나눔의 결과로서 우리가 공유하는 사랑은 그리스도인으로서의 우리의 삶을 함께 형성해 갈 것이다. 모든 그리스도인은 서로를 향한 어떤 의무들에 순종해야 하는 것이 마땅하다고 말할 수 있지만, 각각의 그리스도인이 그런 의무를 이 세상에 있는 모든 그리스도인에게 이행하며 살수는 없다. 현실적으로 우리는 그런 형제에 대한 의무를 우리가 정기적으로 만나 교제하는 사람들에게 그리고 특별히 지역 교회안에서 함께 동역하기로 헌신한 사람들에게 가장 잘 실천할 수 있다. 이런 지역 교회안에서 우리는 서로를 존경하며(롬 12:10), 서로를 바로잡고(계 3:19), 서로를 위해 기도하며(약 5:16), 서로를 격려한다(히 3:13). 우리는 하나님의 말씀을 서로에게 가르침으로써(요한1서 1:1-3; 시 119:13; 잠 27:17) 그리고 서로에게 자신을 개방하고 상호간에 신앙의 성장에 대한 책임을 짐으로써(약 5:16; 골 3:16; 엡 5:21) 서로를 그리스도의 몸으로 세워야한다.

개인적인 친구 관계와 소그룹 성경 연구들이 형제 사랑에 대한 명령들의 어떤 부분을 만족시킬 수도 있다. 그러나 행 2장 이후로 계속된 성경의 패턴은 그리스도인들이 지역 교회의 멤버가 되어야 한다는 것이다. 지역교회와 함께 그리스도인은 기독교적인 삶을 단체적으로 살아야 할 책임이 있다. 구약에서도 그러셨지만, 특별히 신약에서는 하나님이 더욱 충만하고 분명하게 그분의 백성들 가운데 거하신다. 함께 건축된 우리는 하나님의 성전, 즉 그분의 성령이 특별하게 거하시는 "곳"이다.

만일 우리가 한 교회의 멤버라면, 우리는 복음의 확장을 위해 함께 일하게 될 것이다(빌 1:3-5). 우리는 이 목적을 위해 헌금을 할 것이며 이 목적이 이루어지도록 기도할 것이다. 베드로가 말하듯, 우리는 "서로 남을 섬기기 위하여 각자가 받은 은총의 선물이 무엇이든지 그것을 사용할 것이며 하나님께서 다양한 형태로 주신 은혜를 신실하게 집행할 것이다"(벧전 4:10).[3] 하나님은 그분이 교회에 위탁하신 은사들을 통해 세워져가는 지역 교회에 의해서 영화롭게 되신

---

3   이 장에서사용된모든성경구절들은The New International Version(NIV)에서나온것이다.

다. 또한, 서로에 대한 사랑은 교회 멤버들로 하여금 상대방의 선을 위해 희생하도록 만든다 (히 13:16; 참조 롬 12:13; 15:26-27; 고후 8:4; 9:13; 딤전 6:18). 그렇게 함으로써, 우리는 하나님의 명령들에 순종하며, 그분의 기쁨을 경험하고, 그분께 영광을 돌리게 된다. 교회 멤버들은 그들의 물질적인 은혜를 그들의 교사(목회자)와 나누고 그의 사역에 필요한 것을 제공하는데 헌신된 사람들이다(갈 6:6; 참조 고전 9:14).

교회 멤버들은 또한 그리스도의 고난에 참여하는데 헌신된 사람들이다. 그분의 고난에 참여한다는 것은 우리가 세상 죄를 속죄하시는 그리스도를 돕는다는 뜻이 아니라 고난중에도 그분을 신실하게 따르고 그렇게 함으로써 세상으로부터 거절도 경험한다는 뜻이다(빌 3:10). 우리는 우리 자신의 죄 때문이든 혹 다른 이들의 죄 때문이든, 그리스도를 위해 그리스도와 함께 그리고 다른 믿는 이들과 함께 고난을 받도록 부르심을 받았다. 또한 우리는 사랑안에서 서로 섬기며(갈 5:13), 서로간의 교제를 즐거워 하라고 부르심을 받았다(행 2:42; 참조 눅 15:23; 고전 10:31).

교회 멤버십을 다른 식으로 이해하고 싶다면, 신약 성경에서 누가 교회의 멤버십을 정의하였는지 생각해 보라. 개인이 자기 스스로 정의 내렸는가? 그렇게 보이지 않는다. 고전 5장에 있는 남자(아비의 여자와 동침한 남자 교인)는 자기 스스로 고린도 교회의 멤버로 남을 것인지를 결정할 권리가 없었다. 그것은 회중의 책임이었다. 따라서 바울은 그의 서신에서 죄 가운데 있는 그 남자가 아닌 교회 전체 회중에게 말하고 있다.

물론 가장 근본적으로는 하나님이 한 지역 교회의 멤버십을 규정하신다. 행 2장에서 날마다 구원받는 사람들을 교회의 멤버십에 증가시키신 분은 주님이셨다. 그러나 이차적인 의미에선, 지역 교회가 멤버십을 규정할 책임을 위탁 받았다. 고후 2:6절에서 우리는 치리를 받았지만 회개를 한 멤버를 다시 받아 들이도록 교회 멤버들에게 호소하고 있는 바울을 발견한다. 고전 5장과 마 18장에서도 누가 교회 멤버십을 구성하는지를 합당하게 판단하기 위해 공식적으로 활동해야만 했던 것은 바로 교회 회중들이었다. 왜냐하면 회중들이 누가 교회 멤버십으로부터 제외되어야 하는지를 결정했기 때문이다. 그 예로, 고린도 교회에 있던 그 간음한 형제의 경우, 분명히 고린도 교회 회중이 그 사람이 멤버로 남도록 허락하는 것을 결정했었다. 그리고 정확히 이런 회중의 결정 때문에 바울은 그들을 꾸짖고 책망한 것이다.

위에 언급된 어떤 경우에서도 개인은 단순하게 자기 자신을 회중의 멤버로 만들 수 있는 힘을 가지고 있지 않았다. 오늘날에는 예배에 정기적으로 출석하는 사람들이 단지 자신들이 참석하기로 선택했기 때문에 자신을 교회의 멤버로 여긴다. 교회에 새 멤버로 참여하는 것은 회중의 결정에 달려있다. 멤버가 되고자 하는 개인의 열망은 필요한 것이지만 충분한 것은 아니다. 일단 개인이 기꺼이 참여하고자 한 후에, 그를 받아들이고자 하는 회중의 의향이 여전히 확보되어야만 한다. 신약 성경에서는 새 멤버들을 받아들이거나 배제했던 것은 기존 교회 멤버들이었다. 왜냐하면 새로 가입되는 멤버들의 영적인 삶에 대해 하나님 앞에서 설명해야 할 사람들이 회중과 그들의 리더들이었기 때문이었다(히 13:17).

누가 회중의 리더들을 뽑았는가? 교회의 멤버들이었다(행 6:2-6). 누가 멤버들 사이에 있는 견해차이들에 대해 판결하였는가? 교회 멤버들이었다(마 18:15-17; 고전 5-6). 누가 최종적으로 설교의 신학이 정통적인가를 분별했는가? 교회 멤버들이었다(갈 1:6-9; 딤후 4). 누가 선교사들을 파송하였는가? 교회 멤버들이었다(행 13:1-3). 누가 천국을 위한 중요한 일들을 처리하기 위해 그들의 리더들과 함께 일했는가? 교회 멤버들이었다(행 15:22). 공식적으로 정의된 교회 멤버십은 신약 성경에서(삼위일체교리가 그러하듯, 어떤 성경 구절에 직접 진술되지는 않았지만 – 역자 주) 하나의 암시된 사상이다.

본질적으로, 교회의 멤버십은 주의 만찬에 정기적으로 받아들여진 사람들로 구성된다. 고전 5장과 6장에서, 바울은 회개하지 않은 죄인들이 그들의 멤버십안에 여전히 남아 있도록 허용한것 때문에 고린도 교회 회중을 책망하고 있다. 11장에서 바울은 특별히 주의 만찬에 대한 고린도 교인들의 무분별한 실행에 대해 비판하였다. 그리고 고린도 후서에서 바울은 교회 "다수에 의해"_{by the majority}"(2:6) 징계를 받은 자를 언급하고 있다. 바울은 분명히 하나의 규정된 그룹-고린도에 있는 교회 멤버들-의 다수가 취한 행동을 언급하고 있다.

때때로, 진실로 중생한자들이 주의 만찬에 참여하는데 반대를 겪을 수도 있으며, 반대로 위선자들이 받아들여질 수도 있다. 그러나, 지역 교회의 의도는 교회가 주의 만찬에 참여하도록 허용하는 사람들은 반드시 중생한자들이어야 하며 복음, 혹은 하나님의 말씀에 위배되는 삶을 살지 않고 있는 사람들이어야 한다. 이것이 아주 기본적인 멤버십에 대한 개요이다. 교회 멤버십은 교인들이 어떤 회개치 않은 죄 가운데 거하지 않는다는 것과 그들이 침례를 받은 상태에 있다는 것을 전제로 한다. 또한, 교회 멤버십은 그들이 (아주 드문 경우들을 제외하고는) 정기적으로 교회의 예배와 활동에 출석하는 자들임을 전제로 한다. 그리고 더 나아가, 교회 멤버십은 누군가가 정직하고 투명하게 교회 멤버들에게 알려지며, 죄를 회개하는 자로 알려지는 단계로까지 발전해 가는 것을 전제로 한다. 교회는 죄인들만을 위한 것이지만 그들중에서 회개한 죄인들만을 위한 것이다.

초기부터 침례교회들은 교회 언약서 안에 그런 의무들을 요약하려는 경향이 있었다.[4] 초기 침례교인들은 그들이 자신들의 목회자들을 위해 기도해야 하고, 자신들이 할 수 있는 한 목회자들의 재정적 필요를 채워주어야 하며, 그들을 존경하고 순종하며 보호해야 할 의무가 있다는 것을 받아들였다 (히 13:17). 침례

---

4   마크 데버의 교회 정치론 90-91에 나오는"The Solemn Covenant of the Church of Christ, meeting in White-street, at its Constitution; tion; June 5, 1696" (1697)를 참조하라.

교인들은 보통 자신들의 의무를 성취하겠다는 약속을 지키기 위한 한 방법으로 위에 언급된 언약들을 공개적으로 선언했다. 그들은 또한 자신들이 회중의 다른 멤버들을 돌보고 지켜주어야 할 의무가 있다는 것을 언약서를 통해 인정하였다. 멤버를 돌보는 것은 범죄한 멤버를 직접 대면하는 것과 심지어 그를 회개로 이끌려는 시도가 실패할 경우 출교의 절차를 밟는 것도 포함하고 있다. 언약에 의해서 그들은 개인적 거룩함과 서로에 대한 돌봄과 기도, 짐을 서로 나누어 짐, 복음을 전파하기 위해 함께 일할 것과 그리고 주의 날에 정기적으로 함께 모이는 것들을 서약한다. 그런 언약들은 그들이 교회 멤버십 – 그리고 사실상, 그리스도인의 삶 – 이 요구하는 것이 무엇이라고 이해하는지에 대한 기본적인 형태를 제시하였다.

1656년 써머셋 (영국 남서쪽) 침례교 신앙 고백문 Somerset Baptist Confession 25항에 따르면, 다수의 성경 구절들이 이 신앙 고백문의 작성자들로 하여금 자신들의 독자들에게 다음과 같은 사실을 촉구하도록 하였다. 즉 "그리스도의 교회안으로 새 멤버들을 받아들임에 있어 교회와 그 교회의 사역자들이 하나님에 대한 신실함속에서 가져야 할 의무가 있다. 그것은 그들이 새 생명에 대한 분명한 증거와 살아있는 믿음의 역사를 제시하는 사람 이외에 그 누구도 멤버로 받아 들이지 않도록 조심해야 하는 것이다." 요 3:3에서 예수님은 중생하지 않고는 누구도 하나님 나라를 볼 수 없다고 하셨다. 마 3장에서 요한의 침례는 오직 신앙고백과 회개의 조건하에서 제시되었다. 써머셋 신앙고백은 또한 마음과 육체에 할례를 받지 않는 자들을 자신의 성소안으로 데리고 온 이스라엘에 대한 하나님의 저주를 인용하고 있다(겔 44:6-7). 이 성소는 중생한 자들로 이루어지는 교회에 대한 전조였다. 물론, 행 2:38에 있는 베드로의 답변 또한 그리스도인들이 (함축적으로는 교회 멤버들) 순종해야 할 회개와 침례의 첫 명령들을 보여주기 위해 사용되었다. 써머셋 신앙 고백문은 고린도 교인들에게 하나님의 은혜가 주어진바 되었다는 고후 9:14에 나타난 바울의 확신을 고린도 교회가 중생한자들만의 교회 멤버십을 실행했다는 증거로 인용하고 있다. 시 26편과 101편(다윗이 악한자들과의 교제를 거부함 – 역자 주) 또한 믿는자들만의 교회 멤버십을 예시하는 것으로 사용되었다.

요약하자면, 교회 멤버십에 대한 성경의 가르침은 간헐적이며 암시적이지만 분명하다. 교회들은 그들이 누구를 위해 책임을 질 것인지를 규정할 의무가 있다. 그리스도인들은 보통 그들 가까이에 있는 복음을 설교하는 교회에 참석하고 가입할 의무가 있다. 또한 특별히 16세기 그리고 17세기 침례교인들이 그런 신약의 실행들을 재발견하는데 있어서 주도적이었다는 것을 주목해야만 한다. 유아세례에 대한 그들의 거절은 로마 카톨릭 교회의 포괄적인 지리적 교회 조직들을(교구들, 관구들) 실제적으로는 불가능한 것으로 만들었다. 초기 침례교인들은 오직 믿는자들로만 구성되는 지역 교회뿐만 아니라 지방회의 완전히 자율적인 성격을 재발견하였다. 그러한 신약 교회의 실행들에 대한 헌신은 동료 멤버들과 그들의 목회자들에 대한 어떤 의무들을 암시하였다. 각 교인의 사역에 대한 강조는 모든 믿는자들의 제사장 교리를 강력하게 실천하는 과정에서 나타났다.

중생한자들만의 교회 멤버십에 대한 명료성은 침례교인들이 더 큰 기독교 공동체에 이바지한 가장 중요한 공헌이다. 그렇지만 지난 세기에 침례 교회의 실용주의적이며 환원주의적인 삶으로 인해, 특별히 수적 성장을 추구하려는 열망으로 인해 희생된 것이 바로 교회 멤버십에 대한 명료성이었다. 개인주의적인 소비자 우선주의individualistic consumerism를 용인하거나 심지어 이런 태도에 영합하도록 잘못 사용된 전도의 열기에 의해 지역교회 자체가 약화되었다. 그리고 수많은 이름뿐인 기독교인들이 교회의 사역을 세상과 교회안과 그리고 심지어 그들 자신들의 삶속에서 파괴시킬 것이다.[5] 교회안에 있는 이런 이름뿐인 기독

---

5   19 세기에 레이놀즈 (J. L. Reynolds)는 중생한자만의 교회 멤버십의 중요성에 대해 품위있고 감동적으로 적었다: 형제의 관계로 들어가는 관문을 잘 지키는 것이 구세주의 제자들의 의무가 되었다. 이런 관점에서 보면, 중생한자만의 교회 멤버십의 효율성, 번성, 그리고 안전성은 멤버들의 충실함에 달려 있다. 이름뿐

교인들의 삶이 예수님에 대해 거짓 증언을 할때, 교회는 그 목적을 상실하고 주변에 있는 세상은 교회의 빛을 상실하게 된다. 멤버십에 대한 성서적 이해의 회복은 긴급한 동시에 중요한 과제이다. 우리는 이 장의 나머지 부분에서 반드시 배워야만 하는 멤버십에 대한 이해와 지역교회에서 의미있는 멤버십을 실행하기 위한 실제적 절차들을 논의할 것이다.

헌신된 사랑으로서의 의미있는 교회 멤버십 만들기

오늘날 목회자들은 그리스도인들이 교회 멤버십이나 그것의 중요성을 이해하고 있다고 추측할 수 없다. 사실, 많은 목회자들은 교회 멤버십에 대한 가장 실용주의적인 주장들 이외의 그 어떤 것도 다 잊어버린것처럼 보인다. 그러나

인 그리스도인들의 증가는 숫적 성장을 가져올 수도 있다. 그러나 그런 성장이 교회의 진정한 힘을 증가시킬 수는 없다. 그리스도의 제자들의 수를 늘린다는 허울 좋은 변명으로 중생하지 않은자들을 교회의 특권들 안으로 환영해 들이는 교회는 실제로는 요새를 자신의 원수에게 팔아 넘기는 것이다. 그런 교회들은 자신들의 넓어진 입구들로 몰려드는 수많은 양떼를 보고 기뻐할 수도 있고 그들의 눈부신 미래를 보고 좋아서 어찌할 바를 모를 것이다. 그러나 그 기쁨과 승리는 일시적인 것이 될 것이다. 그들은 하나님의 일을 위해 원수의 전략을 어찌할 바를 모를 수도 있다. 그들은 자신들이 빛의 천사를 환호하며 맞이한다고 생각하였다. 그러나 그들은 사탄을 맞이한 것이다. 나는 그런 중생하지 않은자들을 [유아세례자들] 교회 멤버로 받아 들이는 교회에 있는 많은 신실하고 열정적인 그리스도인들을 존경한다. 그러나 나는 이 트로이 목마가 마침내 그들의 파멸을 가져올까봐 두렵다(오늘날 이 트로이 목마에 해당하는 것은 침례교회에서 멤버로 등록은 되어 있지만 단순히 이름만 멤버이지 교회 사역에 참여하지 않으며 출석하지 않는 그리스도인들을 보유하는 것이다). 유아세례의 주제에 대하여 그리고 내가 보기에 유아세례가 초래하는 당연한 문제에 대한 나의 감정을 숨김없이 기록하였다. 나는 누구를 불쾌하게 만들려는 의도가 없다. 그 누구의 내면적 동기에 대해서도 비난할 수 없으며 유아세례가 하나님의 명령으로 승인된 것이라고 믿고 있는 나의 그리스도인 형제들의 경건성과 신실함에 대해 의심하지 않는다. 많은 유아세례 지지자들이 이 세대의 빛들과 아름다운 장식들 가운데 포함되어 있다. 그들의 사역은 구속주의 왕국 확장을 위해 하나님께로부터 복을 받아 왔다. 그들의 교회들은 순결하고 진실한 경건의 수 많은 예시들이 되고 있다. 그런 사람들은 그리스도의 법을 알고서도 일부러 위배하지는 않을 것이다. 그들은 그들의 주와 왕되시는 분의 명령에 순종하기 위해 세상의 악평을 그리고 심지어 순교의 고난을 환영하며, 그리스도를 위하여 고난받기에 합당하다고 여겨지는 것을 기뻐한다. 백스터(Baxter), 레이튼(Leighton), 에드워즈(Edwards), 마틴(Martyn)과 함께 믿음과 신앙의 행실에 있어서 연합하고 있으며 하늘의 영으로 호흡하는 사람들을 (비록 유아세례를 시행하지만) 존경하고 사랑하지 않을 수 없다. 비록 내가 그들의 침례에 대한 오류를 보면서 안타깝게 생각하지만, 나는 내 자신이 원하는 만큼의 관대함을 그들에게도 주고 싶다 (Dever, *Polity*, 327-28).

침례교 역사에서 목회자들은 신중함 뿐만 아니라 원칙의 문제로서 강력하게 실천된 멤버십을 인정해 왔다. 교회 멤버십에 대한 강조를 간과하는 것은 단순히 지혜롭지 못한 것 정도가 아닐 것이다. 그런 간과는 그 자체가 죄가 될 것이며, 다른 사람들을 죄로 빠지게 할 것이다. 어떻게 우리가 다시 멤버십을 우리 자신과 회중에게 의미있는 것으로 만들 수 있겠는가? 나는 우리가 그것을 사랑의 문제로 말해야 하며 다양한 방법으로 표현되어야 할 사랑으로 가르쳐야 한다고 제안한다. 다섯가지 방법을 예로 들어 쉽게 말해 보겠다.

사랑의 증거

예수님은 요 13:34-35에서 세상은 우리가 서로 사랑함으로써 우리가 그분의 제자들임을 알 것이라고 하셨다. 교회는 예수님의 전도를 위한 계획이다. 서로에 대한 우리의 사랑은 우리 주변에 있는 비 그리스도인들에게 그들이 그렇게 갈망하는 삶과 공동체가 존재할 수 있다는 강력한 증거가 되어야 한다. 심지어 이 타락한 세상에서도 우리는 타인을 향한 무조건적이며, 불편함을 감수하는 그리고 스스로에게 피해를 초래해도 자신을 희생하는 사랑을 살았던 사람들을 알고 있다. 기독교 복음은 필연적으로 죄에 대해 책망하는 메시지를 포함할 수 밖에 없다. 그러나 그 기독교 복음은 또한 강렬한 사랑의 삶으로 보여져야 한다.

공의의 하나님이 바로 긍휼의 하나님이시다. 거룩한 하나님은 친히 죄에 대한 자기 자신의 적대감의 무게를 스스로 감당하신 분이다. 십자가에 나타난 그리스도의 사랑은 교회안에 있는 그리스도인의 삶 속에서 나타난다. 우리의 삶은 우리 입술의 고백에 대한 증거가 되어야만 한다. 우리는 하나님의 형상대로 지음을 받았다. 그리고 심지어 우리가 하나님을 대항하여 배역한 상태에서도 우리는 다시 한번 그 형상안에 살고자 갈망한다. 하나님은 지역 교회를 사용하셔서 이러한 갈망들이 표면화되게 하시고, 그 갈망들에 대한 진실을 증거하시고, 그리고 언젠가 하나님 그분 자신의 가시적 임재가운데서 이루어질 그 갈망들의 궁극적 성취에 대한 맛보기를 제시하신다. 멤버십은 그리스도의 사랑에 대해 간증한다.

사랑의 확신

고전 5장에서 바울은 고린도 교회에게 진리를 깨닫고 다음과 같은 사실을 인식하라고 말한다. 즉 고린도 교회는 자기 입으로 고백한 복음의 적으로 살아가는 어떤 남자를 자신들의 멤버십안에 포함하고 있었다. 그 사람은 그 아비의 여자(심지어 이방 고린도 사회에서도 심각한 죄였다)와 간음을 하고 있었다! 그러나, 그 남자는 바울이 책망하고자 하는 직접적 대상이 아니다. 그 책망의 직접적 대상은 회중들이었다. 왜 그랬을까? 그것은 그 남자에게 자기 자신을 계속해서 예수님의 제자로 생각하도록 허락한 것이 고린도 교회 회중들이었기 때문이다. 자신을 그리스도인이라 생각하고 있던 그 때 그는 공개적이며 회개하지 않은 죄 가운데 거하고 있었다. 그의 죄는 (바울이 계속해서 말하듯)반죽에 있는 누룩과 같았다. 다시 말하면, 그의 죄는 몸안에 퍼지고 있는 감염과 같은 것이었다. 감염은 그 자체가 심각한 것이지만 감염에 대한 회중들의 관용만큼 그렇게 심각한 것은 아니었다. 이 시점에 간음죄를 지은 자를 환영하고 관용을 베푼것은 단순히 개인적인 감염이 아니었다. 그것은 교회라는 몸 전체의 면역 체계가 파괴되었음을 의미했다. 이런 관용은 몸의 생명과 그 생명의 지속에 지극히 중요한 무엇인가가 상실되어 있다는 것을 보여주었다. 그리고 이런 상태는 만일 즉각적으로 이 문제가 해결되지 않으면 지역 교회의 몸이 속히 죽음에 이르게 할 것이다. 이런 감염이라는 침투에 저항할 수 없는 몸은 곧 그것에 굴복하고 말 것이다.

치리를 받은 개인의 관점에서 보자면, 바울이 고린도 교회로 하여금 실천하도록 한 그런 행동은 사랑의 행동이었다. 치리를 받아야 할 사람이 분명히 자기 자신을 계속적으로 그리스도인으로 여겼다면 그리고 다른 사람들에 의해서도 그렇게 간주되었다는 것을 고려해 본다면, 그는 분명히 스스로 속고 있었던 것이다. 우리는 신앙을 고백한 그리스도인들이 자기 자신들을 속일 수 있다는 것을 알고 있다. 바울은 후에 고린도 교인들에게 다음과 같이 편지를 썼다: "너희는 믿음 안에 있는가 너희 자신을 시험하고 너희 자신을 확증하라(고후 13:5; 참조 벧후 1:10-11)." 그리스도에 대한 자신의 과거 신앙을 고백하는 것에만 단순하게 의존한 채, 우리가 그 고백자의 구원에 대해 즉각적으로 확신을 갖는 것은 아마도 우리가 그를 위해 할 수 있는 가장 사랑스런 일은 아닐 수 있음을 인식해야 한다. 그리고 이와 같은 것이 우리 개개인에게도 사실이라면, 회중들에게는 더욱 더 그렇다. 교회의 멤버가 된다는 것은 단체적인 구원의 확신에 참여한다는 것이다. 우리는 타인의 삶속에 있는 하나님의 은혜의 증거들을 목격하며 서로 격려해야만 한다. 그리고 우리는 필요한 상황이 발생하면 서로를 교정해 주어야 한다. 바울은 고전 6장에서 하나님의 왕국을 상속 받을 사람들이 누구인가에 대하여 교회가 속임을 당하지 말라고 긴급하게 당부하였다. 바울의 경고는 사랑에서 비롯된 것이다. 멤버십은 우리가 참으로 하나님의 사랑을 알아 왔고 그 반응으로 현재 참으로 그분을 사랑하고 있음에 확신을 주는 역할을 한다.

사랑의 본질

우리는 참된 사랑이 무엇인지에 대하여 너무나 혼란을 겪고 있으므로 사랑의 본질이라는 주제는 특별히 중요한 것이다. 요한은 "무릇 의를 행하지 아니하는 자나 또는 그 형제를 사랑하지 아니하는 자는 하나님께 속하지 아니하니"라고 한다 (요1서 3:10). 사랑은 기독교인의 당연한 속성이다. 다른 그리스도인을 사랑하는데 자기 자신을 헌신하는 것은 단순히 성숙한 그리스도인만 하는 것이 아니다. 사랑은 참된 그리스도인은 누구나 하는 것이다. 교회 멤버십에 대한 헌신은 우리의 사랑에 구조와 모양을 제공하기 시작한다. 멤버십은 사랑한다는 주장들을 시험하고 구체적인 순종들을 요구한다.

"그러나 분명히 우리는 하나님을 안다. 왜냐하면, 우리가 이 찬송 혹은 저 후렴을 부를 때 우리의 마음이 감동을 하고 눈물이 흘러내리기 때문이다"라고 누군가 말하고자 할 것이다. 요한은 "아니다"라고 말한다. "우리는 형제를 사랑함으로 사망에서 옮겨 생명으로 들어간 줄을 알거니와 사랑하지 아니하는 자는 사망에 머물러 있느니라 … 우리가 이로써 사랑을 알고 우리도 형제들을 위하여 목숨을 버리는 것이 마땅하니라(요1서 3:14, 16)." 우리의 삶은 우리의 말이라는 텍스트를 설명해 주는 그림이다."누구든지 하나님을 사랑하노라 하고 그 형제를 미워하면 이는 거짓말하는 자니 보는바 그 형제를 사랑하지 아니하는 자는 보지 못하는 바 하나님을 사랑할 수 없느니라(요1서 4:20)."

때때로 나는 내가 목회하는 교회에 있는 젊은 신학생들에게 이렇게 말한다: "만일 당신이 웨인 그루뎀Wayne Grudem 과 존 파이퍼John Piper 를 읽기 좋아하지만 노인을 차에 태우고 교회까지 데려오는 수고를 하고 싶어 하지 않는다면, 나는 당신이 정말 그리스도인인지 알 수가 없다." 누군가를 사랑할 때 종종 어렵고 불편한 상황에 놓이게 되지만 이것이 살아있는 사람을 사랑하는 것의 본질이다. 어려움과 불편함을 감내하는 이 사랑의 본질때문에 우리가 불완전한 한 무리의 양들과 함께 언약을 맺는 것이다. 공식적인 멤버십의 부재로 생겨난 헌신의 부재는 우리 육체에 대한 유혹과 자기 기만의 기회를 제공한다. 비슷한 기호를 가진 회중은 우리와 서로 같은 사람들에 대한 좀더 자연스러운 감정이입을 갖게 된다. 사랑의 불편함은 최소화된다. 그러므로, 이런 상황에서는 우리가 가지고 있는 사랑의 가치가 그 사랑의 신적인 본성을 증명하기에는 설득력이 부족하게 된다. 멤버십은 기독교적 사랑의 바로 그 본질로 우리를 가르치며 그 사랑을 표현하도록 격려해 준다.

사랑의 순종

히브리 기자는 "너희를 인도하는 자들에게 순종하고 복종하라 그들은 너희 영혼을 위하여 경성하기를 자신들이 청산할 자인 것 같이 하느니라 그들로 하여금 즐거움으로 이것을 하게 하고 근심으로 하게 하지 말라 그렇지 않으면 너희에게 유익이 없느니라"라고 말한다(히 13:17). 교회의 멤버십은 특정한 리더들에게 헌신된 사랑을 보여주는 것이다. 엡 4:11은 교회 목회자들이 그리스도께서 교회에 주시는 선물임을 가르치고 있다. 그리스도인은 그 목회자들에게 순종함으로써 그 선물을 받아들여야 한다.

"순종"이란 죄인에게는 어색한 단어이다. 본질상 우리는 순종을 좋아하지 않는다. 순종이란 말을 들을 때, 우리는 즉시로 권위의 남용을 생각한다. 권위의 남용은 널리 퍼져있고 때로는 그 결과들이 끔찍하다. 그러나 그런 남용들은 권위 그 자체의 정당성을 부인하지는 않는다. 처음부터 하나님께 대한 사탄의 공격은 인간들에게 권위와 사랑은 공존할 수 없다고 말하는 것이었다. 그리고 사탄의 가장 큰 증거는 우리 자신의 욕구가 하나님의 명령에 반대할 때(에덴 동산의 경우) 우리 자신들을 부인해야 한다는 하나님의 요구였다. 그러나 하나님은 우리의 선을 위하여 자신의 편안함을 희생하신 그리스도안에서 (겟세마네 동산의 경우), 믿을 수 없는 방법으로 우리를 사랑하심을 친히 보여 주셨다. 하나님은 신뢰할 만한 분이시다. 창조를 통틀어, 권위는 하나님 자신의 성품에 대한 한 표현임이 틀림없다(엡 3:14-15). 다윗의 마지막 말들은 권위의 신성한 본질을 아름답게 반영한다. "사람을 공의로 다스리는 자, 하나님을 경외함으로 다스리는 자여 그는 돋는 해의 아침 빛 같고 구름 없는 아침 같고 비 내린 후의 광선으로 땅에서 움이 돋는 새 풀 같으니라 하시도다(삼하 23:3-4)." 잘 행사된 권위는 그 아래 있는 사람들을 복되게 한다. 이것은 국가에서 그렇듯 가정에서도 사실이다. 그리고 결혼 관계에서도 그렇듯, 교회에서도 사실이다.

실제적으로, 목회자들은 자신들이 하나님께 회개해야 할 자들인것 처럼 섬겨야 할 그리스도인들에 대해 알 필요가 있다. 내가 목회하는 교회에 육백이나 칠백명의 출석자들이 있다(2006-2007년 기준). 그러나 오직 사백이나 오백명 정도만이 내게 자신들을 오픈하고 멤버십의 교제권안으로 들어왔다. 오직, 이들만이 교회 멤버들이며 내게 복음에 대한 자신들의 이해와 하나님의 은혜에 대한 경험들을 말해 주었다. 오직 이 멤버들만이 나 자신과 회중의 다른 멤버들에게 우리를 위해 기도하며 지원하고 돌보고 사랑하는데 헌신하겠다는 다짐을 하였다. 이런 멤버십의 헌신을 표하지 않고 그냥 출석하는 사람 중 몇몇은 실제로 위에 언급된 언약의 일들을 할 수도 있다. 그러나 어떤 이유에서인지 그들은 그들이 그렇게 하겠다는 공식적인 언급을 한적이 없다. 그래서 우리는 그들을 위해 어떻게 기도하며, 신뢰하며, 돌보아야 하는지 알 수가 없다. 실제적으로, 멤버십은 하나님이 교회안에 두신 목회자들에 대한 사랑의 순종을 그리고 다른 멤버들에 대해선 사랑의 돌봄을 가능케 하는 역할을 한다.

사랑의 영광

사울이 다메섹에 있는 그리스도인들을 핍박하려고 하였을때 그는 다음과 같은 음성을 들었다: "땅에 엎드러져 들으매 소리가 있어 이르시되 사울아 사울아 네가 어찌하여 나를 박해하느냐"(행 9:4). 부활하신 그리스도께서는 사울에게 왜 그가 그리스도인들을 혹은 교회를 핍박하려고 하느냐고 묻지 않으셨다. 주님은 바울에게, "왜 네가 나를 핍박하느냐?"라고 물으셨다. 그리스도께서는 자신이 세우시고 (마 16) 피 값으로 사신 (행 20:28) 교회와 자신을 그렇게 동일시 하심으로써 교회에 대한 공격을 자신에 대한 공격으로 받아들이셨다.

지역교회는 직업을 창출하기 위한 목회자 노조의 아이디어가 아니다. 지역교회는 그리스도 그분의 생각이었고 그분이 창조하셨다. 교회는 그분 자신의 본성과 성격의 표현이다. 교회의 행동은 그분을 나타낸다. 교회의 분명한 선함은 그분에게 영광을 가져다 준다. 그래서 우리는 마 5:16에 있는 다음과 같은 예수님의 말씀을 읽게 된다: "이같이 너희 빛이 사람 앞에 비치게 하여 그들로 너희 착한 행실을 보고 하늘에 계신 너희 아버지께 영광을 돌리게 하라." 후에 베드로는 다음과 같이 말했다: "너희가 이방인 중에서 행실을 선하게 가져 너희를 악행한다고 비방하는 자들로 하여금 너희 선한 일을 보고 오시는 날에 하나님께 영광을 돌리게 하려 함이라(벧전 2:12)." 우리의 행위와 하나님의 영광사이에 있는 연결점을 주목하라. 하나님은 우리의 선행으로 인해 찬양과 영광을 받으신다. 우리가 그분의 성품을 우리의 삶속에 반영함으로써 그분의 창조물로 부터 하나님께 영광을 돌리는 것이 교회의 일이다.

만일 예수님이 보이지 않는 하나님의 형상이시라면, 우리는 오늘날 어떻게 예수님을 볼 수 있는가? 예수님은 육체적인 형상들과 이미지들을 통해 예배 받으셔서는 안된다. 우리는 예수님께서 그분의 제자들을 가르치면서 그림을 그리거나 스케치를 하시거나 조각을 만드셨다는 이야기를 들은 적이 없다. 우리는 제자들이 쓴 책들을 가지고 있다. 그러나 우리가 경배하도록 제자들이 만들어 지금까지 남아있는 어떤 형상도 없다. 사실, 그리스도에 대해 우리가 발견할 수 있는 역사상 가장 초기의 형상은 그를 조롱하는 것이었고 로마 카타콤의 벽에서 발견되었다. 그 형상은 단순한 T 형태의 나무 십자가의 모양에 말 머리를 하고 있으며 모멸적인 글귀가 휘갈겨있다: "알렉시메노스가 그의 신(예수)을 예배하다."

다마스커스의 존 John of Damascus 은 성상을 거부하는 것은 성육신을 거부하는 것이라고 주장했다. 이것은 아마도 그 당시 성상을 부인했던 어떤 사람들이 성육신도 부인했기 때문일 것이다. 그러나 존 이전의 앞서 살았던 사람들은 성육신을 부인하지도 않았으며 성상을 사용하지도 않았다. 성육신의 핵심은 결코 단순한 그리스도의 육체적 나타나심이 아니었다. 그것은 그분이 살아 내신 혈과 육을 가진 온전한 사람의 인생이었다. 그리스도는 아마도 열두 제자들과 함께 사진을 찍었다 해도 누군지 알아볼 수 없었을 것이다. 그분의 용모속에는 그 어떤 독특한 것은 없었다(사 53:2). 그러나 영화로 본다면, 내 생각에는 그분이 다른 사람들과 맺는 사랑스러운 교제로 인해 그분의 영광이 나타나기 시작할 것이다.

오해하지 않기를 바란다. 나는 눈에 보이는 것을 경멸하려는 의도는 없다. 사람들은 지금은 시각적 시대라고 말한다. 모든 세대가 시각적 세대이다. 우리는 눈으로 직접보고자 하는 열망을 가지고 태어났다. 우리는 본능적으로 하나님을 눈으로 직접 보고자 열망한다. 그러나 그런 축복은 타락시 우리에게서 사라졌다. 우리는 눈이 아닌 귀로 듣는 시대인 구속역사 가운데 살고 있다. 언젠가 하나님을 눈으로 보는 영광 - 이것이 성경의 절정이다 - 이 우리에게 회복될 것이다. 그것은 계 22:4에서 - 우리가 하나님을 볼 것이다! - 발견되는 구원역사의 완성이다. 그때까지는 하나님이 이차원의 그림들속에서가 아니라 지역교회안에서 실천되는 신앙의 삶속에서 가장 잘 보여지실 것이다. 교회 멤버십이 선하심과 사랑이라는 그분의 본성의 영광을 나타내고 그분에게 찬양을 돌리는 것이 하나님의 계획이다.

의미있는 교회 멤버십의 회복을 위한 12가지 절차들

결론적으로 이것은 목회자들이 의미있는 교회 멤버십을 회복할 수 있도록 제시된 열두가지 회복 플랜이다.

1. 당신의 설교에서 정기적으로 복음을 선포하라. 하나님의 본성, 인간의 죄, 그리스도 안에 있는 하나님의 공급하심, 그분의 대속적인 죽음과 육체의 부활에 대한 분명한 진술들을 설교에 확실하게 포함하라. 회개와 믿음을 분명하게 요청하라. 심지어 당신이 회개가 어떤 것인지를 설명하는 방식에서 당신은 다음의 사실을 분명히 해야한다. 다른 사람들에 대한 사랑에 헌신하지 않는 사람들이 하나님께 대한 사랑에는 헌신하였다고 생각할 어떤 근거도 없다는 것이다. 자기만족 가운데 사는 그리스도인들이 바울의 권면인 "네 자신을 시험하라(고후 13:5)"는 말씀에 순종할 수 있도록 창의적인 방법을 통해 그리스도인이 된다는 것이 무엇을 의미하는지를 반복적으로 정의해주라.

2. 믿음과 교회 언약서에 대하여 회중 차원에서 동의가 된 진술문을 만들고

그것을 사용하라. 회중들은 장로교회의 장로들이 반드시 동의해야 하는 문서보다는 짧지만, 단순한 신앙 고백문보다는 조금 더 긴 진술문이 도움될 것이다. 회중들의 멤버십은 책임감을 수반한다. 회중이 무엇을 함께 믿고 어떻게 함께 살 것인가에 대한 진술들은 중요한 것이다. 그것들은 연합에 대한 분명한 근거이며 가르치는 수단이고 세상적인 사람들로부터 울타리가 된다. 세상적인 사람들은 교회 멤버십과 세상 사이에 있는 구분들, 즉 분리시키는 것들을 없애려고 한다.

3. 어떤 사람을 회중의 멤버십안으로 받아들이기 전에 멤버십 클래스에 참석할 것을 요구하라. 기존 멤버들이 새로운 멤버들에게 기대하는 바가 무엇이며 새로운 멤버들은 회중에게 어떤 것들을 기대할 수 있는지에 관해 주의깊게 제시해 주는 것은 애정어린 행위이다. 멤버 후보자에게 서명할 것을 요청하기 이전에 신앙 고백문과 언약서의 모든 내용을 주의깊게 가르치라. 당신은 또한 멤버십과 기독교의 역사에 대해, 당신의 교단에 대해 그리고 심지어 당신 교회의 특별한 점에 관해 설명해 줄 수 있다. 그리고 이때는 당신의 지역 교회가 어떻게 운영되는지에 대한 실제적인 기본요소들을 소개할 좋은 시간이기도 하다.

4. 멤버십 후보자가 클래스를 다 마친 후, 그가 멤버십을 얻도록 회중에 추천하기 이전에 그와의 면담을 요구하라. 이 면담은 그가 멤버십 클래스에서 공부한 두개의 문서들(신앙 고백서와 언약서)에 대해 실제로 서명을 할 기회가 될 수도 있다. 과거에는 이러한 멤버십 인터뷰들을 기존 멤버들, 집사들, 또는 장로(목회자)들의 위원회 그리고 심지어 전체 회중 앞에서 진행하였다. 내가 목회하고 있는 교회_{Capital Hill Baptist Church} 는 멤버십 인터뷰를 한명의 장로(목회자)와 한명 또는 두명의 다른 참석자들(보통은 교회의 스텝들이나 인턴)과 함께 진행한다. 인터뷰하러 온 후보자가 당신에게 복음을 전할 것과 그리고 그의 회심과 회심 이후 받은 그의 제자 훈련에 대해 자세히 이야기하도록 요구하

라. 새로운 멤버가 주일날 모임들과, 주의 만찬식과 멤버들의 모임에 참석할 것을 회중이 기대하고 있음을 다시 확인시켜라. 또한, 그가 다른 사람들을 알아가며 다른 사람들에게 자신이 알려지도록 해야 하고, 다른 멤버들을 위해 기도하며, 재정적으로 헌신해야 할 의무가 있음을 상기시키라.

5. 유아들에게 침례를 주지말며, 어린 아이들에게 침례를 주어 공식적인 지역교회의 멤버십안으로 들어오도록 하는것에 대해 신중하라. 여기 전직 침례교 목사였으며 수 십년 전 싸우스웨스턴 신학교^{Southwesstern Baptist Theological Seminary} 교수였던 분이 점점 더 어린 아이들에게 침례를 주는 경향을 목격하면서 한 말이 있다. "아이가 너무 어려서 자신을 위해 옷도 선택하지 못하고, 어떤 직업을 가져야 할지 선택할 수도 없고, 어떤 교회 위원회에서도 봉사하지 못하고, 교회의 안건에 대해 지성적으로 투표할 수도 없으며, 사회에 있는 어떤 기관도 법적인 책임자로서 인정할 수 없는 시기에 있음에도 불구하고, 그 어린아이가 그리스도와 그분의 교회에 대한 자신의 관계에 있어 일평생 구속력을 지니며 영구한 형태의 결정을 내리기에 충분히 책임감이 있다고 생각하는 경향이 있다. 만일 어린이가 구원과 교회보다 덜 중요한 문제들에 대해서도 결정 내릴 능력이 없다는 것을 우리가 믿는다면, 어떻게 우리는 그 어린 나이에 내린 더 중요한 결정의 효력에 대한 우리의 확신을 정당화할 수 있단 말인가?"[6]

중요한 것은 다섯 살 또는 열살 아이가 그리스도를 구원받는 믿음으로 고백할 수 있냐는 질문이 아니다. 그것은 바로 어린아이의 영적 상태를 회중들이 제대로 분별할 수 있는가이다. 많은 수의 이름뿐인 그리스도인과 남침례교회안에 있는 수많은 재침례^{어린아이때 진정한 신앙을 가지지 못하고 침례를 받았다가 신앙의 확신을 가진 후 다시 침례를 받는 경 – 역자주}의 경우들이 어린아이에게 침례 주는 것의 문제에 대해

---

6   Kenneth L. Chafin, "Evangelism and the Child," *Review and Expositor* 60, no. 2 (1963): 166.

부정적인 대답을 주는 것 같다(즉, 회중들이 어린아이의 구원에 이르는 신앙 진위를 판단하기가 매우 어렵다는 것이다 - 역자주). 우리가 하나님에 대한 어린아이의 사랑과 신뢰를 그 아이가 가지고 있는 어른들에 대한, 특별히 그들의 부모들에 대한 사랑과 신뢰로부터 완벽하게 구분할 수 있어야만 한다고 주장하는 것은 아니다. 이런 구분은 오랜 시간에 걸쳐 일어난다. 청소년 시기의 분명한 윤곽이 제 모습을 드러낼 때, 청소년이 세상과 육체와 마귀의 힘을 실제적으로 경험하면서도 그리스도를 따라 살아갈 때, 비로소 그 청소년은 하나님에 대한 신뢰와 부모에 대한 신뢰 사이에 있는 차이를 인식하게 된다. 전 세계에 있는 침례 교인들은 이 점을 알고 있으며 미국에 있는 침례교인들도 과거엔 두 가지 신뢰의 차이점을 알고 있었다. 우리도 다시금 이 차이점에 근거해 침례를 줄 수 있다.

6. 교회 멤버십을 허용하는 것은 회중의 활동임을 인식하라. 이것은 고후 2:6에 분명하게 암시되어 있다. 멤버십 허용을 가장 직접적인 방식(회중 투표)으로 하던지 혹은, 덜 직접적인 방식(특정기간 후보자 이름들을 공개적으로 알리고 회중으로부터 피드백을 구함으로)으로 하던지, 회중들은 누군가를 그 멤버십안으로 허입하는 것을 회중 스스로가 허락해야 하며, 누군가를 멤버십으로부터 배제하는 것도(죽음이 아닌 경우) 회중이 결정해야 함을 배워야만 한다.

7. 이름, 사진, 주소, 이메일 그리고 집과 직장 전화번호 등이 기재된 교회 멤버들의 안내 책자를 발행하라. 그것을 정규적으로 발행해야 정확한 정보를 제공할 수 있다. 멤버들에게 자신들에 대한 정보를 정기적으로 갱신하도록 하라. 이 멤버십 책자를 목회자들과 교회 멤버들에 대한 기도 목록으로 사용하도록 권장하라. 우리 교회에서는 멤버들에게 그들의 개인적 기도 시간에 매일 한 페이지씩 보고 기도하도록 요구하고 있다.

8. 멤버들에 대한 적극적인 목회적 돌봄을 제공하라. 모든 멤버들이 교회안

에 있는 장로(목회자)나 성숙한 그리스도인과 정기적인 대화를 하도록 하라. 멤버들의 삶속에 무슨 일들이 일어나고 있는지 알기 위해 이런 목회적 돌봄을 주도적으로 인도하라. 책을 추천해 주거나 교회의 집회 이후 따로 만나는 것 이외에도 점심시간을 이용한 교제, 전화통화, 이메일 등이 이런 목회적 돌봄의 확실한 방편들이다. 또한 목회자들은 멤버들에 대한 심방사역에 있어 좀 더 조직화된 노력을 기울여야 한다.

9. 교회안에서 제자도의 문화를 창출하도록 노력하라. 소그룹이나 같은 관심을 가진 그룹의 프로그램에 단순히 의지하기보다는 멤버들이 서로를 향해 의도적으로 자기 자신들을 헌신하도록 격려해야 한다. 서로를 돌보는 책임을 이행하도록 격려해야 한다. 관계를 발전시키기 위하여 교역자들의 도움을 받아라. 이들을 통해 각각의 멤버들이 여러 사람들과 더 많은 자연스러운 관계들(소그룹을 넘어서 더 많은 관계들)을 맺도록 하라. 이런 관계들안에서 멤버들은 그리스도인으로서 세워져 간다. 회중안에서 멤버들로 하여금 그들의 행복이 형제, 자매들의 관심사임을 이해하도록 도우라.

10. 어떤 활동들, 행사들 그리고 사역의 영역들은 멤버들에게만 제한시켜라. 예를들어, 오직 멤버들만 참석해야 하는 모임이 있다. 이 모임은 주일날 저녁 또는 토요일 모임 등이 될 수 있다. 이 모임은 모든 사람을 환영하는 일반적인 모임과는 분리될 필요가 있다. 교회멤버십의 어떤 성경적 실행(치리와 같은)은 전 교회가 참여하는, 그러나 오직 교회에 관한 논의만을 요청한다(마 18:17은 이런논의를 해야 하는 모임을 제안하는 것으로 보인다). 오직 멤버만 교회의 직분을 가질 수 있으며, 각종 다양한 예배를 인도하며 회중의 인정과 동의가 요구되는 공식적 역할을 맡을 수 있음을 분명하게 하라. 우리 교회에서는 복음전도를 목적으로 하는 소그룹 이외에는, 모든 소그룹이 오직 교회 멤버들에게만 허용된다. 우리 교회의 제자도의 한 부분으로서 우리는 멤버들에 대한 책임을 진다. 그래서 우리 회중은 소그룹 리더들을 승인하고 발생하는 어

떤 어려움도 해결할 수 있어야 한다(물론, 우리 멤버들은 비록 다른 교회 멤버들이라 해도 자신들이 좋아하는 어떤 사람과도 성경공부를 진행할 자유가 있다. 그러나 교역자로서 우리 교회의 목회자들은 비록 우리 교회 멤버들이 그런 교회 밖의 모임에 참여한다 해도 그 모임의 리더들을 훈련하거나 그 소그룹들에 사람들을 채워야 할 책임은 없다. 또한 우리는 우리 교회 회중의 영적인 삶을 위해 교회 외부의 소그룹이나 리더들에게 의지하지 않는다).

11. 오직 의미있는 멤버십의 실행이 교회에서 회복된 이후에만, 형제를 바로잡는 교회 치리의 회복 (출교 또는 리더십이나 교회적 활동으로부터의 배제)을 고려하라. 너무나 많은 목회자가 먼저 교정하는 교회의 치리를 회복함으로써 의미있는 교회 멤버십을 회복하려고 시도한다. 그러나 이런 시도는 보통 회중의 삶을 삐걱거리게 하는 변화이다. 우리는 결석, 간음, 그리고 여러가지 눈에 뻔히 보이는 회개치 않는 죄들과 관련된 멤버들을 교회에서 배제하기 전에 반드시 멤버십에 대한 긍정적인 이해와 경험을 회복하기 위한 절차를 밟아야 한다.

12.   마지막으로 우리는 하나님이 가지고 계신 계획의 원대함에 대한 무엇인가를 회복해야만 한다. 주일 아침 예배 시간에 여러분의 지역에 있는 복음주의적인 교회들을 위해 그 교회 이름을 불러가며 기도하라. 당신의 회중에게 우리가 참여하고 있는 하나님의 이야기는 우리 교회보다 더 위대한 것임을 상기시키라.

목회자는 다시한번 히 13:17을 묵상하고 자신이 구원의 확신을 심어 준 사람들에 대하여 하나님 앞에서 설명해야 하는 사역의 심각성을 고려해야 한다. 우리 회중속에서 계속적으로 멤버십을 갖도록 허용하는 것은 큰 구원의 확신을 심어주는 것이다. 만일 회개하고 하나님과 화해한 어떤 증거도 보이지 않는다면, 우리는 구원 받지 않은 사람의 이름을 우리 교회 출석부에 올리고 그를 우리 멤버들 중 한명으로 인정함으로서 사랑할 수는 없다. 그리고 목회자 당신 자신은 교회 멤버십의 의미를 최종적으로 결정하시는 그분을 기억하도록 하라. 나는 스코틀랜드의 존 브라운_{John Brown} 목사가 이제 막 작은 교회의 목사로 안수 받은 자신의 학생들 중 한명에게 보낸 편지에 나오는 글귀를 좋아한다: "나는 너의 마음의 헛됨을 알고 있으며 그리고 너희 회중이 네 주변에 있는 너의 형제들의 회중들에 비교해 볼 때 너무나 작아서 네가 실망하게 될 것을 알고 있다. 그러나 한 노인의 글로 너 자신에게 다짐하라: "너희가 주 그리스도에게 나아가 네가 목회한 교인들에 대해 설명하러 그분의 심판석에 서게 될때, 너는 네가 충분히 많은 사람을 가지고 있었다고 생각할 것이다."[7] 궁극적으로 그것 형제의 삶에 대하여 하나님 앞에서 책임을 지는 것 – 역자주이 교회 멤버십의 의미이다.

---

7   The Works of Richard Sibbes, ed. Alexander Grosart (1862; reprint, Edinburgh: Banner of Truth, 1973), 1:294.

3장

침례의 의미

대니얼 에이킨 Daniel L. Akin

◇◇◇◇

하나님을 섬기는 백성들의 삶과 정체성에 있어 침례보다 더 중심적인 교리들도 별로 없을 것이다. 침례는 주 예수님의 공사역을 시작하게 하였으며 (마 3:13-17) 지상 명령의 핵심에 놓여있다(마 28:16-20).[1] 사도행전에서 주 예수 그리스도를 믿는 자들은 신앙 고백 후 즉각적으로 침례를 받았는데(행 2:38, 41; 8:12-13, 36, 38; 9:18; 10:47-48; 11:16; 16:15, 33; 18:8; 22:16), 심지어 교회가 모이지 않았을 때도 침례는 시행되었다(행 8:36, 38; 9:18; 16:33).[2] 신약은 침례를 받지 않은 예수 그리스도의 신자에 대한 어떤 범주도 가지고 있지 않다. 비슬리-머레이[G. R. Beasley-Murray]가 주장하듯, "바울 서신에 나타난 침례에 대한 언급들을 볼 때 그가 그리스도를 믿는 모든 자들이 이미 침례를 받은 자들임을 가정하고 있다는 것은 명백하다… 침례가 바울의 회심 이전부터 존재해 왔던 것이기 때문에, 침례를 교회의 시작과 함께 존재한 것으로 보는 것이 합리적이다."[3]

---

1 예수님의 침례는 특별한 것으로 신약의 신자의 침례와 동일시 되어서는 안된다는 것은 성경에 명백하게 나와있다.

2 Thomas R. Schreiner, *Paul, Apostle of God's Glory in Christ: A Pauline Theology* (Downers Grove, IL: InterVarsity Press, 2001), 371.

3 George R. Beasley-Murray, "Baptism," in *Dictionary of Paul and His Letters*, ed. Gerald Hawthorne, thorne, Ralph Martin, and Daniel Reid (Downers Grove, IL: InterVarsity Press, 1993), 60. 비슬리-머레이의 이 책은 여전히 침례의 주제에 대한 최고 수준의 작품으로 인정받고 있다. 십자가의 강도(눅 23:39-43) 는 신앙고백후 즉각적인 침례의 규칙에서 예외적이다. 그는 침례를 받을 수가 없었다. 그는 또한 행2장과 교회의 탄생 이전에 살다 죽었다. 그러나 마크 데버는 "사도행전과 서신서들을 근거로 볼 때 침례가 신약 기독교인들의 보편적인 실행이었던 것으로 보인다"라고 지적하고 있다. 참조 Mark Dever, "The Doctrine of the Church," in A Theology for the Church, ed. Daniel L. Akin (Nashville: B & H Publishing Group, 2007), 782.

역사적으로 신자의 침례는 우리 침례교회의 선조들이며 재침례파 중에서 복음주의 계열에 속한 자들의 가장 첫 번째 신앙 고백문 속에 나타난다. 발사잘 후브마이어Balthasar Hubmaier는 1524년 Eighteen Dissertations Concerning the Entire Christian Life and of What It Consists 라는 논문의 8항에서 침례에 대해 말했고 마이클 새들러Michael Sattler는 1527년 Schleitheim Confession의 7번째 항목 중 첫 번째 신앙 항목으로 신자의 침례를 언급하였다.[4] 사실, 누군가 침례의 교리가 포함되어 있지 않은 주요 침례교 신앙 고백문 하나라도 찾아보려고 하는 것은 헛된 일이 될 것이다.[5] 침례에 대한 논의가 거의 언제나 합당한 후보자(믿는자)와 합당한 형태(침수)에 관해서만 이루어진다는 사실은 흥미롭다. 그러나 침례의 의미는 그다지 많은 주목을 받지 못하였고 이로 인해 오늘날 혼란과 농담거리처럼 여겨지는 어떤 이상한 사상들이 만들어졌다.

예를들어, 1) 합당한 침례의 집행자에 대하여 그리고 2) 침례의 교리와 성도의 영원한 견인이라는 교리 사이에 있는 관계(만일 있다면)에 대하여 남침례교단의 해외 선교부the International Mission Board에서 일어난 논의를 생각해보라.[6] 마찬가지로 미네아폴리스Minneapolis에 있는 베들레헴 침례교회Bethlehem Baptist Church 존 파이퍼John Piper 담임 – 역자주와 오클라호마주의 에드몬드Edmond, Oklahoma에 있는 헨더슨 힐스 침례교회Henderson Hills Baptist church에서 있었던, 현재는 보류된, 침례에 대한 논의들도 살펴보라. 이 교회들은 신자로서 침수 침례를 받지 않은 자들을 교회의 멤버로 허용하는 것을 고려했었다. 이런 입장은 존 번연John Bunyan, 영국 침례교 목사과 마틴 로이드 존스D. Martyn Lloyd-Jones가 가르쳤으며, 또한 노스 캐롤라이나North Carolina에 있던 많은 자유주의 신학을 가진 침례교회들에 의해 얼마 동안 실행되

---

4   William L. Lumpkin, *Baptist Confessions ofFaith*, rev. ed. (Valley Forge, PA: Judson Press, 1969), 18-31. Schleitheim Confession에 나타난 침례의 중요성에 대해서는 다음의 책을 참조하라. Daniel L. Akin, "An Expositional sitional Analysis of the Schleitheim Confession," Criswell Theological Review 2, no. 2 (1988): 354-56.

5   Lumpkin, *Baptist Confessions of Faith*.

6   2005년 11월 해외선교부 이사회는 신자의 영원한 견인의 교리를 믿는 같은 신앙과 실행을 하는 교회에서만 집행된 침례를 파송 선교사의 조건으로 요구하는 정책을 승인되었다.

었던 것이다.[7] 전직 남침례교도였던 앤디 스탠리Andy Stanley 는 가장 중요한 것은 자신이 침례를 받았을 때의 시점이며 그가 당시 신자였다는 사실뿐이라는 견해를 옹호한다. 침례의 형태나 집행자나 장소는 어떤 중요성도 없다는 입장이다.[8] 스탠리에 따르면 침례는 공식적이어야 하며 예수님과 하나됨을 확인만 하면 되는 것이다. 릭 워렌Rick Warren 은 심지어 "나이키 침례"라는 주제로 "어떻게 당신의 교회에서 침례를 증가시킬 수 있는가?"에 대한 글을 썼는데 나이키 침례는 "우리는 그냥 침례를 시행한다we just do it "라는 뜻이다.[9]

사실상 성경에는 침례에 대한 체계적인 논의가 없다. 예를들어, 기독론 교리와 관련된 구절들이 있는 것과 같이, 어떤 중심적인 혹은 분명한 본문들이 침례와 관련하여는 없다.[10] 그러나 이것이 침례에 대한 성경적 가르침이 전혀 없다는 것은 아니다. 롬 6:1-14에서 사도 바울은 3:21에서 시작한 칭의 교리를 계속 발전시키고 있다. 실제로 제기된 것이든 아니면 수사학적 기법으로 만들어

---

7   John Bunyan, *Differences in Water-Baptism, No Bar to Communion* (1673); Mark Dever, "On Believers Baptism by Immersion as Essential for New Testament Churches" (The Southern Baptist Theological Seminary Gheens Lectures, February 2002); Nathan Finn, "Baptism, Church Membership, and the Baptist State Convention of North Carolina" (June 29, 2006), at http://nathanafinn.wordpress.com/2006/06/ (accessed February 11, 2007). Bethlehem Baptist Church and Henderson Hills Baptist Church 의 웹싸이트는 침례에 대한 자신들의 정책에 변화를 주고하 하는 이유들에 대한 광범위한 문건들이 제시되어 있다(Akin에 의해 이 글이 쓰여진 당시).

8   Andy Stanley's sermon, "Baptism: What's the Big Deal?" February 26, 2006, http://www.northpoint.org/messages (accessed June 22, 2007). Stanley는 한곳에서 *baptizo*라는 헬라어를 "씻겨진"것으로 잘못 해석하고 있다. 이 헬라어 단어가 "침수"를 그 첫 번째 의미로 가지고 있다는 것은 보편적으로 인정된 것이다. 이것이 왜 스탠리가 "어떻게" 그리고 "어디서"에 대해서가 아니라 "언제" 침례를 받았는가에만 관심을 가지는가에 대해 부분적으로 설명해준다. 따라서 그는 "나는 침수 침례가 그렇게 중요하다고 생각하지 않는다"라고 말한다. 비록 침수 침례가 중요하지 않다는 스탠리의 견해에 동의하지 않는다 해도 "씻음"의 의미가 성서적으로 그리고 역사적으로 침례에 완전히 낯선것은 아니라는 점을 인지해야 한다. 엡5:26 과 딛3:5 씻음의 의미를 가지고 있다. 역사적으로, 침례교 신학자들인 James Boyce와 John Broadus가 침례 안에 있는 씻음 또는 거룩함의 의미에 대해 말하고 있다.

9   Rick Warren, *Ministry Tool Box*, no. 267 (July 12, 2006). Warren 목사는 같은 호의 또한 다른 기사에서 "당신의 교회에서 침례를 증가시키는 40가지 방법들"이란 글을 썼다.

10   성서적 기독론을 세우기 위한 4개의 근본적인 본문들이 있다. 그것들은 요1:1-18;빌2:6-11; 골 1:15-20; 그리고 히1:1-3. 이런 접근은 다음의 책에 반영되고 있다. "The Person of Christ" in Daniel Akin, *A Theology for the Church* (Nashville: B & H Publishing Group, 2007) 480-594.

진 것이든, 수많은 질문들에 답하면서 바울은 6:1에서 시작하여 8:39까지 확대되는 칭의와 성화의 관계를 주목한다. 바울이 우리의 정체성과 그리스도와의 연합에 관해 설명하는 것이 롬6장에 있다. 그의 주장들을 발전시키면서 바울은 침례의 교리를 논의하고 있다. 침례가 증거하는 것, 혹은 더 낫게 표현하자면 침례가 의미하는 것은, (1) 신자의 정체성과 (2) 그리스도와의 연합이다.

존 스토트_{John Stott}는 "바울이 말하고 있는 핵심은 그리스도인이 된다는 것은 예수 그리스도와의 개인적이며 활력있는 하나됨을 포함한다는 것이며, 그 분과의 이 연합이 우리의 침례속에서 극적으로 진술되고 있다는 것이다"라고 정확하게 주장하고 있다.[11] 제임스 보이스_{James Boyce}는 침례라는 의식이 그 침례가 고백하는 신앙의 교리적 요소를 포함하고 있다고 믿었다. 보이스는 침례에 대하여 "그분(그리스도)의 교회가 주도하는 의식이며…그 의식과 함께 교회가 규정하는 바로 그 교리적 신앙의 고백을 포함하는 행위"라고 말하였다.[12] 마크 데버는 "그런 신앙 간증은 믿음의 공동체 안에서 발생해야만 하며 그 공동체의 책임은 신앙고백의 신뢰성을 시험해 보는 것이다"라고 주장한다.[13] 스펄전_{Spurgeon}도 이와 비슷한 연결성 (침례와 교회 공동체의 책임)을 보았지만, 그의 강조점은 물속에 들어가는 우리의 공개적 침수가 가지는 간증 또는 증언에 대한 것이었다. 그는 다음과 같이 설명하고 있다:

이 침례와 신앙 사이에 무슨 연관이 있는가? 나는 침례란 신앙의 공식적인 선언이라고 생각한다. 신자는 이미 자신의 신앙으로 인해 침례 이전에 그리스도의 군사였다. 그러나 이제 침례를 통해 그는 군복을 입게 된다. 그는 그리스도를 믿고 있었다. 그러나 그의 믿음은 하나님과 그 자신의 영혼 사이의

---

11 John Stott, *Romans* (Downers Grove, IL: InterVarsity Press, 1994), 174.
12 James P. Boyce, *Three Changes in Theological Institutions: An Inaugural Address* (Greenville, SC: C. J. Elford's Book and Job Press, 1856). Available online at http://www.BaptistTheology.org.
13 Dever, "Doctrine of the Church," 787.

문제로 남아 있었다. 침례받는 자는 침례를 통해 침례 베푸는 자에게, "나는 예수 그리스도를 믿습니다"라고 말한다. 그리고 교회에는 "나는 기독교 신앙의 공동의 진리를 믿는 사람으로서 지역 교회와 연합합니다"라고 말한다. 그리고 구경꾼들에게는 "당신이 무엇을 하든, 나는 주님을 섬길 것입니다"라고 말한다. 침례는 그의 신앙에 대한 공개적인 고백이다… 침례는 또한 그 믿는 자에게는 그의 신앙에 대한 증언이다. 그는 침례를 통해 세상에 그가 믿는 것을 다음과 같이 말하는 것이다. "나는 물속에 잠기게 됩니다. 이를 통해 나는 하나님의 아들이 고난 가운데서 비유적으로 침례 받았다는 것을 믿습니다. 나는 그분이 실제로 죽으셨고 장사지내셨음을 믿습니다." 물로부터 다시 일어나는 것은 그가 그리스도의 부활을 믿고 있다는 것을 모든 사람에게 진술하는 것이다.[14]

롬 6장 전후로, 침례라는 성경의 교리에 대한 필수 불가결한 함축점들이 있다고 믿기 때문에, 나는 6장에 대한 주의 깊은 연구로부터 나오는 이 교리에 대한 일곱 가지 신학적 결론들을 강조하고 간략하게 논의할 것이다. 이 훌륭한 교회 의식과 교리의 의미에 대한 더 깊은 이해가 도출되기를 바란다.

침례는 우리가 이제 죽음의 사람(아담)이 아니라
생명의 사람과(그리스도와) 하나가 되었음을 상징한다 (롬 5:12-21)

롬 6장의 문맥은 침례에 대한 합당한 이해를 얻는데 중요하다. 바울은 방금 전(5장에서) 생명의 사람인 예수 그리스도와 죽음의 사람인 아담과의 현격한 대조를 이끌어 냈다. 당신이 누구에게 속해있는 가가 모든 것을 결정한다. 비슬리-머레이 Beasley-Murray 는 롬 5장에서 우리는 그리스도를 우리의 대리

---

14 C. H. Spurgeon, "Baptismal Regeneration," preached June 5, 1864, in *Metropolitan Tabernacle Pulpit*, http://www. spurgeon. org/sermons/-573. htm (accessed June 22, 2007).

자_{substitute}로 그리고 6장에서는 우리의 대표자로_{representative} 바라본다고 주장한다.[15] 아담이라 불리는 사람으로부터 죄와 죽음이(롬 5:12,14,17) 그리고 심판과 정죄가(16,18) 모든 인간에게 흘러 들어간다. 예수 그리스도라 불리는 사람으로부터 우리는 칭의(15, 16, 18), 의로움(17, 19), 생명(17) 그리고 의로움으로 인해 영생에 이르는 은혜(21)와 같은 값없는 선물을 받게 된다. 우리의 침례가 증언하고자 하는 것이 바로 이 신분의 전환이다. 더글라스 무_{Douglas Moo}는 이 구원론적 전환에 대해 다음과 같이 잘 요약하고 있다: "바울은 믿음으로 받아 들여진(5:1-2) 하나님의 은혜로운 행위가 그리스도 안에서 사람들을 어떻게 하나님과의 새로운 관계로 들어가게 하며 그들이 마지막 날 하나님의 진노로부터 구원받게 될 것을 확신시켜 주는가를 보여 주었다. 이것이 현 시대 우리의 삶과 무슨 관계가 있는가? 어떤 것이라도 있는가? 모든 것이 여기에 달려있다."[16]

그러므로 롬 5장은 롬 6장을 위해 길을 예비하고 있다. 생명의 사람과 연합하는 것은 변화를 가져온다. 이 연합은 우리의 정체성, 실천, 운명을 바꾸어 놓는다. 우리 과거와의 이런 급진적인 결별은 충성의 대상이 바뀌었음에 대한 담대한 선언을 요구한다. 그리고 우리가 지금은 생명의 사람과 연합되어 있으며 죽음의 사람과는 끝났음에 대한 공식적인 선언도 요구한다. 침례는 우리 존재의 이런 새로운 실재와 영역을 강조하는데 꼭 어울리는 것이다. 존 파이퍼_{John Piper}에 따르면 "새로 발견한 신앙에 대한 이 공개적인 의식(침례) 안에는 침례자가 영적으로 어디에 서 있으며 무엇을 하고 있는지를 명확하게 만들어 주는 무언가가 있다… 이 본문(롬 5:20-6:4)에 대한 위대한 가르침 중 하나는 다음의 사실을 보여 준다는 것이다. 만일 당신이 침례가 묘사하는 것을 이해한다면, 당신은 그리스도인이 될 때 당신에게 실제로 발생한 것이 무엇인지를 이해하고 있

---

15 Beasley-Murray, "baptism," 62.
16 Douglas Moo, *The Epistle to the Romans*, New International Commentary on the New Testament (Grand Rapids: Eerdmans, 1996), 350.

는 것이다."[17] 침례는 우리의 새로운 정체성에 대해 증언한다. 우리는 생명의 사람과 연합되었다.

우리가 지금 죄에 대해서 죽었기 때문에
침례는 우리가 더 이상 죄를 즐길 수 없다는 것을 의미한다.

(롬 6:1-2)

마이클 그린Michael Green 은 침례에 대해 다음과 같이 논평하였다: "침례는 한 때 자기 중심적이었고 용서받지 못한 채 하나님의 생명으로부터 분리되어 있던 예전의 나에 대한 죽음을 의미한다.[18] 침례는 그 모든 것에 대한 헤어짐을 의미한다." 그러나 이것이 사실인가? 이것이 하나님이 의도하신 것인가? 바울은 세 가지(사실 일수도 있고 가상의 것일 수도 있는) 질문들을 롬 6장 1절과 2절에서 제기함으로써 이 문제를 다루고 있다. "죄가 넘치는 곳에 은혜는 더욱 더 넘친다" where sin abounded, grace abounded much more 라는 것을 (5:19)[19] 확증하면서, 바울은 "더 많은 죄가 더 많은 은혜를 의미한다"라고 누군가 주장할 가능성이 있음을 알고 있었다. 그래서 그는 "그런즉 우리가 무슨 말을 하리요 은혜를 더하게 하려고 죄에 거하겠느냐?"라고 반응한다(6:1). 그의 대답은 신속하고 분명하다: "그럴 수 없느니라 죄에 대하여 죽은 우리가 어찌 그 가운데 더 살리요?"(6:2). 은혜의 복음은 죄를 살아나게 하는 것이 아니라 죄를 처형한다.

"우리 주 예수 그리스도를 통한 영생"(5:21)은 그 영생을 받은 결과 중 하나로서 죽음, 즉 과거의 죄된 삶의 종결을 가져온다. 토마스 쉬라이너 Thomas

---

17　John Piper, "What Baptism Portrays," (sermon preached at Bethlehem Baptist Church in Minneapolis, neapolis, MN, May 25, 1997).

18　Michael Green, *Baptism* (Downers Grove, IL: InterVarsity Press, 1987), 49.

19　모든 성경 구절은 뉴킹제임스(New King James Version)에서 가져왔다.

Schreiner 는 "믿는 이들이 받는 은혜는 너무나 능력있는 것이어서 죄의 지배를 끊어버린다. 은혜는 단순히 죄 사함만 포함하는 것이 아니다. 그것은 또한 〔침례에 의해 상징되고 있는〕 주권의 이양을 포함한다. 그리하여 믿는 이들이 더 이상 죄의 폭정 아래에 놓이지 않게 되며 죄 가운데 계속적으로 거할 수 없게 된다. 왜냐하면 그들은 죄에 대해 죽었기 때문이다(2절). 죽은 자들은 더 이상 죄를 계속적으로 실행할 수 없다"라고 말한다.[20] 브루스 콜리Bruce Corley 와 커티스 본Curtis Vaughn 은 다음과 같이 덧붙인다: "칭의를 받은 사람들은 죄의 계속성이 제거된 본성을 가지고 있다. 그들은 죄에 대해 죽은 사람들이다. 따라서, 죄에 대한 그들의 관계는 깨어져 버렸다. 그들은 죄의 능력과 영향력으로부터 놓임을 받았다. 그리고 그들이 죄 가운데 계속 거한다는 것은 도덕적으로 불가능한 것이다. 신자의 침례는 죄에 대한 이런 죽음의 상징적 표현이다."[21]

침례는 죄에 대한 나의 애정에 발생한 새롭고 다른 관계를 의미한다. "옛 나"는 죄를 사랑했다. 그러나 "새로운 나"는 죄를 미워한다. 옛 나는 다시 살아나지 못하도록 성령침례를 통해 처형되었다. 비록 과거의 내가 죄에 대하여 살아 있었지만, 지금의 나는 죄에 대하여 죽었다. 물 침례는 내가 생명의 사람이신 그리스도와의 연합을 통해 새로운 사람이 되었음을 선포한다. 그러므로 나는 죄에 대한 나의 애정에 대해 죽은 것이다. 나는 생명의 사람이신 그리스도를 사랑하고 죄를 혐오한다. 침례는 이런 새로운 충성심에 대한 나의 선언이다. 회개를 통해 나는 죄로부터 돌이켰고 지금은 죄의 형벌과 열망에 대해 죽었다. 나는 믿음 안에서 생명의 사람이신 그리스도께로 돌이켰다. 그분은 이제 나의 생명이시며 나의 열망이시다. 침례는 다시 한번 예전의 나에 대한 결정적인 결별을 증명해 준다. 또한 침례는 현재 그리고 종말론적으로 내가 무엇이며 그리고

---

20 Thomas R. Schreiner, Romans, *Baker Exegetical Commentary on the New Testament* (Grand Rapids: Baker, 1998), 298-99.

21 Bruce Corley and Curtis Vaughn, *Romans* (Grand Rapids: Zondervan, 1976), 74-75.

내가 무엇이 될 것인지에 대하여 증언해 준다.

침례는 우리가 그리스도의 죽으심안에서 그분과 연합됨을 가장 분명하게 보여준다 (롬 6:3)

우리는 이제 침례의 축복들에 대한 바울의 논점 가운데서 그 핵심에 이르게 되었다. 비슬리-머레이는 롬 6:3-4의 구조가 바울이 고전 15:3 - 그리스도께서 우리 죄를 위해 죽으셨고… 장사지낸 바 되셨고… 살아 나셨다 - 에서 인용한 원시복음의 용어들을 생각나게 한다고 적고 있다.[22] 비슬리-머레이는 계속해서 "침수에 의한 침례가 바로 복음전파를 행동으로 보여주는 것이다"라고 말한다.[23]

롬 6:3-4에서 바울이 성령침례를 마음에 두고 있었는지 물 침례를 생각하고 있었는지에 대한 논쟁은 불필요한 것이다. 바울은 그 두 가지를 결코 분리하려 하지 않았을 것이다. 더글라스 무는 바울이 물 침례를 가르쳤다고 보았다. 그리고 다음과 같이 그가 확증한 것은 옳은 것이었다: "바울이 3-4절에서 물 침례를 언급한 것이 분명해 보인다. 그러나 침례가 이 문단의 주제도 아니고 침례의 신학을 설명하려는 것이 바울의 목적은 아니다. 침례는 오히려 전반적인 회심의 경험에 대한 속기법shorthand, 말하고자 하는 것을 간단하고 편리한 부호로써 설명하는 방법 - 역자주으로서의 역할을 한다."[24] 이런 분석은 정확한 것이지만 바울이 말하고자 한 모든 것을 설명하기에는 충분하지 않다.

나는 쉬라이너가 바울이 말하고자 했던 침례에 대해 더 정확히 진술하고 있다고 생각한다.

---

22   Beasley-Murray, *Baptism in the New Testament*, 127.

23   Ibid., 133.

24   Douglas Moo, *Romans 1-8* (Chicago: Moody, 1991), 371.

침례에 대한 언급은 그리스도를 믿는자들을 위한 지정된 명칭으로 소개되고 있다. 성경에 침례받지 않은 그리스도인들은 사실상 존재하지 않았기 때문에 침례받은 자들을 언급하는 것은 그리스도를 신뢰하는 그리스도인들을 묘사하는 다른 방법이다. 따라서 바울은 롬 6:3-4에서 모든 그리스도인이 그리스도의 죽음과 장사지냄에 참여하였음을 말하고 있다. 왜냐하면 모든 그리스도인이 침례를 받았기 때문이다. 이 본문에서 언급된 침례가 비유적인 것이라든지 물 침례가 아니라 성령 침례라고 말하는 것은 정확한 것이 아니다. 무Moo 는 바울이 보통 '침례주다baptizein'라는 동사를 물 침례를 언급하기 위해 사용했다는 것을 정확하게 포착하였다(1 Cor. 1:13, 14, 15, 16 〔두 번〕, 17; 12:13; 15:29; 갈 3:27). 침례가 그리스도 안에 있는 믿는이에 대한 보편적인 입교 의식이었기 때문에 로마의 그리스도인은 필연적으로 물 침례를 생각했을 것이다. 더구나 바울은 아마도 물로 받는 침례와 성령님에 의한 침례를 서로 막연하게 연결했을 것이다. 왜냐하면 성령 침례와 물 침례 모두 회심의 때에 발생했기 때문이다성령 침례가 물침례 보다 먼저 일어나지만 사도행전에서는 많은 사람이 회심한 그 순간 즉시 물 침례를 받았다 – 역자주. 따라서 바울 서신서에서 성령 침례와 물 침례를 구분하고자 하는 시도는 바울 자신이 저술한 것을 넘어서려는 것이다… 물 침례가 성령침례로부터 분리될 수 있다는 생각은 바울에게 결코 떠오르지 않았을 것이다.[25]

밥 스타인Bob Stein 도 이와 비슷하게 설득력 있는 주장을 하고 있다.

신약에서 회심은 필연적으로 서로 연관된 다섯 가지 요소들 혹 측면들을 가지고 있다. 이 모든 것은 동시에, 보통은 같은 날에 일어났다. 이 다섯 가지 구성 요소들은 회개, 내적인 믿음, 개인의 외적인 신앙 고백, 중생, 또는 하나님으로부터 성령을 받는 것, 그리고 기독교 공동체의 대표들에 의해 집행된 침례였다.[26]

---

25 Schreiner, *Romans*, 306-7; cf idem, *Paul*, 376.

26 Robert H. Stein, "Baptism and Becoming a Christian in the New Testament," *Southern Baptist*

침례가 회심에 대한 속기법인가? 어떤 특정 문맥에서는 '그렇다'라고 말할 수 있다. 침례가 오직 회심의 속기법으로서만 기능하는가? 분명히 그렇지 않다. 침례는 그리스도와의 필수적인 연합을 뜻하는가? 그렇다. 그렇다면 이 의미만으로 침례가 다 설명되는가? 다시 말하지만, 분명히 그렇지 않다.

3절에서 바울은 네 번째 질문을 하고 있다: "무릇 그리스도 예수와 합하여 침례를 받은 우리는 그의 죽으심과 합하여 침례를 받은 줄을 알지 못하느냐?" 이 질문으로부터 성서적 침례의 수많은 측면에 영향을 미치는 여러가지 의견들이 제시될 수 있다. 그중에서 나는 다섯 가지를 주목한다. 첫째, 침례의 교리에는 지식적인 측면이 있다. 우리가 침례에 대해 알고 이해해야만 하는 교리적 내용이 있다는 것이다. 유아들에게 세례를 주는 사람들과 그리고 특별히 세례를 받는 그 유아에게 이 지식적인 측면은 문제가 된다. 이 지식적인 측면은 아마도 어린 아이들을 침례주는 많은 경우에도 문제가 된다.

둘째, 바울은 자신이 편지를 쓰고 있는 로마인들이 이미 침례를 받은 사람들이라고 당연시하고 있다. 무Moo가 말했듯, "바울이 3절의 질문으로부터 의미하고 있는 것은 그가 로마의 기독교인들이 침례와 기독교인으로서의 경험에 대해서 이미 알고 있는 것을 전제로 말하고 있다는 것이다."[27] 예수 그리스도안에 있으면서 아직 침례를 받지 않은 사람이 있을 수 있다는 주장은 바울에게는 어불성설이다.

셋째, "그리스도 예수 안으로 침례 받는" 것은 그리스도 안으로 완전히 잠겨지는 것을 의미한다. 침례는 나로 현재 그분 안에 존재하게 하시며 나의 존재의 근원 되시는 그리스도와의 완전한 연합과 일치를 확증한다. 바울은 이 진리를 갈 3:27에서 훌륭하게 보완해 주고 있다 : "누구든지 그리스도와 합하기 위하

Journal of Theology 2, no. 1 (1998): 6.

27   Moo, *Romans 1-8*, 375-76.

여 침례를 받은 자는 그리스도로 옷 입었느니라." 이러한 표현은 유일하게 합당한 침례의 형태가 침수라는 것에 대한 추가적인 증거가 된다.

넷째, 그리스도 예수 안으로 들어가는 우리의 침수는 "그분의 죽음안으로 들어가는" 침수이다. 10절이 분명하게 보여주듯, 예수 그리스도는 "단번에" 죄에 대하여 죽으셨다. 죄에 대한 이러한 죽음은 결정적이며 가장 중요한 것이다. 이 죽음은 결코 반복되어서는 안된다. 그럴 필요가 없다. 칼 바르트_{Karl Barth}가 그의 로마서 서신에서 이 진리의 중요성을 다음과 같이 훌륭하게 파악하였다.

침례를 받는다는 것은 외래적인 요소안으로 잠겨[immersed], 그 요소안에 가라앉는 것이며, 거룩함의 물결로 덮혀지는 것이다. 물 밖으로 올라오는 사람은 물속으로 들어간 그 사람과 동일인이 아니다. 한 사람은 죽었고 다른 사람은 태어났다. 침례받은 사람은 더 이상 죽은 사람과 동일시 되어서는 안된다. 침례는 그리스도의 죽으심을 우리에게 증거하고 있다. 그리스도의 죽으심을 통해 하나님의 인간에 대한 근본적이며 변경될 수 없는 요구가 승리하였다. 침례받은 사람은 이 그리스도의 죽음이라는 사건 안으로 이끌려 들어가는 것이다. 하나님의 요구에 의해 압도당하고 감추어진 침례자의 옛 사람은 그리스도의 십자가 안에서 사라지고 잃어버린 바 된다. 그리스도의 죽음은 불법적으로 사용되어 온 인간의 독립성을 무효화함으로써 이 타락을 끝장내게 된다. 그리스도의 죽음은 보이는 죄가 가지고 있는 보이지 않는 죄의 뿌리들을 파헤쳐 "하나님의 부재"인 (옛) 사람, 즉 아담이 쇠약해져 사라져 버리게 한다. 죄 안에 거하기를 원하고 (6:2) 하나님처럼 되고자 하는 사람은 더 이상 이 그리스도와 연합된 죽음을 넘어서서 살 수 없다. 그 옛사람은 하나님이 그에게 만들어 놓은 요구에 의해 해체되고 말았다.[28]

---

28 Karl Barth, *The Epistle to the Romans*, trans. Edwyn C. Hoskyns (reprint, London: Oxford University, versity, 1980), 193.

바르트는 이어서 루터에 대해 이야기한다. 루터의 통찰력과 웅장한 표현은 대단히 가치 있는 것이라 그냥 지나칠 수 없는 것이다.

당신의 침례는 다름 아니라 당신의 목을 꽉 부여잡는 은혜이다. 은혜로 충만한 질식이다. 이것을 통해 당신의 죄는 물 속으로 가라앉게 되므로 당신은 은혜 가운데 거하게 된다. 그러므로 당신의 침례로 나아오라. 당신 자신을 침례 안에서 잠기며 당신을 사랑하는 하나님의 긍휼에 의해 죽임을 당하도록 내어주면서 다음과 같이 말하라: "사랑의 주님! 나를 침례를 통해 익사시키시고 질식시켜주소서. 왜냐하면 이후로 나는 당신의 아들과 함께 죄에 대하여 기쁜 마음으로 죽을 것이기 때문입니다."

바르트는 단순하게 다음과 같이 결론짓고 있다: "이런 죽음은 은혜이다."[29] 물속에 완전히 잠기는 침례는 가장 명확하게 신자와 그리스도가 그분의 죄에 대하여 단번에 이루어진 죽음 안에서 연합됨을 보여준다. 성공회 신학자인 마이클 그린Michael Green도 침수침례가 가지고 있는 이 자명한 의미를 잊지 않는다: [침례는] 단순히 그리스도안으로 들어가는 것만이 아니다. 이것은 그분의 죽으심과 부활안에서 이루어지는 그분과의 연합이다. 침례는 우리를 주 예수님의 죽으심과 다시 일어나심 안으로 깊이 잠기게 하는 것이다. 그리고 이런 측면은 완전 침수full immersion에 의해서 특별히 분명하게 강조되고 있다."[30]

다섯째, 그리스도안으로의 침례는 내가 어디서 침례 받았는가 그리고 누구에 의해 침례 받았는가 하는 질문들에 대한 몇 가지 암시들을 가지고 있다. 고전 12:13은 "우리가 유대인이나 헬라인이나 종이나 자유인이나 다 한 성령에 의해 한 몸안으로 침례를 받았으니"라고 가르치고 있다. 그리스도 예수안으로 침례를 받는자들은 자신들을 그리스도와 두 가지 면에서 동일시 하는 것이

---

29 Ibid., 194..
30 Green, *Baptism*, 49.

다: 그 분은 그들의 머리이시며 그들은 그 분의 몸이다. 이런 동일시는 공식적이어야 하며 반드시 그리스도의 몸, 즉 믿는 이들의 지역적이며 가시적인 공동체에 의해서 증거되어야 한다. 고전 12:12-13에 대하여 쉬라이너가 논평했듯, "그리스도에게 속한 자들은(12절) 그분의 몸〔교회〕안으로 침례 받은 자들이다(13절)." 고전 12장이 롬 6장에 있는 다음과 같은 사실을 무시하는 것은 아니다: "롬 6장의 초점은 교회가 아니라 그리스도안으로의 연합이다."[31] 우리는 이것이〔그리스도와의 연합〕롬 6장에서 바울이 주장하는 논지의 주된 주제임을 분명히 알고 인정해야 한다. 그러나 고전 12:13은 침례가 그리스도의 가시적 몸인 교회에 의해서 집행되는 것이 규범적인 것임을 보여주고 있다. 선교의 확장과 사도행전에서 발견되는 것과 같은 선교의 과정에서 지역 교회에 의해 집행되지 않은 침례들은 일단 지역 교회들이 설립된 이후에는 침례 집행의 한 패턴으로 인정되어서는 안된다. 신약 성경이 규정하고 있는 것 이외의 다른 모델을 따르는 것은 신자를 그가 연합되어 있는 머리와 몸으로부터 분리하는 것이다. 그린은 침례의 이러한 면을 인식하고 다음과 같이 주장한다:

침례가 가지고 있는 공동체적 측면을 강조하는 것이 중요하다. 누구도 그 스스로 혼자만의 기독교인으로 존재해서는 안된다. 우리는 서로에게 속해 있으며 그 소속됨의 표징이 침례이다. 이런 사실은 지역 교회안에 있는 우리에게 중요한 메시지를 가지고 있다. 침례는 내가 혼자 행하여 나 스스로 그리스도인이 되게 하는 것이 아니다. 침례는 공동체의 일이며 이것이 가져다줄 특권, 협력, 그리고 책임을 부여하여 우리를 그리스도의 몸의 한 부분으로 만드는 것이다.[32]

그린의 위와 같은 지적에 알벗 몰러_{R. Albert Mohler Jr.}는 다음과 같은 것을 덧붙이고 있다:

---

31 Schreiner, *Romans*, 308.

32 Green, *Baptism*, 52.

신자의 침례에 대한 공통된 경험은 교회의 연합과 정체성에 핵심적인 것이다. 엡 4:5에서 바울은 교회가 "한 주님, 한 믿음, 한 침례"에 의해서 제정되었다고 쓰고 있다. 고전 12:13에서 바울은 우리에게 "한 성령에 의해 유대인이나 헬라인이나 종이나 자유자나 다 한 몸안으로 침례를 받았고 한 성령을 마시게 된"것을 상기시켜 준다. 따라서 침례는 신자가 그리스도의 몸인 교회 안으로 편입되었음을 보여주는데 필요한 그리스도를 향한 순종의 행위로 제시되고 있다. 단순하게 말하면, 신약 성경은 침례받지 않은 그리스도인에 대해 아는 바가 없으며 더욱이 침례 받지 않은 교회 멤버에 대한 개념 자체를 가지고 있지 않다.[33]

스탠 놀먼_{Stan Norman}은 동일한 진리를 조금 더 확장하여 다음과 같이 말하고 있다: "그리스도와 동일시 되는 것은 그의 백성들과 동일시 되는 것이다. 우리와 그리스도의 연합은 또한 우리와 그분의 몸인 교회와의 연합을 가져온다. 신자는 그리스도의 몸과 연합됨 없이 동시에 그 몸의 머리와 연합될 수 없다… 따라서 침례는 침례 후보자가 그리스도의 몸안으로 포함됨과 연합됨을 상징한다.[34]

그러나 이 주제와 관련하여 가장 설득력있는 것은 아마도 마크 데버의 설명일 것이다. 그는 침수 침례의 문제를 성경에 대한 충성심과 순종의 문제로 보았다. 데버는 다음과 같이 적고있다:

침례는 우리가 간과해서는 안되는 더욱 중요한 문제인 성경에 대한 충성이라는 주제로 이끈다. 만일 침례가 주의 만찬과 교회 멤버십에 본질적인 것이 아니라면, 그것은 사실상 개인이 판단할 문제로 전락하게 될 것이다. 교

---

33   R. Albert Mohler Jr., "Biblical Perspective on Church Membership and Baptism," *The Baptist Messenger*, July 20, 2006 (special insert between pp. 8 and 9).

34   Stan Norman, *The Baptist Way* (Nashville: Broadman & Holman, 2005), 134.

리적 포용성과 성령 안에서의 연합에 대한 열망이 아이러니하게도 순종을
주관적인 선호의 문제로 전락시켜 버렸다. 존 번연 같은 어떤 이들은 무지함
으로 인해 일어난 그리스도의 명령에 대한 불순종은 교회의 치리를 받아야
하는 범죄, 즉 죄라기보다는 참을성 있게 대해야 하는 단순한 빛〔이해〕의 부
족이라고 주장하였다.

죄는 행동이나 의도로 구성될 수 있다. 확실히 하나님을 불순종하려는 의
도는 죄이다. 그러나 비록 개인이 죄를 지으려고 의도하지 않았더라도 하나
님을 향한 불순종의 행위는 죄이다. 성경은 의도하지 않은 죄가 있다고 분명
하게 가르치고 있다. 의도는 죄의 본질과 경중을 가리는데 중요한 고려사항
이다. 그러나 의도가 죄에 대해 고려해야 하는 유일한 요소는 아니다. 죄의
여러 결과 중 하나는 인간의 여러 기능을 둔탁하고 어둡게 만들어 죄인을 멍
하게 만드는 것이다. 그러므로 그런 죄에 계속 머무는 것은 어둠 속에 거하
는 것이다. 그 어둠〔빛의 부족〕이 누군가의 죄책을 가볍게 만들지는 않는다.
마 25장에 있는 양과 염소의 비유에서 예수님은 하나님께 대한 순종은 하나
님이 아닌 사람들의 눈에 의해서 결정되는 것이 아님을 아주 분명하게 가르
쳐 주신다. 많은 염소가 자신들이 의로운 삶을 살았다고 생각했지만, 예수님
은 그렇지 않다고 말씀하신다.

그럼 우리는 하나님이 순종에 대해서 무엇을 고려하시는지 어떻게 알 수
있는가? 그분이 스스로 계시한 것에 의해서 알 수 있다. 계시 이외에 확실하
고 분명한 다른 지침서는 없다. 만일 그리스도께서 그리스도인에게 침수 침
례를 받으라고 명령하셨다면, 그러면 그 명령을 철회하거나 단순한 의도, 설
령 신실한 의도라도, 그 명령을 다른 것(물을 이마에 뿌리거나 붓거나 하는 것-역
자 주)으로 대체해 버리는 것은 그분을 잘 섬기는 것이 아니다. 그분의 영광
은 침례가 교회 멤버십의 재생과 교회의 단체적 증언의 일관성을 지켜낼 때
에 교회 안에서 가장 잘 나타나게 된다. 만일 우리가 그리스도께서 교회에게

오직 회개하고 믿는자만 침례를 주라고 명령하셨다고 이해한다면, 성경적으로 신실한 교회는 침례교회임이 분명하다.[35]

비슬리-머레이는 지혜롭게 그리고 목회적 차원에서 다음과 같이 지적하고 있다:

다음과 같은 질문이 종종 제기되어 왔다. "침례를 통해 어떤 교회에 가입되는 것인가? 지역 교회인가 우주적 교회인가? 가시적인 교회인가? 보이지 않는 영적 교회인가?" 이 질문은 본질적으로 현대적인 것이다. 이 질문은 바울에겐 상상도 할 수 없다. 교회는 자신들의 생명이 "그리스도와 함께 하나님 안에 감추어진"(골 3:3) 하나님의 백성들이 가시적으로 나타난 것이다. 침례는 영적인 의미를 가진 가시적 행위이다. 그러므로 침례는 하나님의 백성이라는 가시적 공동체 안으로 그리고 한 장소나 시기를 초월하는 그리스도의 몸 안으로 들어가는 통로의 수단이 되도록 잘 맞추어진 것이다. 어떻게 침례와 교회에 대한 외향적이며 내면적인 요소들에 만족스런 표현을 줄 것인가는 항구적인 목회적 문제이다. 그러나 그 문제는 믿는이들로 하여금 교리와 실행의 느슨함을 받아 들이기 보다는 하나님의 말씀에 따라 자기 자신들을 개혁하도록 도전하고 있다.[36]

침례는 그리스도의 부활한 생명 가운데서 우리와 그분을 동일시 시킨다 (롬 6:4-5)

물속으로 내려감으로써 물의 무덤에 수장되는 행위는 죄에 대한 우리의 죽음과 그리스도의 죽음 안에서 우리가 그분과 연합된 것을 아름답게 묘사한다.

---

35   Dever, "Doctrine of the Church," 844.
36   Beasley-Murray, "baptism," 64.

그러나 우리와 생명의 주님과의 연합 때문에 우리의 죽음에 놀라운 필연적인 결과가 있다. 우리가 그 분 안에 있기 때문에, 우리 역시 부활의 생명으로 다시 살아나게 되었다. 진실로 우리의 본문은 이것을 확증해 준다:

1. 그리스도께서 죽은자들로부터 아버지의 영광에 의해 부활하셨듯, 우리 역시 그러하다(4절 전반부).
2. 우리의 머리되신 분처럼, 우리는 생명의 새로움 가운데 행해야만 한다 (4절 후반부).
3. 그분의 죽으심과 같은 모양으로 함께 연합되어 있기 때문에, 확실히 우리 또한 그분의 부활과 같은 모양으로 연합하게 될 것이다 (5절).

죽음의 물에서 일어나올 때, 나는 그리스도와의 연합으로 인해 현재 공유하고 있는 부활 생명에 대해 공식적으로 증언하고 간증하게 된다. 멀린스_{E. Y. Mullins}는 자신의 책에 있는 "나는 왜 침례교인가?"라는 장에서 이점을 다음과 같이 저술하고 있다: "물속에 가라 앉는 것은 영적 죽음과 장사지냄의 상징이다. 물속으로부터 일어나는 것은 죽은자들로부터의 부활에 대한 상징이다. 따라서 의식의 형태로서의 침수는 침례가 나타내고자 하는 바로 그 영적인 의미를 표현하는데 필요한 것이다. 그 침수 형태를 파괴하는 것은 바로 그 영적 의미를 파괴하는 것이다."[37] 우리 시대의 두 지배적인 침례교 신앙 고백문들 또한 이 중요한 진리를 강조하고 있다. 원리들의 개요_{The Abstract of Principles, 1859}라는 신앙 고백문 제 15항은 "침례는 주 예수님이 제정하신 의식으로 모든 신자에게 의무이며 그 점에서 신자는 그리스도의 죽음과 부활에 대한 자신의 교제와 죄 사함과 자기 자신을 하나님께 바치며 생명의 새로움 가운데 살고 행하기 위한 표시로서 아버지와 아들과 성령의 이름으로 물속으로 잠기게 된다"라고 적고 있다.

---

37 E. Y. Mullins, "Why I Am a Baptist," in *The Axioms of Religion* (Nashville: Broadman & Holman, man, 1997), 274.

침례교 신앙과 메시지 *The Baptist Faith and Message, 2000* 7항 역시 다음과 같이 확언하고 있다: "그리스도인의 침례는 신자가 성부, 성자, 성령의 이름으로 물속에 잠기는 것이다. 침례는 십자가에 못 박히시고, 장사지낸 바 되시고 그리고 부활하신 구세주에 대한 신자의 믿음을, 죄에 대한 신자의 죽음을, 옛 생명의 장사지냄을, 그리고 그리스도 예수 안에 있는 생명의 새로움속에 행하기 위한 부활을 상징하는 순종의 행위이다. 침례는 죽은자들의 최후 부활을 믿는 신자의 믿음에 대한 증언이다."

그리고 1693년 벤자민 키취 *Benjamin Keach* 에 의해 작성된 침례교 교리문답서 *The Baptist Catechism* 에도 귀를 기울여보라. 질문 97번

질문: 침례란 무엇인가?

답: 침례는 예수 그리스도에 의해 제정된 신약의 의식으로 침례 받은자에게는 그가 그리스도의 죽음, 장사지냄, 그리고 부활 안에서 그 분과 가지고 있는 교제와 그 분 안에 심겨진 자신의 존재(롬 6:3,4,5; 골 2:12; 갈 3:27)와 죄 사함(막 1:4; 행 2:38; 22:16)과 자기 자신을 예수 그리스도를 통해 하나님께 헌신하는 것과 생명의 새로움 가운데 살고 행하고자 하는 것(롬 6:3,4)에 대한 표식이 되어야 한다.

다음과 같은 것을 확증한 존 머레이 *John Murray* 는 옳았다: "죄에 대한 죽음은 그 자체로는 신자의 정체성에 대한 충분한 특징은 아니다. 그것은 기본적인 것이며 바울이 말하고자 하는 논점의 근본적인 전제이다. 그러나 죄에 대한 죽음은 은혜의 최종적인 공급인 부활 생명의 전제 조건에 지나지 않는다(참조 5:15, 17, 18, 21). 그리고 그리스도와의 연합을 상징하는 것으로서의 침례(3절)는 반드시 그리스도의 부활 안에서, 따라서 그리스도의 부활 생명 안에서 그 분과의 연합을 의미해야 한다.[38]

38　John Murray, *Romans*, New International Commentary on the New Testament (Grand Rapids: Eerdmans, 1968), 216.

침례는 옛 사람이 죽었기에 우리가 더 이상 죄에
종노릇 하지 않는다는 것을 확증한다(롬 6:6-7).

바울은 지금 성화의 교리를 침례를 통해 그리스도와 연합하게 된 것의 자연
스러운 그리고 예상되는 결과로서 발전시키고 있다. 다시 한번 우리의 연합, 실
행, 그리고 운명에 대한 지식적 요소가 지적되고 있다. 우리는 옛 사람이 십자
가에 못 박혔으며 죽음에 이르게 되었으니 이는 "죄의 몸을 멸하기 위함"이라
는 것을 알고 있다. 왜 그렇게 되었는가? 우리는 더 이상 죄의 노예, 포로자가
되어서는 안된다. 나의 이전 자아는 죽었으며 그리스도안으로 잠겨진 덕분에
사라져 버렸다. 다시 한번, 쉬라이너는 우리의 새로운 법적 자격을 잘 진술하고
있다:

그의 죽음과 부활의 약속을 나누게 된 덕분에 그리스도 안으로 침례를 받
은 자들은 죄의 능력에 대해 죽게 되었다(6:2). 아담 안에 있는 우리, 즉 옛
사람 palaios anthropos 은 그리스도와 함께 십자가에 못 박히게 되었다(롬 6:6; 참조
갈 2:20). 따라서, 죄의 지배를 받는 몸은 그 능력을 빼앗기게 되었다 (롬 6:6
katargeo). 그리고 신자들은 이제 죄가 아담 안에 있었던 자들에게 행사했던
그 지배로부터 자유롭게 되었다.[39]

스토트 Stott 도 이점을 비슷하게 이해하여 다음과 같이 진술하고 있다: "우리
의 옛 자아 Our old self 는 우리의 낮은 자아 lower self 가 아니라 우리의 이전 자아 former
self , '한때 우리였던 그 사람' NEB , '우리의 옛 인간성' REB , 아담 안에 있었던 과
거의 우리를 의미한다. 그래서 그리스도와 함께 십자가에 못박힌 것은 옛 본성
이라 불리는 우리의 어떤 한 부분이 아니라 회심 이전 상태에 있던 우리의 전체
인 것이다.[40]

---

39   Schreiner, *Paul*, 258.

40   Schreiner, *Paul*, 258.

그리스도 안으로 침례를 받았기 때문에 죄에 대하여 죽게 된 나는 더 이상 죄의 노예가 아니라 은혜 가운데 있는 하나님의 아들이다(롬 6:14). 침례는 나의 새 주인이신 그리스도를 보여주고 상징한다. 침례를 통해 죄에 대해 죽은 나는, 즉 그리스도 안에 있는 새 사람(고후 5:17)은 이제 죄로부터 자유롭게 되었다. 이 자유는 죄의 형벌이 그렇듯 즉각적인 것이며, 죄의 능력만큼 점진적인 것이며, 그리고 죄의 바로 그 현존에 관한 한 종말론적이다. 켄 휴즈_{Kent Hughes} 는 단순하게 그러나 정확하게 진술하고 있다: "그리스도는 죄를 섬긴적이 없으므로 우리도 그렇게 해서는 안 된다… 만일 누군가의 삶이 변화되지 않았고 만일 그리스도를 향한 변화에 대한 더 이상의 자극이 없다면, 그는 아마도 그리스도인이 아닐 가능성이 매우 크다."[41]

침례는 내가 더 이상 죄를 섬길 수 없다는 것을 선포하는 것이다. 왜냐하면 "나"는 죽었기 때문이다. 이전의 나는 죄되고 악한 주인의 노예였었다. 그러나 부활의 생명안으로 연합되는 침례에 의해 옛 자아에 대한 죽음은 나를 죄의 독재로부터 자유롭게 하였다. 이점 또한 내가 나의 침례에서 고백하는 것이다.

침례는 그리스도안에서 내가 가지고 있는
생명이 결코 끝나지 않는
생명이라는 것에 대한 종말론적 자신감을 반영하고 있다

(롬 6:8, 10)

8-10절은 그 초점이 종말론적인데 침례의 교리와 종말의 교리 사이에 중요한 연결점이 있다는 것을 나타내준다. 이 본문에서 바울이 과연 예수님의 재림 시에 있을 우리의 부활을 의미하고 있는지 아니면 그리스도 안에 있는 새 생명

---

41   R. Kent Hughes, *Romans* (Wheaton: Crossway, 1991), 124-25.

에 대한 우리의 현재 경험을 의미하는지에 대한 논쟁이 있다. 사용된 언어는 미래에 있을 주님의 재림을 지적하는 것처럼 보인다. 그러나 무Moo가 주목하듯, "부활이라는 이 미래의 생명은 믿는이의 현재 경험안으로 그 그림자를 드리운다."[42] 내가 장차 될 그것이(부활이) 이미 현재에 시작된 것이다.

　그 분의 죽으심과 부활 속에서 그리스도와 연합된 나는 침례를 통하여 내가 이미 누리기 시작한 생명인 미래의 부활에 대한 나의 확신을 고백한다. 9절은 이 진리를 더 자세하게 설명한다. 다시 한번 그리스도와 나의 연합에 대하여 내가 가져야만 하는 지식에 대한 강조점이 나타나고 있다. 그리스도는 단번에 부활하셨다. 그분은 결코 다시 죽지 않을 것이다. 죽음의 지배는 죽은자들로부터 부활하신 그분에 의해 파괴되었다. 10절은 이 부활 사건의 가장 중요한 본질을 다시 반복한다: "그는 죄에 대해 단번에 죽으셨다." 이와 매우 대조적으로, "그분이 살아계심은 하나님께 대하여 살아계신다." 로버트 마운스Robert Mounce 는 본문이 말하는 승리를 아름답게 포착하였다: "그리스도의 부활은 죽음의 폭정을 영원토록 끊어버리셨다. 그 잔인한 지배자는 더 이상 그분에게 어떤 힘도 행사할 수 없다. 십자가는 죄가 할 수 있는 최종적인 공격이었다. 부활은 하나님이 죄에 대해 장군이라고 부르는 외통수였다. 게임은 끝났다. 죄는 영원히 패배했다. 승리자 그리스도는 '단번에' 죄에 대하여 죽으셨다. 그리고 지금은 하나님과 단절되지 않는 교제 가운데 살고 계신다.[43] 그렇다면 이 생명은 영원한 것이고 결코 끝이 없는 것이다. 콜리Corley 와 본Vaughan 이 지적하듯이, "그가 그리스도의 부활 생명을 공유하고 있다는 신자의 확신은 그리스도께서 영원토록 살아계시다는 지식에 근거하고 있다."[44] 이것이 시사하는 것은 나의 심판과 관련하여 의미 있는 것이다. 왜냐하면 내가 그분의 죽으심 뿐만 아니라 그분의 생명에 있

42　Moo, *Romans*, 395. 1644년 런던 신앙 고백문의 40번 조항은 이 종말론적 측면을 주목하였다: "그래서 확실히 성도들의 몸이 그리스도의 능력으로 부활의 날에 일으켜져 그분과 함께 다스리게 될 것이다."

43　Robert Mounce, *Romans* (Nashville: Broadman & Holman, 1995), 152.

44　Corley and Vaughn, *Romans*, 76.

어서도 그리스도와 연합되어 있으므로, 나는 절대 끝나지 않을 생명에 대한 안전과 확실성을 가지고 있다.

머레이_{Murray}가 이점을 잘 말하고 있다: "예수님의 부활이 무시되거나 되풀이될 수 없다는 사실 만큼이나 그리스도의 부활 생명에 참여하는 것이 취소되거나, 중단되거나, 또는 죄 안에 있는 죽음으로 되돌아갈 수는 없다… 그분의 부활 안에서 그리스도와 연합되어 있으므로, 이 연합이 믿는이를 위해 가져다 주는 생명의 새로움은 그리스도의 부활 만큼이나 명확하게 불변의 것이다.[45] 달리 말하면, 침례의 행위속에 나의 영원한 보장과 이 부활 생명 안에서의 나의 견인에 대한 선언이 있는가? 내가 믿기로 그 대답은 "그렇다"이다. 나 또한 죄에 대하여 단번에 죽었다. 침례를 통해 그리스도와 연합된 나 또한 죽음의 영역에서 벗어나 질과 양적인 측면에서 새로운 생명 안으로 들어갔다. 이 새로운 생명은 끝이 없을 것이며 끝이 있을 수도 없다. 이것이 아주 분명하게 11절과 그 이후에 설명되어 있으며 이는 일곱 번째이자 마지막 요점으로 연결된다.

침례는 육체에 대한 매일의 죽음을 위한 기반이다(롬 6:11-14)

11절에 있는 "이와 같이"는 그리스도와 그리스도인 사이에 있는 추가적인 관계에 주목하고 있다. 그리스도가 죄에 대하여 죽으신 것처럼, 침례로 그분과 연합된 우리 또한 우리 자신을 마찬가지로 죄에 대하여 죽은 것으로 여기거나 생각해야 한다(원문에서는 현재 명령형). 역시 바울에게 있어서 평서문은 명령문의 기초가 된다. 우리는 침례를 통해 그리스도 안에서 진실로 새롭다. 그러나 우리는 아직 전체적으로 그리고 완벽하게 새롭지는 않다. 존 맥아더_{John MacArthur}는 이점을 다음과 같이 잘 진술하였다: "그리스도 안에서의 중생은 죄

---

45   Corley and Vaughn, *Romans*, 76.

된 자아에 대한 죽음을 가져온다. 그러나 미래에 영화롭게 될 그때까지 중생은 일시적인 육체와 그 육체의 부패한 성향에 죽음을 가져오지는 않는다.[46] 우리는 반드시 우리가 죄에 대하여 죽었다는 진리의 실재를 날마다 적용하며 살아야 한다. 죄에 대해 죽은 나는 지금 그리스도 예수 우리 주님 안에서 하나님께 대하여 살아있다. 이것이 침례로 증언된 참된 나의 영적 정체성이라고 믿기 때문에, 나는 몸의 정욕과 열정과 욕심에 복종함으로써 내 몸 안에 죄가 다스리도록 하지 않을 것이다. 더욱이 나는 내 몸의 지체를 죄에 대한 불의의 도구로 사용하지 않을 것이다(원문에서는 "사용하지 말라"는 현재 명령형이 사용됨). 그러나 나는 내 지체를 의의 도구로 하나님께 내어 드릴 것이다. 나의 침례는 내게 기억을 새롭게 하는 것으로서 (만일 당신이 원한다면 기념비로 부를 수도 있다) 기능하여 이런 의로운 삶에 대한 추구에 있어 나에게 영감을 불어 넣고 도전을 주게 될 것이다. 왜냐하면 죄는 나에 대한 지배력을 가지지 못할 것이기 때문이다. 진실로 죄는 그렇게 할 수 없다. 왜냐하면 나는 법을 위배하는 자를 죽이고 노예로 삼는 율법 아래에 더 이상 있지 않고 생명과 자유를 주는 은혜 아래에 있기 때문이다.

스펄전 Spurgeon 은 이 진리의 아름다움을 보았고 그의 설교인 "침례-장사지냄"에서 그것을 아주 훌륭하게 표현하고 있다.

만일 하나님이 당신에게 그리고 나에게 그리스도 안에 있는 완전히 새로운 생명을 주셨다면, 어떻게 그 새로운 생명이 옛 생명의 방식을 따라 살 수 있겠는가? 영적인 사람들이 육적인 사람들처럼 살 것인가? 어떻게 죄의 종이었다가 지금은 보혈로 자유롭게 된 당신이 당신의 옛 노예의 삶으로 되돌아 갈 수 있는가? 당신이 옛 아담의 삶 속에 있었을 때, 당신은 죄 속에 살며 그것을 사랑했다. 그러나 지금은 당신이 죄에 대하여 죽었고 장사 지낸 바 되었으며 생명의 새로움 속으로 들어가게 되었다. 주님이 당신을 밖으로 끌어내신 그 형편없

---

46 John MacArthur, *Romans 1-8* (Chicago: Moody, 1991), 325.

는 것들에게로 당신이 돌아갈 수 있단 말인가? 만일 당신이 죄 가운데 거한다면, 당신은 당신의 고백에 대하여 거짓된 사람이 될 것이다. 왜냐하면 당신은 하나님께 대하여 산자로 고백했기 때문이다. 만일 당신이 정욕 속에 행한다면 당신은 하나님의 말씀의 복된 교리들을 경멸하는 것이다. 왜냐하면, 이 교리들은 거룩과 순결에 이르는 것들이기 때문이다. 만일 영적 죽음으로부터 깨어난 당신이 결국 일반적인 사람들의 삶보다 더 낫지도 못하며 당신의 이전 삶의 모습보다 더 뛰어나지도 못한 행실을 보여준다면, 당신은 기독교를 상투적인 것으로 그리고 속담거리로 만드는 것이다. 여러분 중 침례를 받은 많은 이들이 세상에 말했듯, 우리는 세상에 대하여 죽었으며 새로운 생명으로 나아왔다. 그러므로 우리의 육적인 욕망들은 죽은 것으로 여겨야 한다. 왜냐하면, 우리는 지금 새로운 질서를 따라 살기 때문이다. 성령께서 우리 안에 새로운 본성을 만들어 놓으셨다. 그래서 우리는 비록 세상에 살고 있지만, 세상에 속한 것은 아니다. 우리는 새롭게 만들어진 사람들이다.[47]

비슬리-머레이는 다음과 같이 쓰고 있다. 침례의 행위 속에서 "침례를 위해 옷을 벗는 것과 침례 후에 옷을 다시 입는 행위들은 그리스도 없이 살았던 옛 생명을 벗어 버리고 그리스도 안에 있는 새 생명을 옷 입으며 심지어 그리스도 그분 자신으로 옷 입는 것을 상징한다(갈 3:27; 골 3:9, 12)… 그러므로 침례를 통하여 주님은 침례 받은 자를 자신의 것으로 삼으시며 침례 받은 자는 예수 그리스도를 주님으로 소유하고 그 분의 주권에 복종하는 것이다.[48]

---

47 C. H. Spurgeon, "Baptism-A Burial," *Metropolitan Tabernacle Pulpit*, preached October 30, 1881, http://www.spurgeon.org/sermons/1627.htm (accessed June 22, 2007).

48 Beasley-Murray, "baptism," 61.

결론

그리스도와 우리의 연합을 말하면서 존 스토트_{John Stott}는 "침례의 논리"에 대하여 말한다. 이 글에서 채택된 것과 유사한 방법론을 따르면서, 스토트는 롬 6장에 있는 바울의 논지에서 "여덟 가지 절차 또는 단계"들을 확인하고 있다. 나는 그 여덟가지가 다 옳으며 이 본문에 대한 우리의 연구에 잘 어울리는 요약과 성서적 침례에 대한 적용점을 제시한다고 믿는다.

1. 우리는 죄에 대하여 죽었다. 이것은 바울의 핵심 주제이다. 우리가 죽은 것에 대하여 어떻게 그 안에서 살 수 있는가(2절)?

2. 우리가 죄에 대하여 죽은 방법은 그의 죽으심 안에서 우리를 그리스도와 연합하게 한 침례이다(3절).

3. 그리스도의 죽음을 공유하게 되었기 때문에, 하나님은 우리가 그분의 부활 생명도 나누기를 원하셨다(4-5절).

4. 우리의 이전 자아는 그리스도와 함께 십자가에 못박혔다. 그리하여 우리는 죄의 노예제도로부터 자유롭게 될 수 있었다(6-7절).

5. 예수님의 죽음과 부활은 결정적인 사건들이다. 그분은 죄에 대하여 단번에 죽으셨다. 그러나 하나님께 대하여는 계속적으로 살고 있다(8-10절).

6. 우리는 현재 우리가 그리스도와 같음을 즉 죄에 대해서는 죽고 하나님께 대하여는 산 자임을 인식해야 한다(11절).

7. 죽음으로부터 다시 살게 된 우리는 반드시 우리의 몸을 의의 도구로 하나님께 드려야 한다 (12-13절).

8. 죄는 우리의 주인이 될 수 없다. 왜냐하면 우리의 위치는 "율법 아래"에서 "은혜 아래"로 근본적으로 바뀌었기 때문이다. 은혜는 죄를 격려하지 않는다. 은혜는 죄를 불법화한다(14절).[49]

---

49 Stott, *Romans*, 168-69.

에릭슨_{Erickson}이 지적하는 것처럼, 침례는 "그리스도께서 이루신 것에 대한 진리를 능력있게 전달하는 형태이며 그리스도의 죽음과 부활에 믿는 이가 함께 참여함을 증거하는 "물로 된 말씀"이다(롬 6:3-5). 침례는 단순히 표식이라기 보다는 상징이다. 왜냐하면, 침례는 그것이 전달하고자 하는 진리에 대한 시각적 그림이기 때문이다."[50] 이 진리는 그리스도와 우리의 연합이다. 이 연합은 우리가 생명의 주 안에서 침수된 덕택으로 발생한 우리의 존재이다. 이것이 침례의 올바른 교리가 바르게 전달하게 될 내용이다. 이것은 우리가 반드시 가르치고 설교해야 할 교리이다.[51]

로마서로부터 침례에 대해 설교하기 위하여 제시된 설교 개요

침례의 의미와 목적
롬 6:1-14

I.   침례는 죄로부터 우리의 분리를 선언한다 (1-2절)

1. 나는 죄에 계속적으로 거하지 않을 것이다 (1절)

2. 나는 죄 가운데 살지 않을 것이다 (2절)

II.   침례는 우리와 우리 구세주와의 연합을 선언한다 (3-5절)

a. 나는 그의 죽으심과 연합되었다 (3-4절)

b. 나는 그의 생명과 연합되었다 (4-5절)

---

50   Millard Erickson, *Christian Theology*, 2nd ed. (Grand Rapids: Baker, 1998), 1110.

51   토마스 화이트(Thomas White)이 그의 책 "What Makes Baptism Valid?"의 5장에 제시한 침례의 교리에 대한 매우 뛰어난 요약을 추천하겠다. 제임스 커쓰버트_{James H. Cuthbert}가 1854년 6월 11일에 발표한 *An Address on Baptism* 또한 참고하기에 매우 유익하다 (Charleston, SC: James, Williams & Gitsinger, 1854). 웬트워쓰 스트릿 침례교회Wentworth-Street Baptist Church의 목사로서 커쓰버트Cuthbert의 후임자는 바실 맨리 시니어Basil Manly Sr. 였다. 커쓰버트_{Cuthbert}는 침례가 "그리스도인의 삶속으로 들어가는 당신의 공개적인 입장의 첫 절차를 형성하는 의식"이라고 말했다(p. 7). 그는 유아 세례에 대한 그의 비판과 침수에 대한 그의 확언에 있어 열정적이었다. 그는 그리스도께서 정하시고 허락하신 침수의 형태가 "무관심의 대상이 될 수 없다"고 적고 있다 (p. 21).

III.　침례는 옛 자아의 죽음에 대하여 선언한다 (6-14절)

1. 나는 죄의 노예됨으로부터 자유롭게 되었다 (6-9절)

2. 나는 구세주에 대하여 노예가 되어 산다 (10-14절)

4장

"죽음을 상징하는 침수례"

침례의 바른 형태

데이비드 알랜 David Allen

◇◇◇◇◇

침례의 바른 형태에 대한 논의에 있어 침례교인들에게는 진리의 두 가지 명확한 기둥들이 있다: (1) 침수례만이 성서적으로 유일하고 합당한 침례의 형태이며, (2) 침수 침례 이외에 성서적인 침례는 없다.[1] 유아 세례를 행하는 교회들 안에서 어떤 사람들은 침수에 의한 침례를 인정하고 그것을 새롭게 회복해야 한다고 요구하고 있는 반면,[2] 어떤 침례교인들은 침수에 의한 침례가 진정으로 모든 신자들에게 요구되어야만 하는 것인지에 대해 의심을 하고 있다. 이것은 참으로 아이러니한 일이 아닐 수 없다.[3] 영국 침례교 연합The Baptist Union of England/ 영국 침례교 교단 중 하나 - 역자주의 에큐메니컬 성향은 침례에 관한 전통적인 침례교 신학을 자유주의화자유주의 신학은 성경보다는 문화에 비추어 신학 작업을 한다 - 역자주 하기 위한 문을 열어 놓았다.[4] 놀랍게도 미국에 있는 침례교 중에서도 교회 멤버십에 대한 침수 침례의 필요성에 대한 자신들의 견해를 느슨하게 할 것을 고려하는 교회들을 보게 된다. 베들레헴 침례교회Bethlehem Baptist Church, 미네소타주에 있는 미네아폴리스 소재 / 남침례교

---

1 이 책에 있는 Thomas White의 5장 "무엇이 침례를 유효한 것으로 만드는가?"을 보라.

2 C. Owen, ed., *Reforming Infant Baptism* (London: Hodder & Stoughton, 1990).

3 다음의 자료들을 참조하라. Bill J. Leonard, At the River," in *Proclaiming the Baptist Vision: Baptism and the Lords Supper*, ed. Walter B. Shurden (Macon, GA: Smyth & Helwys, 1999),13-20; 앞서 언급된 작품속에 있는 이 작품도 참조하라. G. Todd Wilson, "Why Baptists Should Not Rebaptize Christians from Other Denominations," 41-48, Wilson은 침수가 아닌 다른 형태로 침례를 받은 사람들이 다시 침례를 받아야 하는지에 대해 질문하고 있다. John Tyler, *Baptism: We've Got It Right ... and Wrong* (Macon, GA: Smyth & Helwys, 2003)도 참조하라.

4 많은 영국 침례교회들은 침례에 관한한 열린 멤버십을 교회 정책으로 유지하고 있는데 이것은 다른 교단 배경을 가지고 침례 교회에 합류하려는 사람들에게 침수 침례를 요구하지 않는 것이다. 다음의 자료를 참조하라. George R. Beasley-Murray, *Baptism Today and Tomorrow* (London: Macmillan, 1966), 86; and Anthony R. Cross, *Baptism and the Baptists: Theology and Practice in Twentieth Century Britain* (Carlisle, England: Paternoster, 2000).

소속 침례교회가 아님 - 역자주의 그 유명한 경우를 보라. 그 교회의 장로들이 교회 멤버십에 대한 요구사항으로서 침수 침례를 포기하려는 의지를 나타내었을 때 침례교 교계를 놀라게 했다그러나 실제로 당시 담임목회자였던 존 파이퍼 John Piper 와 그의 견해를 지지했던 장로들은 베들레헴 침례교회 장로들 가운데 다수가 아니었으며 침수 침례를 포기하려는 움직임은 결국 부결되었다 – 역자주.[5] 이 베들레헴 교회가 침수 침례에 대해 약화된 정책을 고려하겠다고 했을 때 충격적이었던 만큼, 어떤 이들은 보수적인 남침례교단 안에서도 그런 움직임을 발견하고 큰 충격을 받았다. 몇몇 교회들은 침수 침례가 없는 멤버십을 허용하기 위해 자신들의 침례 정책들을 넓혀 놓았다.[6] 선교사 후보생들에 대한 남침례교단 해외 선교부의 침례에 관한 정책에 대해 최근의 반발은 몇몇 비평가들을 분노하게 하였다. 그들은 해외 선교부 이사회가 남침례교단의 교리적 진술서인 침례교의 신앙과 메시지(2000년 판)에 기록된 교리적 한계를 불필요하게 좁혀 놓았다고 비난했다.[7] 최근 남침례교단 출판물 중 침례를 다룬 글들이 빈발하게 나오는 것은 그 의식에 대한 고조된 인식을 반증한다. 침례의 신학을 다시 살펴볼

---

5 새로 제안된 교회 헌장에서 이 주제와 관련된 부분(현재는 추가적 연구를 위해 중지된 상태에 있음)은 다음과 같이 진술하고 있다: "우리는 신약 성경이 침수의 형태는 믿는 이가 물속으로 침수되는 것만 가르치고 있다고 믿기 때문에, 그러므로 침례의 다른 모든 형태들은 잘못 이해되어진 것이며, 불완전한 것이며 그리고 합법적이지 않은 것으로 간주한다. 그러나 이런 침례의 형태에 대한 차이점들을 가벼이 취급하지는 않으면서도 우리는 이 문제를 근본적인 것의 수준으로 높이고자 하지는 않는다. 따라서 장로들이 요구한대로 연구와 토론과 기도의 시간을 한 동안 보낸 후에도 신자로서 침수 침례를 받는 것이 자신들의 양심에 반하는 것이라고 확신하는 사람들을 교회 멤버십안으로 환영할 것이다. 양심의 이런 확신은 반드시 전통이나 가정의 기대에 대한 단순한 집착보다는 받아들여질만 하고 지성적이며 성경적인 근거를 가지고 있어야만 한다. "John Piper, "Baptism and Church Membership," *Bethlehem Baptist Church* (August 9, 2005), at http://www.desiringgod .org/media/pdf/baptism_and_membership.pdf (accessed February 2, 2007).

6 Lake Pointe Church (Rockwall, Texas)는 "대체 침례"라는 것을 실행한다. 이것은 물을 뿌리거나 이마에 붓는 것으로 세례를 받았더라도 만일 그들이 구원을 받은 후 그리고 바른 이유들을 가지고 그렇게 했다면 그들에게 멤버십을 허용하는 것이다. Henderson Hills Baptist Church (Edmond, Oklahoma)도 최근에 비슷한 변화를 고려한 적이 있었다.

7 침례교 신앙과 메세지에 있는 제7항-침례는 다음과 같이 적고 있다: "그리스도인의 침례는 아버지와 아들과 성령의 이름으로 물속에 믿는 이가 잠겨지는 침수이다. 이 침례는 십자가에 못 박히시고 장사되셨고 다시 살아나신 구세주에 대한 신자의 믿음 즉, 죄에 대한 신자의 죽음; 옛 생명의 장사됨; 그리고 그리스도 예수안에 있는 생명의 새로움 가운데로 행하도록 하는 부활에 대한 신자의 믿음을 상징하는 순종의 행위이다. 침례는 죽은자들의 마지막 부활에 대한 침례자의 믿음에 대한 증언이다. 교회의 의식으로서 침례는 교회 멤버십과 주의 만찬의 전제 조건이다." 침례교 신앙과 메세지는 다음의 웹싸이트에서 발견할 수 있다 http://www.sbc.net/bfm/bfm2000.asp.

때가 무르익었다. 비록 이 글이 모든 침례교인들을 염두에 두고 쓰여진 것이지만, 이 글의 중심은 남침례교단의 신학과 실행에서 침례의 합당한 형태와 그것이 의미하는 것들에 대한 것이다.

지난 60년은 개신교 교단내에서 일어난 침례의 주제에 대한 관심의 급증을 보여주고 있다.[8] 침례교인들과 침례에 대한 그들의 교리와 실행에 나타난 태도에 있어서, 20세기는 심각한 변화의, 즉 정신 분열과도 같은 변화의 때였다. 예를 들어, 휠러 로빈슨H. Wheeler Robinson 은 성서적 교회론의 근간으로서의 신자의 침례의 필요성을 올바르게 옹호하였다. 그는 말하기를, "침례교인은 교회가 무엇인가에 대한 그의 견해에 의해 서기도 하고 무너지기도 한다. 그리고 신자의 침례에 대한 자신의 호소는 만일 그것이 교회에 대한 근본적인 구조에 대한 표현이 아니라면 그저 단순히 고고학적인(고대 교회에서 행해진) 특이 사항이 되고 말 것이다."[9] 그러나 침례에 대한 성례전적 차원을 주장함으로써 처음으로 침례교회 내에서 침례의 상징적 본질에 도전을 가한 것도 바로 로빈슨이었다.

비슬리 머레이G. R. Beasley-Murray의 침례에 대한 좀 더 자유주의적인 이해를 향한 전향은 그의 저서 *Baptism in the New Testament* (1962) 와 그의 또 다른 저서 *Baptist Today and Tomorrow* (1966), 1979년 Louisville에 있는 써든 침례교 신학교Southern Baptist Theological Seminary 에서 열린 신자의 침례에 대한 모임에서 발표한 "신자의 침례에 대한 권위와 정당성," 그리고 1994년 Günther Wagner를 위한 기념 논문집에 나온 그의 "유아세례의 문제점: 가능성들안에서의 실천"을 비교해 보면 분명하게 나타난다. *Baptism in the New*

---

8 이에 대한 유익한 조사를 위해선 Stanley Porter의 글을 참조하라. "Introduction: Baptism in Recent Debate," in *Baptism, the New Testament and the Church: Historical and Contemporary Studies in Honor of R. E. O. White*, JSNTSS 171, ed. R. E. O. White, Stanley E. Porter, and Anthony R. Cross (Sheffield: Sheffield Academic, 1999), 33-39. 또 다른 관련된 자료로는 다음과 같다: Alec Gilmore, *Christian Baptism: A Fresh Attempt to Understand the Rite in Terms of Scripture, History, and Theology* (Chicago: Judson Press, 1959); R. E. O. White, *The Biblical Doctrine of Initiation* (London: Hodder & Stoughton, 1960); George R. Beasley-Murray, *Baptism in the New Testament* (Grand Rapids: Eerdmans, 1962); and idem, *Baptism Today and Tomorrow.*

9 H. Wheeler Robinson, *The Life and Faith of the Baptists*, rev. ed. (London: Kingsgate, 1946), 73.

*Testament*에서 80쪽에 걸쳐 유아 세례를 논하고 거절한 후, 비슬리–머레이는 강한 어조로 다음과 같이 말하고 있다: "약간의 물이 어린 유아 위에 부어져 매우 적은 결과를 산출한다. 그리고 주장하기를 이것이 침례라고 한다. 침례교인들이 주님이 제정하셨고 사도적 공동체들 안에서 지속되었던 침례의 충만성(신자의 침수 침례)을 보존하기 위해 노력하려는 그들의 결정으로 힘을 얻어야 하며 그들이 여러 교회 가운데서 자신들의 목소리를 높여 이러한 침례로 돌이켜야 한다고 호소를 계속해야 하는 것이 놀라운 것은 아닐 것이다."[10] 그러나 4년 뒤에 쓰인 *Baptist Today and Tomorrow*에서 그는 침례교인들에게 다음과 같은 것을 부탁하기 시작하였다: (1) 성례전적이며 상징적인 견해를 모두 포함할 수 있는 중도적인 입장을 취할 것 (23-24쪽); (2) 회심과 침례를 분리될 수 없는 것(37쪽)으로 볼 것; (3) 좀 더 열린 멤버십을 받아들일 것(이미 영국에서는 당시에 표준이 되어 있던 행습이다).[11] "유아 세례의 문제점"에서 그는 신자의 침례와 유아 세례를 조화시킬 수 있는 가능성들에 대하여 설명하였다. 그는 유아 세례를 "침례자 안에서 은혜의 역사가 시작되는 것"으로 보았고 유아 세례가 "개인의 삶이 점차적으로 그리스도께 열려짐에 따라 그리스도 안에 그리고 그의 몸인 교회 안에 있는 생명의 충만함에 이르도록 한다"고 주장했다. 그는 또한 "신자의 침례를 실행하는 교회들은 반드시 유아 세례의 정당성을 인정해야 한다"고 주장했다.[12]

예전에는 영국 침례교회의 삶에 있어 번연이 주장한 열린 멤버십이 소수의 견해였는데 오늘날은 영국의 침례교 연합 교단의 일반적인 규범이 되었다. 그런데도, 바로 그 침례교 연합 교단 안에서 유아 세례는 침례의 유효한 형태로서는 계속 거절됐다.[13] 로저 헤이든 Roger Hayden 은 21세기 영국 침례교인들에 대하

---

10   Beasley-Murray, *Baptism in the New Testament*, 385-86.

11   Robinson은 이런 경향을 그의 책 *Life and Faith of the Baptists* (146 쪽)에서 시작하였다.

12   "The Problem of Infant Baptism," in Festschrift Gunther Wagner; ed. *The Faculty of the Baptist Theological Seminary, Ruschlikon* (New York: Peter Lang, 1994), 13-14.

13   Anthony R. Cross, "Baptists and Baptism: A British Perspective," *Baptist History and Heritage* (2000): 116. Cross의 작품 Baptism and the Baptists와 함께 여기서 언급된 저널의 글은 현재 영국 침례교회에서 진행되는 상황에 대해 유익하게 요약하고 있다.

여 정확하게 진술하고 있다: "침례에 대한 의미와 실행에 대한 보편적인 이해가 [영국 침례교인들 사이에서] 찾기 힘든 상태이다."[14] 심지어 침수라는 침례의 형태에 대해서도 문제가 되는 징조들이 로빈슨의 책 *Life and Faith of the Baptists* (1927)에 나타나기 시작했다. 침례교인의 침례에 가장 전형적인 특징으로 신자의 침례를 옹호한 후, 로빈슨은 침례의 형태에 대해 다음과 같이 말하였다: "매우 부수적인 것으로, 침례교인들은 침례의 가장 오래된 형태인 침수를 실행한다. 왜냐하면 그들은 침수가 기독교 신앙의 본질들에 - 그들의 주님의 죽으심과 부활 - 대한 가장 아름다운 표현인 것을 발견했기 때문이다." 그는 계속해서 일반 침례교회나 특수 침례교회가 침수 침례를 처음에 실행하지 않았다고 말하며, "그러므로 침례의 침수 형태는 논리적으로 뿐만 아니라 역사적으로도 나중에 추가된 것"이라고 주장했다.[15] 로빈슨은 헬라어 신약 성경에 담겨져 있는 침례라는 단어에 대한 분명한 의미에 대해서나 침수되어야 한다는 그리스도의 명령에 대한 순종도, 심지어 뿌리거나 붓는 세례의 신학적 부적합에 대해 어떤 언급도 하지 않았다.

교회사의 가장 분명한 사실 중 하나는 영국땅에 최초의 침례 교회가 세워진 후 얼마 되지 않은 후부터 현재까지, 침례교인들은 침수만이 침례의 유일한 성경적인 형태임을 신앙 고백문들을 통해 고백해 왔다는 것이다.[16] 17세기부터

14　Roger Hayden, *English Baptist History and Heritage*, 2nd ed. (Oxfordshire, UK: Nigel Lynn Publishing & Marketing Ltd. on behalf of the Baptist Union of Great Britain, 2005), 224.

15　Robinson, *Life and Faith of the Baptists*, 70-71. 이 마지막 진술은 독자로 하여금 신약시대에 실천된 침수 형태가 비록 침례의 의미에 대해 가장 이상적인 표현이기는 해도 침례라는 의식의 의미에는 본질적이지 않다는 생각을 하도록 만든다. 그렇기 때문에 영국 침례교회들안에 "외부에서 받은 침례"와 "열린 멤버십"에 대한 문이 열려 있는 것이다.

16　침례교 신앙 고백서들 뿐만 아니라 침례교회의 역사들이 이같은 사실을 입증해 주고 있다. 다음의 자료를 참조하기 바란다. W. L. Lumpkin, *Baptist Confessions of Faith*, rev. ed. (Valley Forge, PA: Judson Press, 1969). 1644년 런던 고백문의 40항은 침수를 유일한 침례의 형태로 규정하였고 그 이후에 발표된 이 고백문의 모든 개정판들도 그렇게 하였다. 영국과 미국 그리고 다른 나라들의 모든 다른 침례교 고백문들이 현재까지 침수만을 침례의 성서적 형태로서 확증하고 있다. James Leo Garrett, "The Theology and Practice of Baptism: A Southern Baptist View," Southwestern journal of Theology 28 (Spring 1986): 66. Dr. Garrett은 침례의 형태에 대한 구체적인 표현들이 담긴 8개의 침례교 고백서들의 리스트를 제공하고 있다.

현재까지, 침례교 저자들은 침례에 대한 수 많은 책과 팸플릿을 출판해 왔다. 이 중에 많은 부분이 침수로 이루어지는 신자의 침례에 반대하는 유아 세례 주의자들에 대한 응답으로 제시된 것들이다. 영국 침례교인들은 침례에 대한 논쟁에서 유아 세례 지지자들과 논쟁하는 데에 시간을 아까워하지 않았다. 이런 논쟁들의 목록들을 만든 수많은 기록이 존재하고 있다.[17] 가장 초기의 그리고 가장 유명한 논쟁 중 하나는 대니엘 피트리Daniel Featley와 윌리암 키핀William Kiffin 사이에 있었던 것이다. 피트리가 1645년에 저술한 The Dippers dipt: or, the Anabaptists Duck'd and Plung'd over Head and Eares, at a Disputation in Southwark은 그때의 논쟁에 대해 시간적으로 기술하고 있다. 62살의 노련한 논쟁가였던 피트리는 당시 36살이었던 키핀과 논쟁을 하게 되었다. 피트리는 재침례교도들은 오래 전 정죄당한 이단이라며 침수 침례를 주장하는 그의 침례교 대적자들을 혹평했다. 그리고는 계속 키핀과 그와 동행한 다른 세 명의 침례교인들을 무시하였다. 그들이 허름한 옷을 입었다는 이유로 그들의 학문적 능력을 모욕하였고 그들이 헬라어와 히브리어에 대한 지식이 없다며 비난하였다. 논쟁 초기에 키핀은 피트리에게 "무엇이 가시적 교회의 본질인가?"라고 물었다. 이 질문은 선지자적이었다. 왜냐하면, 침례교인들이 교회 역사에 기여한 하나의 가장 분명한 공헌이 침례교회의 교회론이기 때문이었다. 그 질문은 또한 침례에 대한 문제가 교회의 본질에 대한 문제로부터 분리될 수 없다는 가장 중요한 침례교회론의 신학적 확신을 보여주고 있다. 침례에 대한 어떤 논의라도 교회론을 전제로 하는 것이다.

16세기에 있었던 재침례교도들과 유아 세례주의자들의 논쟁들은 일차적으로는 신약 성경 교회의 본질에 대한 질문이었다.[18] 마이클 진킨스Michael Jinkins는

---

17 영국의 내전 발발과 Charles II의 왕정복고사이에 있었던 좀 더 논쟁적인 토론들 중 몇 가지들과 이 토론에 대한 요약에 대해선, 다음의 자료를 참조하라. J. G. Goadby, *Bye-Paths in Baptist History* (London: Elliot Stock, 1871), 139-79. Featley-Kiffin 논쟁에 대해선 다음의 자료를 참조하라. H. Leon McBeth, *The Baptist Heritage: Four Centuries of Baptist Witness* (Nashville: Broadman Press, 1987), 80.

18 침례에 대한 질문은 교회에 대한 질문으로부터 분리될 수 없다. 이 두 질문들은 불가불 서로 밀접하게 연결되어 있다. 그러나 우리는 교회에 대한 질문이 침례에 대한 질문보다 우위에 있다고 말해야 한다. Johannes Schneider, *Baptism and Church in the New Testament*, trans. Ernest Payne (London: Carey

교회에 대한 두 가지 다른 이해들을 정확하게 구분하였다: 믿는 자들의 공동체에 완전히 참여하기 위한 필요 조건으로서의 회심을 강조하는 자발적 연합체로서의 교회 _{the church as voluntary association} 와 아직은 믿음을 통해 복음을 자신들의 것으로 만들지 못한 자녀들을 포함하는 모여진 몸으로서의 교회 _{the church as a gathered body}. 진킨스는 이런 두 가지 전망들이 "불가피하게 경쟁"하며 "그것들 사이에 부인할 수 없으며 해결될 수 없는 갈등"이 있음을 바르게 주목하였다.[19] 이런 갈등의 근원은 종교 개혁과 더불어 시작되었다. 윌리암 이스텝 _{William Estep} 은 바른 관점으로 다음과 같이 진술하였다: "종종 묵과되고 있는 가장 중요한 사실은 [영국] 분리주의 _{Separatism} 의 핵심인 모여진 교회에 대한 개념은 재침례교회에서 기원한 것이지 관료주의적 종교 개혁[루터교, 개혁주의]의 의식적 산물은 아니었다."[20] 관료주의적 개혁가들의 관점에서는 만일 신자의 침례가 시작된다면, 교회의 일치는 위험에 빠질 것이다. 요하네스 윈즈 _{Johannes Warns} 가 지적한대로, "침례는 국가 교회가 일어서기도 하고 무너지기도 하는 이슈이다."[21] 이것이 왜 루터, 칼빈, 그리고 즈빙글리가 그토록 재침례교도들에게 독설을 퍼부었는지를 잘 설명해 준다. "만일 유아 세례의 정당성이 의심을 받게 된다면, 국가 교회의 정당성이 전체적으로 의심을 받게 된다."[22] 침례교인들이 언제나 갈망했

Kingsgate, 1957), 50.

19 Michael Jinkins, "The Gift of the Church: Ecclesia Crucis, Peccatrix Maxima, and the Missio Dei," in *Evangelical Ecclesiology*, ed. John Stackhouse (Grand Rapids: Baker, 2003), 185. Leonard Vander Zee 는 다음과 같이 진술하고 있다: "만일 우리가 무엇이 침례인지를 진정으로 알지 못한다면, 우리는 교회가 무엇인지도 진실로 모르는 것이다." *Christ, Baptism and the Lord's Supper* (Downers Grove, IL: InterVarsity Press, 2004), 112.

20 William Estep, "A Believing People: Historical Background," in *The Concept of the Believers' Church: Addresses from the 1968 Louisville Conference*, ed. James Leo Garrett (Scottdale, PA: Herald, ald, 1969), 47 (이태릭체는 저자가 강조한 것임).

21 Johannes Warns, *Baptism: Studies in the Original Christian Baptism, Its History and Conflicts, Its Relation to a State or National Church and Its Significance for the Present Time*, trans. G. H. Lang (London: Paternoster, 1957; reprint, Minneapolis: Klock and Klock, 1976), 240.

22 Ibid., 251. "국가교회의 개념을 강하게 붙들고 있는 한 침례의 질문에 대한 성서적 해결책은 있을 수 없다" (ibid., 264). 관료주의적 종교개혁가들은 사람들속에 깊이 뿌리 내린 유아 세례가 없다면 교회의 전체 구조가 산산 조각날 것이라고 생각했다. 놀랍게도 침례교인들은 칼 바르트가 다음과 같이 썼을 때 낯선 연합군을 만난것이다: "쯔빙글리의 침례에 대한 글속에서 누군가 침례에서 무엇이 발생하는가에 대한 참된 설명

던 것은 성경적인 교회론으로 돌아가는 것이었다. 성경적 교회론은 신자의 침수 침례로의 회귀를 포함한다.

침례에 대하여, 세 가지 중요한 이슈들이 종교 개혁 이후로 논쟁의 중심에 있었다: 의미, 주체, 그리고 형태. 의미에 관하여는, 침례가 성례인가 아니면 상징적인 것인가? 주체에 관하여는, 유아인가 또는 신자인가? 형태에 관하여는, 침수인가 아니면 뿌리기 혹 붓기인가? 침례교도들은 보편적으로 침수가 유일한 성서적인 따라서 합당한 침례의 형태임을 주장해 왔다. 남침례교도들은 대부분의 침례교도와 함께 침수 이외의 그 어떤 형태도 무효한 침례로 간주한다.[23] 우리가 질문해야 하는 더 근본적인 질문은 과연 신약 성경이 침수 이외의 다른 침례에 대해 알고 있는가? 하는 것이다.

언어적 증거

"언어학은 모든 신학적 낙타들이 신학의 천국에 들어가기 위해서는 반드시

을 헛되이 찾고 있다는 것은 의심의 여지가 있을 수 없다…. 재침례교도들에 대한 그의 뜻과 목적은 매우 분명하다. 그에게 유아 세례는 하나님의 백성들의 쉽볼렛 (사사기 12장 6절에 나오는 발음으로써 특정한 그룹이 다른 사람을 구분해 내기 위한 조치) 로서 무슨 희생이 따르더라도 반드시 받아 들여야하는 것이다." *Church Dogmatics* 4.1 (Edinburgh: T & T Clark, 1956), 129. 바르트의 마지막 진술문은 루터와 칼빈에게도 역시 적용되는 것이다. 바르트의 작품 *The Teaching of the Church Regarding Baptism* 은1943년에 독일어로 출판되었고 1948년 영어로 번역되었는데 침례교도인 Ernest Payne에 의해 번역되었다. Karl Barth, *The Teaching of the Church Regarding Baptism*, trans. Ernest A. Payne (London: SCM Press, 1948).

23 비록 침례교인들이 침수만을 침례의 유일하게 합법적인 형태로 인정하지만, 그들은 침수를 하는 다양한 방식들 - 초기 영국 침례교도들이 실행했듯 침례 후보자를 뒤로 뉘여 물속에 가라앉게 하든 또는 그리스, 아르메니아 그리고 다른 동방 교회들이 실행하듯 침례 후보자를 앞으로 뉘여 물속에 가라앉게 하든 - 을 허용한다. 다음의 자료를 참조하라. Adoniram Judson, "An Address on the Mode of Baptism," *Fundamentalist journal* 6, no. 4 (April 1987): 49-50. Judson은 1846년 6월 7일 선교 지역에서 행한 침수의 형태가 초대 교회의 그것과 일치한다고 묘사하고 있다. 1643년 한 침례교 설교자는 말하기를, "완전히 발가벗고 다시 침례를 받아야 하며 머리뿐만 아니라 발끝까지 잠겨야 한다." Henry Dexter, *The True Story of John Smyth* (Boston: Lee and Shepard, 1818), 56, 이것은 McBeth의 책에 인용되어 있다. *The Baptist Heritage: Four Centuries of Baptist Witness* (Nashville: B & H Publishing Group, 1987), 48.

통과해야만 하는 바늘의 귀이다."[24] 침례의 신학은 반드시 칠십인역_{the LXX, 구약성경}
을 헬라어로 번역한 성경과 헬라어 신약 성경에서 사용된 헬라어 baptizo (침례를 주다)의 의미와 사용 용례로부터 시작하여 1세기 기독교와 세속 문헌이라는 폭 넓은 문맥속에서 살펴보아야 한다. 단어에 대한 연구를 할 때, 우리는 의미론적 오류들을 피하기 위해 매우 조심스럽게 연구해야 한다.[25]

구약성경에 있는 '타발'Tabal

퀼러Koehler 와 바움가트너Baumgartner 는 히브리어 '타발'의 의미를 "무엇인가를 잠그는 것 또는 물 속으로 뛰어드는 것 또는 담그는 것"으로 해석한다. 엘머 말텐스Elmer Martens 는 '타발'이라는 단어에 침수의 의미를 부여하였다.[26] 히브리어 구약 성경에 있는 이 '타발'이라는 단어의 용례, 특별히 왕하 5:14에 있는 나아만의 요단강 침수에 사용된 용례로부터 비추어 볼때, 그 단어가 결코 침수 이외의 다른 의미로는 사용되지 않는다는 것이 분명하다. 칠십인경은 보통 이 단어를 헬라어 '밥토'bapto (13번 사용됨)로 번역하고 있다. 반면 "밥티조"baptizo 는 오직 두 번만 칠십인경에 사용되었다. 그 두 번은 히브리어 '타발'이 존재하지 않으나 비유적으로 쓰인 이사야 21:4과 물속에 침수된 나아만에게 문자적으로 사용된 왕하5:14의 경우이다. 이것이 70인역에서 '타발'tabal 을 번역하기 위해 '밥티조'baptize 가 사용된 유일한 곳이다. 나아만은 선지자 엘리사에 의해서 요단강에서 7번 목욕rachats 하면 자신의 문둥병으로부터 깨끗해질 것이라는 말을 들었다. 나아만은 처음에 이 명령을 거절하였다. 그러나 마침내 그의 신하들의 간청

---

24   Nathan Soderblom, cited by D. A. Carson in *Exegetical Fallacies*, 2nd ed. (Grand Rapids: Baker, 2004), 27.

25   D. A. Carson 그의 *Exegetical Fallacies*라는 책에서 이런 오류들을 유익하게 분별하고 예시하였다. 또한 Moise Silva가 쓴 중요한 책을 참조하라. *Biblical Words and Their Meaning: An Introduction to Lexical Semantics* (Grand Rapids: Zondervan, 1983).

26   L. Koehler and W. Baumgartner, *The Hebrew and Aramaic Lexicon of the Old Testament*, trans. and ed. M. E. J. Richardson (Leiden: Brill, 2001), 368; Elmer Martens, "Tabal" in *New International Dictionary of Old Testament Theology and Exegesis*, ed. Willem VanGemeren (Grand Rapids: ids: Zondervan, 1997), 2:337.

으로 인해 동의하였고 요단강 물속으로 자신을 담구었다. 히브리어 [구약] 텍스트는 세번에 걸쳐서 "목욕하다" 혹은 "씻는다"라는 동사 rachats를 사용하고 있다. 그리고 칠십인경에서는 매번 이 히브리어 동사가 헬라어 '루에인'louein [목욕하다]으로 번역되었다. 그러나 요단강에서 나아만의 행동이 묘사되었을 때는 히브리어 '타발'tabal 이 사용되었고 칠십인역에서는 "밥티조"baptizo 로 번역되었다.

그의 중요하지만 종종 간과된 연구서 헬라어 침례 용어집Greek Baptismal Terminology 에서 아이저벌트Ysebaert 는 헬라어 '밥티제인'baptizein 과 함께 침수로서의 유대인 의식인 씻음을 나타내기 위해 사용된 히브리어 '타발'tabal 이 어떻게 열왕기하 5장에 있는 나아만 이야기로 거슬러 올라 갈 수 있는지를 설명한다. 그 단어들은 ('타발' 혹은 '밥티제인') 침수라는 외부적 측면속에 나타난 정결함을 의미한다. 그러나 '씻는 것' 이나 (단 침수에 의해 씻겨지는 것일 때는 예외적으로 가능하다) '뿌리는 것'을 의미하지는 않는다.[27] 이런 단어들의 용례는 구약 성경과 제2차 성전시대의 유대주의에 있었던 유대인들의 정결법들의 본질과 신약 성경의 침례에 대한 그 정결법들의 영향에 대한 질문으로 이어진다. 지면의 제한으로 인해 우리는 일반적인 요약의 형태로만 이것들에 대해 살펴볼 것이다.

구약 성경과 제2차 성전 시대(530 BC 에서 70 AD까지의 유대교 역사)에 나타난 유대인의 씻는 의식

구약에 나타난 씻는 의식의 일차적인 목적은 정결이었다. 예를 들어, 레위인들이 자신들의 의무를 실행하기 이전에 그들은 물로 뿌림을 받았다(민 8:7). 마찬가지로 붉은 암송아지 의식은 물뿌림을 포함했다(민 19:18). 몸의 지체들을 씻는 것은 거의 예외적으로 제사장에게 해당되는 규정이다(출 30:18-21). 로버트 웹Robert Webb 은 다음과 같이 말한다: "그 외 거의 모든 다른 경우에 불결로부터 정결케 되는 것은 침수를 요구하였다… 오직 대속죄일날 봉사하는 대제사장

---

27 Ysebaert, *Greek Baptismal Terminology*, 27-39.

과 나아만의 경우에서만 다른 요구들 없이 침수가 시행되었다."[28] 웹은 제2차 성전 시대에 죄로부터 정결케 됨을 표현하기 위하여 구약 성경 안에 있는 씻는 의식에 대한 언어의 은유적 사용이 불결한 것을 정결케 하는 씻음의 실제적 사용과 연결 되었다고 결론 내렸다. "종교적 의식으로서의 침수는 이 시대에 회개와 회심을 나타내는 데까지 확대되었으며 아마도 죄로부터의 정결을 상징화하는 데에서도 나타나게 되었다."[29]

아이저벌트에 의해 지적되었듯이, 막 7:4과 히 9:10에 있는 baptismos는 그 동사의 형태에 대한 유대인의 용례를 따르고 있는 것이며 침수에 의한 몸과 그릇들의 청결함을 의미한다. Baptizein과 baptismos가 그릇의 청결을 위해 사용될 때 (막 7:4; 눅 11:38), 어떤 이는 침례의 동사와 명사들이 침수의 뜻을 상실한 것이라는 잘못된 결론을 내릴지도 모른다. 이런 결론은 상당 부분 침수 침례를 반대하는 유아 세례론자들의 주장으로부터 만들어졌다. 그러나 이런 주장은 식기들을 물속에 담금으로써 정결하게 하는 당시 1세기 보통 가정들의 관행을 간과하는 것이다. 이런 관행은 구약 성경(레 11:32)이나 미쉬나 (유대인의 구전 율법)에서 특이한 것이 아니다.[30]

유대인의 개종 침례

이 주제는 학자들로부터 상당한 관심을 받아왔다. 어떤 이들은 기독교 침례의 선례를 유대인의 개종자 침례 의식에서 찾으려 했다. 정확히 언제 유대인의 개종 침례가 시작되었는가는 계속적인 논쟁의 문제임에도 불구하고, 일반적으로 동의가 된 것은 유대인 개종이 침수로 이루어졌다는 것이다.[31] 도브Daube 는

28　Robert Webb, *John the Baptizer and Prophet: A Socio-Historical Study*, JSNTSS 62 (Sheffield: JSOT Press, 1991), 106.

29　Ibid., 132.

30　Ysebaert, *Greek Baptismal Terminology*, 28. G. R. Beasley-Murray, "βαπτίζω," in *New International Dictionary of New Testament Theology*, ed. Colin Brown (Grand Rapids: Zondervan, 1975), 1:144.

31　Emil Scharer, *A History of the Jewish People in the Time of Jesus Christ*, trans. Sophia Taylor and Peter Christie, 2nd division (1890; reprint, Hendrickson, 1994), 2:319-24; F. Gavin, *The Jewish Antecedents of the Christian Sacraments* (London: Society for Promoting Christian Knowledge, 1928), 26-58; G.

개종자의 침례에 대해 타나이틱적인_{Tannaitic/ 1세기와 2세기 팔레스틴에 거주했던 유대인 학자들의 그룹 중 하나} 입장을 언급하고 있다. 그 입장은 "개종자가 물 속 아래로 들어가는 침례를 받고 물 속에서 물 위로 올라올 때, 그는 모든 면에서 한 명의 이스라엘인과 같다"라고 말한다. "올라오다"라는 표현은 도브가 주목했듯이 그 행위의 상징적 의미 때문에 침례에서 "최고로 중요한 것"이다. 여러 이유 중에서 침례자 요한이 요단강에서 침례를 준 것은 "그가 침례받은 자들의 "올라옴_{coming up}" 속에서 약속의 땅으로 새롭게 진입하는 영적인 의미를 보았기 때문이라는 것은 충분히 수긍이 간다. "올라가다"라는 히브리어 동사 `Ala_{come up}는 요단강을 건너는 제사장들과 백성들을 묘사하기 위해서 여호수아서 4장에 4번 사용되었다. 마태복음과 마가복음도 요단강에서 침례를 받으신 후 물속에서 올라오시는 예수님에 대해 말하고 있다(마:16; 막1:10).[32]

도브의 결론을 논평하면서 오스카 스카라운_{Oskar Skaraune} 은 초대 기독교 문서들인 Barnabas 11.11과 Shepherd of Hermas에 나오는 Similitude 9.16.3-4사이에 있는 유사성 ["물속으로 들어감" 그리고 "물 밖으로 올라옴"이라는 표현]들을 발견하였다.[33] 하워드 마샬_{I. Howard Marshall} 이 baptizo라는 단어가 "물을 붓는 것_{pouring}"을 의미할 수도 있다는 것을 주장하려고 스카라운 교수가 인용한 Barnabas와Shepherd of Hermas에 나오는 Similitude 언급하며 "아래로 내

Foote Moore, *Judaism in the First Centuries of the Christian Era* (Cambridge: Harvard University Press, 1932), 1:331-35; Hermann L. Strack and Paul Billerbeck, *Kommentar zam Neaen Testament aus Talmud and Midrash*, Munchen: Beck, 1922) 1:102-13; W. Michaelis, "Zum judischen Hintergrund der Johannes taufe," *Jadaica* 7 (1951): 81-120; D. Daube, *The New Testament and Rabbinic Judaism* (London: Athlone, 1956), 111-12; T. F. Torrance, "Proselyte Baptism," *New Testament Studies* 1, no. 2 (November 1954): 150-54; T. M. Taylor, "The Beginnings of Jewish Proselyte Baptism," *New Testament Studies* 2, no. 3 (February 1956): 193-98; W. F. Farmington, *The New Testament Doctrine of Baptism* (London: S.P.C.K., 1957), 8; and Webb, *John the Baptizer and Prophet*, 122-30.

32   Daube, *New Testament and Rabbinic Judaism*, 111-12. 다우베(Daube)는 이 모든 것을 그리스도인의 침례가 유대인의 개종 침례에서 기원되었다는 것에 대한 결정적 증거라고 보고 있다. 결정적이라고 할 수는 없지만, Daube의 연구는 적어도 개종자의 침례와 요한의 침례가 그리스도인의 침례에 대한 선례가 되었다는 것을 확증해준다.

33   Oskar Skarsaune, *In the Shadow of the Temple* (Downers Grove, IL: InterVarsity Press, 2002), 366-67.

려감" 그리고 "위로 올라옴"이라는 표현들을 "침례 후보자들이 물속에 잠기거나 또는 그들이 물 뿌림을 받을 때 물 안에 서 있었을 것"이라는 증거로 사용한다는 것은 매우 흥미로운 것이다. 물론 마샬은 물을 뿌리는 것에 대한 어떤 증거도 제시하지 않는다. 그러나 그런 표현들이 ["물속에 들어감"과 "물밖으로 올라옴"] 뜻하는 것이 무엇인지 애매하다고 말하면서도, 마샬은 그것들이 개종자의 침례에 사용되었을때는 침수를 의미하는 것으로 이해되어져 왔다고 덧붙이고 있다.[34]

침례자 요한의 침례

유대인의 정결법들은 씻음들baptismoi-washings이라고 불리웠다. 반면 신약에 있는 요한의 침례와 그리스도인의 침례는 명사 침례baptisma-baptism라고 언급되어 있다. 요한이 행한 침례의 본질은 무엇이었으며 그것이 그리스도인의 침례와 어떤 관계를 가지고 있는가? 침례자 요한에 대한 두가지 중요한 연구가 지난 15년동안 이루어졌다: 로버트 웹Robert Webb의 John the Baptizer and Prophet (1991) 그리고 조앤 테일러Joan Taylor의 The Immerser: John the Baptist Within Second Temple Judaism (1997). 웹은 요세푸스Josephus와 신약 성경이 요한의 침례에 대해 신뢰할 수 있는 역사적 자료들임을 입증하였다. 침례의 형태에 대하여 웹은 "요한의 침례는 침수였다"라고 결론지었다.[35] 테일러는 침례에 관하여 요한이 예수님께 미친 영향과 회개에 기초한 침수에 대한 요한의 가르침을 예수님께서 계속 이어가셨다는 것을 기술하고 있다. 예수님의 죽음 이후 제자들은 침례에 대한 예수님의 가르침을 발전시켜 나갔다.[36] 예수님과 요한의 관계에 대한 테일러의 이해가 가지고 있는 장점들을 언급하지 않더라도, 꼭 알아야 할 것은 요한의 침례가 침수에 의한 것이었으며 요한이 예수님을 요단

---

34 I. Howard Marshall, "The Meaning of the Verb 'Baptize,'" in Porter and Cross, *Dimensions of Baptism*, 18-19.

35 Robert Webb, *John the Baptizer and Prophet*, 214.

36 Joan Taylor, *The Immerser: John the Baptist within Second Temple Judaism* (Grand Rapids: Eerd- mans, 1997), 49-58, 318-22.

강에 잠기게 하였으며 예수님과 그분의 제자들이 침수에 의한 침례를 가르쳤다는 것이다.

요한의 침례에서 회개는 완전한 침수가 상징하는 진정한 마음의 변화를 나타내었다.[37] 흥미롭게도, 아이저벌트Ysebaert 는 요한이 아마도 바다를 죽은자의 영역으로 이해하는 유대인의 개념을 배경으로 침례를 이해했을 수도 있다고 보았다. 이 유대적 배경에서는 죽은 자가 바다로 내려가고 그 곳으로부터 다시 떠오를 수 있다. 아이저벌트는 요나서 2:3과 그 이하의 본문, 시 17:5과 그 이하의 본문, 그리고 욥기 26:5와 그 이하의 본문들을 바다에 대한 이런 유대적 이해의 예시로 인용하였다. 만일 요한이 자신의 침례에 이런 의미를 부여했다면, 왜 그가 침수에 의한 침례를 주었으며, 왜 그가 요단강에서 그렇게 행했으며, 그리고 왜 그가 자신의 침례 의식을 "정결케 하는 것"으로 묘사하지 않았는가를 이해할 수 있게 된다. 흥미롭게도, 예수님은 그 자신의 죽음을 침례라고 부르셨다. 아이저벌트의 주장이 경청할 가치가 있든 없든, 한 가지는 분명하다: 요한 침례는 침수에 의한 것이었다.

우리는 사도행전 18:25과 19:3로부터 예수님의 부활 사건과 오순절 이후에 요한의 침례가 예수님의 제자에게 불충분 했음을 배우게 된다. 그러나 요한의 침례는 초기 그리스도인들이 사용한 침수라는 형태에 있어서는 일치하는 면이 있었다. 아볼로는 요한의 침례만 알았다 (행 18:25). 예수님에 대한 그의 설교는 그의 결점이 있는 침례를 극복하지 못했다. 이것은 사도행전 19:3에 나오는 에베소에 있었던 요한의 제자들에게도 적용된다. 그들이 예수님의 이름으로 침례를 받았을 때에야 그들은 교회의 멤버십에 유효한 침례를 받은 것이었다.[38]

신약 성경에 나타난 '밥티조'baptizo 의 의미와 사용

바우어Bauer , 안트Arndt , 긴그리치Gingrich , 그리고 단커Danker 는 "밥티조"에 대한 다음과 같은 의미들을 나열하고 있다: "~을 집어 넣다dip , 담그다immerse , 자

---

37   Ysebaert, *Greek Baptismal Terminology*, 38-39.

38   이 점에 대해서는 Schneider가 잘 설명하고 있다. *Baptism and Church in the New Testament*, 25-26.

기 자신을 집어넣다dip oneself, 씻다wash."39 '밥티조'는 비 그리스도인들의 문헌에서 "물속으로 뛰어 들다plunge, 물 아래로 가라앉다sink, 물에 흠뻑 적다drench, 그리고 물로 완전히 뒤덮다overwhelm"를 의미하기 위해 사용되었다. 신약 성경에 나타난 세 가지 주된 '밥티조'의 용례는 다음과 같다: (1) 유대인의 정결 의식들에 대하여(막 7:4; 눅 11:38. 이 두 구절 모두 손과 식기를 물속에 담금으로써 깨끗하게 씻는다는 의미가 있다); (2) 요한의 침례와 그리스도인의 침례의식에 대한 특별한 의미로 (3) 그리스도인의 침례에 대한 사상과 연관된 비유적인 의미로서. 신약성경에는 "침례를 주다baptizein"라는 동사가 적어도 10번에 걸쳐 비유적인 의미로 사용되었다. 6번은 성령님과 불의 부어주심을 표현하는데 사용되었다 (마 3:11; 막 1:8; 눅 3:16; 요1:33; 행 1:5; 11:16). 3번은 죽음과 관련되어 사용되었는데 한번은 그리스도의 죽음(막 10:38)을 한번은 야고보와 요한의 죽음에 대해 (눅 12:50), 그리고 고린도 교인들에(고전 15:29) 관한 것이다. 밥티스마baptisma, 침례로 번역된 헬라어는 다음과 같이 사용되었다: (1) 13번이 요한의 침례에 대하여 (마 3:7 등), (2) 4번이 그리스도인의 침례에 대하여 (롬 6:4; 골 2:12; 엡 4:5; 벧전 3:21), 그리고 (3) 3번에 걸친 예수님의 죽음에 대한 비유적인 의미에서의 침례 (막 10:38 등). 밥티스모스baptismos, 담금을 통한 씻음이나 침례로 번역됨는 다음과 같이 발생하였다: (1) 그릇을 씻음(막 7:4, 8) 그리고 (2) 정결 의식법에 의한 씻음(히 6:2; 9:10).40

39　Walter Bauer, William F. Arndt, F. Wilbur Gingrich, and Frederick W. Danker, "baptizo," in *A Greek-English Lexicon of the New Testament*, 3rd ed. (Chicago: University of Chicago Press, 2001), 131.

40　Ibid., 131-32. 다음의 자료를 참조하라. H. G. Liddell and Robert Scott, *An Intermediate Greek-English Lexicon* (Oxford: Clarendon, 1995), 146. 헬라어 파피루스들 사이에 있는 '침례를 주다'의 헬라어 동사 baptizein의 용례를 이해하기 위해선 다음의 자료를 참조하라. James Hope Moulton and George Milligan, *Vocabulary of the Greek Testament: Illustrated from the Papyri and Other Non-literary Sources* (Grand Rapids: Eerdmans, 1930), 102-3; George Milligan, *Selections from the Greek Papyri* (Cambridge: Cambridge University Press, 1910), 22. Apollonius의 서신속에 있는 '밥티제인'("우리가 고난안에서 침례를 받았다")에 대한 비유적 사용은 막 10:38의 언어와 비슷하다. '밥티제인'은 헬라어 신약 성서에서 77번이 사용되었다; '밥티스마'(물속에 잠기게 함으로 새로운 신앙안으로 입교함)는 19번; '밥티스모스'(물속에 담금으로써 정결게 하려는 것)는 4번 그리고 '밥티세스'는 12번 사용되었다. 다음의 자료를 참조하라. Philip Clapp, Barbara Friberg, and Timothy Friberg, eds., *Analytical Concordance of the Greek New Testament*,

루Louw와 니다Nida는 '밥티조'baptizo라는 단어와 관련된 세 가지 주요 의미론적 카테고리를 인식하였다: (1) 정결을 목적으로 씻는 것 (어떤 상황에서는 '밥티조'가 물속안으로 넣음으로써 씻는다는 의미를 갖는 것이 가능하다), (2) "정결과 새로운 신앙으로 허입됨을 상징하도록 의도된 종교적인 의식에서 물을 사용한다"는 의미로서 침례 주는 것, 그리고 (3) 침례라는 단어의 비유적 확장으로서 종교적 경험을 일으키기 위한 것.

대부분의 번역가들이 헬라어 단어의 음역을 채택한 것을 (루와 니다 자신들도 그렇게 음역함) 주목한 후에, 루와 니다는 "특별히 '침수'말고 다른 단어 혹 표현이(가령, 세례라는 단어가) 다양한 형태 또는 모형의 침례를(뿌리거나 물을 붓는 형태의 세례를) 실행하고 있는 그룹들에 의해 이미 사용돼 왔고 폭 넓게 받아들여졌다면, 어떤 언어들에 있어서는 '밥티조'를 '침수 시키다'라고 번역하는 것은 부적절할 수 있다"라고 말한다.[41] 이것은 "밥티조"가 형태에 있어서 '침수 시키다'라는 분명한 의미가 있음을 무시한 사전 편집자들의 어처구니 없는 편견의 예들 중 하나이다. 리델Liddell과 스캇Scott은 "물 안으로 또는 물 아래로 담그다"라는 의미를 '밥티조'에게 부여하였다. 리델과 스캇의 사전 첫판에서 '밥티조'의 7번째 의미로 "붓는다"라는 것이 제시되었지만 그런 견해를 지지할 수 있는 어떤 예도 고전 헬라어에서 제시하지 않는다. "붓는다"라는 뜻도 '밥티조'가 가질 수 있다는 이 진술이 리델과 스캇의 두 번째 판에서는 삭제되었고 그 이후의 개정판들에도 나타나지 않는다는 것을 주목 할 필요가 있다. 더욱이 리델과 스캇의 사전은 '밥티조'가 "뿌리"거나 "붓는"것에 대해 사용되는 어떤 용례도 제시하고 있지 않다. 사실, 고대 헬라어, 70인경의 헬라어, 그리고 1세기 헬라어에서 '밥티조'는 일관되게 "~안으로 잠기게 하다, ~안으로 담그다 또는 ~안으로 집어넣다"를 의미했다. 헬라어 '란티조'rantizo /to sprinkle. 뿌리다와 '에케오'eccheo /

Lexical Focus (Grand Rapids: Baker, 1991), 1:327-28. George R. Beasley-Murray, "baptism, wash," *New International Dictionary of New Testament Theology*, 1:144-50; J. H. Moulton and W. F. Howard, *A Grammar of New Testament Greek* (n.p., 1929), 2:408; and Ysebaert, Greek *Baptismal Terminology*, 40-63.

41　Johannes P. Louw and Eugene A. Nida, eds., *Greek-English Lexicon of the New Testament Based on Semantic Domains*, 2nd ed. (New York: United Bible Societies, 1988), 2:536-38.

to pour, 붓다가 모두 신약 성경에 나타나 있지만 침례와 관련해서는 결코 사용되지 않았다는 것은 매우 단순한 언어학적 사실이다.

언어학적 관점에서 본다면, '밥티제인'(침례 주기)에 대한 부적절한 역사적 분석이 그 단어의 의미와 사용을 둘러싼 혼란을 일으켰다. 만일 아이저벌트가 증명했듯이, '밥티제인'이 원래부터 "물속에 잠기게 하다"라는 유대교적인 의미가 있다면, 그 단어가 "뿌리다" 혹은 "씻는다"라는 것을 의미한 적이 있는가? 그릇들이 물속에 잠겨짐으로써 씻겨졌기 때문에, 막 7:4은 침례가[잠겨짐이 아닌] "씻는 것"을 의미한다는 것을 지지하기 위한 증거 본문으로 사용될 수 없다. 또한 눅 11:38 역시 도움이 되지 않는데 왜냐하면 유대인의 의식적인 정결법은 물 안으로 손을 담그는 것을 의미했기 때문이다. 그리고 Ysebeart가 말했듯, 이것은 "단순히 그 동사가[침례를 준다는 동사] 더욱 기술적인 용어로 바뀌어 가고 있었다는 것을 보여줄 뿐이다."[42] 어근이 비슷한 단어들인 '아폴루에인'apoluein 풀어주기과 '루트론'loutron 씻기이 아주 드문 경우에만 죄로부터의 깨끗함을 의미하기 위해 사용되었으며 '밥티제인'baptizein/침례주기과는 동의어로 사용되지 않았다.[43] 따라서 '밥티제인'은 신약에서 "침수하다"라는 유대교적 의미를 보유하고 있으며 "씻는다"는 것으로 그 의미가 바뀌었다는 증거는 없다.

과연 '밥티제인'이 침례의 형태에 대한 언급을 하지 않은 채 신약 성경에서 침례를 의미하는 한 기술적인 전문 용어가 되었는가라는 질문이 우리의 침수 침례에 대한 주장을 방해하는 것은 아니다. 만일 침례의 형태가 본래적으로 침례라는 용어의 의미와 사용법에 의해 결정되는 것이라면, 그 단어가 언제부터 침례에 대한 기술적인 전문 용어가 되었는가 하는 것은 고려할 가치가 없는 것이다.[44] 어원학적으로는 침례를 주다라는 헬라어 동사 '밥티조'baptizo 는 분명하

---

42   Ysebaert, *Greek Baptismal Terminology*, 41.

43   Ibid., 42, 62-63.

44   A. Oepke, "bapto," in *Theological Dictionary of the New Testament*, ed. Gerhard Kittel (Grand Rapids: Eerdmans, 1964), 1:529. Oepke는 '밥토[담그다]'가 신약성경에서 기술적 위치를 가지게 되었다라고 믿고 있다. Ysebaert는 Oepke에 반대하고 있다. *Greek Baptismal Terminology*, 37, 더 추가적인 논의를 위해선 다음의 자료를 참조하라. Carson, *Exegetical Fallacies*, 45-46, in relation to the phrase "baptism in the Spirit" in 1 Corinthians 12:13.

게 침수를 의미한다. 그러나 의미는 어원학으로만 결정될 수는 없다. 그 단어의 용례가 그 의미를 결정하기 위해 반드시 심도있게 연구되어야 한다. 그리고 이런 연구를 '밥티제인'baptizein에 적용하면, 이 단어도 의심의 여지 없이 "침수"를 의미한다.[45] 유아 세례주의자들은 '밥티조'의 세속적 (고전적 헬라어의) 용례가 신약 성경에 있는 '밥티조'의 의미를 결정지을 수 없다고 주장한다. 사전학만으로 의미와 용례를 결정할 수 없다는 것은 분명한 사실이지만 유아 세례자들이 종종 그러하듯 사전의 의미와 용례를 무시하거나 약화해서도 안된다.

다른 언어적인 고려사항들

수동태 형태로 사용된 '밥티제인'(침례를 베풀기)은 왜 의미론적 관점에서 침례의 의미가 "침수"이어야 하는지를 보여준다. 막 1:9을 예로 들어보자. 물이 아니라 예수님이 요한에 의해 요단강에서 침례를 받으셨다. '밥티조'(침례를 주다)라는 동사를 보아도, 그 동사의 수동태 침례의 형태가 침수임을 문법적으로 요구하고 있다. 물은 결코 동사 '밥티조'의 수동태에서 주어가 될 수 없다. 침례라는 의식의 침례 받는 주체는 물이 아니라 침례 받는 사람이다. 물을 뿌리거나 붓는 것은 이 '밥티조'의 수동태 문장을 가능케 할 수 없다 (즉 '물이 요한에 의해 침례를 받다"라는 식으로 말할 수 없다– 역자 주). 유아 세례주의자의 주장은 침례라는 동사와 관련되어 여기저기서 쓰여진 헬라어 전치사 '엔'en / ~안에서 또는 '에이스'eis / ~안으로의 용례에서도 도움을 구할 수 없다(물 '안에서' 혹은 물 '안으로' 침수되어 들어가 침례를 받을 수는 있지만 물 뿌림이나 물 붓기는 떨어지는 물을 받는 것이지 물 뿌림이나 물 붓기 '안으로' 들어가 침례를 받는 것이 아니다 – 역자 주). 왜냐하면, 수동태로서의 침례를 받는다는 동사가 그 전치사의 용례를 결정하기 때문이다. 두 가지

---

45 클래식과 코이네 헬라어에 있는 '밥티제인'의 용어에 대한 세속적이며 종교적인 용례로 부터 이것[침수의 의미]을 입증해 줄 중요한 글들 중에는 다음의 것이 있다. Alexander Carson, *Baptism in Its Mode and Subjects* (Philadelphia: American can Baptist Publication Society, 1848); Thomas J. Conant, *The Meaning and Use of Baptizein* (1860; reprint, Grand Rapids: Kregel, 1977). J. L. Dagg, *Church Order: A Treatise* (Philadelphia: phia: American Baptist Publication Society, 1871), 21-37. Dagg은 의미론적 영역들에 따라서 밥티제인의 용례들을 모아 쉽게 연구할 수 있도록 표들을 만들었다.

전치사 중 그 어느 것이라도 침례를 주거나 받는 동사 '밥티조'와 함께 쓰일때, 그 전치사의 초점은 침례 받는 자가 물 "안에서" 또는 물과 "함께" 침례를 받게 된다는 것을 나타내어 침례가 발생하는 위치가 물이라는 것을 분명히 한다. 사실, 히어버트 카슨_{Hearbert Carson} 은 막 1:9에 있는 '밥티조'라는 헬라어 동사를 "뿌리다"_{sprinkle} 혹은 "붓다"_{pour} 로 번역하는 어리석음에 대해 지적하였다. "당신은 누군가를 물속에 집어 넣을 수는 있지만 만일 당신이 침례식 이전에 고기 분쇄기를 사용하지 않는다면 그 사람을 물속 안으로_{into the water} 뿌릴 수는 없다!"[46] 올리버_{Oliver} 는 전치사 '엔 (안에)과 동사 '밥티조'(침례를 주다)가 명사 "후다티"(물)와 함께 그리고 '후다티'가 없는 모든 경우에 사용된 용례를 연구하였다. 그리고 "'밥티조'의 엄격한 의미에 따르면, 명사 '물' 또는 '물 안으로'라는 단어가 침례의 도구적 표현으로 사용되는 것은 불가능 한 것으로 보인다"라고 결론지었다.[47] 의미상, '밥티조'는 전치사 '엔' (~안에서)의 위치적 사용을 요구한다(즉, 헬라어 '밥티조'는 신약 성경에서 물을 도구로 하는 붓는 혹은 뿌리는 세례를 의미하지 않고 침례의 위치가 물 '안에서'라는 것을 강조하는 침수 침례를 가르치고 있다 - 역자 주).

전치사 '에이스'가 '~안으로'_{into} 를 의미할 때는, 그 단어가 동사 뿐만 아니라 명사 앞에서도 사용된다는 주장이 있어 왔다. 그런데 '에이스'가 사도행전 8:38에서 오직 한번만 (명사 앞에) 사용되었기 때문에, 빌립과 내시는 물 안으로 [into water] 들어간 것이 아니라 물 가로 [to water]간 것이며 결론적으로 내시는 침수 침례를 받은 것이 아니라고 종종 추측하는 경우가 있었다.[48] 그러나 제임스 펜들톤_{James Pendleton} 이 바르게 지적하였듯, 수 많은 곳에서 '에이스'는 "~안으로 들어간다"와 같은 의미만을 나타내기 위해 사용되었다. 유아 세례주의자들은 침례에서 이루어지는 물과 관련해서만 예외적으로 '~안으로'라

---

46 Herbert Carson, "The Mode of Baptism," in *The Ideal Church*, 2nd Carey Conference, 1971, in Nottinhamshire, England (Haywards Heath: Carey Publications, 1972), 25.

47 A. Ben Oliver, "Is Baptizo Used with en and the Instrumental?" *Review and Expositor* 35, no. 2 (April 1938): 195.

48 Thomas Summers, *Baptism: A Treatise on the Nature, Pepetuity, Subjects, Administration, Mode, and Use of the Initiating Ordinance of the Christian Church* (Richmond, VA: John Early for the Methodist Episcopal Church, South, 1852), 100.

는 뜻을 부정하며 다른 모든 곳에서는 '에이스'가 '~안으로'into 의미한다는 것을 인정한다. 이런 견해에 대한 팬들톤의 냉소적 비평은 적절한 것이다: "이 작은 단어 '에이스'는 만일 그들 〔유아 세례주의자들〕 모두가 이 단어에 대해 말하는 것이 사실이라면 진짜 이상한 단어이다. '에이스'라는 단어는 어떤 사람이 한 나라 안으로, 도시 안으로, 집 안으로, 배 안으로 천국 안으로, 지옥 안으로 들어간다는 의미를 가지고 있다 — 물만 빼고는 우주의 그 어떤 장소 안으로 들어간다는 의미를 지니고 있다. 불쌍한 단어여! 이 단어는 물에 대한 피해 의식이 있는 것 같아 보인다. 이 단어는 사람을 물가로 가게는 만들지만 물 속으로는 들어가게 하지 못하니 말이다."[49]

사도행전 8:36-39에 있는 다른 점들도 이디오피아의 내시가 침수 침례를 받았음을 지지해 준다. '물 안으로 '들어간다'는 동사 '카타바이노'katabainō 그리고 물 밖으로 '올라온다' 라는 동사 '아나바이노'anabainō의 사용은 확실히 침수를 의미한다.[50] 하워드 마샬은 성령과 불의 침례라는 관점에서 침례에 대한 비유적 사용에 호소함으로써 "밥티조"가 가지고 있는 침수라는 근본적인 의미를 수정하려고 시도해 왔다: "우리는 요한이 성령의 침례를 말했을 때, 그가 사람 위로 부어지는 물의 흐름처럼 마음속에 위로부터 내려오시는 성령의 임재를 생각했다고 결론지어야 한다.… 그러나 만일 침례를 준다는 동사가 성령과 연결될 때 이런 식으로 이해되어져야만 한다면, 같은 동사가 물과 연결될때도 그렇게 이해되어져야 (부어지는 것) 한다는 것이 사실일 수 있다.[51]

마샬은 침수가 성령과는 가장 잘 어울리는 것이 아니므로 침례에 대한 우리

49　(Philadelphia: American Baptist Publication Society, 1882), 131. 침례에 대한 J. M. Pendleton 의 철저한 분석을 위해선 다음의 자료를 참조하라. Thomas White, "James Madison Pendleton and His Contributions to Baptist Ecclesiology," *in Selected Works of James Madison Pendleton*, ed. Thomas White (Paris, AR: Baptist Standard Bearer, 2006), see esp. 62-117.

50　Everett Ferguson, "Christian and Jewish Baptism According to the Epistle of Barnabas," in *Porter and Cross, Dimensions of Baptism*, 222-23. 퍼거슨은 "'우리가 물속으로 들어간다' 와 '우리가 나오다' (11.8.11)는 표현은 침수를 의미함에 있어 충분하다." 고 언급했다..

51　Marshall, "Meaning of the Verb 'Baptize,'" 22.

의 이해가 "어쩌면 개정이 필요하다"라고 주장한다.[52] 마샬에 따르면, 롬 6:4에서 바울의 신학적 요점은 침례라는 물속에 잠기는 문자적 행위로부터 나온 것이 아니다. 따라서 바울이 말한 침례는 침례의 특정한 형태와 연결되어 있지 않다. 침수는 신약 성경에 있는 성령 침례와 연관된 뿌림이나 부어짐의 개념에 적합한 상징주의를 제공하는 데 실패한다. 마샬은 물을 동반하는 문자적 침례와 성령을 동반하는 비유적 침례의 경우에 있어서, 말하고자 하는 바는 침례의 형태에 대한 것이 아니라 그 결과에 대한 것이라고 결론 내린다. 그는 침례의 비유적 용례로 부터 그 단어의 문자적 의미를 정의하려는 언어학적인 과오를 저지르고 있는 것이다. 이것은 언어학적으로 순서가 뒤바뀐 것이다. 한 단어의 비유적 의미는 그 단어의 문자적 의미에 의존하는 것이다. 그 반대가 아니다. 침례의 비유적 의미가 기능하기 위해선 반드시 유비적으로 물 침례와 비교되는 무엇인가가 있어야 한다. 만일 침례에 대한 문자적 의미가 〔침수가〕 이스라엘 백성들의 일반적 단어의 한 부분이 아니라면, 고전 10:2에 있는 "모두가 구름과 바다안에서…침례를 받았다 all were baptized . . . in the cloud and in the sea" NKJV"는 바울의 표현이 독자들에게 어떻게 효과적일 수 있는가? 사도행전에 있는 "성령 안에서 침례받았다"는 것과 복음서에 있는 "성령과 불로 침례를 받는다"라는 표현들은 그 비유적 의미가 이해되기 위해선 침수라는 문자적 의미에 의존하고 있다. 예수님께서 자신의 죽음을 "침례"라고 언급하셨을 때, 침수의 개념이 다시 한번 그 죽음이라는 의미의 배경에 자리잡고 있다. 나는 제임스 던 James Dunn 이 로마서 6:3-5에서 바울이 비유적으로 말하고 있으며 문자적 침례에 대해 말하지 않는다고 주장한 것은 잘못된 것이라고 본다. 그러나 던은 "비유로서의 '침례받는다'"라는 자신의 글에서 '밥티조' baptizo 에 대한 침수의 의미가 그 비유적 의미에 근본적이라고 분명하게 밝히고 있다. 던에 따르면, "영 ruah 과 불의 강가에서 그 안으로 가라앉게 된다는 그 비유적 이미지는 현대적 독자들에게는 이상하고 혐오감을 줄 수도 있지만… 요한이나 요한의 독자들에게는 전혀 놀라운

---

52   Ibid., 17.

일이 아니었을 것이다."[53]

침수에 대한 추가적인 성경적 증거

다음의 성경 구절들을 생각해 보라:

• 마 3:16 "예수께서 침례를 받으시고 곧 물에서 올라오실새 went up straightway out of the water-KJV 하늘이 열리고 하나님의 성령이 비둘기 같이 내려 자기 위에 임하심을 보시더니"

• 막 1:5 "온 유대 지방과 예루살렘 사람이 다 나아가 …요단 강에서 그에게 침례를 받더라 all baptized by him in the Jordan River- NKJV ."

• 막 1:10 "물에서 올라오실새 coming up out of the water- KJV ."

• 요 3:23 요한도 살렘 가까운 애논에서 침례를 베푸니 거기 물이 많음이라 there was much water there-NKJV

• 행 8:38-39 "빌립과 내시가 둘 다 물에 내려가 빌립이 침례를 베풀고 went down both into the water 둘이 물에서 올라올새 come up out of the water-KJV …"

이 모든 경우에 사용된 헬라어 단어들과 문맥과 논리 그 자체는 침수를 의미하고 있음을 지적해 주고 있다. 종종 침수에 반대하여 오순절날 하루에 삼천 명에게 침례를 줄 만큼 예루살렘에는 충분한 물이 없었다는 주장이 있어왔다. 역시 빌립보 간수장이의 침례에도 침례를 줄 물이 있었는지에 대한 언급이 없다. 그러나 이제 곧 보게 되겠지만 예루살렘의 물 부족의 주장은 고고학적 발견들 때문에 더 이상 받아들여지지 않으며 빌립보 간수장이의 경우 물이 없었으리라는 것은 침묵에 근거한 논법 an argument from silence 에 지나지 않는 것이다. 침례 교인들이 요 3:23과 많은 물에 대해 지적할 때, 유아 세례론자들은 물이 많다고 침수를 의미하는 것은 아니라고 주장한다. 이런 유아 세례론자들의 비이성적 주

53　James D. G. Dunn, "Baptized' as Metaphor," in White, Porter, and Cross, *Baptism, the New Testament and the Church*, 304.

장에 대해 ,펜들톤은 다음과 같이 냉소적으로 응답하고 있다: "우리는 유아 세례론자들을 전혀 만족스럽게 할 수 없다.… 만일 침례와 관계된 구절들 속에 "강"이라는 언급이 없다면, 그들은 "침수란 없다" 그리고 "물의 부족"등을 외칠 것이다. 비록 요단강이 구체적으로 언급 되었더라도, "침수란 없다"라는 같은 외침을 듣게 된다. 유아 세례론자들의 논리에선 물의 부족이나 물의 풍성함 모두 같은 것을(침수는 있을 수 없다는 것을) 증명한다."[54]

결론

신약 성경에서 '침례 주다'baptizo의 분명한 의미는 침수다. 비록 킹제임스 성경의 번역가들이 제임스 1세의 통제 아래에서 번역에 대한 그의 원칙을 따라야 했고 그러므로 '밥티조'를 번역하기 보다는 음역할 수 밖에 없었지만 현대 번역가들은 더 이상 그런 통제 가운데 있지 않다. 헬라어 단어가 의미하는 것을 그대로 나타내어야만 한다. 편견, 비겁함 또는 심지어 왜곡됨 이외에는 왜 그 '밥티조'라는 헬라어 단어가 "침수하다"라는 것으로 번역되지 않는가를 설명할 길이 없다. 유아 세례론자들이 단어의 규범적인 용례의 고속도로로부터 멀리 떨어져 나가 부어짐이나 뿌림으로서의 침례에 대한 자신들의 개념을 지지하기 위해 너무나 미미한 증거만을 제시하게 될 어떤 언어학적 우회로를 헛되이 찾는 것을 지켜보는 것은 비극적이다. 1세기의 헬라어 사전이 뿌림이나 부어짐에 대한 단어들을 많이 가지고 있었기 때문에, 신약 성경의 저자들이 원했다면 그들이 뿌림이나 부어짐의 헬라어들을 사용하여 자신들이 의도한 침례를 설명하는 것은 너무나 쉬운 일이었을 것이다.[55]

---

54 Pendleton, *Distinctive Principles of Baptists*, 132.

55 헬라어 신약성경에 있는 침례를 주다라는 단어의 의미에 대해 오늘날 발견할 수 있는 전형적인 오해를 다음의 자료에서 볼 수 있다. Vander Zee, *Christ, Baptism and the Lords Supper*, 99: "어떤 사람들은 침례를 준다는 헬라어가 '침수'를 의미한다고 주장하지만, 학자들은 헬라어에서는 침수 말고도 다른 형태들을 묘사할 수 있다고 주장한다." Zee는 자신의 주장을 뒷받침할 어떤 근거도 제시하고 있지 않다. 그러나 그는 침례의

싸우스웨스턴 침례 신학 대학원의 신학과 학장으로서 나는 스카보로우와 플레밍 홀에 있는 모든 자물쇠를 열 수 있는 마스터 열쇠를 가지고 있다. 유추해 본다면 단어의 정의들은 마스터 열쇠들과 같다. 단어 하나가 올바르게 정의될 때, 그 정의는 의미를 푸는 열쇠가 되는 것이다. 만일 그 정의가 부정확한 것이라도, 그 정의는 어떤 문맥에서는 맞을 수도 있다. 그러나 다른 많은 경우에 있어서는 그런 부정확한 정의는 모호함, 오류, 그리고 넌센스를 만들어 낸다.[56] 유니온 신학교의 교회사 교수였던 유명한 필립 샤프Philip Schaff 는 "요단강에서 있었던 그리스도의 침례와 신약 성경에서 사용된 침례에 대한 예시들은 카톨릭과 영국과 독일의 개신교에 있는 가장 뛰어난 성경 주석가들이 기꺼이 인정했듯이 뿌림 보다는 침수를 전적으로 지지하고 있다. 어떤 것도 부자연스런 주해를 통해서 얻을 수 있는 것은 없다. 침례교인들의 공격적인 적극성이 유아 세례주의자들을 정반대의 극단에 이르게 만들었다"라고 말한다.[57]

역사적 증거

지면의 제한으로 인해 교부들, 유아 세례주의자들, 그리고 침례교인들이 침례의 형태에 대하여 말한 것을 광범위하게 평가할 수는 없다.[58] 또한 그들의 견

"성례전적 본질은 가능한 한 물을 많이 사용할 수록 가장 잘 나타난다.… 비-침례교회들 가운데 '침수' 침례로 회귀하고자 하는 흥미로운 움직임이 있는데, 심지어 유아와 어린 아이들의 침례의 경우에 있어도 침수를 주는 것이다"라고 말한다 (100).

56 이 열쇠의 유비를 사용함에 있어서, 나는 써든 침례교 신학교의 유명한 설교학 교수이며 학장이었던 John Broadus에게 빚을 지고 있다. Broadus는 신약성경에 있는 많은 침례의 자물쇠들을 침수라는 열쇠로 풀어보려고 했는데 모든 문이 그 열쇠로 열리는 것을 보았다! Jeremiah Jeter, "Only Immersion Is Baptism," in *Baptist Principles Reset*, new ed. (Richmond: Religious Herald, 1902), 72.

57 Philip Schaff, *Teaching of the Twelve Apostles* (Edinburgh: T & T Clark, 1887), 55-56. See also J. Taylor, *The Immerser*, 49-58, 318-22.

58 Robert Sanders, *The Ante-Nicene Fathers on Baptism* (Louisville: Baptist Book Concern, 1891). Sanders는 니케아 종교회의 이전의 교부들이 유아 세례를 거부했으며 침수 침례를 실행했다는 것을 분명하게 보여주었다. 다음의 자료들을 참조하라. Robert Robinson, *The History of Baptism* (Boston: ton: Lincoln and Edmands, 1817); James Chrystal, *A History of the Modes of Christian Baptism* (Philadelphia:

해는 잘 문서화되어 있으므로 그럴 필요도 없다. 침수 침례를 옹호하는 오래된 침례교인들의 작품들에는 침수를 사도적 교회에서 실행된 유일한 형태로 인정하는 세례주의자들의 언급들도 섞여있다. 우리는 신약 교회 이후의 침수 침례에 대한 증거에 대해 단순히 요약해 볼 것이다.

아마도 교부시대로부터 침례에 대해 언급한 가장 초기의 작품은 디다케The Didache, 2세기 초나 중엽으로 추산됨-역자 주이다. 이 책은 침례가 "살아있는 물"(강의 물처럼 흐르는 물)로 실행해야 한다고 요구한다. 그러나 만일 이것이 가능하지 않다면, "다른 물로 침례를 주라"고 말한다(디다케가 말하는 다른 물은 차가운 물이며 이것도 없으면 미지근한 물로 하라는 것이다). 만일 그것도 어렵다면, "머리에 물을 세 번 부으라"고 한다.[59] 침수 침례가 당시 침례의 규범적 형태였다는 것은 바로 이 진술로 분명하게 볼 수 있다. 바나바 서신The Epistle of Barnabas A.D. 130–131에 저술된 것으로 추정됨에서, 우리는 다음과 같은 표현을 읽을 수 있다: "우리는 죄와 오염으로 가득 찬 물 안으로 들어가서 열매를 맺은 후 다시 물 위로 올라온다."[60] 역시 허마의 목자도 "사람들이 죽음에 사로잡혀 내려갔다가 생명을 받아 다시 일어나는 침례의 물"에 대해 말한다.[61] 조금 전 언급된 두 문장은 침수에 의한 침례를 분명하게 나타내고 있다. 중세시대에 토마스 아퀴나스Thomas Aquinas 는 "그리스도의 장사지냄의 상징은 침수에 의해 더욱 분명하게 나타나며 이런 이유 때문에 침

Lindsay and Blakistan, 1861); Isaac Hinton, *History of Baptism from the Inspired and Uninspired Writings*, rev. John Hinton (London: J. Heaton and Son, 1864), 131-35. R. Ingham, *Christian Baptism: Its Subjects* (London: E. Stock, 1871), 393-510. Ingham은 역사적 증거에 대한 가장 포괄적인 연구들 중 하나를 제시하고 있다. 다음의 자료를 보라. *A Handbook on Christian Baptism* (London: Simpkin, Marshall, and Co., 1865); Henry Burrage, *The Act of Baptism in the History of the Christian Church* (Philadelphia: American Baptist Publication Society, 1879). 이 책은 신약성경부터 1879년까지를 다루고 있다. Edward Hiscox, *Principles and Practices for Baptist Churches* (Grand Rapids: Kregel, 1980), 386-444; Alec Gilmore, *Christian Baptism*, 187-220; and William Lumpkin, *A History of Immersion* (Nashville: Broadman Press, 1962).

59　*Didache*, chapter 7, available at http://www.ccel.org/ccel/richardson/fathers.viii.i.iii.html, or Philip Schaff, History of the Christian Church, vol. 2, 5th ed. (Peabody: Hendrickson, 2006), 247.

60　*Epistle of Barnabas* (100.11); or see Alexander Roberts and James Donaldson, eds., "The Epistle of Barnabas," in *The Ante-Nicene Fathers: The Writings of the Fathers Down to A.D. 325* (Edinburgh: burgh: T & T Clark, 2001), 1:144.

61　*Shepherd of Hermas* (Similtude 9.100.16); or see Alexander Roberts and James Donaldson, eds., "The Pastor of Hermas," in *The Ante-Nicene Fathers*, 2:49.

수의 형태가 가장 보편적이며 가장 추천할 만하다"라고 말했다.[62] 그러나 아퀴나스는 침례의 형태는 신학적으로는 별로 중요하지 않다고 주장했다.

종교 개혁기때 마틴 루터 Martin Luther 는 그의 책 *The Babylonian Captivity of the Church*에서 침례에 대해 말했다. 침례가 죽음과 부활의 상징임을 주목한 후에 루터는 다음과 같이 말하였다:

> 이런 이유로 나는 그 단어가 말하고 그 신비가 나타내려고 하는 것대로 침례 받는 사람들을 물속에 완전히 잠기도록 할 것이다. 내가 이것이 필요하다고 여기기 때문이 아니라 그렇게 완벽하고 온전한 것(침례)에는 역시 완벽하고 온전한 표식(침수)을 주는 것이 잘하는 것이기 때문이다. 그리고 이것이(침수) 의심의 여지 없이 그리스도에 의해서 가르쳐진 방법이다. 죄인이 완전히 새롭게 되어 또 다른 피조물이 되고 침례를 통해 그리스도와 함께 죽고 다시 사는 것 즉 그의 죽음과 부활에 연합되기 위해선 씻는 것 보다는 죽는 것이 필요하다.[63]

루터의 Order of Baptism에서 우리는 다음과 같은 것을 읽게 된다: "그때 그는 어린 아이를 데리고 가서 침례탕속에 담근다."[64] 1519년에 저술한 *The Holy and Blessed Sacrament of Baptism*에서 루터는 침례에 해당하는 헬라어나 라틴어 모두 "침수"를 의미한다고 기록하고 있다. 비록 그가 "많은 지역들"에서 침수가 더 이상 "관습적이지" 않음을 주목했지만, 루터는 침수가 "반드시 시행되어야 하는 것"인데 그 이유는 "옛 사람"이 반드시 "하나님의 은혜에 의해 완전히 잠겨져야" 하기 때문이라고 주장했다. "그러므로 우리는 〔침수를 통해〕 침례의 의미에 맞게 바르게 행해야 하며 침례를 그것이 상징하

---

62 Thomas Aquinas, Snmrna 3.66.7; or see *The Summa Theologica of St. Thomas Aquinas* (London: Burns, Oates & Washburne, 1923), 17:109-10.

63 Martin Luther, *Three Treatises* (Philadelphia: Fortress, 1960), 191.

64 Martin Luther, *Luthers Works: Liturgies and Hymns*, ed. Ulrich S. Leupold (Philadelphia: Fortress, tress, 1965), 53:100.

는 것에 대해 참되고 완벽한 표식이 되도록 해야 한다."[65] 찰스 크라우쓰Charles Krauth 는 침수, 붓는 것, 뿌리는 것으로서의 침례에 대한 루터의 견해를 분석하였다. 그는 루터의 침수에 대한 선호를 확증하였지만 다른 형태들(붓는 것, 뿌리는 것)에 의한 침례의 유효성에 대해서 루터가 의심을 품지 않았음을 바르게 지적하였다.[66]

존 칼빈John Calvin 은 그의 기독교 강요에서 침례의 형태에 대해 다음과 같이 말했다: "그러나 '침례를 주다'라는 단어는 침수를 의미한다. 그리고 침수가 고대 교회[신약 교회]에서 지켜졌던 것은 분명하다."[67] 존 웰쉬John Welsh 도 역시 침수에 의한 침례를 사도적 교회가 실행했음을 확증하였다: "11살 된 메리 웰쉬Mary Welsh 는 첫번째 [사도적] 교회와 영국 교회의 법에 따라 침수에 의한 침례를 받았다.[68] Andover 신학교에서 가르쳤던 모세 스튜어트Moses Stuart 라는 회중교회 신학자는 침례의 형태에 대한 중요한 작품을 저술하였다. 그는 헬라어 "밥토"bapto 와 영어 "침례를 주다"baptize 는 어떤 액체안으로 집어넣는다, 빠트리다, 침수시킨다는 것을 의미한다. 모든 사전 편찬가들과 주석 비평가들은 이점에 동의하고 있다"라고 말했다.[69] 자럴W. A. Jarrell 의 뛰어난 저술 Baptizo-Dip-Only: The World's Pedobaptist Greek Scholarship 은 '밥티조'가 '담그는 것,' '침수시키는 것'임을 인정한 유아 세례를 지지하는 전 세계의 수백 명에 이르는 학자들의 상당한 인용문을 포함하고 있다. 그리고 그들 중 대부분이 '밥티조'는 헬라어 성경에서 침수 이외

---

[65] Martin Luther, *Luther's Works: Word and Sacrament 1*, ed. E. Theodore Bachman (Philadelphia: Fortress, 1960), 35:29.

[66] Charles P. Krauth, *The Conservative Reformation and Its Theology* (Minneapolis: Augsburg, 1963), 519-40.

[67] John Calvin, *Institutes of the Christian Religion, in Library of Christian Classics*, chapter xv, vol. 2, book iv, trans. F. L. Battles, ed. John T. McNeill (Louisville: Westminster John Knox Press, 1960), 1320.

[68] John Wesley, *The Journal of John Wesley*, ed. Nehemiah Curnock (London: Epworth, 1938), 1:166 (emphasis added).

[69] Moses Stuart, *Is the Mode of Christian Baptism Prescribed in the New Testament?* (Nashville: Graves, Mark & Rutland, 1856), 41.

의 다른 것을 의미하지 않는다는 것도 확증하고 있다.[70]

마지막으로, 우리는 칼 바르트Karl Barth가 그의 저서 *The Teaching of the Church Regarding Baptism*에서 침수를 사도적 행습으로 인정하며, 유아 세례를 강하게 비판하고, 그리고 침례에 대한 더 깊은 신학적 성찰을 요구하고 있음을 보게 된다.[71] 가장 최근에 감리교 신학자인 마샬은 유아 세례를 옹호하는 자신의 글에서 다음과 같은 것을 인정하였다: "가장 보편적인 침례의 형태에 대해 말할 수 있는 (그리고 말해야만 하는) 것은 침수(확실히)와 뿌려짐(적어도 3세기부터는)이 지역의 상황에 따라 실행되었다는 것이다."[72] 이 진술은 두 가지 확실한 것을 주장한다는 점에서 주목할 만하다: 침수가 사도적 교회에서 사용되었다는 것과 관수례는 3세기 이후부터 침수와 함께 사용되었다는 것이다. 이것은 거의 모든 침례교도가 동의할 수 있는 진술이다.

심지어 유아 세례주의자들도 사도적 교회의 행습은 침수 침례였다고 동의하는데 어떻게 그리고 왜 침례 형태에 변화가 생긴 것인가? 물을 붓는 관수례는 2세기경에 처음으로 허용되었다. 그러나 그때는 침수가 불가능한 아주 특별한 상황에서만 허용되었다. 3세기와 4세기에는 원죄의 흔적을 유아 세례가 제거할 수 있다는 잘못된 교리가 침례의 의미에 상당한 변화를 가져왔으며 유아 세례의 행습을 만들어 내었다. 교리에서의 이런 변화는 침례의 실행에서 관수례와 살수례와 같은 변형된 침례 형태를 만들어 내었다. 정통 교리가 이단 교리에 자리를 내 주듯이, 바른 행습이 잘못된 행습에 자리를 내주게 된 것이다. 그럼에도 침수는 계속해서 서방 라틴 교회와 헬라어권의 동방 교회에서 침례의 유일한 공식적 형태였다.

침수는 가장 초기때부터 실행된 침례의 유일한 형태이다. 13세기에 아퀴나스는 침수가 뿌리는 것보다 더욱 보편적인 것이었음을 기록하고 있다.[73] A.D.

70　W. A. Jarrell, *Baptizo-Dip-Only: The World's Pedobaptist Greek Scholarship*, 2nd ed., reissued by V. C. Mayes (1910; reprint, Splendora, TX: Splendora Sales, 1978).

71　Barth, *Teaching of the Church Regarding Baptism*.

72　Marshall, "Meaning of the Verb 'Baptize,'" 20.

73　Aquinas, *Summa*, 3.66.7.

1311년 Ravenna 로마 카톨릭 회의에 이르러서야 뿌리는 것을 하나의 권위있는 침례 형태로 인정한 교회법이 처음으로 통과되었다.[74] 교회사 학자인 필립 샤프가 이점을 지지해주고 있다. 샤프는 "강가에서 행해지던 침례는 콘스탄틴 황제 때 침례의 편의를 위해 교회 근처에 지어진 침례탕이 발달하면서부터 점차적으로 사라지기 시작했다. 그것들은 (침수를 위한 침례탕들은) 매우 많았으며 특별히 이탈리아에서 그러했다. 그런 침수 침례탕들은 침수가 서방 교회에서 사라지기 시작하면서 부터 사용하지 않게 되었다. 마지막 침수 침례탕은 A.D. 1337년 이탈리아 Pistoria지역에 지어졌다."[75]

종교개혁기에는 어땠을까? 윌리암 월 William Wall 의 널리 알려진 책 *History of Infant Baptism*에 나오는 뿌림과 붓는 형태의 침례의 발달에 대한 잘 알려진 설명은 다음과 같은 이야기를 전해 주고 있다.

이제 칼빈은 그의 기독교 강요에서 물속에 잠겨지는 것이 세 번이어야 하는지 아니면 한 번인지 그리고 뿌려진 물로 적셔지기만 해도 되는지와 같은 질문은 별로 중요한 것이 아니라는 자신의 가르침을 준 것만이 아니다. 칼빈은 또한 제네바에 있던 자신의 교회가 사용하도록 성례 집행의 어떤 형식을 만들었다 (후에 이것이 세상에 출판되었다). 그 성례 집행서에서 칼빈은 침례의 순서에 이르러 다음과 같이 기록하였다:

"그다음 침례를 베푸는 사역자가 유아의 머리위로 물을 붓는다. 그러면서 '내가 그대에게 침례를 베푸노라'라고 말하라. 내가 말했듯, 침수를 전혀 언급하지 않은 채 뿌리는 것만 말하는 어떤 노회들이 프랑스의 교구에 있다. 그리고 관수례가 일반적인 실행이 되어 버렸다. 그러나 교회의 직분 또는 의식에 관한 한 내가 믿기로 이렇게 [침수에 대한 언급없이] 뿌리는 것만 절대적으로 규정한 것은 세계 최초일 것이다."[76]

---

74 William Wall, *The History of Infant Baptism* (Oxford: Oxford University Press, 1862), 1:583.

75 Schaff, *Teaching of the Twelve Apostles*, 41.

76 Wall, *History of Infant Baptism*, 1:580-81.

휴즈 올드_{Hughes Old}는 16세기에 있었던 침수로부터 뿌림으로의 전환을 연대기적으로 기록하고 있다. 16세기 개신교 개혁가들은 침수, 붓는 것, 그리고 뿌리는 것 모두를 받아들여질 만한 침례의 형태라고 동의하였다. 그들은 침례의 형태는 아디아포라_{adiaphorous – 신학적으로 중요하지 않은 것}의 문제라고 보았다.[77] 침례에 대한 The Constance Latin Ritual (1510) 문서는 당시 침례에 대한 다음과 같은 견해를 분명하게 보여주고 있다: (1) 교회는 침수와 관수례를 받아들인다. (2) 침수가 적합하지 않은 경우는 4가지 조건들에 해당한다 – 나이가 많은 사제 (침례 집행자로서 침수가 부적합함), 유약한 아기, 차가운 겨울 날씨, 그리고 나이가 많은 침례 후보자. (3) 관수례의 정당성에 대한 호소가 나타난다. 관수례를 행한 성 로렌스_{St. Lawrence, 3세기}와 레미기우스_{Remigius, 6세기}의 역사적 기록과 행2장과 3장 (수천 명의 침례)이 관수례의 정당성으로 제시되었다.[78]

첫째, 우리는 위의 문서로부터 침수가 우선적인 침례의 형태였음을 암시적으로 알 수 있다. 왜냐하면, 침수에서 붓는 것으로 바뀔 수 있는 조건들을 달아 놓았기 때문이다. 이런 조건들이 주어졌다는 사실 그 자체가 올드의 말대로 하자면, 뿌리는 세례는 "오직 그 당시(16세기)에야 정상적인 절차로 인정받게 된 것이다."[79] 둘째, 행2장과 4장에서 3000명이나 5000명의 침례가 관수례에 의한 것이었다는 것은 정당화 될 수 없는 추론일 뿐이다. 이런 추론은 그렇게 많은 사람이 하루에 침수로 침례를 받을 수는 없다는 전제를 근거로 하기 때문이다.

개혁가들은 "자신들이 성경에 근거하여 침수만을 고집할 수 없다"고 결정했다. (독일의) 개신교 종교개혁의 성향을 가진 사제들은 침수로 전환하는 것은 침례의식에서 "독일어 사용을 도입하려는 그들의 노력을 약화시키고 있었다는 것"을 발견했다. 종교를 개혁할 때는 잘 알려진 언어가 필수적이었기 때문에,

---

77 Hughes O. Old, *The Shaping of the Reformed Baptismal Rite in the Sixteenth Century* (Grand Rapids: ids: Eerdmans, 1992), 264ff. 다음의 자료를 참조하라 John Calvin, *Institutes*, 4.15.19. Jules Corblet, *Historie dog- matique, litur-gique et archeologique du sacrament de bapteme*, 2 vols. (Brussels, Paris, and Geneva, 1881-82), 1:235f£. Corblet의 작품은 침수에서 뿌리는 것으로 바뀐 것에 대한 역사적 변천을 추적한 작품들의 리스트를 제시하고 있다.

78 Old, *Shaping of the Reformed Baptismal Rite*, 266.

79 Ibid., 267.

당시에는 낯선 단어였던 '침수'immersion 가 버림받은 것이다.[80] 신학적으로, 개혁
가들은 침례에서 핵심적인 행위는 그리스도의 죽음과 부활에 대한 상징이 아니
라 죄가 씻겨지는 행위로 보았으며 뿌리는 세례가 그 씻어짐의 의미를 가장 잘
보여준다고 결론지었다.[81]

　　지면 관계상 16세기 영국 종교개혁 당시에 있었던 침례의 형태에 대해 간략
하게 살펴보겠다. 에드워드 6세Edward VI 의 첫번째 예배 의식서는 세번 물에 잠
기는 침수를 요구했다. 에드워드 6세와 엘리자베스Elizabeth 는 모두 그렇게 침수
를 받았다. 17세기 초에 스코틀랜드로부터 영국의 국왕이 된 제임스 1세James
I는 스코틀랜드 신학자들로부터 뿌리는 세례에 대하여 배웠다. 스코틀랜드 신
학자들은 관수례를 제네바(칼빈)로부터 받아들인 것이다.[82] 따라서 제임스 1세
는 침수보다는 관수례를 선호하였다. 장로교가 우세했던 영국 크롬웰의 호국
정치 기간the Protectorate 동안 있었던 신학자들의 웨스트민스터 회의에서 다수결
원칙에 따라 25 대24라는 단 한표 차이로 관수례와 침수가 영국 교회에서는 모
두 합법적인 침례의 형태이며 관수례는 침수에 대한 언급없이 교회의 지침서들
에 언급되어야 한다는 결정을 내렸다. 그 후 왕정 복고시대에 영국 성공회가 다
시 교권의 우위를 차지하면서 침수가 다시 한번 교회의 공식적 입장이 되었으
나 실행면에서는 대부분의 영국 교회들이 이미 관수례를 행하고 있었다.[83] 그러
나 물론 이 시기에 점점 커지고 있던 영국 국교회의 반대자 중 "침례교도들"이
라 불렸던 한 그룹은 신자의 침수 침례만이 유일하게 유효한 성서적 입장이라
는 그들의 주장을 강조하고 있었다.

80　Ibid., 277.

81　Ibid., 278-80.

82　카톨릭 교도였던 영국여왕Mary의 핍박으로 인해, 많은 개신교도들이 영국과 스코틀랜드를 떠나 제
네바로 도망갔다. 교황의 권위를 거절했던 이들은 곧장 칼빈에게 상당한 매력을 느꼈다. 그런 사람들 중 한
명이 John Knox였다. 그는 스코틀랜드로 돌아 오면서 칼빈이 시행한 관수례를 도입하였다. 스코틀랜드의
James VI 가 영국의 왕 James I가 되면서 그가 선호하던 관수례를 영국 교회에 도입하게 되었다.

83　See Hinton, *History of Baptism*, 156-61.

고고학적 증거

지난 여름 영국에 있을 때, 나는 *Baptistmal Fonts Classified and Illustrated*라는 책을 우연히 접하게 되었다. 이 책은 유아 세례지지자인 티럴-그린 E. Tyrrell-Green이 쓴 것으로 침례탕에 대한 고고학적 연구서 중에서 가장 중요한 것 중 하나였다. 나는 그가 서문에 적고 있는 침례의 형태에 대한 그의 솔직함에 충격을 받았다: "가장 초기의 교회시대에는 요단강에서 침례를 받으신 예수님의 본을 따라 침례의식이 흐르는 물속에서 침수에 의해 행해진다는 것은 자연스러운 일이었다.…침례의 영적인 중요성을 언급하는 구절들도 침수의 시행을 암시하고 있다. 바울이 말하는 것의 충분한 의미를 살펴보라. "우리가 침례를 통해 그와 함께 죽음안으로 장사 지낸바 되었다"라는 말은 "침례 후보자가 완전히 물속에 잠길 때에만 이루어지는 것이다."" 티럴-그린은 더 나아가 초대 교부들에 대한 연구는 침례의 형태가 "완전 침수"였다는 것을 확증해 준다고 기록하고 있다.[84]

티럴-그린의 책에 있는 흥미로운 부록 - "침수를 위해 만들어진 현대적 침례탕들" - 은 "성인이 완전히 침수 될 수 있도록" 디자인 된 영국안에 있는 10개의 침례탕과 웨일스와 몬머쉬어 Monmouthshire, 웨일즈 동부 지역에 있는 20개의 침례탕에 대한 목록을 제시하고 있다. 남 웨일스에 있는 그토록 많은 침수 침례탕에 대한 설명은 그곳에 있는 침례교인들이 매우 강력하기 때문에 관수례에 대한 침례교인들의 반대에 직면한 유아 세례주의자들이 기도서의 규정문에 표현되어 있듯 '물에 잠기는' 침례를 교회의 정상적인 법으로 강조하는 것이 바람직하다고 생각했다는 사실에서 찾을 수 있다.[85] 여기서 티럴-그린이 교회라고 말한 것은 영국 성공회를 의미한다.

침례의 고고학적 연구에 있어 가장 의미 있는 책들 중 하나는 코트 W. N. Cote의

---

84   E. Tyrrell-Green, *Baptismal Fonts Classified and Illustrated* (London: Society for Promoting Christian Knowledge, 1928), 1-2.

85   Ibid., 167.

*Baptism and Baptisteries*이다. 코트는 19세기 로마로 파송된 선교사였고 교부들의 글들과 Biblioteca Casanatense 도서관에 있는 침례에 대한 예술 작품과 고고학을 연구하는데 상당한 시간을 들였다. 그 도서관은 도미니칸 수도원에 속한 부속 건물로서 120,000권의 도서와 고대 사본을 보관하고 있다. 그의 책은 두 부분으로 나누어져 있다. 첫 부분은 교부들의 글로부터 얻어낸 침례에 대한 연구이며 두번째 부분은 이탈리아에 있는 침례탕들에 대한 고고학을 다루고 있다. 코트는 침수가 교회 역사의 첫 3세기 동안 실행된 것이며 이탈리아에 있는 이 기간 동안의 침례탕들은 침수 침례를 위해 고안된 것들이었다는 것을 분명하게 보여주고 있다. 코트는 이 책을 남침례교단에 헌정하였다.[86] 필립 샤프는 이런 연구 결과를 확증해 주며 다음과 같이 썼다: "니케아 종교 회의의 신학이 지배하던 시기에 만들어진 침례탕들은 여전히 아시아, 아프리카, 그리고 남 유럽에 많이 남아 있는데 이것들은 침수 침례를 위해 제작되었으며 모든 동방 교회들은 아직도 이 형태(침수 침례)를 고집하고 있다."[87] 북 아프리키에 있던 초기 몇 교회들의 잔재들이 발견되었고 연구가 이루어졌다. 대부분의 고대 북 아프리카 교회들이 침수 침례탕들을 가지고 있었으며 보통 교회의 입구에 있었다.[88]

존 크리스천John Christian 의 The Form of Baptism in Sculpture and Art는 초기 이탈리아 기독교와 다른 지역에 있던 조각품과 그림에서 나온 증거는 침수가 침례의 유일한 형태였다는 것을 확증해 주고 있다. 1907년에 출판된 이 책

86　W. N. Cote, *Baptism and Baptisteries* (Philadelphia: The Bible and Publication Society, 1864). 66개의 이탈리아 침례탕에 대한 목록이 110-12쪽에 제시되어 있다.

87　Philip Schaff, *History of the Christian Church*, 5th ed. (Peabody, MA: Hendrickson, 2006), 2:248.

88　Lloyd A. Harsch, "The Architecture of Baptisteries in North Africa," (paper presented to the Evangelical Theological Society Valley Forge, PA, November 17, 2005). 이 작품은 Marshall의 다음과 같은 글을 반박한다. "Meaning of the Verb Baptize,"' 18. Marshall은 다음과 같이 주장한다: "초기 침례탕들의 발견은 그 침례탕들이 침수를 주기에는 불가능한 것들이었다는 것을 보여준다." 이에 반하여 Wharton Marriott's 글은 Harsch의 연구와 같은 결론에 이르렀다: "삼중 침수침례는 초대 교회들에게는 보편적인 법이었다. 이것에 대해 우리는 아프리가, 팔레스틴, 이집트, 그리고 소아시아에 있는 안디옥과 콘스탄티노플에서 그 증거들을 찾을 수 있다." Wharton Marriott,"Baptism" in *William liam Smith and Samuel Cheetham, A Dictionary of Christian Antiquities* (London: John Murray, 1875), 1:161, 168, 177.

은 침례에 대한 조각과 그림을 연구한 최초의 영어권 작품이었다.[89] 20세기 마지막에 300개 이상의 미크바_{migva'ot, 유대교의 정결을 위한 침수례 의식} 목욕탕이 이스라엘에서 발견되었고 그 시기는 대략 B.C. 1에서 A.D. 70년이었다. "이것 중 약 150개가 예루살렘에서 발견되었고 – 60여개는 도시의 위쪽에서 (Avigad의 발굴), 40여개는 성전이 세워진 산의 남쪽 문 부근에서 발굴 되었다. 그리고 나머지는 다양한 위치에서 발굴 되었다."[90] 미쉬나_{Mishna}에 따르면, 몸의 모든 표면이 물로 젖지 않고서는 정결케 될 수 없으므로, 미크바를 포함한 유대교의 정결 의식으로서의 목욕이 침수로 몸 전체를 정결하게 하려고 사용되었다.[91] 그래셤_{Grasham}은 "Herodkum, Masada, 그리고 Gamla와 같은 지역에서 발견된 A.D. 70년 이전의 모든 회당은 예배를 참석한 자들이 정결의 씻음을 할 수 있도록 회당 근거리에 침수탕을 가지고 있었다"고 서술했다.[92] 이런 발견은 유아 세례주의자들에 의해 제시된 오래된 주장 즉, 하루에 3000명과 5000명이 침례를 받기에는 예루살렘에 물이 충분하지 않았다는 주장을 일순간에 잠재우는 것이다.

월터 베다드_{Walter Bedard}는 교부들이 롬 6:3-5 에서는 "무덤"으로서의 침례에 대한 개념을 그리고 요 3:3-5에서는 교회의 "자궁"으로서의 침례에 대한 개념을 끌어냈다고 주장했다. 그는 이것을 침례탕과 침례탕에 있는 글귀 같은 고고학적 유적들로부터 입증하였다.[93] 이 연구의 중요성은 세 가지다. 첫째, 베다드

---

89 John Christian, *The Form of Baptism in Sculpture and Art* (Louisville: Baptist Book Concern, 1907). 특별히 그의 마지막 결론부분을 참조하라. 페이지 225-35.

90 Ronny Reich, "The Great Mikveh Debate," *Biblical Archaeology Review* (March-April 1993): 52-53. Jerome Murphy-O'Connor, *The Holy Land: An Archaeological Guide from Earliest Times to 1700* (Oxford: Oxford University Press, 1992), 108.

91 H. Danby, *The Mishna*, pp. 732, 742. Yoma 3:3 은 말하길, "자기 자신을 물로 침수시키지 않고서는 비록 정결한 자라 하더라도 그 누구도 성전의 활동 중 하나인 성전 마당 제사에 들어갈 수 없다" (fn. on 164).

92 Bill Grasham, "Archaeology and Christian Baptism," *Restoration Quarterly* 43, no. 2 (2001): 115. See also William LaSor, "Discovering What Jewish Migva'ot Can Tell Us About Christian Baptism," *BiblicalArchaeology Review* 13, no. 1 (January-February 1987): 57. LaSor은 유대교의 정결 침수례인 미크바가 기독교 침례의 배경이 되었을 것이라고 믿고 있다.

93 Walter Bedard, "The Symbolism of the Baptismal Font in Early Christian Thought," in *The Catholic University of America Studies in Sacred Theology*, 2nd series (Washington, DC: Catholic University of America Press, 1951), 45.

는 카톨릭 학자이지만 침례의 가장 원형은 침수라는 것을 확증하고 있다. 둘째, 고고학적 증거는 침수가 로마 카톨릭 교회가 중세까지 사용했던 침례의 형태였음을 보여주었다. 셋째, 그는 침례에 대한 교부들의 신학이 롬 6장에 있는 (죄 씻음이라기 보다는) 그리스도와 함께 죽고 부활하는 것에 기초하고 있음을 보여주었다. 고고학적 증거는 기독교 역사 바로 그 시초에 침례가 침수에 의해서 시행되었음을 보여주고 있다는 것은 매우 분명하다. 이 침수에 대한 증거는 가장 초기부터 중세말까지의 교회와, 조각, 그림에서 발견되고 있다.

신학적 증거

침례의 신학적 바탕이 되는 두 가지 성경 구절은 롬 6:3-5과 골 2:12이다. 롬 6:4에서 침례는 그리스도의 죽음, 장사지냄, 그리고 부활에 우리가 연합되어 있음을 상징할 뿐만 아니라 우리가 그분과 함께 장사되었다는 것을 선포한다. 침례의 침수 형태가 지니는 참된 중요성이 작용하는 곳이 정확하게 이 장사지냄에 있다. 침례는 목욕 이상이다. 그것은 장사 지냄이다. 오직 침수만이 장사 지냄을 상징할 수 있다. 존 길 John Gill 은 다음과 같이 바르게 말하였다: "죽은 시신 위로 오직 약간의 흙이 뿌려지거나 부어졌다고 그 육신이 장사되었다는 말을 하지는 않는다."[94] 신약 저자들의 핵심은 침수로서의 침례이며 씻는 정결법으로서의 침례는 아주 예외적으로 (물속에 담겨지는 그릇이나 몸을 완전히 담그는 유대교 정결법을 언급할 때만) 사용되었다. 아이저벌트에 따르면, 그런 침수로서의 침례에 대한 이유는 롬 6:3-4 그리고 골 2:12에서 바울에 의해 명확하게 설명되었다. 이 두 구절에서 사용된 헬라어 전치사 eis (~안으로)의 최종적인 의미는 바울이 침수가 "그리스도의 죽음과 연관되어서 그리고 그 죽음에 대한 그리스도인의 참여를 목적으로" 실행되는 것으로 이해하였음을 보여준다. 그리스

94　John Gill, *A Complete Body of Doctrinal and Practical Divinity* (1839; reprint, Paris, AR: Baptist Standard Bearer, 1984), 911.

도인이 무덤 안으로 내려가는 것은 (그리스도와 함께 장사된 것) 그에 상응하는 다시 올라옴(그리스도와 함께 부활함)의 행동을 요구한다.[95]

만일 침례가 죽음, 장사지냄, 그리고 부활과 관련된 것이라면, 논리적으로 신자의 침수야말로 침례가 표현하고자 하는 바로 그 예식의 본질적 요소 중 한 부분이 아닌가? 사실상, 침수도 없고 신앙을 고백하는 신자도 없는데 신약적 의미의 침례가 존재할 수 있는가? 심지어 롬 6:3-4은 물 한 방울도 언급하지 않으며 바울이 말한 것은 물 침례가 아니라 성령 침례에 대한 상징성이라고 주장해도, 우리는 그 외부적인 상징은 반드시 그것이 상징하고자 하는 내부적 경험에 상응하는 것이어야 한다는 것을 인식해야 한다. 침례는 그리스도의 장사되심과 부활을 기념하는 것임으로 침수이어야 한다. 만일 침례가 신자의 죄에 대한 죽음과 새로운 생명으로의 부활을 기념하는 것이라면, 다시 한번 침수가 이 영적인 사실을 그려내는 유일한 침례의 형태임을 알 수 있게 된다. 만일 침례가 죄를 씻어내는 것을 상징하는 것이라 해도 그 상징은 침수를 요구한다. 왜냐하면, 우리가 죄에 의해 철저하게 물들었기 때문에 몸 전체에 충분하게 영향을 줄 수 있는 종류의 씻음을(세례가 아닌 침수를) 요구한다.

펜들톤은 이같은 점에 있어서 정확했다: 만일 침례가 죽음, 장사지냄과 부활과 관련된 것이라면, "불가피하게 그리스도 안에 있는 신자가 물로 침수되는 것은 침례에 너무나 본질적인 것이므로, 침수가 없는 곳에는 침례가 없는 것이다."[96] 펜들톤에게 있어서, 뿌리는 것과 붓는 것 모두 장사지냄과 부활에는 부적합하다: 침수만이 오직 침례가 상징하는 것을 표현할 수 있다. 침례는 장사지냄의 도구이다 (침례라는 동사와 같이 쓰이는 또 다른 헬라어 전치사 dia 〔~을 통하여〕에 주목하라). 장사지냄이 실제로 효과를 내는 것은 침례를 통해서이다. 바울은 "침례를 통해 우리가 그분과 함께 십자가에 못박히게 되었다"라고 말하지 않았다. 그러나 그는 "침례를 통해 우리가 그분과 함께 장사지낸 바 되었다"라고 말

---

95 Ysebaert, *Greek Baptismal Terminology*, 50.
96 Pendleton, *Distinctive Principles of Baptists*, 119.

했다. 이슈가 되는 것은 어떻게 죽는가의 방식이 아니라 그 죽음의 최후이다.[97]

침례는 죄 사함으로 깨끗게 됨을 상징한다. 그러나 침례는 정결함 이상을 의미한다. 침수를 뿌리는 것이나 붓는 것으로 대체하는 것은 죄 사함의 씻음에만 집중하는 것이다. 이런 대체는 깨끗하게 해 주는 방법인 그리스도의 십자가에 대한 상징을 결여하고 있다. 고든A. J. Gordon 의 말대로, 물을 뿌리는 것이나 붓는 것의 비극은 "침례의 행위를 인간의 본성을 거룩하게 만들며 하나님과의 언약 안으로 들어가게 하는 일종의 기독교인 할례로서 보는 피 흘림없는 도덕주의로 전락하게 만드는 것이다. 만일 물을 사용하는 침례의 형태가 우리의 생각을 즉각적으로 그리고 확실하게 십자가에 못 박히시고 죽으신 그리스도를 향하도록 하지 않으면 신비한 효력이라는 사상이 물이라는 요소에 너무나 쉽게 연결되어 버린다."[98] 롬 6:3-5이 분명하게 설명해 주듯, 침례는 우리가 그리스도와 함께 부활했으며 (칭의 받았으며) 우리가 마지막 날에 육체적으로 부활하게 될 (영화롭게 될) 것에 대한 상징이다. 우리는 현재 의로 옷 입었으며 그때에 가서는 불멸의 생명으로 옷 입게 될 것이다.

결론

우리의 재침례교도 그리고 침례교도 선조들은 신자의 침수 침례를 중심으로 하는 신약 성경의 교회론에 대한 그들의 헌신 때문에 로마 카톨릭과 개신교도들에 의해 학대를 받고 감옥에 갇혔으며 고문을 받고 죽임을 당했다. 나는 우리 현대 남침례교도들이 그런 급진적 결말(죽음)까지 우리의 선조들을 따를 것인가 궁금하다. 우리들이 그렇게 죽기까지 헌신할 용기를 가질 것 같아 보이지 않는다. 실제로, 오늘날 어떤 침례교 목회자들은 신약 성경과는 반대로 그들의 교회로 하여금 기꺼이 지역 교회안에 있는 멤버십을 위한 침수 침례의 필요성을

---

97   Ibid., 120-21.

98   A. J. Gordon, *In Christ* (New York: Revell, 1880), 74.

약화시키도록 하고 있다. 그런 움직임은 잘못된 이유들에 근거하고 있다. 침수를 포기해도 문제없다고 회유하는 유아 세례주의자 친구들, 사람들을 침례교회에 더 쉽게 가입하도록 함으로써 교회 성장을 추구하려는 것, 또는 개혁주의 구원론으로 하여금 침례교회의 교회론을 흐릿하게 만드는 것 등이다.

많은 남침례교인들이 침례교인이 된다는 것이 무엇을 의미하는지에 대한 정체성을 상실했다는 조짐들이 분명하다. 어떤 상황에서도 그리고 어떤 이유에서도 남침례교인들은 성경이 침례라는 주제에 대해 가르치고 있는 것에 대한 자신들의 확신을 포기해서는 안 된다. "설교의 왕자"라 불렸던 찰스 해돈 스펄전_{Charles Haddon Spurgeon}은 이점에 대해 너무나 잘 알고 있었다:

만일 내가 침례교인이 되는 것을 잘못된 것으로 여겼다면, 나는 침례교인임을 포기하고 내가 옳다고 믿는 그런 사람이 되어야 한다. 만일 우리가 하나님의 말씀에서 유아 세례를 찾는다면, 우리는 그것을 받아들여야만 한다. 유아세례를 받아 들이는 것은 우리를 큰 어려움으로 부터 건져 줄 것이다. 왜냐하면 유아 세례의 시행은 우리 침례교인들에게 붙어다니는 비난 −즉 침례교인들은 이상한 사람들이며 다른 사람들이 하는 것 처럼 하지 않는다− 을 사라지게 할 것이기 때문이다. 그러나 우리는 성경을 철저하게 살펴보았고 유아 세례를 발견하지 못했다. 그리고 유아 세례가 성경에 있다고 믿지 않는다. 또한 우리는 다른 사람들이 성경에 유아 세례를 먼저 집어넣지 않는 한 그들이 유아 세례를 성경에서 찾을 수 있다고 믿지 않는다.[99]

침례교인들의 가장 특징적인 원칙은 다음과 같다: "그리스도안에 있는 신자의 침수는 침례에 본질적인 것이다−너무나 본질적인 것이기 때문에 침수가 없는 침례란 없다."[100]

---

99 Charles Haddon Spurgeon, *C. H. Spaargeon's Autobiography* (London: Passmore & Alabaster, 1897), 1:155.

100 Pendleton, *Distinctive Principles of Baptists*, 158 (emphasis in original).

5장

무엇이 침례를 유효하게 만드는가?

토마스 화이트 Thomas White

◇◇◇◇◇

사실상 전 세계에 있는 모든 교회가 자신의 멤버들에게 침례 받기를 요구한다. 따라서 세계 인구의 상당 부분에 해당하는 사람들이 자신들은 올바른 침례를 경험했다고 믿고 있다. 그러나 침례 교회들은 이들의 모든 침례를 다 인정하지는 않는다. 사실, 무엇이 올바른 침례를 구성하는 것인지에 대해 많은 혼란이 있다. 어떤 이들은 유아 세례의 유효성을 믿지만, 다른 이들은 오직 신자의 침례만 믿는다. 어떤 이들은 뿌리거나 붓는 것으로 침례를 행하지만, 다른 이들은 오직 침수 침례만을 믿는다. 어떤 이들은 침례의 교리 때문에 나뉘기도 하지만, 다른 이들은 침례를 중요하지 않은 사소한 교리라고 여긴다.

이 문제에 대해 연구하기 위해 어떤 범주를 정하는 것이 도움이 될 수 있다. 그리스도인의 침례는 "기독 교회"의 역사적 전통에 의해 그 정당성이 입증될 수 있다. 만일 정당한 침례가 기독교 전통에 근거하고 있다면, 카톨릭, 장로교, 감리교 그리고 "기독교 전통"을 구성하고 있는 다른 개신교 그룹들이 올바른 침례를 행하고 있는 것이다. 그러나 침례교인들은 기독교 전통의 한 부분이지만 다른 그룹에서 실행하는 대부분의 침례를 정당한 것으로 받아들이지 않는다. 침례교인들은 무엇이 침례인지를 결정하기 위해 일반적으로 오직 성경만을 의지한다. 성경에 대한 그들의 이해를 근거로, 침례교인들은 유아 세례 그리고 침수로 이루어지지 않은 침례의 정당성을 부정한다. 5장에서는 일차적으로는 성경이 침례에 대하여 말하는 것에 초점을 두겠지만, 이차적으로는 저자가 주제와 연관된 것이라고 여기는 침례에 대한 침례교 전통의 견해 또한 논의 될 것이다.

　침례의 의식을 온전히 논하기 위해 이번 장에서는 여섯 가지 겹쳐지는 범주들을 언급할 것이다. 이 범주 중 몇 가지는 다른 사람들보다는 침례교인들에 의해 더욱 강조됐다. 그리고 다른 몇 가지는 논쟁의 중심에 있었다. 그런데도, 우리는 침례를 이해하기 위하여 이런 여섯 가지 측면들의 중요성을 조사하고 판단해야만 한다. 나는 이런 범주들을 어떻게 우리의 이슈와 연결되는지를 설명하는 간략한 문장으로 소개할 것이다. 5장의 나머지 부분은 각 범주의 중요성을 더욱 상세하게 설명할 것이며 좀 더 논쟁의 여지가 있는 것들에 주의를 집중하고 도움이 된다고 판단되는 곳에서는 역사적 실례를 제시할 것이다.

침례에 대한 여섯 가지 범주들

　1. **대상**. 침례의 대상은 반드시 신자이어야 한다. 신자가 아닌 어떤 침례의 대상자도 신앙을 고백하거나 자신을 그리스도와 또는 그분의 교회와 일치시킬 수 없다.

　2. **형태**. 침수가 유일하게 합당한 침례의 형태이다. 다른 어떤 형태도 성경에 의해서 지지받을 수 없다.

　3. **의미**. 침례는 구원에 필수적인 것이 아니며 죄 없는 숭고한 상태를 주지도 않는다. 침례는 신자가 그리스도께 대한 충성의 고백이며 지역 교회 안으로 허입되는 의식이다. 침례는 예수 그리스도의 죽음, 장사지냄과 부활을 상징한다.

　4. **자리**. 올바른 침례는 반드시 참된 교회와 연결되어 시행되어야 한다. 침례는 교회의 의식이지 기독교인의 사적인 의식이 아니다. 침례의 교회적인 성격이 거의 이해가 되지 않았기 때문에, 참된 교회에 대한 개념이 반드시 논의되어야 한다.

　5. **집행자**. 침례의 집행자는 반드시 지역 교회에 의해 선출된 자이어야 한다. 집행자에 대하여 과도하게 강조하는 것은 도나티스트들에게도 그러했듯 문제가 될 수 있다.

6. **침례의 공식 문구.** 전통적인 공식은 성부, 성자, 성령의 이름으로 주어지는 침례이다. 올바른 침례는 적어도 예수님의 이름으로 시행되어야 한다.

침례의 대상

역사적으로 침례교인들은 신자가 침례의 대상이고 침수가 유일한 침례의 형태라는 가장 기본적인 정의를 통해 침례를 이해해 왔다. 신약 성경의 많은 예들이 침례의 올바른 대상자는 신자라는 것에 대한 기초를 놓기 위해 논의될 수 있다. 그러나 오직 몇 가지만 이곳에서 다루기로 하겠다. 더 완성된 논의를 위해서는 저자가 이 주제와 관련해 쓴 다른 글을 참조하기 바란다.[1] 첫째, 그리스도의 지상명령은 우리가 "모든 민족으로 제자를 삼아 그들에게 침례를 주어야…" 한다고 말한다. 침례 이전에 사람들은 반드시 먼저 제자 즉 신자들이 되어야 한다. 바울은 행 2:38에서 "회개하고 침례를 받으라"고 한다. 회개는 누군가로 하여금 침례 이전에 신자가 되게 한다. 빌립은 에티오피아 내시에게 복음을 전했다. 그리고 내시는 복음을 받아 들인 후에 그에게 침례를 요구했다. 많은 유아 세례론자들이 유아 세례에 대한 선례로서 사도행전에 있는 가족 침례 household baptism 에 호소하고 있지만, 주의 깊은 연구는 유아 세례에 대한 근거가 성경 어디에도 없음을 보여준다. 성경은 오직 신자만을 침례의 대상자로 보고 있다. 유아 세례는 예수님 이후 백년이 지나기까지 시작되지 않았다가 후에 원죄에 대한 잘못된 이해를 근거로 하여 발전하기 시작했다. 258년에 있었던 카르타고 공의회는 유아들이 어떻게 침례를 받아야 하는가를 논의하였고 따라서 유아 세례가 새로운 것이며 그에 관한 신학적 견해가 올바르지 않음을 보여준다.[2]

---

1   Thomas White, "The Proper Subject of Baptism," *White Paper* (The Center for Theological Research, Southwestern Baptist Theological Seminary, Ft. Worth, TX, March 2006) at http://www. baptistheology. org/documents/P roperSubj ectofB aptism_001. Pdf.

2   이런 유아 세례에 대한 견해는 "원죄책"(original guilt) 또는 "유아의 죄책"(infant guilt)이라는 잘못된 개념에서 비롯된 것이다. 이 개념에 의하면 유아들은 그들이 죽을때 천국에 들어가기 위해선 그들의 원죄책을 제거해야만 한다는 것이다. Richard P. McBrien, *Catholicism* (San Francisco: HarperCollins, 1989), 188. McBrien은 "Cyprian이 유아들이 아담으로 부터 물려받은 죽음의 오염 때문에 침례를 받아야만 한다고 주장한 첫 신학자이다" 라고 말했다. A.D. 253년 카르타고 회의에서Cyprian 또한 이점을 언급하였

침례의 형태

침례교인들은 보편적으로 침수가 침례의 유일한 합법적 형태이며 침수가 없다면 참된 침례도 없다고 믿어왔다. 신약성경은 일관성 있게 침례의 행위를 묘사하기 위해 헬라어 동사 '밥티조baptizo'를 사용하고 있다. 이 헬라어 단어는 "침례를 주다baptize"라는 영어 동사로 직접 음역되었다. 음역 대신 올바르게 번역한다면, 이 헬라어 단어는 "물속에 잠기게 하다immerse"는 것을 의미한다. 침례를 준다는 동사가 정말 물속에 잠긴다는 의미를 나타내는지를 알고 싶다면 누구라도 어떤 헬라어 사전을 참조할 수 있으며 심지어 유아 세례를 지지하는 학자들도 이 정의를 지지할 것이다.[3] 아마도 존 칼빈John Calvin의 글이 소개되어야 할 것 같다. 기독교 강요에서 칼빈은 "그러나 침례를 받는 사람이 완전히 침수되어야 하는지, 침수 될 때 세번을 해야 하는지 아니면 한번을 해야 하는지, 그가 부어진 물로 뿌림을 받아야만 하는지 - 이런 세부적인 사항은 중요하지 않다. 다만 각 나라에 맞게 교회의 선택적 사항이 되어야만 한다. 그러나 '침례를 준다'는 헬라어는 침수를 의미한다. 그리고 침수의 형태가 초대교회에서 지켜졌다는 것은 분명하다."[4] 역사로부터 더 추가적인 증거를 얻고자 한다면, 고대 교회들

다. "The Epistles of Cyprian," in *Ante-Nicene Fathers*, ed. Alexander Roberts and James Donaldson (Peabody, MA: Hendrickson, 1999), 5:353-55.를 참조하라. 이 견해는 또한 어거스틴에게서도 발견된다. Neville Clark, "Theology of Baptism," in *Christian Baptism*, ed. Alec Gilmore (Chicago: Judson Press, 1959), 320: "Tertullian과Cyprian에 의해 제시된 원죄론에 근거하여, Ambrose 와Augustine은 원죄의 책임에 대한 신학을 덧붙였다. 그런 죄책으로부터 유아 세례는 유아들을 구원하는 것이었다. 유아 세례와 원죄 사이에 있는 관계에 대한 어거스틴의 사상들은 어거스틴의 다음과 같은 작품에서 볼 수 있다. "On Original Sin," in *Nicene and Post-Nicene Fathers*, ed. Philip Schaff (Peabody, MA: Hendrickson, 1999), 5:237-57.

3   이 주제에 관하여 더 자세히 알고 싶다면, 이책의 4장에 나오는 David Allen의 에세이를 참조하라. 또한 John Wesley도 도움이 될 수 있다. 그는 "태어난지 11일째 된 Mary Welsh가 최초의 교회의 풍습과 영국 교회의 법에 따라 침수로 침례를 받았다"라고 말하고 있다. *The Journal of John Wesley*, ed. Nehemiah Curnock (London: Epworth Press, 1938), 1:166. 다음의 자료도 참조하라: Moses Stuart, *Is the Mode of Christian Baptism Prescribed in the New Testament?* (Nashville: Graves, Mark & Rutland, 1856), 41; Thomas Chalmers, *Lectures on the Epistles of Paul the Apostle to the Romans* (New York: Carter, 1845), 152.

4   John Calvin, *Institutes of the Christian Religion*, in Library of Christian Classics, chapter xv, vol. 2, book iv, trans. F. L. Battles, ed. John T. McNeill (Louisville: Westminster John Knox Press, 1960), 1320.

의 유적지를 방문해 보면 된다. 그러면 이런 교회들 안에 있는 다양한 침수 침례탕들을 보게 될 것이다.[5]

이 시점에서 다음과 같은 질문이 생겨날 수 있다. "그렇다면 어떻게 뿌리는 세례가 보편적인 침례의 형태가 될 수 있었는가?" 유아세례 지지자인 윌리암 월이 그의 책 *History of Infant Baptism*에서 다음과 같이 설명하고 있다.

이제, 칼빈은 그의 기독교 강요에서 "침수될 때 세번을 해야 하는지 아니면 한번을 해야 하는지, 그가 부어진 물로 뿌림을 받아야만 하는지 – 이런 세부적인 사항은 중요하지 않다."라는 교훈을 준 것만이 아니다. 그는 또한 제네바에 있는 그의 교회가 사용할 성례 집행서를 만들었다. 이 집행서에서 침례의 순서에 대한 논의에 이르렀을 때, 칼빈은 다음과 같이 썼다: "그 다음 침례를 주는 사역자는 유아 위에 물을 부어야 한다. 그리고 '내가 그대에게 침례를 주노라'라고 말하라. 내가 말했듯, 침수를 전혀 언급하지 않은 채 뿌리는 것만 말하는 어떤 노회들이 프랑스 교구에 있는데 그곳에선 관수례가 일반적인 실행이 되었다. 그러나 교회의 직분 또는 의식에 관한 한 내가 믿기로 이렇게 [침수에 대한 언급없이] 뿌리는 것만 절대적으로 규정한 것은 세계 최초일 것이다."[6]

성경이 아니라 교회 역사가 침수가 아닌 다른 형태의 침례의 원리를 형성한다는 것이 분명하다. 결정적으로, 그리스도의 죽음, 장사지냄, 그리고 부활에 대한 침례의 상징적 표현은 오직 침수에 의해서만 성취될 수 있다. 침수는 침례에 매우 중심적이기 때문에 침수가 없다면 그 침례라는 의식은 무효가 되는 것이다.

5　Lloyd A. Harsch, "The Architecture of Baptisteries in North Africa," (paper presented to the Evangelical Theological Society, Valley Forge, PA, November 17, 2005).

6　William Wall, *The History of Infant Baptism* (Oxford: Oxford University Press, 1862), 1:580-81.

침례의 의미

대다수 침례교인들은 침례란 신자가 예수 그리스도의 죽음, 장사지냄, 그리고 부활과 연합하게 되는 것을 상징하는 의식이라고 언제나 믿어왔다. 침례교인들은 또한 침례의 의식을 다음과 같이 규정하였다: (1) 신자의 믿음에 대한 공개적 선언 (2) 신자의 그리스도와의 연합에 대한 선언 (3) 지역 교회 안으로 허입되는 의식. 침례에 대한 이 모든 의미는 성경적 근거를 가지고 있다. 그리스도와 그리스도인의 죽음, 장사지냄, 그리고 부활에 대한 상징으로서의 침례에 대한 성서적 확증은 롬 6:3-4에서 나온다: "무릇 그리스도 예수와 합하여 침례를 받은 우리는 그의 죽으심과 합하여 침례를 받은 줄을 알지 못하느냐? 그러므로 우리가 그의 죽으심과 합하여 침례를 받음으로 그와 함께 장사되었나니 이는 아버지의 영광으로 말미암아 그리스도를 죽은 자 가운데서 살리심과 같이 우리로 또한 새 생명 가운데서 행하게 하려 함이라"

신자의 믿음에 대한 공개적인 선언으로서의 침례는 행2:38에서 나온다. 그곳에서 바울은 "베드로가 이르되 너희가 회개하여 각각 예수 그리스도의 이름으로 침례를 받고 죄 사함을 받으라"고 말한다. 또한, 침례와 구원과의 이런 밀접한 연관성은 침례의 중요성을 보여준다. 복음이 에티오피아 내시에게 제시되었을 때, 빌립은 그 내시가 영접 기도나 영접 카드에 서명함으로써가 아니라 침례 받기를 요구함으로 복음을 제시하였다.

침례는 또한 지역 교회 안으로 허입되는 의식으로서 역할을 한다. 마 18:19-20은 "그러므로 너희는 가서 모든 민족을 제자로 삼아 아버지와 아들과 성령의 이름으로 침례를 베풀고 내가 너희에게 분부한 모든 것을 가르쳐 지키게 하라"고 명한다. 명령받은 것은 제자를 삼는 것이다. 그리스도를 영접하는 것은 믿음과 회개의 내적 결정에 속한 것이다. 이 결정은 아버지와 아들과 성령의 이름으로 신자가 침례를 받음으로써 공개적인 것이 된다. 그러나 제자들에게 모든 것을 가르치기 위해선, 추가적인 가르침을 위해 그 제자들이 연합하거나 혹은 모여야만 한다. 이런 가르침의 장소가 신약 교회인 것이다. 사도행전에서 침례는 그것을 받은 사람들이 추가적인 가르침을 받을 수 있도록 날마다 함께 모이도록 만들었음을 알 수 있다. 에클레시아_{ecclesia}, 즉 신약 성경의 지역 교회는 그리스도가 명령하신 것의 성취인 것이다. 신약 성경은 침례는 받았지만 지역 교회에 속하지 않은 신자에 대해선 아는 바가 없다.

또한, 우리는 무엇이 침례가 아닌지도 확증해야 한다. 다른 교단들과 함께, 알렉산더 캠벨_{Alexander Campbell}에 의해 19세기 미국에서 형성된 그리스도의 교회들은_{the Churches of Christ} 침례가 구원에 필수적인 것으로 믿었다.[7] 한때 침례 중생설을 가르쳤던 많은 그룹이 더 이상 그들의 설립자들이 가르친 것을 믿지 않지만, 일체성 오순절주의자들_{Oneness Pentecostals}, 삼위일체를 부정하고 예수의 이름으로만 침례를 줌은 계속해서 침례 중생론의 교리를 가르치고 있다. 일체성 오순절주의자들이 많은 구절을 사용하고 있지만, 저자는 그들의 주장을 반박하기 위해 두 구절을 선택하였다. 첫째, 십자가에 달렸던 강도는 침례를 받지 않았다. 그러나 그 강도는 바로 그날 주님의 임재 가운데 있었다. 눅 23:42-43은 "이르되 예수여 당신의 나라에 임하실 때에 나를 기억하소서 하니 예수께서 이르시되 내가 진실로 네게 이르노니 오늘 네가 나와 함께 낙원에 있으리라 하시니라"라고 말한다. 두 번째, 고전 1:17에서 바울은 "이는 그리스도께서 나를 침례를 베풀라고 보내신 것이 아니라 복음을 전하도록 보내셨다"라고 말한다. 만일 침례가 구원의 조건이라면, 바울은 결코 이런 주장을 하지 않았을 것이다. 따라서 침례는 구원에

---

7 Alexander Campbell은 "그리스도인에게 세 가지가 필수적이라고 보았다. 믿고 죄를 고백하고 침례를 받아야만 그리스도인이다." Alexander Campbell, *Christian Baptism with Its Antecedents and Consequents* (Bethany: published by author, 1851; reprint, Nashville: Gospel Advocate, 1951), 84. 이 주제에 대한 더 많은 정보를 위해선 다음의 자료를 참조하라. Austin Bennett Amonette, "Alexander Campbell Among the Baptists: An Examination of the Beginning, Ambiguity, and Deterioration of Their Relationship, 1812-1830" (Ph.D. diss., New Orleans Baptist Theological cal Seminary, 2002). 캠벨주의 운동(그리스도의 교회)에 대한 그들의 관점에서 쓰여진 역사의 좋은 자료를 위해선 다음의 자료를 참조하라. W. E. Garrison and A. T. DeGroot, *The Disciples of Christ* (St. Louis: Christian Board of Publications, 1948).

필수가 아니다.

오늘날 침례교인들에게 더욱 위험한 선택은 (침례 중생설과는 반대로) 침례가 우리의 신앙과 교회 생활에 무관하다는 식으로 침례 의식을 가볍게 여기는 것이다. 다른 주제들에 집중된 예배를 인도하면서 그 예배의 마지막 순서에 침례를 배치함으로써, 침례 받을 사람에게 회중 앞에서 이루어지는 공개적인 신앙 고백의 기회를 주지 않음으로써, 그리고 교회의 교제권 안으로 받아 들이기 전에 새로 방문한 사람이 이전에 받았다고 주장하는 침례가 어떤 식의 침례였는지 점검하지 않음으로써, 어떤 침례 교회들은 침례에 대하여 비록 이론적으로는 아니지만 실제적으로는 침례 의식의 중요성을 상당히 약화시켜버렸다. 이 침례 의식의 중요성을 지적하기 위해 많은 증거가 인용될 수 있지만 그리스도의 지상 명령을 인용하는 것으로 충분하다. 그리스도께서 자신의 제자들에게 자신이 명령한 모든 것을 새로운 제자들이 지키도록 가르쳐야 한다고 말씀하셨을 때, 그 분은 그 명령에 많은 것을 포함하셨다. 그러나 그 분은 특별히 제자를 삼고 침례 줄 것을 지정해서 명령하셨다. 그리스도께서 침례라는 이름으로 이 의식을 언급하셨고 제자로 삼으라는 명령을 주신 다음에 바로 침례를 명령하셨기 때문에 우리는 침례 의식을 충분히 강조해야만 한다.

올바른 의미를 두지 않는다면, 침례는 사람을 물속으로 집어넣는 것 이외에는 아무것도 아니다. 그 올바른 의미는 올바른 침례에 본질적인 것이다. 침례를 받는 사람이 신학의 모든 것을 이해해야만 하는가? 그렇지 않다. 그러나 침례 받는 자는 침례라는 의식이 구원의 조건이거나 구원 이외의 어떤 추가적인 은혜를 제공하거나 죄 없는 상태를 보장하는 것이 아님을 반드시 이해해야만 한다. 침례 받는 자는 또한 침례가 자신의 믿음과 그리스도와의 연합과 그리고 지역 교회 안으로 들어가는 관문임을 이해해야만 한다. 침례 받는자가 이런 것들을 이해해야만 하므로, 침례의 합당한 대상은 아기가 될 수 없다.

침례의 자리 : 지역 교회

침례의 논의에서 한 가지 본질적인 부분은 참된 교회에 대한 정의이다. 따라서 이 부분에 대해서 뒤에서 좀 더 논의 될 것이다. 그러나 여기서는 교회의 의식들이(이 논의에서는 침례가) 파라처어치 그룹, 신학교 강의실 그리고 사적인 성경 연구 모임을 교회로부터 분리해주는 역할을 한다는 것을 언급하는 것으로 충분하다. 교회의 의식들은 논리적으로 지역 교회에 의해서 집행되며 더욱 구체적으로는 참된 교회에 의해서 집행된다. 대부분의 기독교 교회들은 몰몬, 힌두, 사이언톨로지, 또는 무슬림의 침례를 거절한다. 비록 그런 그룹이 침례를 행하지만 그들은 참된 교회가 아니며 이들에 의해 침례의 의미가 돌이킬 수 없게 손상되었다. 그들의 침례는 그리스도 안으로 연합되는 것이 아니라 거짓된 종교 안으로 연합되는 의식이다. 기독교인의 정당한 침례는 그리스도에게로만 연합되는 것이다. 이것의 증거로서 우리는 행 19:1-5를 살펴보기만 해도 된다. 바울은 요한의 침례를 받았지만, 그리스도께 대한 믿음의 고백으로서 침례를 받지 않았던 일단의 제자들에게 다시 침례 받기를 요구하였다. 만일 침례 요한이 전한 침수 침례도 충분하지 않다면, 그리스도께 대한 신앙 고백으로서의 신자의 침례가 아닌 것은 그 무엇도 충분하지 않을 것이다.

어떻게 우리가 그리스도 안으로의 연합을 상징하는 침례를 받게 되는가? 자기의 뒤 뜰에서 6살된 아이가 친구를 예수님께로 인도하고 침례를 줄 수 있는가? 지역 교회는 그런 침례를 정당한 것으로 인정할 것인가? 전형적으로 이런 질문은 우리가 지혜롭지 못하다는 인상을 주게 된다. 왜 그런가? 그 이유는 침례라는 의식은 교회에 의해서만 시행되어야 하기 때문이다. 개인이나 신학교나 교단에 의해서 침례가 시행되어서는 안된다. 함께 모인 신자들이 침례 후보자의 침례를 지켜보고 그를 교제 안으로 받아들여야만 한다. 이것이 교회의 의식이다. 따라서 침례는 반드시 지역 교회와 연계되어 이루어져야만 한다. 무엇보다도, 우리가 "신앙고백에 근거"하여 누군가에게 침례를 베풀기 전 그 후보자가 실제로 신앙을 고백하도록 하는 것이 가장 지혜로운 것이다. 그런 중요한 신앙 고백은 가능한 한 많은 교회 멤버들 앞에서 이루어져야 하며 지역 교회의 심각한 책임으로서 받아 들여져야 한다. 올바른 침례는 자신의 교회를 위해 그리스도께서 원하시는 공동체를 창출하도록 돕는다.

선교지에서의 침례와 관련하여 한가지 즉각적으로 일어나는 질문이 있다.[8] 선교사는 더 많은 교회를 세위기 위한 목적으로 지역 교회로부터 보내심을 받았다. 따라서 그 어떤 것도 선교사에 의해 이루어지는 침례 만큼 지역 교회에 더욱 가깝게 연결되는 것도 없다. 그리스도께서 지역 교회에 주신 권위에 침례를 연결함으로써, 우리는 모든 거짓된 교회를 배제함으로써 침례와 중생한 자만의 교회 멤버십을 보존 할 수도 있다. 이 시점에서 정확한 신학적 표현이 복음의 메시지를 변개시키는 다양한 운동들을 밝혀내며 또한 역사적으로 이어져 내려온 고 교회주의high-churchism, 성례로 구원에 이른다는 신학을 가지고 있는 교회 전통의 문제점을 피할 수 있게 해 준다. "참된 교회"에 대한 정의가 부정확할 때 문제가 발생한다. 만일 지계석주의 운동Landmark Movement, 19세기 중엽 미 남부에서 시작된 침례교 근본주의 운동 중 하나임이 그랬던 것처럼, 우리가 잘못된 요구 사항들을 교회를 구성하는 본질에 추가하게 된다면, 지역 교회의 권위는 왜곡될 수 있으며 많은 문제를 가져올 것이다.[9] 따라서 이제 저자는 참된 교회에 대한 올바른 정의를 논할 것이다.

---

8   교회와 무관하게 이루어졌다는 선교지 침례와 관련된 침례의 구절은 행8과 에티오피아 내시의 침례이다. 그러나 빌립은 이미 행6장에서 예루살렘 교회에 의해 가장 초기 형태의 집사들 중 한명으로 임명되어 있었다. 더구나 나는 빌립이 사마리아로 여행을 갔을 때 최초의 복음전도자/선교사가 되었다라고 믿고 있다. 행21:8절에서 빌립은 전도자로 불려지고 있다. 이것은 그가 사마리아로 여행했던 바로 그 초기부터 발생했을 그의 지위의 변화를 보여주고 있는 것이다. 따라서 빌립이 에티오피아의 내시에게 침례를 준 것은 예루살렘 교회의 권위에 의한 것으로 침례를 받은 내시가 다른 사람들에게 복음을 전하여 그가 자신의 땅에서 교회를 세우도록 하기 위한 목적이었다라고 볼 수 있다.

9   지계석주의 운동은 교회의 "본질"이라는 정의에 "의식들의 올바른 집행"이라는 조건을 부당하게 첨가하였다. 이런 오류는 이 운동에 있는 사람들로 하여금 유아 세례를 주는 자들의 교회를 참된 교회로 인정하지 못하게 만들었다.

참된 교회에 대한 정의

교회의 존재 being-esse	**교회의 건강** well-being- bene esse
• 복음	* 교회 직분들(목사와 집사)
• 의식들	* 교회의 치리
• 교회를 이루고자 의도적으로 모인 신자들	* 신자의 침수 침례
	* 주의 만찬에 대한 기념비적인 견해
	* 중생한 회중
	* 선교 중심
	* 본문 중심의 설교, 기타 등등

위에 제시된 표는 두 가지 범주들을 제시하고 있다. 이 두 범주는 우리가 (지계석 주의와는 달리) 복음주의 세계의 절대 다수를 교회가 아니라고 부정하지 않으면서도 참된 교회의 다양한 표징들에 관해 토론할 수 있도록 허용한다. 첫번째 범주는 참된 교회가 존재하기 위해서 본질적인 것이 무엇인가를 포함하고 있다. 최소한 교회는 교회가 되고자 하는 목적을 가지고 의도적으로 함께 모였거나 혹 언약을 맺고서 복음을 전파하며, 교회의 의식을 준수하려는 몇 명의 신자들로 구성된다.

최소한

만일 위에 언급된 세가지 최소한의 근본적 요소들 중 하나라도 제거 된다면 무엇이 발생할 것인가 살펴보자. 만일 당신이 복음을 제거한다면, 당신은 기독교적인 것과는 어떤 관계도 없게 된다. 복음이 없는 모임이 기독교회를 구성한다고 결론짓는 것은 논리적이지 않다. 사실상 그런 그룹은 수많은 이단 종파들 중 하나 일 수는 있다. 따라서 복음은 교회로 존재하기 위해선 반드시 제시되어야 한다. 만일 당신이 집행되고 있는 교회의 의식들을 제거한다면, 어떤 성경공부 그룹이나, 신학교 클래스나 선교 단체의 사역도 교회가 될 수 있을 것이다.

확실히 이런 단체들은 지역 교회가 될 수 없기 때문에, 교회의 의식들은 교회가 교회로 존재하기 위해선 필수적인 것이다. 믿는자들이 함께 모이는 목적은 교회가 되고자 하는 의도를 보여준다. 참된 교회는 의도적인 것이다. 그리고 우연히 발생하지는 않는다. 따라서 참된 교회는 최소한 교회가 되고자 하는 목적을 위해 의도적으로 모이는 혹은 언약을 맺은 어떤 신자들을 포함하고 있어야만 한다.

최소한에 추가하기

당신은 (위의) 교회의 건강한 범주에서 어떠한 것들을 교회의 존재라는 범주로 옮기기를 원하는가? 토론의 유익과 명확성을 위해 다음의 가능한 상황들을 살펴보자. 만일 직분(목사와 집사)이 교회의 본질로 옮겨진다면, 목사가 다른 교회를 목회하기 위해 자신의 교회를 떠나거나 혹은 은퇴를 할 경우 그 교회는 잠깐이지만 참된 교회로서의 모습을 잃게 된다. 더욱이 선출된 집사가 없이 개척된 교회는 자격을 갖춘 집사들이 선출되기 전까지는 참된 교회가 되지 못할 것이다. 그러나 이런 두 가지 직분은 교회가 (존재하기 위해서가 아니라) 건강하게 되기 위해서 필수적인 것들이다. 교회가 한 가지 혹 두 가지 직분이 없다고 해도 당분간 계속될 수 있지만 그런 상태가 계속되는 것은 교회의 건강에 부정적 결과들을 가져올 것이다.

만일 교회 치리가 교회의 존재라는 카테고리로 옮겨진다면, 교회 치리를 실행하고 있지 않은 절반의 남침례교단과 대부분의 많은 타 교단들이 즉각적으로 교회로서의 지위를 상실하게 될 것이다. 또한 이런 움직임은 누군가 교회 치리를 무시하거나 부적절하게 처리한다면, 참된 교회로서의 자격을 잃게 된다는 것을 의미하게 된다. 이것이 1800년대 중반에 그레이브_{J. R. Graves} 가 네쉬빌 제일침례교회_{First Baptist Church of Nashville} 와 담임 목사였던 호웰_{R. B. C. Howell} 에 대해 공격했던 주장이다.[10] 교회 치리는 중생한자만의 교회 멤버십을 지켜주고 범죄한 자의

10　추가적인 자료를 위해선 다음의 자료를 참조하라. Kenneth Vaughn Weatherford, "The Graves-Howell Controversy" (Ph.D. diss., Baylor University, Waco, TX, 1991).

회복을 추구하며, 교회 멤버십의 의미를 증가시켜 주지만, 참된 교회의 존재라는 범주에는 들지 않는다. 그러나 교회 치리는 교회의 건강에는 크게 이바지한다.

만일 칼빈이 묘사한 대로 "바르게 집행된" 교회 의식들이 교회의 존재라는 범주로 옮겨간다면, 당신은 지계석주의를 갖게 된다. 본질적으로 당신은 모든 유아세례 지지자들의 모임들을 교회가 아니라고 선언하게 된다. 침례가 신자의 침수로 바르게 실행될지라도 그리고 주의 만찬이 그리스도의 죽음을 뒤돌아보며 성도들의 교제를 중심으로 지켜지고 그분의 오심을 바라보는 상징적이며 축하의 의식일지라도, 이런 교회 의식들의 올바른 실행은 역사적인 오류[지계석주의]를 반복하지 않고서는 교회의 존재라는 범주에 덧붙여질 수 없다.

한편 침례교인들과 역사에 있었던 국가와 연합한 교회를 반대하는 그룹들이 신자들만의 교회라는 사상을 교회의 존재라는 범주로 옮기고 싶어 할 수도 있지만, 어거스틴 Augustine 의 주장을 귀담아들을 필요가 있다. 도나티스트들 Donatists 에 반대하여, 어거스틴은 진정으로 중생한 자만 모일 수 있는 교회는 불가능하다는 것을 주장했다. 도나티스트들과 침례교인들이 참으로 중생한 자만의 회중 멤버십을 추구하려는 것은 이전이나 지금이나 옳은 것이다. 그러나 중생한 자만의 교회 멤버십을 교회의 존재를 가능케 하는 조건으로 요구하는 것은 어떤 교회들이 참으로 교회이며 어떤 교회들이 거짓된 교회인가에 대한 끊임없는 평가를 만들어 낼 것이다. 중생한 자만의 교회 멤버십을 가지고자 하는 노력과 갈망 그리고 그런 멤버십의 획득은 교회의 건강이라는 범주에서 큰 의미를 가지는 것이다. 어거스틴이 오류를 범한 것은 중생한 자만의 교회를 이루고자 하는 노력을 거절하고 그것을 당연하게 여겼다는 점이다. 중생한 자만의 교회 멤버십을 이루고자 하는 노력을 포기하는 것은 교회의 건강에 해를 가져온다.[11] 일단 교회가 중생한 자만의 멤버십을 성취하면, 교회 치리는 교회의

---

11 어거스틴과 도나티스트들은 "순결한 교회"와 "섞여진 교회"라는 개념으로 논쟁을 하였다. 로버트 마쿠스(Robert Markus)는 다음과 같이 말하였다: 어거스틴과 도나티스트들 사이에 있었던 가장 중요한 이슈

건강에 해당하는 이 특징을 유지하도록 도와준다. 만일 우리가 중생한 자만의 교회 멤버십을 교회의 존재라는 범주에 넣는다면, 어느 전통에 있든 대부분의 교회들이 교회로서의 자격을 잃게 될 것이다.

교회의 건강에 해당하는 표징들은 무한정으로 계속 늘어날 수 있다. 선교에 대한 초점과 본문이 이끄는 설교가 교회의 건강에 기여하지만, 교회의 존재를 가능케 하는 본질적 요소는 아니다. 성경만을 믿음과 실천의 유일한 기준으로 삼거나 지상 명령을 성취하려는 마음, 그리고 과부와 고아들을 섬기는 것과 같은 표징들은 유익한 것들이다. 특정한 것에 초점을 맞춘 더 많은 사역들이 교회의 건강 리스트에 더해질 수 있지만, 요점은 이미 분명하게 제시되었다. 많은 것들이 교회의 건강이라는 범주에 추가 될 수 있지만, 참된 교회의 존재에 대한 정의는 교회를 이루겠다는 의지로 함께 모인 믿는 자들이 복음을 전하고 교회의 의식을 준행하는 것만을 포함해야 한다.

침례의 집행자

침례교인들은 전형적으로 침례의 집행자를 침례에 본질적인 이슈로는 보지 않았다. 그러나 이 이슈를 분명히 하는 것이 많은 문제점을 덜어준다. 도나티스트들은 핍박의 시기에 성경을 대적자들에게 넘겨준 사역자들에 의해 실행된 침례를 무효화하려고 하였다. 그런 배교를 한 사역자들이 합법적인 사역자들이 아니라고 주장하면서, 도나티스트들은 침례 의식이나 침례의 의미 보다 침례의 집행자에게 더 많은 권위를 부여했던 것이다. 어거스틴은 이런 도나티스트들의

는 교회의 본질이었고 교회와 세상의 관계에 대한 것이었다. 어거스틴의 주장의 핵심은 교회란 명확하게 중생하지 않은 사람들을 포함하고 있는 섞여진 몸이라는 것이었다." 다음의 자료를 참조하라. Donatism," in *Augustine Through the Ages*, ed. Allan Fitzgerald (Grand Rapids: ids: Eerdmans, 1999), 286. 어거스틴은 곡식과 가라지에 대한 논의에서 교회를 섞여진 몸으로 언급하였다. 다음의 자료를 참조하라. Augustine, "On Baptism, Against the Donatists," in Schaff, *Nicene and Post-Nicene Fathers*, 4:452-53. Leonard Verduin, *The Reformers and Their Stepchildren* (Sarasota: sota: Christian Hymnary, 2000), 40. Verduin은 순결한 교회에 대한 비슷한 비전을 가진 그룹들로 도나티스트들과 재침례교도들을 연결시켰다. 다음의 자료를 참조하라. H. Leon McBeth, *The Baptist Heritage* (Nashville: Broadman Press, 1987), 75-76.

움직임에 반대하여, 비록 사역자가 그의 사역에서 후에 도덕적 실패를 했다 하여도 그것이 그 사역자가 타락 이전에 베풀었던 침례들을 무효화 할 수는 없다고 주장했다. 사역자의 도덕적 순결에 대한 이런 과도한 강조는 침례 후보자가 침례를 행하는 사람을 지혜롭게 선택해야 할 책임을 너무 많이 요구하는 것이며 또한 침례 집행자에게 비성경적인 능력을 부여하게 된다.[12] 집행자의 영성이 침례에 신빙성을 부여하는 것이 아니다.

비록 집행자가 침례의 유효성을 결정하는 것은 아니지만, 누가 침례를 집행할 것인가라는 문제에 있어서는 지혜가 필요하다. 침례는 지역 교회와 연결되어 있기 때문에, 그 교회는 집행자를 임명할 필요가 있다. 침례 집행자의 임명식에 대한 어떤 성서적 명령도 존재하지 않지만, 지역 교회는 보통 특정한 남자들을 "따로 세워서" 교회를 위한 침례의 봉사를 감당하도록 해 왔다. 각 교회는 침례를 행하고 싶은 사람은 누구나 성경의 범주 안에서 임명하거나 따로 세울 수 있다. 일반적으로 담임 목사나 교회 목회팀의 스텝 (부목사들)이 침례를 집행할 것이다. 그들의 부재시에는 집사가 또한 침례를 집행 할 수 있다. 저자는 침례를 누가 집행할 수 있는가에 대해 폭넓은 허용이 초래하는 실제적인 문제점들을 알고 있다. 침례의 집행자는 회중 전체에게 본이 되어야지 그냥 좋은 교인 정도이서는 안된다. 최근에 이혼한 싱글 부모나 한집에 살지 않아 아버지의 역할을 수행하지 않는 사람이나 8살난 아이와 같이 아무나 침례를 집행하고 싶다고 허락할 수 있는 것은 아니다. 그러나 결국 침례의 유효성은 집행자에게서 비롯되는 것은 아니다.

침례의 공식 문구

역사 속에 나타난 침례의 공식 문구에 대한 완전한 논의는 이 책에서 허용할 수 있는 것 보다 더 많은 지면을 요구할 것이다. 간략하게 말하자면, 성경은

12　Augustine, "The Three Books of Augustin, Bishop of Hippo, in Answer to the Letters of Petilian, the Donatist, Bishop of Cirta," in Schaff, *Nicene and Post-Nicene Fathers*, 4:515-628.

침례의 문구와 관련하여 세 가지 가능성을 제시한다. 가장 보편적인 문구는 행 2:38절에서 찾을 수 있다. 그곳에서 베드로는 "회개하여 각각 예수 그리스도의 이름으로 침례를 받고"라고 말한다. 행 19:5에선 바울이 주 예수님의 이름으로 침례를 언급하였다. "예수님의 이름으로"는 또한 행 8:16과 10:48에서도 언급되었다. 두번째의 연관이 있는 또 다른 공식적 문구는 갈 3:27에서 나타난다: "누구든지 그리스도와 합하기 위하여 침례를 받은 자." 세번째 그리고 가장 보편적인 문구는 마 28:19에서만 나타나는 것이다: "아버지와 아들과 성령의 이름으로 침례를 주라."

저자는 위에 나타난 다른 표현들이 문제를 일으키거나 다른 침례의 문구들을 의미상 완전히 반대되는 것으로 만든다고 믿지 않는다. 이런 생각에 대한 이유는 성경에 오직 한 번만 발견되는 삼위일체적 문구의 사용에 대한 초기 증거로부터 나온다. 디다케는, "아버지와 아들과 성령의 이름으로 침례를 주라"고 적고 있다.[13] 순교자 저스틴 Justin Martyr 은 "아버지이시자 우주의 주님이신 하나님과 우리 주 예수 그리스도와 성령의 이름으로 그들이 물로 씻김을 받았다"라고 적고 있다.[14] 초기 다른 교부들도 이 삼위일체적인 침례의 문구를 입증하기 위해 인용될 수 있지만 이 에세이의 목적상 조금 전 인용된 문구들로도 충분할 것이다.

본질적인 것은 침례가 삼위일체의 제 2위격이신 예수 그리스도의 이름으로 일어난다는 것이다. 침례는 성육신하신 하나님의 아들이신 예수님과 연합하는 것이며 이것이 본질적인 것이다. 우리 세대에 어떤 사람들이 하나님에 대한 삼위일체적 신앙을 유지하지 않으면서 오직 예수님의 이름으로만 침례를 주기 때문에, 마 28:19에 있는 삼위일체적 문구를 사용하는 것이 가장 좋은 선택이다. 이 삼위일체적 문구는 침례 후보자가 무엇을 하고 있는지를 분명하게 보여준

---

13 "The Teaching of the Twelve Apostles," in Roberts and Donaldson, *Ante-Nicene Fathers*, 7:379.

14 Justin Martyr, "First Apology," in Roberts and Donaldson, *Ante-Nicene Fathers*, 1:183.

다. 침례 후보자는 자기 자신을 성부와 성자와 성령과 연합시키는 것이며 삼위 일체 하나님께 충성을 맹세하는 것이다.

구원받기 위해 예수님의 이름으로 침례를 주어야 한다고 주장하는 사람들이 있다.[15] 이 에세이는 이미 침례가 구원을 위한 것이 아니며 왜 그런지에 대한 이유들을 다루었다. 예수님의 이름으로만 침례를 주어야 한다고 선전하려는 어떤 논쟁도 일축시키기 위해선 삼위일체적 문구를 예수님이 스스로 추천하셨다는 것을 성경이 기록하고 있다고 말하는 것으로 충분하다. 침례의 권위는 단순히 어떤 문구를 사용하는가에 달려있는 것이 아니다. 그렇지 않았다면, 여러 문구들이 어떤 신비한 능력을 전달하는 마술적인 것으로 이해될 수도 있다. 그리고 실제로 그렇게 이해되어져 왔다.

특별한 상황: 이질적인 침수례 Alien immersion

교회 역사안에 소위 "이질적 침수례alien immersion"라는 것에 대한 계속된 논의가 있어 왔다. 이질적alien 이라는 말은 누군가 외계적인 존재에 의해 침수례를 받는다는 것이 아니다. 이는 보통은 침수를 행하지 않는 어떤 단체(즉 침례교회가 아닌 교회)가 침수례를 행했을 때 그 침례의 정당성에 관한 결정이 내려져야 한다는 것이다. 역사적으로 많은 침례교인들은 교회에 대한 그리고 합당한 교회의식에 주어진 권위에 대한 그들의 견해에 근거하여 이질적 침수례를 거절해 왔다.[16] 그러나 저자는 다른 접근법을 선택했다. 각각의 이질적 침수례의 정당성 여부는 개인적인 근거에 따라 결정되어야 한다. 그것을 결정하는 요인은 교회가 아니다. 왜냐하면 참된 교회에 대해 위에서 규정한 정의는 유아 세례를 행하는 교회들도 참된 교회로 보고 있기 때문이다.

---

15   이런 사람들 중에 일체성 오순절주의자들이 있다. http:// www.onenesspentecostal.com.

16   James Madison Pendleton, *An Old Landmark Re-set: Or Ought Baptists Invite Pedobaptists to Preach in Their Pulpits?* (Nashville: Graves & Marks, 1854).

이질적 침수의 정당성 여부는 그것의 집행자도 아니며 침례의 올바른 집행에 있는 것도 아니다. 그 결정적 요인은 침례 의식 그 자체이다. 그 침수례가 합당한 침례의 대상자(신자)에게 합당한 의미와 침수 형태로 참된 교회에 의해서 시행된 것이었는가? 만일 그렇다면, 침례 교회에 의한 것이 아니라 할지라도 그 침수례는 정당한 침례이다. 오늘날과 같이 교단주의가 약화된 시대에서 이질적 침수례를 찾을 수도 있겠지만, 그런 침례는 드물 것이다.

예를 들어, 유아 세례를 옹호하는 어떤 교회가 신자의 침수례를 행할 때 그것은 그 신자가 어린 아이로서 세례를 받지 못했기 때문이지 성경적 확신에 근거하여 신자의 침수 침례를 행하는 것은 아닐 것이다. 따라서 성경을 잘 알고 침례의 참된 의미(침수례)를 이해한 신자가 유아 세례를 시행하는 교회에서 침수 침례를 본인이 직접 요구하는 경우는 매우 드문 예외적인 것이다. 논리적으로 그런 경우는 거의 발생하지 않는다. 왜냐하면, 그렇게 성경적으로 훈련된 사람이 자기 자신을 자기가 믿고 있는 침례에 대해 반대 의견을 가진 교회와 연합하려고 하지 않을 것이기 때문이다. 따라서 대부분의 경우에 이질적 침수례는 침례의 의미를 손상시켜 그 침수례의 실행을 무의미하고 가치 없는 것으로 만들어 버린다. 그러나 아주 드물게 예외가 있을 수는 있다.

결론

지금까지 논의된 6가지 모든 범주들은 어느 정도 서로 연관이 있다. 무엇이 침례를 유효한 것으로 만드는지에 대한 정의를 제시하는 것은 언제든지 오해의 위험을 가지고 있다. 나는 좀 더 깊은 사고와 논의와 연구와 이해를 위해 비록 불완전하며 부정확할 수 도 있겠지만 다음의 정의를 제시하고자 한다: 지역 교회의 출입문에 해당하는 올바른 침례는 신자에게 물로 침수례를 행하는 참된 교회에서 합당하게 선출된 침례 집행자에 의해서 행해지는 것으로 신앙을 고백

하고자 하는 목적을 가지고 있으며 삼위일체의 제 2위격이신 그리스도의 이름
으로 행해지는 것이다. 이 행위는 침례 대상자가 그리스도의 죽음, 장사지냄, 그
리고 부활에 연합되는 것을 상징한다. 유효한 침례에 대한 더 간략한 정의는 다
음과 같을 것이다: 참된 교회에 의해 합당한 의미로 행해지는 신자의 침수례.

6장

침례와 언약

제이슨 리 Jason K. Lee

﹡﹡﹡﹡﹡

10년전에 내가 박사 과정 연구를 시작했을 때, 나는 존 스미스_{John Smyth}의 글을 통해 침례교인들의 삶 속에 있던 언약의 사상을 점점 더 알게 되었다. 나의 박사 논문이 서서히 제 모습을 갖추어 나가면서, 언약에 기반한 교회론에 대한 스미스의 견해가 내 연구의 중심적인 요소가 되어 버렸다. 이 간략한 에세이에서, 나는 언약적 교회론에 대한 몇 가지 생각과 현대 침례교인을 위한 적용점을 더욱 분석해 보고자 한다. 나는 침례교인들의 삶 속에 있는 교회 언약들의 풍성한 유산을 이용하려고 한다. 그리고 언약이라는 언어의 재발견에 대하여 다양한 침례교 그룹들안에서 현재 진행되고 있는 논의들과 교류를 하고자 한다. 침례와 교회 언약 사이에 있는 관계, 그리고 언약에 대한 보다 포괄적인 신학적 주제를 묘사할 수 있는 교회 언약의 능력, 이 두 가지가 침례교인의 삶속에서 교회 언약을 회복하기 위한 근본적인 이슈들이다. 실제적으로 교회 언약의 회복이 오늘날의 침례 교회들에게 어떻게 유익한 것인가와 관련한 질문을 던져볼 수 있겠다.

언약에 대한 분리주의자들의 견해

교회 언약에 대한 침례교인들의 사용은 16세기 영국 분리주의자들 가운데서 어떤 선례를 찾을 수 있다(분리주의자들은 영국 국교회를 내부에서 개혁하려던 청교도들과 달리 영국 국교회를 배교한 교회로 보고 영국 국교회를 탈퇴하여 성서적 교회를 세우려 함 - 역자주). 분리주의자들은 교회가 언약위에 세워져야 한다고 강조했다.

지역 교회의 멤버십이 증거해 주고 있듯이, 하나님의 신실한 자는 신실하지 않은 자로부터 분리되도록 부르심을 받았다. 참된 교회를 세우기 위해서, 분리주의자들은 언약에 관하여 함께 동의하였다. 교회 언약은 교회 멤버십에 필요조건이었다. 언약을 맺는 이런 행위를 통해서, 사람들은 그리스도의 권위에 순복하여 참된 지역 교회를 이루어 나가게 된다. 분리주의자 로버트 브라우니Robert Browne 는 그리스도의 권위 아래에서 함께 언약을 맺기 위한 멤버들의 동의를 교회의 기초로 언급하고 있다. 그는 다음과 같은 말로 영국 국교회를 도전하였다: 영국 국교회의 사람들은 "교회를 합당한 기초위에 놓음으로써 세운 것이 아니다. 왜냐하면 교회의 기초는 우리가 그분과 언약을 맺어 그분의 통치 아래에 있고자 할 때, 고전 5장에 기록된 대로 우리 가운데 있는 주님의 능력과 예수 그리스도의 홀(왕권)을 우리가 가질 때 세워지는 것이다."[1]

브라우니는 교회언약의 중심적 역할을 묘사하며 다음과 같이 말한다: "새로 세워진 또는 함께 모인 교회는 그리스도인들 또는 신자들의 단체 혹 무리이다. 그들은 자신들의 하나님과 자발적으로 맺은 언약에 의해 하나님과 그리스도의 통치 아래 놓이게 되며 하나의 거룩한 교제 안에서 그분의 법을 지키게 된다."[2] 이런 교회는 하나님과 그리스도의 권위를 부여받은 참된 교회이다. 왜냐하면 교회는 하나님께 대한 순종의 서약에 참여하였기 때문이다. 브라우니는 그리스도인을 정의할 때 비슷한 언어를 사용하였다: "그리스도인들은 신자들의 단체 혹 무리이다. 그들이 하나님과 맺은 자발적 언약 때문에 그들은 하나님과 그리스도의 통치 아래에 있게 되며 하나의 거룩한 교제 가운데서 그분의 법을 지키

---

1   Robert Browne, "A True and Short Declaration," in *The Writings of Robert Harrison and Robert Browne*, ed. Albert Peel and Leland H. Carlson (London: Allen and Unwin, 1953), 421. Browne의 성경적 구절에 관하여, 그가 고전5:4을 의미했음이 틀림없다. 고전 5장과 교회들안에 있는 주님의 능력 사이에 있는 다른 연관성들을 위해선 그의 책 443, 446, 456, 461, 505, 525-26을 보라. 영어 스펠링 *w*을 포함하고 있는 다른 단어들은 교정되었다.

2   Robert Browne, "A Book Which Sheweth the Life and Manners," in Peel and Carlson, *Writings of Robert Harrison and Robert Browne*, 253.

게 된다."[3] 참된 교회에 대한 개념들과 참된 그리스도인에 대한 상호 연관성은 매우 분명하다. 기독교인의 의무는 다른 믿는 이들과 함께 하나님께 신실하겠다는 언약을 맺음으로써 참된 교회를 구성하는 것이다. 그러므로 교회 언약은 교회 멤버십에 중심적인 것일 뿐만 아니라 그리스도인이 됨에 있어서도 본질적 표징이다.

후에 헨리 바로우 Henry Barrow 같은 분리주의자들은 지역 교회의 언약을 사용하여 교회를 세워 나가는 실행을 계속하였다. 언약에 대한 신실함은 교회의 교제 안에 남아 있기 위한 멤버들에게 요구되었다. 청교도인 조지 기포드 George Gifford 는 분리주의자들이 신실함의 필요성을 하나님의 언약속에 조건으로 넣어 두었고, 그렇게 함으로써 언약의 안정성을 인간의 노력에 의존하도록 만들었다고 비난하였다. 이에 대하여 바로우는 기포드가 자신의 주장을 전혀 이해하지 못하고 있다고 반박하였다. 왜냐하면, 기포드는 바로우가 영원한 언약이 아니라 외적인 언약 the outward covenant 을 논의하고 있었던 것을 인식하지 못했기 때문이다.[4] 실제로, 바로우는 은혜의 언약과 지역 교회의 언약 사이에 분명한 구분을 만들려고 노력했다.

하나님의 언약과 선택은 세상 끝날까지 분명하게 유지된다. 부모의 죄가 자녀들에 대한 하나님의 긍휼을 다른 방향으로 흘러가도록 하거나 좌절시키지 못한다. 그러나 우리는 그분이 부를 수도 있고 부르실 사람에 대한 하나님의 비밀스런 선택에 대해서가 아니라 그분이 이미 부르셔서 맺도록 하신 우리에 대한 외적인 언약과 그 외적인 언약 안에서 판단 받게 될 수도 있는 사람들에 대하여 논하는 것이다… 왜냐하면 나는 믿음의 고백을 하고 같은 믿음과 순종 안에 계속 거하는 사람만이 그 외적인 언약 안에서 우리로부터 존경을 받

---

3   Ibid., 227.
4   Henry Barrow, "Barrow's Final Answer to Gifford," in *The Writings of John Greenwood and Henry Barrow, 1591-1593*, ed. Leland H. Carlson (London: George Allen and Unwin, 1970), 166-67.

을 수 있다고 믿기 때문이다. 그러므로 나는 하나님의 외적인 언약의 안정성이 우리의 의로움에 의존하는 것으로 만든다.[5]

바로우는 분리주의자들이 누가 하나님의 영원한 언약 가운데 들어가는 지 결정하려는 어떠한 의도도 없다고 주장한다. 그들의 관심은 만일 어떤 사람이 그리스도의 가시적 교회의 일부분이 되고자 한다면, 그 사람은 반드시 순종하겠다는 언약을 해야만 한다는 것이다. 만일 어떤 사람이 하나님의 명령에 순종하지 않는다면, 그 사람은 지역교회가 서약한 언약의 한 부분으로 여겨질 수 없다.

존 스미스 의 언약에 대한 견해들

브라우니와 바로우의 글들이 영국 침례교의 선구자인 존 스미스가 나타나게 된 분리주의의 환경을 만드는데 도움을 주었다.[6] 분리주의자로서 스미스는 브라우니와 바로우의 언약에 대한 많은 견해에 동의하였다. 스미스는 외적인, 즉 지역적인 교회 언약(그리스도와 교회에 신실하겠다는 교회 멤버들의 언약)과 은혜의 영원한 언약 (택자를 향한 하나님의 무조건적인 언약) 사이에 있는 분리주의자의 구분을 유지하였다. 비록 이런 개념들은 스미스의 사상에서 구분되는 것들이지만 밀접하게 서로 연결되어 있었다.

브라우니와 바로우처럼, 스미스는 신앙이 있는 사람들이 외부적인 언약에 서로가 함께 동참한다는 것을 강조한다. 믿는이들은 하나님이 그들에게 주신 영원한 언약에 신실하기 위해 서로가 언약을 맺는다. 그룹으로서 하나님께 순종하겠다는 그들의 동의는 그들로 하여금 하나님의 언약적 공동체로 계속 존재

---

5   Ibid., 165-66.

6   John Smyth에 대한 추가적인 정보를 대해서는 다음의 자료를 참조하라. Jason K. Lee, *Theology of john Smyth: Puritan, Separatist, Baptist, Mennonite* (Macon: Mercer University Press, 2003).

하도록 한다. 언약적 공동체에 대한 이 사상은 스미스에게 중요한 것이다. 왜냐하면, 그는 언약을 하나님께서 그의 능력을 교회에게 허락하시는 근거로 보기 때문이다. 교회는 언약적인 공동체이기 때문에 그리스도의 권위와 개혁을 시행할 능력을 가지고 있다.

교회에 들어가는 입구로서의 지역 교회의 언약

스미스는 영국 성공회에 점점 더 불만족스러웠기 때문에, 일단의 추종자들과 함께 게인스보로ₘGainsborouh 라는 곳에서 하나의 분리주의 회중을 형성하였다. 회중은 교회가 되고자 함께 동의한 멤버들에 의해서 전형적인 분리주의 형태에 따라 만들어졌다. 이 사건에 대한 윌리암 브래드포드ₘWilliam Bradford 의 묘사는 다음과 같다:

당신들이 이런 부분들에서 악을 보았기 때문에 그리고 주님께서 그대들의 마음에 자신의 진리를 위하여 하늘의 열심으로 감동을 주셨기 때문에, 많은 신앙의 고백자들이 반 그리스도적인 족쇄의 멍에를 떨쳐 버렸다. 주님께서 사람들을 자유롭게 하시므로 그들이 스스로 복음의 교제 안에서 최선을 다해 주께서 알려주신, 혹은 알려주실 길을 어떤 대가를 치르더라도 따르기 위해 (주의 언약에 의해) 교회에 참여하였다. 주님께서 그들을 도우신다.[7]

교회의 참된 형성은 언약적인 공동체라는 스미스의 분리주의적 관점은 그의 분리주의 전임자들의 사상과 닮았다. 스미스는 그의 분리주의자로서의 시기에 나온 *Principles and Inferences*라는 책에서 자신이 다른 분리주의자들에게 신학적인 빚을 지고 있음을 언급했다. 그는 그들을 "고대의 형제들ₘancient brethren. 고대 신약 성경의 믿음을 따라 사는 형제들이라는 뜻임 – 역자주"이라고 불렀다:

7　William Bradford, *History of Plymouth Plantation*, reprinted from the original manuscript under the direction of the Secretary of the Commonwealth, by order of the General Court (Boston: Wright and Potter, 1898), 13.

그러므로 교회를 다음의 세 가지 요소로 구성된 참으로 원시적이며 사도적인 제도로 설립했기 때문에 특별히 고대의 (즉 , 영국 분리주의) 형제들은 존경을 받아야 한다. 그 세 가지 구성 요소는 다음과 같다. 1. 오직 성도들로만 구성되는 교회의 참된 질료. 2. 언약을 맺어 서로 연합하는 교회의 참된 형태. 3. 모든 거룩함에 있어서의 교제와 그 교제를 유지하기 위하여 주 예수 그리스도의 능력에 참여하는 교회의 참된 자산. 나는 고대의 형제들이 수고한 주님의 이 복된 사역에 더 추가되어야 할 것이 무엇인지 알지 못한다.[8]

이들 "고대의 형제들"은 브라우니, 바로우 그리고 "True Confession"을 작성한 저자들과 같은 분리주의자들이었다. 그들은 신실한 형제들을 영국 성공회로부터 이끌어 내어 언약에 기반을 둔 참된 교회를 형성하였다.

스미스는 참된 교회를 형성하는데 두 가지 본질적인 것들이 있다고 주장한다. 첫째, 신자들이 필요하다. 스미스는 교회의 참된 멤버십은 "오직 성도로만" 구성된다고 말한다. 둘째, 이들 성도는 언약을 통해 한 교회 안으로 연합된다. 그렇다면 언약은 교회의 멤버십으로 들어가는 길이다. 그 회중에 참여하고자 원하는 사람은 누구라도 반드시 그들의 언약에 동의해야만 한다. 언약을 맺은 공동체는 참된 교회의 속성들을 갖게 된다. 그 속성들은 거룩한 것들과 그리스도의 권위에 참여하는 것이다. 후기 작품에서 스미스는 지역 교회가 가지는 언약의 속성에 "모든 하나님의 길을 따라 행하고자 하는 언약"이라는 구절도 포함하였다.[9]

언약은 교회에 대한 스미스의 이해에 핵심적인 것이 되었다. 스미스가 가르친 언약의 중요성과 초기 분리주의자들과 스미스 사이에 있던 연결을 논의하는

---

8   John Smyth, "Principles and Inferences Concerning the Visible Church," in *The Works of john Smyth*, ed. W. T. Whitley (Cambridge: Cambridge University Press, 1915), 1:270.

9   John Smyth, *Paralleles, Censures, Observations*, ed. W. T. Whitley (Cambridge: Cambridge University Press, 1915), 2:555.

데 있어서, 화이트_{B. R. White}는 다음과 같이 적고 있다: "교회에 대한 스미스의 생각 속에 있던 언약 신학은 로버트 브라우니의 생각 속에 한때 자리잡고 있었던 언약 사상의 중심성을 다시 회복하기 위한 것이었다."[10] 언약을 통해 연합된 교회를 이루는 참된 형태에 대한 스미스의 진술은 분명히 브라우니의 것과 유사하다. 지역교회와 관련하여 분리주의자들이 사용한 언약이라는 용어는 신자들의 지역 모임이 되고자 함께 협력할 것인지에 대한 대한 자발적 동의를 의미했다.[11] 스미스는 이 언약을 맺은 그룹이 참된 교회가 될 수 있는 능력을 받았다고 말한다.

성도들의 가시적 교제는 하나님과 자기들간에 맺은 언약에 의해 함께 모여, 말씀을 따라 서로 간의 상호적인 덕을 세움과 하나님의 영광을 위하여 그분께 속한 모든 거룩한 것들을 자유롭게 사용하려고 함께 모인 두세 사람의 혹 그 이상의 성도들에게 속한 것이다… 이런 성도들의 가시적 교제가 바로 가시적인 교회이다.[12]

하나의 회중이 참된 교회가 되기 위해선, 그 회중이 반드시 언약을 기반으로 형성되어야만 한다. 언약은 하나님과 함께하는 것이므로 오직 신실한 자들에 의해서만 동의가 이루어질 수 있다. 불경건한자들이 언약이나 교회 안으로 받아들여질 수는 없다. 하나님과 동의하는 것 외에도, 언약에는 두번째 관계가 있다. 이 관계는 성도들 자신들 가운데 있는 것이다. 서로에게 그리고 하나님께 연합한 일단의 성도들이 "가시적" 혹은 지역 교회를 구성하는 것이다. 사람들이 언약에 동의할 때, 그들은 구체적으로는 교회의 그리고 궁극적으로는 그리스도의 치리와 권위 아래에 자신들을 두는 것이다. 교회의 언약은 그 언약의 신적 요소(하나님과 맺는)와 형제간의 교제를 위한 언약을 합친 것이다.

---

10 B. R. White, *The English Separatist Tradition* (London: Oxford University Press, 1971), 125.

11 Smyth, *Paralleles, Censures, Observations*, 2:511-12.

12 Smyth, "Principles and Inferences," 1:252.

왜 스미스는 언약을 맺는 행위를 그토록 중요하게 믿었는가? 스미스에 따르면, 신앙을 고백하는 형제들이 일단 함께 언약을 맺으면, 그들은 그리스도의 왕, 제사장, 그리고 선지자적인 권위를 받게 된다. 스미스는 "그러나 진정한 언약 안에서 함께 연합한 성도들의 교제인 참된 가시적 교회만이 유일하게 하나님께서 그분의 언약, 약속들, 거룩한 것들, 그리고 왕이시요, 제사장이시요, 선지자이신 그리스도를 주신 유일한 사람들의 공동체이다"라고 적고 있다.[13] 실제적인 면에서, 이것은 언약을 맺어 교회가 된 형제들이 침례를 주고 주의 만찬을 집행하고 장로들을 선출하며 심지어 사역자에게 안수를 줄 수 있다는 것을 의미한다.[14] 사람들에게 참된 교회가 될 수 있는 그리스도의 권위가 주어지는 것은 언약을 맺는 그들의 반응에 있다. 일단 그 언약에 동의가 되면, 사람들은 교회의 권위를 갖게 된다. 계승주의 (로마 카톨릭의 사도적 계승주의)는 제거되었다. 왜냐하면 권위는 언약의 행위를 통해 전달되는 것이지 역사나 전통을 통해서가 아니다.

언약 신학 그리고 언약 교회론

영국의 전통에는 예정론을 배경으로 하여 조건적 언약을 강조했던 많은 개혁주의 신학자들이 있었다.[15] 페너Fenner, 카트라이트Cartwright, 그리고 퍼킨

---

13 Smyth, Paralleles, Censures, Observations, 2:350-51.

14 Smyth, *Differences of the Churches of the Separation*, ed. W. T. Whitley (Cambridge: Cambridge University Press, 1915), 1:315; and idem, Paralleles, Censures, Observations, 2:511-12.

15 John S. Coolidge, *The Pauline Renaissance in England* (Oxford: Clarendon Press, 1970), 99-140. 저자는 청교도들, 분리주의자들 그리고 회중교인들 중에 언약을 조건적으로 이해하려는 경향을 보여주고 있다. Charles S. McCoy and J. Wayne Baker, *Fountainhead of Federalism: Heinrich Bollinger and the Covenantal Tradition* (Louisville: Westminster John Knox Press, 1991), 29-41. 이 책은 불링거의 영향과 틴데일 (Tyndale), 페너 (Fenner), 그리고 퍼킨스(Perkins)를 포함한 영국 언약 전통에 대한 조건적 언약을 논의하고 있다. R. T. Kendall, *Calvinism and English Calvinism to 1649*, new ed. (Carlisle, England: Paternoster Press, 1997), 42-43, 58. 이 책은 틴데일과 퍼킨스의 조건적 언약에 대한 이해를 각각 언급하고 있다. Carl R. Trueman, *Luther's Legacy: Salvation and English Reformers* (Oxford: Clarendon Press, 1994), 109-19. 이 책은 언약의 조건적 본질에 대한 틴데일의 견해를 보여준다. 이들 학자들은 예정론이 언약에 대한 개혁주의 견해에 미치는 영향에 대하여 다른 견해들을 가지고 있다. 그러나 우리가 논의하는 문맥에서의 요점은 언약에 어떤 조건들이 수반된다는 이해가 이 시기의 많은 영국 개혁주의 신학자들의 생각속에 있다는 것이다.

스_{Perkins}에게서 발견되는 언약에 대한 조건적 이해는 청교도 전통에 영향을 미쳤는데 분리주의 운동은 이 청교도 전통에서 나온 것이다. 분리주의자들은 사람이 하나님께 순종해야 할 의무가 있다는 생각을 계속 이어나갔다. 순종에 대한 성도들의 동의는 지역 교회의 언약에 있어 중요한 한 부분이다. 그러므로 순종은 언약을 맺은 공동체로서의 지역 교회에 대한 분리주적 이해에 중심적인 것이었다.

그 이전의 다른 분리주의자들처럼, 스미스도 순종을 사람들이 언약을 받아들임에 있어 가장 주된 측면으로 보았다. 교회가 언약위에 세워지기 때문에, 교회는 하나님께 신실할 것에 동의한다. 그의 저서 *Principles and Inferences*에서 스미스는 언약의 한 부분은 신실한 자들이 하나님의 백성이 되는 것인데 그것은 곧 하나님의 모든 계명을 순종하는 것이다.[16] 순종의 사상은 지역 교회의 언약과 영원한 언약 사이에 있는 어떤 연계성을 보여준다. 지역 교회의 사람들은 그들이 언약을 맺은 하나님의 사람들이기 때문에 순종해야만 하는 것이다. 그들은 그들의 외적인 언약(교회의 언약)에 순종하겠다는 자신들의 약속을 보여주었다. 많은 분리주의 전임자들처럼, 스미스는 그의 언약의 조건적 측면을 강조하였다. 만일 회중이 하나님께 순종하기를 거부하고 죄 가운데 고집스럽게 남아 있다면, 그들은 참된 교회가 되기를 중단하는 것이다.[17]

존 스미스의 글들 속에는 언약이라는 단어에 두 가지 측면이 있다. 하나는 언약 신학 (하나님의 영원한 선택의 언약)과 관련된 것이다. 다른 하나는 언약 교회론에 대한 분리주의적 사상과 더욱 관련이 있다. 이 두가지 측면은 서로 분리하여 연구하는 것이 어렵다. 왜냐하면 두 가지 개념 사이에는 밀접한 관련성이 있기 때문이다. 스미스는 언약 교회론에 대한 그의 생각을 하나님의 영원한 언약에 대한 그의 신학에서 가져왔다. 스미스의 견해로는 하나님이 제시하신 은혜의 언약을 받아들인 사람은 교회를 이루기 위하여 다른 믿는 이들과 함께 언약

---

16   Smyth, "Principles and Inferences," 1:254.

17   Smyth, *Paralleles, Censures, Observations*, 2:451.

맺기를 동의함으로써 반응해야만 한다. 물론 다른 믿는 이들과 언약을 맺는 것은 하나님과 맺은 언약으로부터 나오지만, 두 가지 언약이 동의어는 아니다. 스미스는 서로 다른 시점에서 각각의 언약이 가지는 중요성을 강조함으로써 두 가지 사이에 있는 차이점들을 보여주고 있다.

화이트B. B. White는 스미스의 글 속에서 어떤 시점 이후부터는 그가 사용하는 언약이라는 단어에서 의미의 양면성이 생겨나기 시작했다고 말한다. 때때로, 스미스가 하나님에 의해 택자들에게 주어진 은혜의 언약을 언급하고 있었음이 분명하다. 다른 때에는 스미스가 믿는자들로 이루어진 지역 모임의 연합을 의미하기 위해 언약이라는 단어를 사용하였다. 그리고 몇 번의 경우에는 스미스가 그 두 가지 개념을 거의 혼합하는 것처럼 보인다. 화이트는 이런 양면성은 다음과 같은 스미스의 이해를 보여준다고 한다. 즉 어떤 사람이 은혜의 언약을 받아들이는 것은 그가 맺게 될 지역 회중의 언약속에서 실제화된다.[18] 제임스 코긴스James Coggins는 이런 연계성을 거절하며 심지어 스미스의 언약 신학은 그의 언약 교회론과는 전혀 무관하다고 주장하기도 한다.[19] 그러나 스미스의 언약 신학과 언약 교회론 사이에는 연관성이 있다. 첫째, 스미스가 자신의 신학의 배경으로 삼은 분리주의가 그 두 개념들을 상호적으로 사용하였다. 둘째, 스미스가 그 두 용어들을 친밀한 관계로 그리고 동일한 청중들에게 사용하였다는 사실은 어떤 연관성을 보여 준다.

분리주의 전통에서 스미스가 지역 교회의 언약과 영원한 언약사이에 어떤 관계가 있다는 것을 암시한 첫 번째 사람은 아니다. 로버트 브라우니는 어떤 사람이 교회의 멤버가 되지 않고서도 복음에 응답할 수 있다고 말했다. 그러나 어느 누구든 하나님의 언약에 먼저 반응하지 않은 채 언약을 맺은 공동체 즉 지역

---

18   White, *The English Separatist Tradition*, 128.
19   James R. Coggins, "The Theological Positions of John Smyth," *Baptist Quarterly* 30 (April 1984): 249.

교회의 멤버가 되어서는 안 된다.[20] 브라우니에 의하면, 은혜의 언약이 하나님에 의해서 제안되었을 때, 그 바른 반응은 "우리 자신들을 드려서 교회와 하나님의 백성이 되는 것이다."[21]

스미스가 언약에 대한 이 두 가지 개념 사이에 있는 관계를 암시했을 때, 그는 분리주의 전통을 따르고 있었다. 스미스의 작품 Paralleles, Censures, Obervations에 있는 한 부분은 이 두 언약 사이에 있는 그의 생각을 묘사하고 있다. 스미스가 분리주의자로 있던 시기에 쓰여진 Paralleles은 청교도 리차드 버나드Richard Bernard와의 논쟁에 대한 것이었다. 이 논쟁 중에 스미스는 영국 성공회로부터 분리된 어떤 사람들이 함께 모여 참된 교회를 이루었다고 주장한다. 그는 다음과 같은 진술을 하였다: "나는 모든 불결함(성공회의 비 성서적 신학과 실행)으로부터 분리되었으며 주님의 언약에 의해 함께 모인 신실한 사람들의 모임이 참된 교회임을 말씀으로부터 믿고 주장한다."[22] 핵심은 이 구절이다: "주님의 언약에 의해서 함께 모인." 언약이 주님께로 부터 나오는 것이지만, 그 언약은 또한 믿는 이들이 서로 함께 모이는 측면도 포함한다는 것이다.

지역 교회 또는 가시적인 교회는 그리스도인들이 하나님과 언약을 맺고 그들 서로 간에도 언약을 맺은 그룹이다. 스미스는 두세 사람의 믿는 이들이 함께 모여 교회를 이루는 정당성을 보여 주려고 시도하였다. 스미스는 그렇게 모인 사람들을 "하나님 자신과의 언약을 통해 그들의 하나님이 되고자 하신 사람들이라고 부른다. 하나님께서 자신의 백성으로 받아 주신 그들은 성전, 즉 그분께는 교회인 것이다."[23] 비록 스미스가 함께 모인 그룹인 교회에 대하여 언급한 것이지만, 그 단어를 사용하면서 그가 교회와 구원을 강조한 것은 일종의 언약

---

20   Browne, "A True and Short Declaration," 422, 442.

21   Browne, "A Book Which Sheweth the Life and Manners," 256.

22   Smyth, Paralleles, Censures, Observations, 2:386.

23   Ibid., 2;386.

신학으로서 묘사될 수 있다. 스미스는 계속하여 하나님이 그분의 백성과 맺은
언약과 지역교회에 주어진 언약 사이에 있는 밀접한 관련성을 주목하였다. 스
미스는 지역교회에 있는 출교의 능력을 논의할 때, 다시 한번 두 가지 용어들을
연결한다:

> 사실 우리는 묶고 푸는 능력이 교회의 지체들에게, 즉 언약으로 함께 모인 두
> 세 사람의 신실한 백성들에게 주어진 것으로 말한다. 그리고 우리는 확실히
> 언약을 이런 식으로 증명한다. 언약이 누구에게 주어졌으며 묶고 푸는 능력
> 이 누구에게 주어졌는가? 언약은 교회라는 공동체에, 즉 두세 사람의 신실한
> 자들에게 주어졌다. 왜냐하면 하나님은 그들의 하나님이며 그들은 그의 백성
> 이기 때문이다.[24]

이 인용문에서 "언약"은 언약을 맺은 공동체와 은혜의 영원한 언약 둘 다 묘
사하기 위해 사용되었다. "하나님은 그들의 하나님이시며 그들은 그분의 백성
이다"라는 문구는 은혜의 언약을 언급하는 것이다. 스미스는 교회를 다스리도
록 주어진 그리스도의 능력을 하나님과 그분의 백성이 맺은 언약의 한 부분으
로 보았다. 교회는 지역적으로 모인 형제들의 언약안에서 함께 동의하기 때문
에, 하나님은 그 회중에게 교회를 다스릴 수 있는 능력을 주심으로써 언약에 있
는 자신의 의무를 이행하신다. 스미스는 "우리는 세상으로부터 분리된 그리고
참된 언약으로 함께 모인 교회 또는 두 세명의 신실한 백성이 그리스도, 언약,
약속들 그리고 그들에게 주어진 그리스도의 사역의 능력을 가지고 있다고 말한
다. 그들은 하늘로부터 그리스도의 손을 통해, 더 정확히 말하면 그들의 머리이
신 그리스도로부터 이 사역의 능력을 받은 몸이다."[25] 교회론적 언약 ecclesiological
covenant 에 참여한 자들은 신학적 언약 theological covenant 의 복을 받게 된다. 언약을
맺은 전체 공동체에게 주어진 그리스도의 권위는 하나님이 그들의 하나님이 되

---

24 Ibid., 2:388-89.
25 Ibid., 2:403.

고 그들이 그분의 백성이 되는 언약적 관계를 통해 주어진다.[26]

다시 한번 말하지만, 지역적으로 모인 그룹인 교회가 맺은 언약은 주님의 언약이다. 그러나 이 언약은 또한 교회 멤버에 대한 적용점을 가지고 있다. 이런 적용점은 스미스의 Principles and Inferences에서 나온 다음의 구절에 언급되어 있다:

참된 가시적 교회의 참된 형성에 나타나는 외적인 요소들은 서약, 약속, 맹세 또는 하나님과 성도들 사이에 있는 언약이다. 이 언약은 두 부분으로 되어 있다. 1) 하나님과 신실한 자들에 관한 부분. 2) 신실한 자들의 상호적인 부분. 하나님과 관련된 언약의 첫번째 부분은 하나님이 신실한 자들에게 또는 신실한 자들이 하나님께 향한 것이다. 신실한 자들의 상호적인 면에 관한 언약의 두번째 부분은 사랑의 의무라면 그것이 무엇이든 다 이행하는 것이다.[27]

스미스는 교회의 참된 형성에 나타나는 외적인 요소는 사람들이 하나님과 맺은 맹세 혹은 언약이라고 주장한다. 그러나 이것은 또한 성도들이 상호 간에 맺는 언약이기도 하다. 언약에 대한 스미스의 이해는 하나님과 함께 구속력 있는 관계로 들어가는 것뿐만 아니라 사랑 안에서 지역 교회와도 함께 구속력 있는 관계로 들어가는 것을 포함한다. 스미스는 언약이라는 단어의 두 가지 용례의 중요성을 보았다. 또한 그는 언약적 교회론이 영원한 은혜의 언약 위에 기초하고 있다는 것도 이해한 것 같다. 이런 몇 가지 진술로부터 스미스는 언약에 대한 두 가지 사상을 서로 연결시키는데 주저하지 않았다는 결론을 내릴 수 있다. 그가 언약의 용어를 그런 유동성을 가지고 사용했다는 사실은 그가 두 가지 언약을 한 가지 동일한 언약의 두 가지 측면으로 보았으리라는 것을 말해준다. 그러므로 신자들의 어떤 그룹인 지역 교회에 있어 그 교회 언약은 영원한 은혜

---

26   Ibid., 2:388-89.
27   Smyth, "Principles and Inferences," 1:254.

의 언약에 대한 그들의 합당한 반응이라고 말한다는 점에서 그의 많은 분리주의 전임자들과 동의한다고 볼 수 있다.

지역 교회 언약의 두 부분들을 논의하는데 있어서 스미스는 그 첫번째 부분이 하나님과 신실한 자들 사이에 있는 언약이라고 말한다. 스미스는 지역 교회의 언약에 있는 이 첫번째 부분을 영원한 은혜의 언약을 받아 들이는 것이라고 보았다. 이 부분이 완료된 이후, 그 다음에는 기독교인이 순종하기 위해 동의하며 그의 동료 기독교인에 대한 사랑을 보여 줄 수 있다. 그래서, 스미스는 교회 언약이 하나님의 영원한 언약에 반응하고 그 다음에 하나님께 순종하기 위하여 그리고 서로에게 신실하기 위하여 함께 연합한 믿는 자들에게 적용되는 것으로 보았다. 교회 언약에 대한 그의 이해 때문에, 스미스는 이론적으로 신자들의 교회를 주장하고 있었다. 따라서 스미스가 후에 유아 세례를 거부했을 때에도 언약에 대한 그의 견해에는 많은 변화를 가져오지 않았다.

이후 침례교도들 가운데 있었던 언약의 중요성

현대의 2차적인 문헌들은 스미스 이후의 세기들에 있었던 침례교의 삶속에 나타난 언약 사상의 현저함을 증명해 주고 있다.[28] 많은 자료들은 또한 왜 언약의 개념이 때때로 침례교회들 가운데서 일반적인 실행이 되지 못했는지에 대한 이유들을 추정하고 있다. 침례교 역사를 통틀어, 교회의 언약서를 사용하는 것에 대한 강력한 지지자들이 있어왔다. 침례교 교회 언약서들의 지지자들은 지

---

28 Cf. Mark Dever, ed., *Polity: Biblical Arguments on How to Conduct Church Life* (Washington, DC: Center for Church Reform, 2001); idem, *Nine Marks of a Healthy Church*, rev. and exp. ed. (Wheaton, IL: Crossway, 2000); Charles Deweese, *Baptist Church Covenants* (Nashville: Broadman man Press, 1990); John S. Hammett, *Biblical Foundations for Baptist Churches: A Contemporary Ecclesiology* (Grand Rapids: Kregel, 2005); Paul Fiddes, *Tracks and Traces* (Carlisle, England: Paternoster, 2003); Nigel Wright, "Covenant and Covenanting," *Baptist Quarterly* 39, no. 6 (April 2002): 287-90; Ralph Elliott, "A Theology of the Local Congregation," *Foundations* 22 (January-March 1979): 13-27; Norman Mating and Winthrop Hudson, *A Baptist Manual of Polity and Practice*, rev. ed. (Valley Forge, PA: Judson Press, 1991); and Timothy George and Denise George, eds., *Baptist Confessions, Covenants and Catechisms* (Nashville: Broadman & Holman, man, 1999), hereafter abbreviated BCCC.

역 교회의 언약이 성경에 있는 언약에 대한 중요한 주제들을 정확히 포착하였다고 주장한다. 교회 언약서들이 침례교회의 삶속에서 받은 지지에 대한 한 가지 증거는 지난 사백년동안 출판된 수 많은 교회 언약서의 사례들이다.[29] 이 언약서들은 형태와 자세한 내용들과 길이에 있어서는 다양하지만, 하나님에 대한 신실함과 교회 안에 있는 다른이들에 대한 상호적인 사랑이라는 공동의 주제를 유지하고 있다.

침례교 언약서들에 나타난 성서적 이미지들

역사적으로, 침례교인들은 언약을 통해 그분의 백성과 관계를 맺는 하나님에 대한 성경적 개념의 적절한 반영으로서 지역 교회의 언약서들에 호소해 왔다. 언약의 언어들에 대한 배경으로 제시된 전형적인 구절들은 창 12-17장 (아브라함 언약), 출 19-20장 (시내산 언약), 삼하 7장(다윗의 언약), 그리고 렘 31장 (새 언약)이다. 추가적으로 수 24장 (세겜 언약), 대하 34장 (요시아 언약), 그리고 느 9장 (느헤미야의 언약)과 같은 본문들은 하나님과 언약을 맺는 것은 그 분의 은혜 아래 함께 모인 자들의 올바른 반응이라는 것을 보여주기 위해 사용되었다. 신약 성경은 언약 이미지로 가득차 있는데 이중에는 "새 언약의 피"에 대한 예수님의 호소와 함께 첫번째 주의 만찬이 포함된다. 침례교인들은 또한 고후 8:5을 언약의 두 가지 특성, 즉 하나님과 맺는 것과 서로간에 맺는 언약의 이중성을 보여주고 있는것으로 인용해 왔다.[30]

아마도 침례교인들에게 있어서 하나님의 은혜로운 언약적 활동에 대한 적절한 반응으로서의 교회적인 동의에 대한 가장 좋은 예는 히브리서의 구조에서 발견될 것이다. 죄 사함을 주시는 하나님의 언약 행위에 대한 긴 해석 이후(히 8:1-10:18), 히브리서 기자는 하나님으로부터 죄 사함을 경험한 사람의 바람직

---

29 Deweese, *Baptist Church Covenants.* 이 책은 침례교 역사에서 만들어진 수 백개의 교회 언약서들 중에서 대표적인 예로 79개의 교회 언약서를 제시하고 있다.
30 "그들이 먼저는 자기 자신들을 주께 그리고 하나님의 뜻에 의해 우리에게도 주었다." (They first gave themselves to the Lord and to us by the will of God" (고후 8:5). 이 장에 인용되는 모든 성경 인용문은 NASB를 사용하였다.

한 반응에 대해 언급하고 있다. 죄 용서 받고 ("우리의 마음이 뿌림을 받아 악한 양심 으로부터 깨끗하게 되고") 그리고 침례를 받은 ("우리의 몸은 순결한 물로 씻음을 받은") 믿는 이는 ("믿음의 완전한 확신을 가지고") 다른 믿는 이들과 함께 공동체적 의무 들을 가지게 된다. 이런 공동체적 권고들은 (우리가~하자) "흔들리지 않고 우리 소망에 대한 고백을 굳건히 붙잡는 것," "사랑과 선행으로 어떻게 서로를 자극 할 것인지를 생각하는 것," "함께 모이는 것"에 일관성이 있으며, "서로를 격려 하며," 그리고 "의도적으로 죄 짓는 것"을 피하도록 서로 돕는 것이다.[31] 침례교 언약서들은 침례 받은 신자가 서로 동의하여 이루고자 하는 다음과 같은 목적들 을 반영하고 있다: 공개적인 믿음의 증거가 드러나는 삶 속에 거하는 것, 형제애 와 신실한 경건성을 격려하는 것, 정규 예배를 위해 모이는 것, 상호간의 격려를 증진하는 것, 그리고 형제가 습관적인 죄에 빠져들지 않도록 지켜 주는 것이다.

침례교 언약서들의 내용과 사용

침례교 언약서들의 내용은 시간을 거치면서 다양해졌다. 대부분 교회 언약 서들은 5가지 공통된 특징들을 가지고 있다. 그것들은 1) 하나님의 은혜로운 역사에 대한 고백, 2) 상호 돌봄과 교제의 가치, 3) 공동체에 대한 관심, 4) 교 회 치리의 중요성, 그리고 5) 회중 예배의 실행들(종종 교회 의식들과 개인적인 헌 신과 관련되어)을 시사하고 있다. 하나님의 은혜로운 역사는 "이집트의 철 용광 로 같은 땅으로부터 하나님의 은혜로 부르심을 받아 나온"[32] 것과 같은 일반적 인 이미지로 또는 "그분의 값없는 은혜에서 흘러나온 영원한 언약을 통해 그분 의 백성된"것과[33] 같이 구체적인 신학으로 묘사될 수도 있다. 삼위일체, 계시, 기독론 또는 종말론과 같은 다른 교리들이 하나님의 은혜로운 역사에 관련되어

---

31 히10:19-26.

32 Covenant of the Great Ellingham Baptist Church, Norfolk, England (1699), in *BCCC*, 181.

33 Covenant of Benjamin and Elias Keach (1697), in *BCCC*, 177.

언급될 수도 있다.

　상호 돌봄과 교제에 대한 표현들이 종종 교회 언약서 내용의 대부분을 차지한다. 상호간의 돌봄은 그리스도인의 지식, 거룩, 그리고 위로 가운데서 전체 회중의 성장을 도모하기 위하여 멤버로서 서로 맺은 공동의 언약으로 부터 확대되어 간다.[34] 상호 돌봄을 격려하는 다른 표현들은 "서로를 적대시 하는 악한 보고를 받아 들이지 않으며"와 같은 부정적 표현이나 혹은 "서로에게 모든 종류의 의무를 이행할 모든 기회들을 찾아보는 것"과 같은 긍정적인 표현을 포함한다.[35] 단체적인 증거의 순수성을 유지하는 것은 교회 언약서의 또 다른 전형적인 관심거리였다. 영국 Buckinghamshire지역의 침례교인들은 "복음 없이 사는 사람들 앞에서 그들의 삶이 복음이 되어가는 방식으로 살도록" 격려 받았다.[36] 멤버에 대한 상호 돌봄과 단체적 간증의 질quality 에 대한 관심을 결합함으로써, 침례교 언약서는 교회 치리의 우선권을 언급하였다. 북 캐롤라이나의 Grassy Creek에 있는 침례교인들은 그들이 교회의 치리에 순종하겠다는 것에 동의하였다.[37] 웨일즈의 침례교 연합이 인정하듯이, 언약에 대한 동의는 경건한 책망 또는 다른 형제에 대한 교정을 제공할 자발성과 "겸손함 가운데 훈계, 책망 또는 조언을 받아들여 자신의 잘못을 인정하며 잘못된 것을 버릴" 자발성을 나타낸다.[38]

　마지막으로, 침례교 언약서들은 신자들의 삶 속에 있는 공동체의 예배에 대한 중요성을 표현하고 있다. 예배에 대한 흥미는 종종 교회 예배 의식들(침례와 주의 만찬)과 개인적 경건의 역할에 관한 주의를 포함한다. 종종 침례교 언약서들은 예배를 위해 함께 모이는 것을 게을리 하지 않아야 하는 중요성을 확증하

34　Covenant of the New Hampshire Baptist Convention (1833), in *BCCC*, 219.

35　Covenant of the Kiokee Baptist Church (1771/1826), in *BCCC*, 206.

36　Covenant of the Baptist Church in Horse Fair, Stony Stratford, Buck, England (1790), in *BCCC*, 190.

37　Covenant of the Grassy Creek Baptist Church (1757), in *BCCC*, 203.

38　Covenant of the Baptist Association in Wales (1790), in Deweese, *Baptist Church Covenants*, 130.

고 있다. 이 점에 대해서는 Tulpohokin 침례교인들은 이렇게 강조한다: "우리
는 하나님이 우리를 도우시는 대로 하나님에 대한 예배를 계속하며 … 그리고
모든 복음의 의식들 (침례와 주의 만찬)을 준행할 것을 언약합니다."[39] Newton
Brown의 The Baptist Church Manual에서 발견되는 언약서가 폭넓게 사용
됨으로 인해, 많은 침례교인들은 "가정적인 그리고 사적인 경건에" 힘쓸 것에
헌신하였다.[40]

침례교 언약서들은 그 내용 뿐만 아니라 교회에서 사용하는 방법에 있어서
도 같은 특징들을 가지고 있었다. 두 가지의 잘 알려진 예들은 지역 교회 언약
서들의 사용법을 대표하고 있다. 벤자민 키취Benjamin Keach 와 그의 아들 엘리아
스Elias 는 영국과 미국에 있는 침례교인들에게 중요한 영향력을 미쳤다. 또한 남
캐롤라이나에 있던 the Charleston Association 찰스턴 지방회 는 미국 남부에 있던
침례교인들을 위한 근본적인 역할을 수행하였다.

벤자민 키취는 그의 저서 *The Glory of a True Church, and Its Discipline
Display'd* (1697)에서 교회를 "먼저 신앙 고백 위에 침례를 받아 상호간의 합의
와 동의에 의하여 하나님의 뜻에 따라 자신들을 주님께 그리고 서로에게 헌신
하는" 신자들의 회중으로 묘사하고 있다.[41] 키취는 더욱이 언약을 맺는 과정을
다음과 같이 묘사하고 있다: 한 잠재적 멤버가 자신의 신앙에 대한 공개적 선
언을 한 후에는 그 사람이 교회의 언약에 동의해야 한다. 키치는 "교회 앞에서
그는 특정한 회중의 교제안에서 살며 자신을 상호간의 돌봄과 치리에 맡기기
위하여 엄숙하게 언약 안으로 들어가야만 한다"라고 기록한다."[42] 그 다음 키
취는 언약에 대한 동의는 교회의 의식들, 그리스도인의 교제, 단체적인 예배와

---

39 Covenant of the Tulpohokin Baptist Church, Berks County, Pennsylvania (1738), in
Deweese, *Baptist Church Covenants*, 138.

40 Brown's covenant is reproduced in Deweese, *Baptist Church Covenants*, 162.

41 Benjamin Keach, *The Glory of a Trite Church, and Its Discipline Display'd* (1697), 5-6.

42 Ibid.m 7.

목회적 돌봄에 참여할 것을 의미한다고 설명한다.

비슷하게 찰스턴 지방회에서 발간된 A Summary of Church Discipline
(1774)도 교회를 어떤 특별한 언약을 통해 하나의 뚜렷한 몸 안으로 연합되며
한 장소에 함께 모이는 성도들의 그룹으로 정의한다.[43] 교회를 형성하는 방법
은 키취의 생각을 반영하고 있다. 찰스턴 침례교인들은 다음과 같이 설명한다:
"서로간의 은혜들과 교인으로서의 자질들에 만족하고 사랑의 끈으로 연합된,
그들은 〔침례자들〕 자신들을 하나님의 뜻에 따라 주님께 그리고 서로에게 헌신
하며 (고후 8:5), 하나님의 말씀과 일치하는 기록된 언약서에 서명해야 한다 (사
44:5)."[44] 이렇게 구성된 교회는 이제 의식들을 준행하며 서로를 격려하고 치리
할 말씀의 능력을 부여받게 된다.[45]

침례교의 삶속에서 언약의 실행을 회복하기

침례교의 삶 속에서 언약을 회복하는 것은 현대 침례교인들에게는 분명 다
른 의미들을 가지게 될 것이다. 미국 침례교도인 샘 로버츠_{Sam Roberts}는 성경
의 언약들을 자주 인용하며 침례교의 삶속에서 "예배의 생명력은 언약의 생
명력을 보여주어야만 한다"고 주장한다.[46] 이런 일반적인 교훈과 함께 어메리
칸 침례교 교단_{the American Baptist Churches USA, 미국에 있는 침례교 교단 중 하나임 - 역자주}은 교회 정
책에 관한 그들의 진술 속에 언약이라는 표현을 빈번하게 사용하였다. "The
Covenant of Relationships"와 같은 그들의 교단 문서에는 언약이라는 단어
를 지역 교회 회중들과 교단적 관계 속에 적용하고 있다. 지역 교회는 그리스도
의 이름으로 "함께 언약을 맺으며" 성령을 받은 신자들의 모임으로서 묘사되었

---

43   Dever, *Polity*, 118.

44   Ibid., 119.

45   Samuel Jones (사무엘 존스)의 작품 *Treatise of Church Discipline*는 the Philadelphia Baptist
Association (필라델피아 침례교 지방회)를 위해 만들어졌으며 교회치리와 교회언약서에 있는 비슷한 연계
성을 제시하고 있다. 다음의 자료를 참조하라. Dever, Polity, 141.

46   Samuel K. Roberts, "A Call to Covenant," *American Baptist Quarterly* 21, no. 2 (June 2002): 171.

다.[47] 그렇게 모인 교회들은 "같은 마음을 가진 교단의 다른 회중들과의 언약"을 통해 서로가 협력한다. 언약의 의도는 "우리 주 예수 그리스도의 복음과 관련된 공동의 목적들을 완수하기" 위한 것이다.

어떤 미국 침례교인들은 교회 언약의 기능적 본성이 많은 신학적 필수 조건들을 거부한다고 주장한다. 데이비드 볼_{David Ball, 미국 자유주의 침례교단 중 하나인 Alliance of Baptists 교인이다 – 역자주}은 교회간에 있는 언약적 관계들은 본래 비 교리적인 것이라고 주장한다. 교회간에 있는 언약적 협력에 대한 상호 발전과 자발적인 수용은 "어떤 교리적 기준"도 산출하지 않는다는 것을 의미한다. "다른말로 하자면, 만일 우리가 서로를 돌보겠다는 언약적 관계에만 헌신한다면, 교회 연합을 위하여 걸림돌이 될 수 있는 교리적 기준들을 피하고자 노력할 필요가 없다."[48] 볼은 언약 관계를 맺은 침례 교회 사이에 있는 신학적 담론을 격려한다. 그러나 그는 이런 신학적 담론 혹은 "증거"가 다른 교회의 신앙 간증 내용을 검토해 우리의 언약안에 있는 교제권에 수용할 것인가 말 것인가를 규범화 하려는 어떤 시도도 해서는 안 된다"고 촉구한다_{볼은 교회들간에 서로 협력하는데 어떤 교리적 연합도 필요 없다고 주장한다 – 역자주}.[49]

폴 피데스_{Paul Fiddes}는 영국 침례교의 삶 속에서 언약의 언어를 재 발견할 필요성을 주장한다. 초기 침례교인들의 작품에 의지하여, 피데스는 건강한 교회론을 발전 시키기 위하여 언약서의 회복으로 돌아가는 것을 가치있는 것으로 본다. 피데스는 침례교의 삶 속에 나타난 언약의 네가지 사용에 대해 지적하였

---

47 "The Covenant of Relationships" 라는 문서의 모든 인용문은 1984년 6월 24일 다음의 웹싸이트에 있는 자료에서 이용한 것이다. "The Covenant of Relationships and Its Agreements Among The General, National, and Regional Boards of the American Baptist Churches" (Valley Forge, PA: Office of the General Secretary American Baptist Churches in the USA, 1984), available at http://www.abc-usa.org/documents/ AB CCovenantof Relationships.pdf.
48 David T. Ball, "Appreciating the Non-doctrinal Nature of our Covenantal Ties," *American Baptist Quarterly* 21, no. 2 (June 2002): 160.
49 Ibid., 162.

다.[50] 첫째, "언약"은 하나님이 택자들과 맺으신 은혜의 영원한 언약을 지칭한다. 이런 언약적 관계는 그 언약에 참여한 인간의 구원을 야기한다. 둘째, 삼위일체의 위격들 사이에 있는 상호 연결성은 언약적 언어로 볼 수 있다. 인간들은 신성안에 있는 이런 내적인 언약으로부터 혜택을 받을 수 있다.[51] 셋째, 언약은 하나님이 교회나 교회들과 맺은 단체적 언약과 관련이 있다. 국가적 존재(구약의 이스라엘)이든 아니면 종교적인 단체(영국 성공회)이든, 하나님은 자신의 목적을 성취하시기 위해 특정한 단체와 언약을 맺으실 수 있다. 이 하나님의 목적은 하나님의 은혜 언약과 (위에서 언급된) 관련되어 있지만 그것과 동의어는 아니다. 넷째, 언약은 지역 교회 언약과 관련이 있다. 언약에 대한 첫 세가지 용례들에서 신학적 개념들을 찾을 수 있지만, 침례교인들은 종종 지역 교회의 언약이 그들의 교회 생활에서 가장 중심적인 요소 중 하나임을 발견한다.

아마도 회복된 언약에 대한 피데스의 에큐메니컬한(교회 일치를 추구하는) 목적 때문에 그는 언약과 신자의 침례를 연결하지 않는다 왜냐하면 피데스는 유아 세례자나 관수례 자들과도 침례 교회 안에서 언약을 맺고자 하는 교회 일치 운동의 사상을 가지고 있기 때문이다 – 역자 주. 침례교 전통 안에 있는 신자의 침례의 역할을 설명할 때, 피데스는 언약의 이미지를 사용하지 않는다. 또한 피데스는 침례를 하나님의 영원한 언약과 동일시하지 않으며 침례를 지역 교회의 언약을 받아 들이는 수단으로도 보지 않는다.

남침례교도들 사이에서의 언약의 회복

남 침례교도인 찰스 드위스Charles Deweese 는 현대 침례교의 삶에서 교회의 언약으로 돌아갈 것을 지지하고 있다. 사실상 그는 25년전에 이미 침례교인들이 교회 언약서를 사용하는 실행으로 돌아가야 한다고 주장했었다. 남 침례교도들 가운데서 교회 언약의 회복을 격려하는 발행물들이 있었지만 그것들은, "지역

---

50   Fiddes, *Tracks and Traces*, 25-31.

51   Ibid., 27.

교회들의 폭넓은 시행을 얻어내지 못했다."[52] 드위스는 침례교인들이 실용주의적인 수적 성장을 강조하면서 많은 경우 "진정으로 중생한 자의 교회 멤버십을 장려 해야 하는 본질적인 강조"를 희생하게 된다고 주장한다.[53] 침례교인들 중에서 언약에 대한 관심이 줄어들게 된 다른 원인들 중에서, 드위스는 침례교의 많은 신앙 고백문 속에 묘사된 교회의 언약적 본질에 대한 관심 부족을 주목하였다.

존 해밋John Hammett 은 중생한자만의 교회 멤버십을 회복하는 한 방편으로 교회 언약서로의 회귀를 제안했다. 해밋은 "교회 언약서의 사용에 대한 주요한 목적 중 하나는 중생한자만의 교회 멤버십을 바로 보존하기 위한 것이다"라고 적고 있다.[54] 일단 교회가 그 교회의 언약서로서 수용될 만한 형태를 만들었다면, 교회는 교회 언약서를 중심으로 교회를 새롭게 구성할 수 있다. 이때 교회 언약서에 서명하는 것이 교회의 멤버가 되는데 필수적인 절차 중 하나가 된다. 해밋은 이런 과정이 많은 침례교회에 전형적인 문젯거리인 상당 수의 결석자 멤버들을 다룰 수 있는 "실제적인 방법"이 될 것이라고 덧붙인다. 서명하지 않는 개인들은 자연스럽게 교회의 멤버십으로부터 자신들을 스스로 내보내는 것이 될 것이다.

이런 포괄적인 교회의 새로운 정비는 그것이 실제로 집행되기 이전에 의사소통과 교육에 수개월이 걸릴 것이다. 해밋의 의견은 교회 언약서를 채택하는 것의 주된 목적이 교회 멤버십을 정화하려는 손 쉬운 방법을 제시하는 것으로 오해받을 수 있다. 그러나 이것은 사실이 아니다. 첫째, 그런 목적을 달성할 수 있는 쉬운 방법이란 없다. 또한 교회가 어떤 특정인을 내어 쫓아 버리려고 교회 언약서를 채택해서도 안된다. 둘째, 교회 언약서가 채택되기 이전에 교회 언약서를 만들고, 그 내용을 설명하며, 그 언약서의 사용에 대해서 회중을 교육하는

52　Deweese, *Baptist Church Covenants*, 91.

53　Ibid.,, 90.

54　Hammett, *Biblical Foundations for Baptist Churches*, 117.

과정은 전혀 쉬운 것이 아니다. 해밋이 계속해서 묘사하듯이, 새로 만들어진 언약서에 서명하지 않는 이전의 멤버들은 그들이 서명하지 않은 것에 대해서 질문을 받아야만 한다. 그리고 그들은 제자 훈련이나 전도의 즉각적인 대상이 되어야만 한다. 드위스와 해밋 모두는 회중에게 의미있는 언약서를 만들기 위해선 교회 언약서의 형태가 창조성을 가져야 함을 강조한다.[55] 비록 창조성의 가치가 과장될 수도 있지만, 회중이 언약의 목적, 형태 그리고 내용에 대하여 교육을 받는 과정은 그 언약의 전체적 효과성에 본질적인 것이다.

건강한 침례 교회론의 핵심으로서의 침례와 언약

지역 교회의 언약의 회복은 실제로 건강한 침례 교회론의 다른 측면들의 회복을 더욱 강화 시킬 수 있다. 어떻게 교회 언약이 교회 멤버십에 중요성을 증가시킬 수 있는 지는 너무도 명확한 것이다. 교회의 멤버가 된다는 것은 언약서에 명시된 사상들과 실행들에 대한 헌신을 의미한다. 이것은 또한 언약을 맺은 공동체의 정체성을 서로 공유하는 것을 의미한다. 그러므로 교회의 언약은 의미있는 멤버십을 회복하는 척도로 사용될 수 있다. 교회의 언약을 교회론의 제자리에 놓는 것은 교회 치리의 행습 또한 가능하게 할 수 있다. 교회의 언약은 교인들의 멤버십에 대한 헌신의 진정성을 측정할 수 있는 객관적 수단을 제공한다. 교회 언약서는 주님과 다른 멤버들에 대한 어떤 사람의 헌신을 평가할 수 있는 기준들을 제공할 뿐만 아니라 치리의 과정에 순종해야 할 조건도 포함한다. 교회 치리에 대한 예상이 고통이 없을 수는 없지만, 교회 언약은 상호 책임감의 문맥에서 치리를 실행하도록 할 것이며 치리의 구속적인 redemptive 목적들을 명시할 것이다.

*Baptist Church Covenants*라는 책에 있는 그의 에필로그에서, 드위스는 교회의 언약을 침례교회의 전형적인 실천이 되도록 몇 가지 실제적인 방법들을 제시하고 있다. 드위스는 교회 언약을 침례, 주의 만찬, 교회치리, 새로운 교회

---

55 Deweese, *Baptist Church Covenants*, 89; Hammett, *Biblical Foundations for Baptist Churches*, 118.

개척, 교회 언약을 위한 특별한 모임들, 그리고 "일상적인 관계"와 연결시키고 있다.[56] 드위스의 주된 목적은 만약 교회의 언약이 그 교회의 정규적인 실행의 한 부분이 아니라면, 그 언약은 회중의 삶을 형성하는데 중요성을 상실하게 된다는 것을 보여주는 것이다. 그는 또한 결론에서 어떤 사람들은 교회의 언약서가 교리 보다는 관계를 강조한다고 믿고 있음을 암시하였다.

그러나 교회의 교리를 그 교회의 실천 사항들과 연결되도록 하는 것이 바로 교회 언약의 신학적 본질이다. 이런 상호 연관성 때문에, 언약에 대한 성서적 주제들은 교회 언약서에 구체적으로 표현 될 수 있다. 교회 언약이 그 교회가 가지고 있는 교리적 기반 (예를 들어, 교회의 신앙 고백) 그리고 교회가 실행하는 두 가지 근본적인 의식들 (침례와 주의 만찬)과 분명한 연관성을 가지고 있을수록 그 언약의 가치는 증가하는 것이다. 주의 만찬과 침례는 건강한 침례교 교회론에 근본적인 것이기 때문에, 그 의식과의 본질적 연관성을 가지지 못하는 교회 언약은 이차적인 문제로 전락할 것이다.[57] 주의 만찬을 교회의 언약에 연결시키는 것은 닫혀진 성만찬Closed Communion, 신자의 침수 침례를 받은 사람에게만 주의 만찬을 허용함 – 역자주을 지지하는 사람들에게는 쉬운 일이다.[58] 교회의 언약에 동의했으며 그 언약에 대한 신실함을 반영하는 멤버들은 주의 만찬에 참여하는 것이 허용되어야만 한다. 주의 만찬에 참여하는 전제 조건으로서의 교회 언약은 신앙을 고백하는 (그리고 침례를 받은) 신자들에 대한 기준을 세우고 교회의 치리와 만찬의 연결고리를 제공하게 된다.

거의 논쟁의 여지 없이 침례교 교회론의 특징은 신자의 침례이다. 그러나 침

56　Deweese, *Baptist Church Covenants*, 207-11.

57　침례교 교회론을 위한 주의 만찬과 침례의 근본적인 특징에 대한 더 많은 통찰력을 위해선 이 책에 나오는 다른 에세이들을 참조하라. 닫혀진 성만찬과 신자의 침례와 같은 것들이 이들 에세이에 설명되어져 있다.

58　이 에세이의 저자는 주의 만찬을 지역 교회의 회원들에게만 제안하는 닫혀진 성만찬을 선호한다. 같은 마음을 가진(침수침례에 대한 같은 신학을 가진) 회중에게만 (다른 교회의 침례교인들) 허용하는 그런 식의 닫혀진 성만찬도 교회 언약을 반영할 수는 있지만 그렇게 쉽지는 않을 것이다.

례와 교회의 언약 사이에 있는 관계에 대해선 침례교인들 안에서 거의 논의되지 않았다. 침례와 교회 언약이 함께 논의될 때, 그 목적은 보통 그것들의 순서를 정하기 위해서이다. 대부분의 경우, 교회 언약이 제 역할을 다 하면, 누군가가 믿음의 고백을 근거로 침례를 받은 이후에 교회 멤버십 안으로 들어가기 위해 교회 언약에 동의하게 된다.[59]

따라서 애매한 문제가 발생하게 된다. 교회의 어떤 행위을 통해 사람이 그 교회의 멤버가 되는 것인가? 만일 멤버가 되는 것이 침례를 통해서라면, 침례는 받았지만 교회의 언약을 인정하지 않는다면 그 사람은 멤버인가? 보통의 대답은 "아니다"이다. 만일 교회 멤버가 되는 것이 교회 언약서에 서명하는 것을 통해서라면, 침례는 교회안으로 들어오는 통로로서 가지고 있던 전통적인 지위를 더 이상 가질 수 없게 된다. 이런 경우에 침례는 개인의 신앙 고백과 함께 교회의 교리와 실행을 받아들이는 교회의 의식이 아니라 그리스도인 개인의 의식, 즉 한 사람이 단순히 자신의 신앙을 고백하는 것으로 평가 절하되어 버린다. 교회의 언약을 회복하면서도 여전히 침례의 단체적인 본질을 강조하여 반복하기 위해선, 교회의 언약과 침례 사이에 있는 관계성이 분명하게 정의되어야 한다.

아마도 현대 침례교인들이 이 문제에서 성공하기 위해선 존 스미스에게로 돌아갈 필요가 있을 것이다. 스미스는 신자의 침례에 대한 자신의 새로운 입장(당시 유아세례를 여전히 주장하던 분리주의자들과는 다른)과 교회의 언약을 확증하는 실행사이에 있는 긴장을 인식한 것처럼 보인다. 스미스가 신자의 침례를 받아들인 후에 그는 더 이상 지역 교회의 언약을 교회에 들어가는 방법으로서 보지 않았다. 참된 교회에 들어 가고자 하는 사람은 신앙 고백 이후에 신자의 침례를 받음으로써 교회에 가입할 수 있다. 스미스에게 있어서는 침례가 영원한 언약을 주시는 하나님에 대한 적절한 반응이 되었다.

---

59   C£ Keach, *The Glory of a True Church*, 5-7.

분리주의자였던 스미스는 교회의 참된 형성으로서 언약 맺는 행위를 지적하였다. 그러나 침례교인으로서의 스미스는 (분리주의자였다가 침례교인이 됨) 교회의 언약을 침례로 대체하기 위해 자신의 생각을 수정하였다. *The Character of the Beast*라는 책에서 스미스는 다음과 같이 기록하고 있다: "교회의 참된 형성은 하나님과 신실한 자들이 그리스도를 시각적으로 옷 입는 침례를 통해 만들어진 언약에 달려 있다."[60] 이 진술은 스미스의 사상에 있었던 상당한 변화를 보여준다. 그는 여전히 언약의 필요를 지지하고 있지만, 그 언약이 새로운 형태를 취하게 되었다. 언약의 사상이 신자의 침례에 대한 스미스의 주장속에 포함된 것이다. 유아들은 침례를 받아서는 안된다. 왜냐하면 그들은 "주님께 언약을 맺고 그 계약에 동의함으로서 새로운 언약 안으로 들어갈 수가 없기 때문이다."[61] 개인이 교회라는 공적인 공동체에 들어가기 위해선, 하나님에 의해 제시된 언약에 반드시 동의해야 한다. 그 개인은 그의 동의를 동료 신자들에게 침례라는 징표를 통해 가시화해야 한다. 침례는 스미스에게 있어서 지역 교회의 언약에 동의한다는 역할을 성취하였다. 왜냐하면 그는 이제 침례가 한 사람의 영원한 언약에 대한 동의를 나타낸다고 보기 때문이다. 스미스는 자신이나 또는 소위 아나뱁티스트들 Anabaptists 이 새로운 언약을 도입한 것이 아니라고 말했다. 그 대신에 자신과 아나뱁티스트들은 언약의 참된 형태인 신자의 침례를 회복하고 있는 것이었다.[62]

그렇다면, 스미스의 사상이 어떻게 침례와 교회의 언약 사이에 의미있는 관계를 형성하는데 도움을 주는가? 침례는 그리스도와 연합하는 외부적인 징표인 동시에 신자들의 몸 안으로 신자가 들어가는 것에 대한 가시적인 확증으로서 작용한다.[63] 그러므로 , 침례는 은혜로 말미암아 믿음을 통해 주어지는 주님

---

60   Smyth, *The Character of the Beast, ed. WT. Whitley* (Cambridge: Cambridge University Press, 1915), 2:645.

61   Ibid .

62   Ibid., 2:659.

63   고전 12장은 성령의 침례가 우리를 그리스도의 몸인 교회의 멤버가 되도록 한다는 영적인 실재를 지적

의 언약에 대한 외부적인 수용인 것이다. 또한 침례는 받는 이가 자신에게 침례를 주는 교회에 속한 다른 신자들과 함께 같은 신앙을 고백하는 것과 그들에 대한 언약적 헌신을 나타내는 것이다. 침례는 교회 언약의 두 가지 – 주님과 함께 그리고 동료 신자들과 함께 하는 – 근원지를 확증해 준다.

침례와 교회 언약 사이에 있는 이런 관계가 적절하게 세워지면, 다음의 시나리오가 가장 잘 어울릴 것 같다. 지역 교회 안에서 멤버십을 추구하며 이전에 신자로서 침례를 받은 사람들은 교회로부터(아니면 교회가 정한 사람들로부터) 그들의 신앙에 대한 검토를 받은 후 교회의 언약을 확증하도록 요청받을 것이며 그 요청에 응할 때 교회는 멤버십을 허용할 것이다. 그러나 믿지 않던 불신자였다가 회심한 사람이나 다른 믿음의 전통 (교단)으로 부터 온 사람이 침례와 교회 멤버십을 추구할 경우에는, 침례와 교회의 언약의 과정이 다르다. 필수적인 교리 교육 이후에 침례는 주님에 대한 그들의 신앙의 고백으로서 그리고 교회의 언약에 대한 확증으로서 주워질 수 있다. 따라서, 그들은 침례를 받자마자 그 교회의 멤버가 된다. 모든 멤버들은 정기적으로 (아마도 매년) 하는 교회의 언약 갱신에 참여 할 수 있다. 침례와 언약의 이런 관계성 때문에, 언약에 대한 정기적인 재 확인은 하나님 앞에서 동료 신자에 대한 상호간의 언약을 다시 뒤 돌아 볼 기회 뿐만 아니라 영원한 생명의 언약을 값없이 주신 하나님에 대해서도 상기하게 될 기회를 제공한다.

하고 있다. 이런 영적인 실재는 신자의 침례에 의해서 잘 요약된다. 신자의 침례는 지역 교회안에서의 우리의 멤버버십을 가시적으로 보여주는 것이다.

7장

주의 만찬에 대한 침례교 신학

토마스 화이트

◇◇◇◇◇

비록 주의 만찬에 대한 나의 관심은 수년 전에 시작되었지만, 그 관심은 2004년 가을에 더욱 커졌다. 당시 나는 나의 박사과정 논문을 끝내는 작업을 하고 있었다. 내 논문은 다른 것 중에서도 주의 만찬에 초점을 맞추었다. 내 아내와 나는 성탄절 이브에 플로리다에서 친척과 함께 식사를 마쳤다. 적어도 그 친척들 중 한 명은 자신을 그리스도인이라고 부르지 않았다. 그들이 나에게 성탄절 이브 때 근처에 있는 동네 교회에 참석하자고 제안했을 때 내가 얼마나 놀랐을지 여러분은 상상할 수 있을 것이다. 그 교회는 멤버십을 위해서는 침수례를 요구하였기 때문에 본질적으로는 침례교회인 것처럼 보였다. 그러나 그 교회는 어떤 교단에도 소속되어 있지 않았다.

그 교회에 도착한 후에 우리는 몇 곡의 찬양을 불렀다. 그 교회 목사는 몇 분 동안 말을 하더니 주의 만찬을 나누어 주기 위해 사람들을 앞으로 나오라고 요구했다. 떡과 잔을 나누기 전이나 그 동안이나 그 이후에도 주의 만찬에 대한 어떤 설명도 없었다. 주의 만찬에 참여하기 위해 그리스도인이어야만 한다는 말도 없었고 자기를 살피는 시간도 없었으며 침례에 대한 언급도 그리고 주의 만찬이 무엇을 의미하는지에 대해 거의 어떤 설명도 없었다. 내가 빵 조각을 집어 들지 않고 빵이 담긴 접시를 그냥 지나치게 했을 때 사람들의 흥미진진함은 커갔다. 내 양심은 내가 그 교회와 함께 주의 만찬에 참여하는 것을 허락하지 않았다. 왜냐하면 나는 그들이 무엇을 믿는지 알지 못했기 때문이다. 반면 신앙을 갖고 있지 않은 나의 친척들은 주의 만찬에 참여하였다. 여러분은 한 명의 "설교자"이자 그 집안에서는 "신학교 직원"인 내가 주의 만찬에 참여하지 않았을 때 그들이 보인 놀라움을 상상할 수 있을 것이다.

나는 어떤 설명도 없이 주의 만찬을 집행하는 것은 아주 드물게 발생하는 것이며 오직 구도자 예배를 추구하는 교회에서만 그렇게 하는 것으로 짐작하였다. 그러나 오래지 않아 나는 다시 한번 주의 만찬의 진행 가운데 있게 되었는데 이번에는 매우 보수적인 교회에 있는 대학부 모임에서였다. 이 그룹은 교회의 일부분에 지나지 않았고 한 여자 대학생이 주의 만찬을 소개하도록 하였으며 단체적으로 참여하는 대신 개인적으로 떡과 잔을 취하도록 허락하였다. 또 다시, 주의 만찬의 의미나 참여의 조건에 대한 설명이 주어지지 않았다. 이런 개인적 경험들과 다른 신자들과의 대화 사이에서 나는 침례교인들이 주의 만찬에 대한 그들의 이해를 상실해 가는 위험에 처해 있음을 확신하게 되었다. 이번 장은 주의 만찬에 대한 침례교적인 신학을 제시하려고 한다.

이런 매우 제한된 지면에서 주의 만찬의 신학을 제시하는 것은 간결성을 요구한다. 이번 논의는 주의 만찬에 대한 서론으로 시작할 것이며 주의 만찬이라는 명칭, 유월절과의 연계성, 주의 만찬에 대한 가르침, 그리고 지역 교회의 의식으로서의 주의 만찬에 대한 옹호를 언급할 것이다. 서론 다음에는 다음과 같은 논의가 뒤따를 것이다: 주의 만찬의 요소들, 주의 만찬의 의미, 주의 만찬에 참여하는 자들(참여자들과 집례자들을 포함하여), 그리고 주의 만찬의 횟수이다.

주의 만찬의 서론

명칭

몇 가지 성서적 용어들이 '만찬'the Supper 에 관해 사용되고 있다: 떡을 뗌 (행 2:42), 축복과 교제 (고전 10:16), 주님의 상 (고전 10:21); 주님의 만찬 (고전 11:20), 그리고 감사 또는 성찬 (고전 11:24). 로마 카톨릭 교인들은 종종 주의 만찬을 '유카리스트'Eucharist 라고 부른다. 이것은 '감사' 또는 '감사를 드린다'라고 번역되는 헬라어 단어이다 (고전 11:24). 유카리스트의 집행은 미사the Mass의 한 부분이며 성례로 분류되어 있다. 미사라는 단어는 '보낸다'라는 의미를 가진 라틴어 동사 mittere에서 나온 것이다. 성례sacrament 라는 단어는 '신성한 것들을' 뜻하는 헬라어 단어 mysterion의 라틴어 번역으로부터 나온 것이다. 이 단어는 엡 1:9; 3:3-4; 골 1:26-27; 딤전 3:16 그리고 다른 곳에서 나타나고 있다.[1] 라틴어 단어 세크라멘툼sacramentum 은 "서약"oath 을 의미한다. 그리고 어떤 사람들은 세크라멘툼이라는 단어가 사용된 것은 신자들이 주의 만찬에서 그리스도를 따르겠다는 서약을 했기 때문이라고 믿고 있다. 이 글은 논의가 되고 있는 의식을 "주의 만찬"the Lord's Supper 으로 부를 것이다. 주의 만찬이라는 명칭은 주님께서 이 의식을 유월절 만찬 동안 제정하셨고 바울이 고전 11:20에서 이런 식으로 사용하였기 때문에 이 의식을 정확하게 묘사하고 있다.

제정

주의 만찬의 제정은 마 26:17-30, 막 14:12-26, 그리고 눅 22:7-30에 기록되어 있다. 요한 또한 이 사건을 언급하였지만 자세한 지시 사항을 제공하고 있지는 않다. 고전 11장에서 바울은 그가 주의 만찬에 대한 가르침을 받은 그대로 그것들을 전달하고 있다. 주의 만찬의 제정에 있어 특별히 세 가지 흥미로운 영역들이 있다.

첫째, 주의 만찬의 제정은 주님이 제자들과 함께 유월절을 기념하시는 동안 일어났다. 더욱이, 바울은 고전 5:7에서 다음과 같이 말하고 있다: "우리의 유월절이신 그리스도께서 또한 희생되셨느니라."[2] 유월절의 기념과 주의 만찬의

---

1   추가적인 설명을 위해선 칼빈을 참조하라. John Calvin, *Institutes of the Christian Religion*, in Library of Christian Classics, trans. F. L. Battles, ed. John T. McNeill (Louisville: Westminster John Knox Press, 1960), 1277-78.

2   저자는 영어 성경 인용문을 the New American Standard Bible (NASB)에서 하고 있다.

제정 이후에는 신약 성경이 유월절 절기를 지키고 있는 제자들에 대해 다시 기록하고 있지 않다. 주의 만찬의 배경으로서의 유월절은 우리의 이해를 풍성하게 할 수 있다. 유월절 식사는 이스라엘 자손을 이집트의 속박으로부터 구출해 내실 때 주어진 하나님의 공급을 상징하고 있다. 비슷한 방식으로 주의 만찬은 인류를 죄의 속박으로부터 구출해 내시는 유월절 어린양인이신 그리스도의 죽음을 상징하고 있다.[3]

둘째, 성경은 주의 만찬이 유월절 전에 제정된 것인지 아니면 유월절 만찬 이후에 제정된 것인지에 대한 논쟁을 허용하고 있다. 일반적인 추측과 공관 복음서에 기록된 이야기의 흐름은 주의 만찬이 유월절 만찬 이후에 제정된 것으로 암시하고 있다. 그러나 요 13:1은 "유월절 전에…"라고 기록하고 있는데 이것은 주의 만찬이 유월절 전에 제정되었음을 암시하는 것처럼 보인다. 요 19:14은 주의 죽으신 날에 대하여 다음과 같이 말한다: "이 날은 유월절의 준비일이요 때는 제육시라." 이 표현은 예수님이 주의 만찬을 제정할 당시에는 유월절이 아직 시작되지 않았다는 것을 암시한다. 심지어 예수님이 유월절을 일찍 지키셨다 하더라도, 주의 만찬과 유월절 사이에 있는 관계는 부인될 수가 없다. 주의 만찬이 제정된 시점이 중요한 것은 그리스도께서 우리의 유월절 어린양으로서 십자가에 희생되셨기 때문이다.

세째, 유다가 주의 만찬 제정 이전에 주님을 떠났는지 아니면 그 이후에 떠났는지에 대한 혼란이 존재해 왔다. 만일 유다가 주의 만찬이 제정될 때 있었다면, 누군가는 왜 그리스도께서 합당치 않은 참여자를 주의 만찬에 허용하셨는지 질문할 수 있을 것이다. 마태는 유월절 만찬에 유다가 있었다고 언급하고 있지만 주의 만찬 중에 그가 있었는지에 대해선 아무말도 하고 있지 않다. 마가는 특별히 유다를 언급하고 있지 않다. 요 13:26-30은 유다가 예수님이 적셔다

---

3   유월절 어린양은 출12장에 나온다. 그곳에서 어린양은 죽임을 당하고 그 피가 두 문설주와 인방에 바르게 된다. 후대에 이집트로 부터 탈출한 이 사건을 기념하는 유대인의 유월절에서 어린양은 음식으로 사용되었다. 바울은 예수님을 고전5:7에서 유대인의 유월절을 성취하신 분으로 언급하고 있다.

준 빵 조각을 받은 후에 즉시 떠났다고 말하고 있다. 그런데 빵을 적시는 행위는 유월절 만찬의 한 부분이지만 주의 만찬에 속하는 것은 아니다. 어려움은 눅 22:21에서 발생한다. 이 구절은 유다가 주의 만찬에 대한 말씀 이후에도 그 자리에 있었다고 암시한다. 비록 침례교 역사에서 어떤 신학자들은 누가가 시간 순서를 정확하게 지켜서 이야기를 저술한 것이 아니라는 점을 들어 유다는 주의 만찬 동안 그 자리에 있지 않았다는 것을 입증하려고 노력했지만 유다가 실제로 그곳에 있었다고 해서 큰 문제가 생기는 것은 아니다.[4] 유다는 그 시점까지는 아직 공개적으로 어떤 잘못을 범하지 않았다. 그리고 교회 치리 또는 주의 만찬으로부터의 배제는 마음 속에 있는 어떤 것들 때문이 아니라 공개적인 죄로 인한 것이다.

주의 만찬: 지역 교회의 의식

주의 만찬에 대한 더 많은 혼란은 이 의식의 책임에 대한 부적절한 이해로부터 비롯된다. 많은 사람들이 지역 교회의 책임성을 인정하지 않은 채 이 의식의 개인주의적 성격을 과도하게 강조하고 있다. 주의 만찬에 대한 합당한 이해는 개인적으로 자기 자신을 살피는 것과 지역 교회의 책임성에 대한 균형 잡힌 견해가 함께 어우러지는 것이다. 마음의 숨겨진 문제들은 개인들에 의해 판단되어야 한다. 그러나 교회는 이 의식의 순결성을 유지해야 하는 책임을 가지고 있다.

고전 11:28-30은 개인이 져야하는 책임의 역할을 가르치고 있다: "그러나 사람이 자기를 살피고 그 후에야 이 떡을 먹고 이 잔을 마실지니 주의 몸을 분별하지 못하고 먹고 마시는 자는 자기의 죄를 먹고 마시는 것이니라 그러므로

---

4   James Madison Pendleton, "Was Judas at the Lord's Supper?" *Tennessee Baptist*, April 9, 1859. Pendleton은 동일한 주제에 대한 앤드류 풀러(Andrew Fuller)에 의해 쓰여진 기사도 보았다. 펜들톤은 풀러에 동의하여 이렇게 말한다: "나는 유다가 주의 만찬의 제정시 그곳에 없었을 것이라고 믿는 쪽으로 강하게 기울고 있다." Pendleton은 또한 유다가 그곳에 있었다라고 주장하는 칼빈의 견해도 언급하고 있다. 칼빈은 누가의 이야기에 대해 다음과 같이 말한다: "비록 누가가 주의 만찬의 집행 이후에 그리스도의 이런 말씀을 기록했지만 그러나 시간의 순서는 확실하게 그 말의 순서만 가지고 알 수는 없다. 우리는 복음서 기자들이 때로는 시간의 순서대로 기록하지 않았음을 안다."

너희 중에 약한 자와 병든 자가 많고 잠자는 자도 적지 아니하니." 이 구절은 적절한 문맥에서 이해되어야 한다. 마음속에 있는 것들은 교회가 알 수 없는 영역에 존재하고 있다. 따라서 각자가 주의 만찬을 합당하게 받을 수 있도록 자신의 삶 속에 있는 숨겨진 것들을 살펴야 할 책임을 갖고 있다. 각자가 참여 여부를 결정해야 하며 불평, 미움, 음욕, 탐심, 그리고 숨겨진 죄악들을 바로 잡아야만 한다. 합당한 자기 성찰 없이 주의 만찬에 임하는 사람은 이 의식을 부당하게 취하는 위험에 처하게 된다.

그러나 개인적 책임에 대한 강조가 이 의식의 순결성을 보존하는데 있어 교회의 역할을 무시할 수 없다. 교회의 책임을 입증하는 첫 번째 과정은 그리스도께서 교회 의식의 운영을 지역 교회에 넘기셨다는 것을 입증하는 것이다. 바울이 고린도 교회에 보낸 첫 편지는 다음과 같이 시작하고 있다: "고린도에 있는 하나님의 교회 곧 그리스도 예수 안에서 거룩하여지고."[5] 지역 교회에 쓰여진 이 서신은 11:23에서 "내가 너희에게 전한 것은 주께 받은 것이니"라고 적고 있다. 주의 만찬 의식이 누구에게 전달되었는가? 바울은 고린도에 있는 교회에게 전달하였다. "너희가 모든 일에 나를 기억하고 또 내가 너희에게 전하여 준 대로 그 전통을 너희가 지키므로 너희를 칭찬하노라 (고전 11:2)"라고 바울은 기록하였다. 아마도 교회의 책임에 대한 가장 분명한 강조는 고전 5:11에서 찾을 수 있다: "이제 내가 너희에게 쓴 것은 만일 어떤 형제라 일컫는 자가 음행하거나 탐욕을 부리거나 우상 숭배를 하거나 모욕하거나 술 취하거나 속여 빼앗거든 사귀지도 말고 그런 자와는 함께 먹지도 말라 함이라." 이 구절은 주의 만찬으로부터의 배제에 대해 말하고 있다. 왜 그렇게 믿는가? 11절 이전의 구절들이 "묵은 누룩을 제하려 버리라," "우리의 유월절이신 그리스도," 그리고 "그 명절(유월절)을 지키라"와 같은 용어를 사용함으로써 바울이 주의 만찬을 염두

---

5   이곳에 사용된 교회라는 말은 고린도에 있는 지역 교회를 뜻하며 이 지역 교회가 신약성경에 사용된 '교회'라는 단어의 거의 대다수 경우에 해당한다. 다음의 자료를 참조하라. B. H. Carroll, *Ecclesia: The Church* (Paris, AR: Baptist Standard Bearer, 2006).

에 두고 있었음을 분명히 지시하고 있다. 심지어 누군가 이 구절이 주의 만찬을 논의한다는 것을 부정할지라도, 공개적으로는 같이 식사를 할 수 없는 누군가와 주의 만찬에는 함께 참여할 수 있다고 생각할 수 없다. 따라서, 고린도에 있는 교회는 주의 만찬에서 그런 사람과는 교제해서는 안되었다.

살후 2장에서 비슷한 주제를 볼 수 있다. 이 서신은 데살로니가에 있는 교회에게 보내진 것이다(살후 1:1). 살후 3:6에서 우리는 회중이 치리에 대한 책임을 가지고 있는 것을 보게 된다: "형제들아 우리 주 예수 그리스도의 이름으로 너희를 명하노니 게으르게 행하고 우리에게서 받은 전통대로 행하지 아니하는 모든 형제에게서 떠나라." 이 구절은 구원받지 못한 사람으로부터 도망치라는 뜻이 아니다. 왜냐하면 그리스도인은 그들에게 복음을 전해야 하기 때문이다. 대신 그리스도인은 스스로를 형제라고 부르면서 제멋대로 사는 사람을 피해야 한다. 14-15절은 "만일 누가 이 편지에 한 우리 말을 [가르침들] 순종하지 아니하거든 그 사람을 지목하여 사귀지 말고 그로 하여금 부끄럽게 하라"고 말한다. 데살로니가 교회에게 보내진 바울의 가르침은 그런 사람과는 사귐을 갖지 말라는 명령을 주고 있다. 이런 명령은 분명히 주의 만찬으로부터 그런 사람을 배제하라는 의도를 보여준다.

만일 고린도 교회나 데살로니가 교회들이 주의 만찬에서 그런 사람과 교제하지 말라는 요구를 받았다면, 누가 교회의 의식에 대한 최종적인 책임을 가지고 있는가? 분명하게 죄 가운데 살고 있는 사람이 자기 자신을 바르게 살필 것을 거부한다고 가정해 보자. 교회는 그 사람이 죄 가운데 살고 있음을 알고 있다. 교회는 그런 사람과는 교제하지 말하야 한다는 책임을 가지고 있다. 따라서 그 회개치 않는 사람이 주의 만찬에 참여하고자 할지라도 교회는 성경에 따라 그 사람에게 참여의 권리를 거부하는 것이다. 그렇다면 주의 만찬은 누구에게 속한 것인가?

자기 아버지의 아내와 성관계를 가지면서도 자신이 그리스도인이라 주장했던 사람은(고전 5:1) 주의 만찬에 참석하도록 허락되어서는 안된다. 그러나 만일 주의 만찬이 개인에게 속한 것이라면, 누가 그런 사람을 막을 수 있는가? 만일 교회가 주의 만찬을 허락하거나 금지할 권위를 가지고 있지 않다면, 심지어 조금 전 언급된 그런 사람도 주의 만찬에 참여하도록 허락되어야만 한다. 주의 만찬이 개인적인 문제로 인식되는 교회에서는 그런 사람이나 그 보다 더 악한 사람도 주의 만찬에 참여하도록 허용되는 것이 가능하다. 그러나 바울은 고린도에 있는 교회가 이런 사람과는 함께 식사도 하지 말라고 분명하게 말하고 있다. 지역 교회는 반드시 주의 만찬의 순수성을 지켜야 한다.

비록 이 의식의 순수성을 지키는 책임이 교회에 속한 것이라도, 교회의 책임이 개인의 책임을 없애는 것은 아니다. 공개적인 죄 가운데 머물러 사는 사람이 주의 만찬을 취한다면 그는 사실상 주의 만찬을 합당하지 않게 취하는 죄를 짓는 것이다. 그러나 교회 또한 그런 사실을 알면서도 그런 사람과 교제를 한 것에 대해 책임을 져야 한다. 바울이 고린도 교회 사람들이 "교만해졌기(고전 5:2)" 때문에 그들을 책망했다는 것을 주목하라. 그리고 바울은 교회에게 그들의 "자랑이 좋지 않다(고전 5:6)."라고 적고 있다. 따라서 교회의 치리나 교회의 멤버십으로부터 제명되어야 할 사람은 교회에 의해서 주의 만찬에서도 배제되어야 한다. 이 원칙은 믿지 않는 자들, 합당하게 침례 받지 않은 자들, 그리고 공개적인 죄 가운데 살고 있는 자들에게도 해당한다.

만찬의 요소들

주의 만찬은 유월절 절기를 축하한 후에 제정되었다. 그리고 사용된 만찬의 요소들은 누룩 없는 무교병과 포도나무의 주스였다. 여기서 질문 하나가 제기된다. 주의 만찬을 합당하게 기념하기 위해서 우리가 반드시 무교병(누룩 없는)

빵 조각과 포도 주스를 사용해야만 하는가? 이 질문에 대한 대답은 "아니다"이다. 만일 주의 만찬을 집행하는 자가 이 문제들을 논의하기 위한 적절한 시간을 할애하지 않으면, 주의 만찬에서 흔히 사용되는 직사각형의 작은 빵 조각과 작은 플라스틱 컵에 있는 포도 주스는 그것들이 가져야만 하는 바른 상징적 의미들을 제대로 표현할 수 없을 것이다. 더구나, 무교병과 포도 주스 또는 포도주는 어떤 문화에서는 구하기가 쉽지 않다. 이런 이유로, 무교병이 아닌 빵(누룩이 들어간 빵)과 포도 주스가 아닌 다른 종류의 포도 색을 띠는 음료가 사용되었다고 그 의식이 무효화되지는 않는다. 그러나 가능한 한 원래 사용된 만찬의 요소들과 근접한 것을 사용하는것이 지혜로운 것이다.

주의 만찬에 사용되는 빵과 관련하여, 보통 누룩 없는 빵이 사용되어야 한다고 제안되어져 왔다. 고전 5:7-8에서 바울은 누룩은 죄나 불경건함을 나타내기 위해 사용하면서 누룩이 제거되어야만 한다고 주장한다.[6] 합당한 상징성과 그리스도의 본을 따라(우리는 그리스도께서 유월절의 요구 사항들 때문에 무교병을 사용하셨다는 것을 알고 있다), 가능하다면 누룩 없는 떡이 더 좋다.[7] 바울은 또한 빵을 굽는 것과 한 덩어리의 빵이 가지는 중요한 상징성에 대해서 지적하고 있다. 오늘날과 같이 큰 교회에서는 모두가 참여할 수 있을 정도로 큰 빵을 굽는 것이 현실적으로 가능하지 않다. 그러나 의식을 집행하는 사람이 주님의 몸이 찢겨지는 것을 보여 주기 위하여 상징적으로 찢어질 하나의 빵 덩어리를 만찬 테

---

6   어떤 사람은 예수님이 마13:33에서 "하나님의 나라는 어떤 여자가 가루가 모두 부풀 때까지 가루 서 말 속에 숨겨둔 누룩과 같다"라고 말했다는 것을 근거로 이 의견에 반대할 수 있다. 여기서 사용된 누룩의 긍정적인 사용은 그 누룩이 가지고 있는 침투성을 강조하는 것이다. 그러나 이것은 예외적인 것이며 누룩이 가지고 있는 성경의 전반적인 뜻은 아니다. 누룩은 전반적으로는 죄를 상징한다. 예를 들어, 다음의 구절들을 살펴보라. 출12:15, 19; 13:7;마16:6, 11;막 8:15; 눅 12:1;고전 5:6; 그리고 갈 5:9

7   초기에 주의 만찬에 사용될 빵은 어린양, 십자가 또는 "나는 알파(Alpha)와 오메가(Omega)다"라는 글귀에서 나온 AO라는 글자와 같은 상징들을 포함한 빵들이 진흙이나 돌 빵판에서 구워졌다. 9세기 경에 이 빵의 누룩의 첨가여부에 대한 논쟁이 발발하였다. 11세기에는 동방 교회가 누룩이 들어간 떡을 사용하였고 반면 서방 교회는 누룩이 들어가지 않은 떡을 사용하게 되었다. 초기 빵판들에 대해선the Southern Baptist Theological Seminary 에 있는 박물관을 방문해 보라. 좀 더 많은 정보를 위해선 다음의 자료를 참조하라 Dale Moody, *A Word of Truth* (Grand Rapids: Eerdmans, 1981), 471-72.

이블 앞에 갖다 놓을 수 있다. 게다가, 고전 10:17은 교회의 한 몸됨을 상징하는 빵 한 덩어리의 중요성을 강조한다. 이후에 논의하겠지만, 한 덩어리의 빵이라는 유비는 주의 만찬의 참여자를 지역교회의 멤버들에게만 제한하기 위해 사용될 수도 있다. 회중 앞에서 부서진 하나의 누룩 없는 빵을 합당한 감사의 기도와 묵상의 시간과 자기 성찰을 통해 나누는 것이 주의 만찬을 가장 잘 지키는 방법이다.

가능한 한 가장 원래의 형태를 따르기 위해, 어떤 사람은 주의 만찬의 다른 한 요소로서 와인을 사용하려고 할 수도 있다.[8] 그러나 두 번째 요소(포도주)에 대한 가장 중요한 사실은 이것이 포도에서 나온 포도 주스라는 것이다. 그러므로 미국 사회에서는 포도주가 주의 만찬에 사용 되어서는 안된다. 왜냐하면 그것은 격렬한 논쟁의 주제가 되어 왔으며_{예수님 당시의 희석된 포도 주스와 달리 미국의 포도주는 알코올 농도가 강하다–역자 주} 그런 논쟁들이 주의 만찬을 지키는 동안 우리의 마음을 지배할 필요가 없다.[9] 그리스도께서 주의 만찬을 제정하신 이후에 말씀하신 막 14:25과 눅 22:18에서, 그분은 자신이 하나님의 왕국이 도래할 때까지 더 이상 "포도 나무에서 난 것"을 마시지 않겠다고 하셨다. 따라서 포도 나무의 열매에서 난 것이 주의 만찬에 사용되어야 한다. 포도 주스는 그 색깔이 우리를 위해 흘리신 그리스도의 보혈을 생각하도록 우리의 마음을 이끌기 때문에 주의 만찬의 두 번째 요소로서 충분한 역할을 감당한다. 추가적인 강조를 위해, 주의 만찬의 집례자가 포도 주스를 몇 병의 잔 속에 붓는 행위를 통해 이것이 흘려지신

---

8 Millard Erickson은 "만일 그들의 주된 관심이 원래의 유월절 식사를 그대로 재현하는 것이라면, 그들은 전통적인 유월절의 무교병을 사용할 것이다. 그리고 포도주 1에 물 1에서 20까지의 비율로 희석된 포도주를 사용해야만 할 것이다"라고 말한다. Millard Erickson, *Christian Doctrine* (Grand Rapids: Baker, 1998), 1133.

9 Dale Moody 는 다음과 같이 말하고 있다: "1893년 오하이오 주에 있는 한 시골 설교자가 한 모금 마실 수 있는 컵과 쟁반을 만들어 내기 전에는 주의 만찬시 하나의 분별된 큰 컵 또는 잔이 있었다. 발효되지 않은 포도 주스가 보존될 수 있는 방법이 발견됨으로써 포도주에서 포도 주스의 사용으로 바뀌게 되었다. 미국의 금주 운동이 또한 이런 변천에 기여하기도 하였다(*The Word of Truth*, 472)." 주의 만찬을 위해 포도주를 사용하는 것 자체에 어떤 죄가 있는 것은 아니다. 그러나 만일 포도주를 사용하여 주의 만찬의 의미에 집중하도록 돕지 못한다면 그것을 사용하지 않아야 한다.

그리스도의 보혈을 나타내는 것이라고 설명할 수 있다.

주의 만찬과 관련된 가장 큰 논쟁은 그리스도의 임재에 집중되어 있다.[10] 많은 사람이 침례교인은 주의 만찬에 있는 그리스도의 임재에 대하여 어떤 견해도 가지고 있지 않다고 믿고 있다. 사실상 최근에 어떤 사람들은 침례교단이 교회의 의식에 대하여 "단순한 상징주의"만을 가지고 있다고 비난하였다.[11] 그러나 저자는 침례교인들이 과거부터 주의 만찬에서 발견되는 주님의 임재에 대해 적절한 성서적 이해를 제시하였다고 주장한다. 과거 침례교인들이 주장했던 견해는 단순한 상징주의도, 의미없는 기념설도 아니었다. 침례교인들은 그리스도께서 무소부재하시며 주의 만찬 가운데나 어느 곳이든 영적으로 임재하심을 부인하지 않는다. 침례교인들은 또한 주의 만찬을 합당치 않게 취하는 것이 심판을 초래하며, 이 하나님의 심판은 참여자들에게 물리적으로도 영향을 미친다는 것을 이해하고 있다(고전 11:27-30 참조). 침례교인들은 주님이 십자가에서 이루신 희생, 공동체의 교제, 그리고 우리 주님의 미래에 오심에 초점을 맞춘 상징적 기념 의식이 신자들에게 의미있는 것이며 영적인 성숙을 가져온다는 것을 믿는다. 그러나 침례교인들은 그리스도의 물리적 임재를 믿지 않는다. 침례교인들은 하나님의 은혜가 빵이나 포도 주스를 취함으로써 믿는 자의 영혼 안으로 주입된다는 것을 믿지 않는다. 침례교인들은 주의 만찬 중에 빵이나 포도 주스를 통해 어떤 신비적이며 설명할 수 없는 무엇인가가 발생한다는 것을 믿지 않는다. 다음 부분에서 침례교인들이 이런 견해를 성경으로부터 직접 도출해

---

10 이 논쟁은 적어도 중세의 Ratramnus and Radbertus에게까지 거슬러 올라 갈 수 있다. Radbertus 는 처음으로 화체설을 지지하는 글을 썼다. 잠시 뒤, Ratramnus는 A.D.843년에 프랑크족의 왕이었던 대머리 찰스의 요구로 Radbertus에게 응답하였고 빵과 포도주의 본질이 바뀐다는 것을 비판하였다. Pascasius Radbertus, *De Corpore et Sanguine Domini* (Turnholti: Typographi Brepols, 1969); and Ratramnus, *De Corpore et Sanguine Domini* (London: North-Holland, Holland, 1974).

11 예를 들면, Elizabeth Newman, "The Lord's Supper: Might Baptists Accept a Theory of Real Presence?" in *Baptist Sacramentalism* (Waynesboro, GA: Paternoster Press, 2003), 211-27; and Stanley Fowler, *More Than a Symbol: The British Baptist Recovery of Baptismal Sacramentalism* (Waynesboro, GA: Paternoster Press, 2002).

낸 것임을 입증할 것이다. 주의 만찬에 대한 침례교의 입장을 체계적으로 설명하기 위해서, 침례교인들의 입장에 대한 성서적 근거를 입증하기 전에 주님의 임재에 대한 역사적 오류들을 반박하는 것으로 논의를 시작하겠다.

화체설 Transubstantitation

화체설로 알려진 교리는 "빵과 포도주가 실제로 그리스도의 몸과 피가 된다"는 것을 단순하게 의미한다. 이런 변화는 사제가 미사를 드리는 도중에 그가 "이것은 내 몸이니"라고 말하는 순간에 발생한다고 주장되어져 왔다.[12] 예루살렘의 씨릴 Cyril of Jerusalem대략 A.D. 315-386은 그의 책 Catecheses에서 처음으로 이 화체설 교리를 제시하였다.[13] 이 교리의 가장 유명한 옹호자 중 한 사람인 토마스 아퀴나스 Thomas Aquinas 는 주의 만찬에 있는 떡과 포도주의 변화에 대하여 다음과 같이 말하였다: "이런 변화는 성례에 있는 신성한 능력에 의해서 이루어진다; 빵과 포도주의 전체 본질이 그리스도의 몸과 피의 완전한 본질로 바뀌게 된다. 따라서 이것은 어떤 형태적인 것이 아니라 본질상의 변화로서 어떤 자연적인 움직임에 의한 것이 아니다; 그러므로 이 변화는 그 특특한 자체만의 명칭을 가질 가치가 있으며 화체설이라 불릴 수 있다."[14]

---

12 Wayne Grudem, *Systematic Theology* (Grand Rapids: Zondervan, 1994), 990. 주의 만찬의 요소들이 즉각적으로 바뀐다고 믿어지는 용어는 "이것이 내 몸이니"로서 라틴어로는 *"Hoc est Corpus Meum"*이다. 라틴어를 알아듣지 못한 일반인들이 주문처럼 사용한 "호쿠스 포쿠스(hocus-pocus)"와 관련된 한 이론은 이 표현이 화체설의 속임수를 사용하는 로마 카톨릭 사제들이 라틴어로 "호쿠스 에스트 코푸스 메움"이라고 말하는 것을 우스꽝스럽게 흉내 낸 것이라고 주장한다. J. A. Simpson and E. S. C. Weiner, *The Oxford English Dictionary* (Oxford: Clarendon Press, 1989), 281.

13 J. H. Srawley 는 다음과 같이 기록하고 있다: "주의 만찬의 요소들이 그리스도의 몸과 피로 전환된다는 개념은 아마도 헬라 교회의 자료로 부터 암브로스(Ambrose)에 의해서 파생되었을 것이다. 이런 개념은 씨릴(Cyril of Jerusalem)의 책 Catecheses에서 최초로 등장하였고닛사의 그레고리(Gregory of Nyssa)가 자신의 특이한 견해를 더해 설명되어졌다. Introduction to St. Ambrose "On the Mysteries" and the Treatise on the Sacraments by an Unknown Anthoi; trans. T. Thompson, ed. J. H. Srawley (New York: Macmillan, 1919), 34-35.

14 Thomas Aquinas, *The Blessed Sacrament and the Mass*, trans. F. O'Neill (Maryland: Newman Press, 1955), 20.

화체설의 옹호자들은 이 견해를 지지하기 위해 두 가지 주된 성경 구절들을 제시한다. 첫째, "이것은 내 몸이니"(마 26:26)라는 표현은 빵이 문자 그대로 그리스도의 몸이 되는 것으로 이해해야 한다는 것이다. 또한 "이것이 내 피니"(마 26:28)라는 표현은 문자 그대로 포도주가 그리스도의 피가 되는 것으로 이해해야 한다고 주장한다. 둘째, 화체설 지지자들은 요 6:53-56을 문자적으로 해석한다: "예수께서 이르시되 내가 진실로 진실로 너희에게 이르노니 인자의 살을 먹지 아니하고 인자의 피를 마시지 아니하면 너희 속에 생명이 없느니라 내 살을 먹고 내 피를 마시는 자는 영생을 가졌고 마지막 날에 내가 그를 다시 살리리니 내 살은 참된 양식이요 내 피는 참된 음료로다 내 살을 먹고 내 피를 마시는 자는 내 안에 거하고 나도 그의 안에 거하나니"[15] 이 구절들에 대한 가능한 한 가장 문자적인 이해를 통해 화체설은 그 성경적 배경을 갖게 된다.

위에 언급된 마 26장에 대한 침례교인들의 반응은 다음과 같이 말했던 스위스 개혁가 훌드리히 즈빙글리 Huldrych Zwingli 와 같다: 주님은 비유적으로 말씀하셨고 결코 그가 주의 만찬을 시작하면서 떼어주시는 빵이 그의 몸이거나 음료가 그의 피라고 의미하지 않으셨다. 이 구절들을 상징적으로 해석한다면, 그것들은 침례교인들에게 어떤 문제도 일으키지 않는다. 잠시 뒤 이 두 구절들에 대해 좀 더 살펴 볼 것이다.

요 6장은 침례교인들에 의해 다양한 방법으로 설명된다. 첫째, 침례교인들은 이 구절이 주의 만찬과 직접 관련된다는 생각을 거절한다. 이 구절에 대한 문자적 해석은 우리들로 하여금 구원을 위해선 우리가 반드시 주의 만찬에 참여해야 된다고 믿게 만든다. 구원은 믿음을 통해 은혜로 말미암아 되는 것이므로, 주의 만찬에 참여하는 것이 구원의 조건으로 추가될 수는 없다. 이 본문에서 언

---

15   요한복음6장을 이용하여 Ludwig Ott는 다음과 같이 적고 있다: "그리스도의 몸과 피와 함께 그분의 영혼과 신성 그리고 그리스도의 모든 것이 성만찬에 참으로 임재하고 있다." Ludwig Ott, Fundamentals of Catholic Dogma (St. Louis: B. Herder, 1954), 382.

급된 "먹는 것"은 "믿는 것"을 의미한다. 둘째, 요한복음 6장에 "살"이라고 언급된 단어는 헬라어로는 sarx인데 주의 만찬에 대한 논의에서 언급된 몸이라는 헬라어 단어는 soma이다.[16] 이 다른 헬라어의 사용은 주님이 요 6장과 주의 만찬를 언급하는 구절 사이에 어떤 직접적인 연관성을 의도하지 않으셨다는 것을 알려준다. 셋째, 주님이 요 6장을 말씀하셨을 때에는 주의 만찬이 아직 제정되지 않았었다. 만일 예수님이 주의 만찬에 대해 말씀하셨다면, 그 분의 말들은 어떤 의미도 갖지 못했을 것이다. 예수님은 그분이 "이것이 내 몸이다"라고 말씀하셨을 때처럼 요6장에서도 상징적으로 말씀하셨다.[17]

비록 좀 더 성경적 근거들이 왜 침례교인들이 화체설을 반대하는지에 대하여 제시될 수 있겠지만, 고전 11:20-21에 대한 한 가지 지적이면 충분할 것이다. 바울은 "그런즉 너희가 함께 모여서 주의 만찬을 먹을 수 없으니 이는 먹을 때에 각각 자기의 만찬을 먼저 갖다 먹으므로 어떤 사람은 시장하고 어떤 사람은 취함이라"라고 말한다. 바울은 고린도 교회를 향해 주의 만찬을 오용하여 술에 취하는 사람까지 나타났다고 비판하고 있다. 한가지 생겨나는 질문은 만일 포도주가 정말 주님의 피로 바뀐다면 어떻게 주의 만찬에 있는 포도주를 마심으로써 술에 취하는 사태가 발생할 수 있는가? 만일 사제가 마술적인 단어들을 말해서 포도주가 변하게 된다면, 누군가는 술에 취하지 않은 채 원하는 만큼 포도주를 마실수 있는 것인가? 아니다. 이유는 만찬의 요소들인 빵과 포도주에 어떤 변화도 생겨나지 않기 때문이다. 이 한가지만으로도 화체설의 주장들을 반박하기에 충분하다. 이 견해에 반대하여 부과될 수 있는 추가적인 증거들은 다음에 언급될 오류에도 역시 적용될 것이다.

---

16   마 26:26; 막 14:22; 눅 22:19; 고전 10:16; 11:24, 27.

17   D. A. Carson 은 요 6:49-58에 대하여 다음과 같이 말하였다: "이 담론의 나머지는 비유에 의지하고 있다." D. A. Carson, *The Gospel According to John, The Pillar New Testament Commentary* (Grand Rapids: Eerdmans, 1991), 294-99.

공재설 Consubstantiation

공재설은 빵과 포도주가 주님의 몸과 피를 포함하지만 만찬의 요소들이 본질적으로 바뀌지는 않는다고 주장함으로써 화체설과는 약간 다르다. 그리스도께서 주의 만찬을 제정하신 후 거의 1500년이 지나서 마틴 루터 Martin Luther 가 이 교리를 소개하였다. 루터는 다음과 같이 화체설에 대해 기록함으로써 로마 카톨릭의 성만찬 교리를 거절하였다: "내가 후에 이 화체설을 가르친 교회가 토마스주의적인 – 즉, 아리스토텔레스적인 (토마스 아퀴나스가 화체설을 옹호할 때 아리스토텔레스 철학에 기반을 두었다) – 교회임을 알게 되었을 때, 나는 좀 더 (화체설에 대한 나의 반대에 있어서) 담대해졌다. 그리고 의심의 바다를 떠돌아 다닌 후에, 나는 마침내 위에서 언급한 견해 추기경 Cambrai의 견해로 아퀴나스의 견해와 달리 실제 빵과 포도주가 변하는 것이 아니라 그대로 존재한다는 견해 – 역자 주 속에서 내 양심의 평안을 찾게 되었다. 그 견해는 다른 사람들이(아퀴나스주의자들) 그리스도의 몸과 피가 주의 만찬의 우연한 형태들 accidents – 빵과 포도주의 모양, 색, 맛 등 아래 under 에 존재하고 있다고 주장하는 것(화체설)과 임재의 방식이나 그 임재의 정도에서도 동일한 그리스도의 실제 몸과 실제 피가 실제 빵과 실제 포도주 안에 있다는 주장이다."[18] 이 변화(빵과 포도주의 물리적 요소에 그리스도의 실제 살과 피라는 새로운 요소가 공존하는 변화)를 묘사하면서, 루터는 "빵이 그분의 진정한 자연적인 몸으로 그리고 포도주가 그분의 진정한 자연적인 피로 변한다"라고 말했다.[19]

루터는 자신의 견해에 반대하는 사람들에 대하여 다음과 같이 적고 있다: "그러므로 그들(자신의 반대자들)로 떠나도록 하라. 우리는 그들이 읽고 있는 그 말씀들에 충실하자. 즉, 그리스도의 몸이 만찬의 빵속에 임재하시며 그 분의 피가 진실로 만찬의 포도주 안에 있다는 것이다. 이 견해는 그분이 다른 장소에

---

18 Martin Luther, "The Babylonian Captivity of the Church," in *Martin Lathers Basic Theological Writings*, ed. Timothy Lull (Minneapolis: Fortress, 1989), 285.

19 Martin Luther, "The Sacrament of the Body and Blood of Christ-Against the Fanatics," in Lull, *Martin Luther's Basic Theological Writings*, 252. 루터는 본질이 바뀌는 것이 아니라 빵과 포도주의 본질안에서 그리스도께서 자신의 몸과 피를 주신다는 뜻에서 '변한다'라는 단어를 사용함-역자 주.

는 그 분의 몸과 피로 임재하지 않는다고 말하는 것이 아니다. 왜냐하면, 믿는 이들의 마음 속에 그리스도께서 그분의 몸과 피로 완전하게 임재하시기 때문이다."[20] 이 인용구는 루터가 "이것이 내 몸이니"라는 구절에 대한 그의 문자적 이해로부터 그리스도의 몸과 피에 편재성$_{ubiquity}$을 부여하고 있음을 분명하게 보여준다.

침례교인들은 성경적 이유들로 인해 루터의 공재설도 배격해야만 한다. 공재설은 기독론적 문제를 파생시켰다.[21] 루터가 주님의 만찬에서 주님의 육체적 임재를 주장했기 때문에, 그는 신성한 본성들의 편재성을 지지하였다. 만일 무소부재라는 신성의 본질이 주의 만찬이 시행되는 모든 곳에 그리스도의 실제적 몸이 임재하도록 허용한다면, 그리스도의 두 본성인 인성과 신성은 더 이상 구별될 수 없게 된다. 두 본성으로 인해 완전히 신성하시며 완전히 인간이신 그러나 각각의 본성이 섞이지 않는 구세주 대신에 두 본성이 합쳐져 제 3의 중간적 본성을 창조하게 된 것이다.[22] 침례교인들은 하나님의 특별한 개입이 없다면 그 동일한 물리적 요소들(예수님의 몸과 피)이 동시에 다른 두 장소에 있을 수 없다고 믿는다.[23] 공재설을 믿는 사람들은 그 견해를 지지하기 위하여 마28:20을 주

---

20 Ibid., 325. 이 주제에 대한 루터와 즈빙글리의 논쟁을 위해선 다음의 자료를 참조하라. Timothy George, *Theology of the Reformers* (Nashville: Broadman & Holman, 1988), 144-58.

21 Huldrych Zwingli, "On the Lord's Supper," in *Zwingli and Ballinger: Library of Christian Classics*, trans. G. W. Bromiley (Philadelphia: Westminster Press, 1953), 14:183.

22 칼케돈 신조는 다음과 같이 말한다: "그러므로 거룩한 교부를 따라, 우리 모두는 한 마음으로 사람들이 하나의 동일한 아들이신 우리 주 예수 그리스도를 고백하도록 가르친다. 그는 동시에 완전한 신성과 완전한 인성 안에 계시며 참 하나님이시자 이성적 영혼과 육체를 가진 참 인간이시다. 그 분의 신성에 있어서는 성부와 동일한 본질 (*homoousio*)를 가지고 계시며, 동시에 그 분의 인성으로는 우리와 모든 면에서 같으시되, 죄는 없으시다'. 그 분의 신성으로는 창세 전에 성부로부터 출생하였고, 인성으로는 이 마지막 때에 우리 인간과 우리의 구원을 위하여 하나님의 수태자(theotokos- Godbearer)인 동정녀 마리아에게 태어나셨다. 한 분의 그리고 동일하신 그리스도, 성자, 주님, 독생자께서 두 본성들로 인식되신다. 이 두 본성들은 혼합, 변질, 구분, 분리되지 않는다. 양성의 구별이 연합을 어떤 식으로든 무효화하지 않으며, 오히려 각 본성의 특징들이 보존되며 함께 한 인격과 한 실재(subsistence)를 이루신다. 두 사람으로 분리되거나 구분되지 않고, 하나의 동일한 성자, 독생자, 참 신, 주 예수 그리스도이시다. 일찌기 선지자들이 이와 같이 증거하였으며, 예수 그리스도께서도 친히 우리에게 그렇게 가르쳤고, 우리에게 전수된 교부들의 신앙고백도 그러하다."

23 막 16:19 은 다음과 같이 기록하고 있다: "주 예수께서 말씀을 마치신 후에 하늘로 올려지사 하나님 우

목한다: 내가 세상 끝날까지 너희와 항상 함께 있을 것이다." 그러나 이 구절은 믿는 이들 안에 사시는 그리스도의 영적 임재에 적용되는 것이지 주의 만찬이나 또는 다른 곳에서의 육체적 임재에 적용되는 것이 아니다.

두 번째 문제는 그리스도의 약속된 재림과 관련되어 생겨난다. 바울은 고전 11:26에서 이렇게 말했다: "너희가 이 떡을 먹으며 이 잔을 마실 때마다 주의 죽으심을 그가 오실 때까지 전하는 것이니라." 만일 그리스도께서 문자적으로 주의 만찬 안에 육체적으로 거하신다면, 그 분은 이미 재림하신 것이 아닌가? 행 1:11에서 천사가 말하길, "이르되 갈릴리 사람들아 어찌하여 서서 하늘을 쳐다보느냐 너희 가운데서 하늘로 올려지신 이 예수는 하늘로 가심을 본 그대로 오시리라 하였느니라"고 했다. 만일 그리스도께서 주의 만찬 안에 문자 그대로 거하신다면, 그 분이 승천하신 것과 같은 방법으로 이미 오셨단 말인가? 시 110:1은 "여호와께서 내 주에게 말씀하시기를 내가 네 원수들로 네 발판이 되게 하기까지 너는 내 오른쪽에 앉아 있으라 하셨도다"라고 기록하고 있다. 역시 마 26:64은 "예수께서 이르시되 네가 말하였느니라 그러나 내가 너희에게 이르노니 이 후에 인자가 권능의 우편에 앉아 있는 것과 하늘 구름을 타고 오는 것을 너희가 보리라"고 적고 있다. 만일 그리스도께서 주의 만찬에 문자 그대로 (육체적으로)임재하고 계시다면 어떻게 그분이 동시에 육체적으로 아버지의 보좌 우편에 계실 수 있겠는가? 그리고 이미 재림이 발생했단 말인가?

세번째 문제는 과거 침례교 신학자가 잘 지적하였다. 펜들톤_{J. M. Pendleton}은 다음과 같이 적었다: "두 교리들(화체설과 공재설)은 동시에 다른 장소들에 있는 구세주의 부활하신 몸의 임재를 전제로 한다. 그런데 이런 사상은 물리적 본질들에 대한 우리의 근본적 개념과 갈등을 일으킨다. 심지어 어떤 개신교인들은 공

편에 앉으시니라." 우리는 행 7:55-56에서 스데반이 문자 그대로 승천하신 그리스도를 보았다는 것을 알 수 있다: "스데반이 성령 충만하여 하늘을 우러러 주목하여 하나님의 영광과 및 예수께서 하나님 우편에 서신 것을 보고 말하되 보라 하늘이 열리고 인자가 하나님 우편에 서신 것을 보노라 한대."

재설이 화체설보다 더 문제가 많다고 주장한다. 왜냐하면 화체설은 예수님이 문자 그대로 '이것이 내 몸이니'라고 말했다는 것이지만, 공재설은 예수님이 '이것이 내 몸을 포함하고 있다'라고 말하는 것이기 때문이다."[24] 비록 루터가 자신의 견해가 문자적 해석임을 믿었지만, 성경의 어떤 구절도 떡과 포도주가 그리스도의 몸과 피를 "포함하고 있다"고 말한 적이 없다.

마지막으로, 화체설과 공재설 모두에 대한 또 다른 반대는 이것이다. 만일 떡과 포도주가 참으로 우리 주님의 몸과 피를 포함하고 있다면, 그 떡과 포도주는 경배의 대상이 되어야 한다. 그러나 성경은 그 어디에서도 주의 만찬의 두 요소들이 경배를 받아야 한다고 지적한 곳이 없다. 또 다른 고려사항은 빵을 받을 때 우리의 치아 사이로 우리 주님의 몸을 갈아 먹는다는 사상은 그 분의 계속된 형벌 받으심과 희생이라는 사상을 낳게 된다. 신약 성경은 결코 주님의 만찬을 희생제물로 부르거나 제단들, 사제들, 그리고 봉헌식에 대해선 말하고 있지 않다. 우리는 히 7:27에서 그리스도의 희생이 단번에 드려진 것이며 계속적인 사건이 아님을 알게 된다. 우리 주님의 육체를 계속적으로 씹는 것은 성경에 근거한 논리적 이성에 전혀 맞지 않는 것이다. 이러한 반대들 때문에 그리고 성경의 합당한 해석이 떡과 포도주에 있는 그리스도의 임재에 대한 상징적 견해를 지지하기 때문에, 침례교인들은 화체설과 공재설 모두를 거절한다.

영적 임재 Spiritual Presence

존 칼빈 John Calvin 이 주의 만찬에 있는 그리스도의 영적 임재설이라 불리는 또 다른 견해를 형성한 것으로 알려져 있다. 이 견해는 주의 만찬의 요소들은 주의 만찬에서 떡과 포도주로 여전히 남아있다고 주장한다. 그리고 이 견해는 주님

---

24 James Madison Pendleton, "[Thoughts on] the Lord's Supper: Number 5," Tennessee Baptist, December 10, 1859. 이것은 공재설에 반대했던 즈빙글리의 두 개의 주요 반박 중 두 번째 것이다. 그는 그리스도의 승천은 주의 만찬 안에 있다는 그리스도의 문자적인 즉 육체적 임재의 가능성을 사라지게 한다고 믿었다. 즈빙글리는 편재성을 그리스도의 인성이 아니라 오직 그 분의 신성에 속한 것으로 보았다. Zwingli, "On the Lord's Supper," 213.

의 임재에 대한 독특한 견해를 제시한다. 혼돈이 되는 것 중 하나는 칼빈이 '본질'substance 이라는 단어의 다양한 의미 때문에 자신의 견해를 아주 분명하게 밝히지 않고 있는 것이다. 그는 다음과 같이 말한다: "첫째, 우리는 성례의 징표들을 너무 경시하여 그것들과 덧붙여져 있는 신비들로부터 그 징표들을 떼어놓아서는 안된다. 둘째, 우리는 그 징표들을 너무 과도하게 높여서 그 징표들이 드러내고자 하는 신비 그 자체들을 애매하게 만들어서는 안된다."[25] 칼빈이 주의 만찬에 있는 그리스도의 지역화 된localized 육체적 임재를 거절하였지만 주의 만찬이 영혼에 대한 영적 음식이라는 개념을 지지하는 것으로 보인다. 그는 그리스도의 몸과 피에 대하여 다음과 같이 기록하고 있다: "그러므로 그리스도의 몸과 피는 빵과 포도주 아래에서 상징화되고 있다. 그래서 우리는 그것들이 우리의 것이라는 것 뿐만 아니라 마치 빵이 우리 몸의 생명에 영양분을 주고, 지탱시켜주고, 지켜주듯이 그리스도의 몸과 피로 상징되는 그분의 영적 임재가 우리의 영적 생명에 대한 음식으로서 지정되었음을 알 수 있다."[26]

이런 영적인 임재설은 두 가지 이유에서 침례교인 사이에서 인기를 얻지 못했다. 첫째, 칼빈은 주의 만찬이 진행되는 사이에 일어난다는 그리스도의 영적 임재가 어떤 식으로 그리스도의 영적인 무소부재하심과 다른 것인지를 분명하게 설명하지 않았다. 선포된 말씀과 열정적인 기도로 믿는 이들이 함께 모이는 것은 우리 영혼에 자양분을 제공하지 못한다는 말인가? 주의 만찬에 다른식으로는 얻을 수 없는 어떤 특별한 영적 자양분의 제공이 있단 말인가? 만일 그렇다면, 어떻게 그것이 은혜의 주입이 아니란 말인가? 둘째, 침례교인들은 주의 만찬을 합당하지 않게 먹고 마시는 것이 참여자의 육체에 육체적 해로움을 가져올 수 있다는 것을 부정하지 않는다. 왜냐하면 바울이 분명하게 이 점을 말하고 있기 때문이다. 그러나 성경의 어느 구절도 주의 만찬을 합당하게 먹으면, 그 만찬이 만찬의 참여자에게 특별한 영적 자양분이 된다는 암시를 주고 있지 않다.

---

25 Calvin, *Institutes of the Christian Religion*, 1364-65.

26 Ibid., 1362-63.

의미 있는 상징적 축하

나는 주의 만찬이 의미 있는 상징적 축하라는 견해를 옹호한다. 그리고 나는 주의 만찬이 기념적memorial 이라는 일반적 묘사를 피하고자 한다. 왜냐하면 기념적이라는 의미는 주의 만찬의 한 단면만을 묘사하고 있으며 오해를 불러 일으키기 때문이다. 기념은 죽은 사람을 위한 것이며 과거의 사건을 축하하는 것이다. 주의 만찬이 십자가의 사건을 뒤돌아보며look back 기념하는 것이 사실이다. 그러나 주의 만찬은 교제 가운데서 서로를 돌아보며look around 주님의 재림에 대한 소망 가운데 앞을 바라보는look forward 것이다. 따라서 주의 만찬에 대한 온전한 견해는 그것을 의미있는 상징적 축하로 보는 것이다.

마태, 마가, 그리고 누가는 모두 그리스도께서 빵을 취하시고 잔을 취하셨다고 기록하고 있다. 이런 기록들은 주의 만찬이 제정된 전후 사정을 제시해 준다. 예수님이 그의 손으로 빵을 잡으시며 "이것이 내 몸이다"라고 하셨다. 존재를 뜻하는 동사에서 파생된 "~이다is or am"라는 말은 많은 경우에 "~을 상징하다"를 의미한다.

요 10:9에서 예수님은 "내가 문이니 만일 누구든지 나로 말미암아 들어가면 구원을 얻을 것이다"라고 하셨다. 누구라도 예수님이 문자 그대로 하나의 문이라고 주장하지는 않는다. 요 15:1에서 예수님은 "내가 참 포도나무요 내 아버지는 포도원 지기다"라고 하셨다. 누구도 예수님이 실제로 포도나무라고 주장하지 않는다. 예수님은 요 8:12에서 "나는 세상의 빛이다. 나를 따르는 자는 어두움 속에 걷지 않을 것이다"라고 하셨다. 우리 모두는 예수님이 여기서 비유를 사용했음을 알고 있다. 예수님은 또한 여러 다른 곳에서 "~이다is 라는 단어를 "~의미한다"라는 식으로 사용하셨다. 곡식과 가라지 비유를 예로 들어 보자. 예수님은 마 13:38-39에서 "밭은 세상이요 〔세상을 상징하며〕 좋은 씨는 천국의 아들들이요〔아들들을 상징하며〕 가라지는 악한 자의 아들들이요 가라지를 뿌린 원수는 마귀요〔마귀를 상징하며〕 추수 때는 세상 끝이요 추수꾼은 천사들이니"라고 설명하였다. 따라서, 건전한 해석은 예수님이 "이것이 내 몸이니" 그리고 "이것이 내 피다"라고 하셨을 때, 그분이 의미하신 것은 이런 빵과 포도주가 상징적인 것 또는 대표하는 것이라는 의미를 요구한다. 만일 주의 만찬의 빵과 포도주가 상징들이라면 그것들은 상징해야 하는 그 실재가 될 수 없을 것이다. 그렇지 않다면, 그것들은 상징이기를 중단하는 것이다. 따라서 주님의 몸과 피는 주의 만찬에서 육체적으로 임재하지 않는 것이다. 주님의 몸과 피를 상징하는 빵과 포도 주스는 우리 주님에 대한 의미 있는 축하 의식을 창출하기 위해 사용된 것이다.

상징적인 의식이 이해하는데 어려울 필요가 없다. 다른 교회의 의식인 침례 또한 하나의 상징으로서 기능을 하고 있다. 침례는 그리스도께 대한 자신의 충성을 나타내기 위한 내적 결심에 대한 공개적이며 상징적인 행위이다. 믿음에 대한 공개적인 고백이 되는 것 이외에, 롬 6:4은 침례에 대하여 다음과 같이 적고 있다: "그러므로 우리가 그의 죽으심과 합하여 침례를 받음으로 그와 함께 장사되었나니 이는 아버지의 영광으로 말미암아 그리스도를 죽은 자 가운데서 살리심과 같이 우리로 또한 새 생명 가운데서 행하게 하려 함이라." 침례는 그리스도의 죽음, 장사지냄, 그리고 부활을 상징한다. 주의 만찬은 그분이 인류의 구원을 위해 희생하신 그분의 몸과 피를 상징한다.

상징적 축하의 관점에 대한 또 다른 증거는 그리스도의 몸이 계속적으로 희생되거나 손상을 받지 않는다는 것이다. 그리스도는 그분의 몸을 단번에 제공하셨다. 히 7:26-28은 "이러한 대제사장은 우리에게 합당하니 거룩하고 악이 없고 더러움이 없고 죄인에게서 떠나 계시고 하늘보다 높이 되신 이라 그는 저 대제사장들이 먼저 자기 죄를 위하고 다음에 백성의 죄를 위하여 날마다 제사 드리는 것과 같이 할 필요가 없으니 이는 그가 단번에 자기를 드려 이루셨음이라 율법은 약점을 가진 사람들을 제사장으로 세웠거니와 율법 후에 하신 맹세의 말씀은 영원히 온전하게 되신 아들을 세우셨느니라"라고 기록하고 있다. 그러므로 주의 만찬은 십자가 위에서 단번에 드려진 예수님의 희생을 상징적으로 축하하는 것이다.

감사

많은 오류들이 마 26:26에 대한 오해로 부터 비롯되었다: "그들이 먹을 때에 예수께서 떡을 가지사 축복하시고 떼어 제자들에게 주시며 이르시되 받아서 먹으라 이것은 내 몸이니라 하시고." 많은 사람들이 이 구절로부터 주의 만찬의 집례자가 만찬의 떡과 포도주를 반드시 축복해야만 한다고 이해하고 있다.[27] 어떤 사람들은 사제가 복을 비는 순간에 빵과 포도주가 그리스도의 몸과 피로 바뀐다고 믿는다. 주의 만찬에 대한 온전한 이해는 그리스도께서 "감사하셨다"는 것을 증언하고 있는 마 26:27; 막 14:23; 눅 22:19 그리고 고전 11:24을 살펴보아야 한다. 주의 만찬의 집례자는 하나님께서 그 의식에 복을 주시도록 간구함으로써 또는 집례자 자신이 그 의식에 복을 주려고 시도함으로써 침례교회 안에서 로마 카톨릭 교리로 혼란을 일으켜서는 안된다. 그러나 집례자는 그리스도를 허락하신 하나님께 감사 드려야 한다. 그 때에 드려지는 기도는 하나님께 감사하는 짧은 기도이어야 하며 만찬의 두 요소들이 마술적으로 바뀌는 것이 전혀 아님을 알아야 한다.

기억하며 되돌아 봄

과거의 돌아보는 것의 중요성은 두 가지 영역에 초점을 맞추고 있다: 언약과 기억. 마 26:28; 막 14:24; 눅 22:20 그리고 고전 11:25은 모두 언약을 언급하고 있다. 마태와 마가는 "이것은 흘리는바 나의 피 곧 언약의 피니라"고 말한다. 누가와 고전 11장은 그 피가 "새 언약"을 상징한다고 말한다. 따라서, 이 언

27　어떤 사람들은 고전 10:16에 의해 혼란을 겪는다: 우리가 축복하는 바 축복의 잔은 그리스도의 피에 참여함이 아니냐?" 축복한다라고 번역된 원래 헬라어 단어는 복을 빈다는 일반적인 단어 *makarios*가 아니라 *eulogia*이다. *Eulogia*는 '좋다'라는 의미의 어두 *eu*와 '말'이라는 의미의 *logia*, 이 두 헬라어가 합쳐진 것이다. 다른 구절들에서 이런 조합은 경배를 의미한다. 벧전 1:3은 "우리 주 예수 그리스도의 아버지 하나님을 찬송하리로다"라고 말하고 있다. 따라서 *Eulogia*는 하나님의 "좋은 말씀"의 잔을 믿는 이들이 마시는 것으로 그리고 그리스도에 대한 "좋은 말씀"을 선포하는데 있어 동참하는 것으로 이해하는 것이 가장 좋은 것이다. 이 구절들 속에는 주의 만찬에 있는 빵과 포도주를 복 주어야 한다는 어떤 증거도 없다.

약의 식사는 예수 그리스도를 위해 계속적으로 살아 갈 것에 대한 신자들의 헌신을 상징한다.

눅 22:19과 고전 11:24에서 성경은 주의 만찬의 참석자들이 예수님의 과거 희생을 기억해야만 한다고 말한다: "이것을 행함으로 나를 기억하라[새번역/ rememberance-NASB]." 기억이라는 헬라어 단어는 anamnesis이며 기념 memorial 보다 훨씬 더 중요하다.[28] 그런 강력한 기억은 마음의 눈에 많은 장면들을 떠오르게 한다. 우선 첫째로, 믿는 자는 우리의 유익을 위해 주님께서 감당하신 그 커다란 고통을 기억해야만 한다. 예수님은 채찍에 맞으셨고, 침 뱉음을 받으셨고 가시관을 쓰셨고 조롱을 당하시고 십자가에 달리셨다. 빵이 찢어지고 주스가 부어질 때, 신자들은 죄인을 위해 감당하신 그리스도의 고통을 기억해야만 한다. 이런 기억은 하나님의 사랑에 대한 생각을 불러일으켜야 한다. 하나님의 사랑의 높이와 깊이와 넓이를 보기 위해서 우리는 갈보리에 있었던 그리스도의 죽음을 바라보아야만 한다. 하나님은 독생자를 가지고 계셨다. 그리고 그 분은 그 아들을 갈보리에 내어 놓으셨다. 죄인을 위해 죽도록 자기 아들을 보내신 하나님의 사랑에 대한 생각은 주의 만찬의 참여자로 하여금 하나님에 의해 요구된 공의를 기억하게 될 것이다. 하나님의 공의는 그분께서 인류를 구원하기 위해 그 분 자신의 아들까지도 아끼지 않을 것을 요구하였다. 그런 가장 큰 희생을 요구했던 것은 인류의 죄성이었다. 주의 만찬에 참여하기 이전에 우리 자신을 살펴봄으로써 각 신자는 다시 한 번 자기 자신의 죄성과 우리 주님이 지불하신 높은 값, 즉 처음부터 계획에 의해서 지불된 값이며 유월절과 광야에서, 높이 들려진 구리 뱀에서, 그리고 희생 제도에서 예견된 값에 직면해야만 한다. 그 값은 너무나 큰 것이었고 무가치한 죄인들을 위해 기꺼이 지불된

---

28 Moody, *The Word of Truth*, 471. Moody는 기억이라는 헬라어 mnemosynon이 막14:9절에 사용되었음을 지적한다. J. Behm, "anamnesis," in Theological Dictionary of the New Testament, ed. Gerherd Kittel (Grand Rapids: Eerdmans, 1964), 1:348-49. Behm은 고전 11:24에 관하여 다음과 같이 말한다: "그리스도인들은 주님의 만찬의 모든 행위를… 그들이 단순히 [사실을 지적으로] 기념하는 그런 방식이 아니라 오히려 기억[anamnesis]의 적극적 의미에 맞게 행동으로 재현해 내어야 한다."

것이었다. 주의 만찬을 기억하는 것이 얼마나 위대한 것인가!

아! 나의 구세주가 피를 흘리시고
그리고 나의 주권자가 죽으셨다니?
그 분이 나 같은 죄인들을 위하여
그 거룩하신 머리를 바치시다니?
내가 행한 죄악들을 위해
그 분이 십자가위에서 고난 당하신 것이 아닌가?
놀라우신 긍휼! 알수 없는 은혜!
상상조차 할 수 없는 사랑!
그러나 내가 진 그 사랑의 빚
슬픔의 눈물로도 결코 갚지 못하겠네
주여, 이제 내가 내 자신을 드립니다.
이것이 내가 할 수 있는 전부입니다!
후렴
십자가에서 십자가에서 나는 그 빛을 처음 보았네
내 마음의 짐이 사라져 버렸다네
내가 다시 보게됨은 믿음으로 인함이네
이제 나는 늘 행복하도다![29]

공동체 안에서 서로를 돌아봄 Look around in community

고린도전서에서 바울은 계속해서 지역 교회와 공동체에 초점을 맞추고 있
다.[30] 고전 5:7-11에서 사도는 주의 만찬에 누가 참여하는가의 중요성을 강조

---

29 Isaac Watts, "At the Cross" (1707); refrain by Ralph E. Hudson (1885).
30 이 원칙 역시 제2차 런던 신앙 고백문에서 발견될 수 있다. 이 고백문은 여러가지 중에서 "주의 만찬이
그리스도와 그리고 서로 간에 맺는 교제의 끈이며 서약이 되어야 한다고 명시하고 있다."

하고 있다. 주의 만찬은 개인적으로 마음대로 참여하는 의식이 아니라 합당치 않은 자를 제외함으로써 보호되어야만 하는 의식이다. 고전 10:17에서 바울은 이렇게 말한다: "떡이 하나요 많은 우리가 한 몸이니 이는 우리가 다 한 떡에 참예함이라." 지역 교회의 연합과 그 연합 안에 포함되어 있는 교제에 대한 강조는 곧이어 나오는 고전 11:29에 나올 논의를 언급하고 있기 때문에 간과되어서는 안된다. 고전 11:33에서 바울은 다시 이렇게 말한다: "그런즉 내 형제들아 먹으러 모일 때에 서로 기다리라." 여기에서 바울은 고린도 교인들이 서로를 기다려 주지 않은 것과 주의 만찬에 참여하는데 질서가 없음에 대해 책망하고 있다. 이 구절은 각자 준비가 되었을 때 개별적으로 주의 만찬을 하도록 허용하는 것과 같은 최근의 움직임이 지혜로운 것이 아님을 보여준다. 비록 가족별로 함께 주의 만찬 테이블 앞으로 나오도록 하여 함께 만찬의 떡과 포도주를 받게 하는 것 뒤에 좋은 의도가 있음에도 불구하고 아마도 이런 실행은 주의 만찬이 가지고 있는 교회 공동체적 본질을 이해하는데 실패하는 것일 것이다.[31]

잠정적으로 공동체를 언급하고 있는 또 한 구절은 고전 11:29이다. 바울은 "주의 몸을 분별하지 못하고 먹고 마시는 자는 자기의 죄를 먹고 마시는 것이니라"고 한다. 그러나 "주의 몸을 분변치 못하고"가 무슨 의미인가? 고든 피 Gordon Fee 는 여기서 몸은 교회를 언급한다고 주장한다.[32] 피 Fee 의 주장은 다음과 같다: "이 문장이(고전 11:29) 고전 10:17에 잠깐 언급된 짧은 여담이 더욱 이해가 되도록 만든다. 고전 10:17에서 바울은 특별히 떡을 강조한다. 그리고 그들이 한 덩어리의 떡에 참여하는 것은 그들 자신들이 '한 몸'으로 서로 연합되어 있음을 나타내는 역할을 하고 있음을 분명하게 선언하였다."[33] 피 Fee 는 계속해서 말한다: "최근에 그들에게 닥친 많은 질병들과 죽음들이 고린도 교회

---

31   저자가 언급한 좋은 의도란 가족을 교회의 중요한 단위로 강조하며 가정의 아버지들을 영적인 리더들로 강조하려는 의도를 말한 것이다. 그러나 가족별로 주의 만찬을 참여하도록 하지는 말아야 한다. 왜냐하면 주의 만찬의 의식은 가족에게 주신 것이 아니라 교회에게 주신 것이다.

32   Gordon Fee, *The First Epistle to the Corinthians* (Grand Rapids: Eerdmans, 1987), 558-69.

33   Ibid., 564.

전체 공동체에 대한 하나님의 심판에 대한 표현으로 보인다."[34] 따라서, 누구는 다른 사람들보다 먼저 먹고, 다른 사람들은 너무 적게 먹음에도 불구하고 누구는 너무 많이 먹는 것 그리고 교회 안에 존재하던 분란에 의한 주의 만찬의 오용과 공동체에 대한 이해 부족이 전체 공동체에 대한 하나님의 심판을 초래하였다. 이 구절은 주의 만찬에 있어서 공동체의 중요성을 보여준다.

주의 만찬이 교회의 의식이며 공동체적 의미를 가지고 있다는 사실은 개인적으로 사사로이 주의 만찬에 참여하는 것이 합당치 않음을 보여준다. 따라서 주의 만찬은 결혼식에서 집행되어서는 안된다. 주의 만찬은 가정집 가정집에서 교회가 개척된 것이 아니라면—역자 주 에서 지켜져서도 안된다.[35] 이 의식은 청소년부 또는 교회학교의 어떤 그룹들과 같이 교회의 일부분에 의해서도 준수될 수 없다. 그런 교회의 일부분들에 의한 주의 만찬 집행은 이 의식을 개인적인 의식으로 만들며 공동체적인 본질을 간과하는 것이다. 주의 만찬이 지역 교회에게 속한 것임을 이미 보여주었다. 지역 교회는 함께 모인 신자들이다. 주의 만찬의 순수함은 유지되어야하며 우리는 이 의식을 축하하는 공동체의 연합을 강조해야만 한다.

주님의 재림에 대한 소망 가운데 앞을 바라봄

바울은 고전 11:26에서 "너희가 이 떡을 먹으며 이 잔을 마실 때마다 주의 죽으심을 그가 오실 때까지 전하는 것이니라"고 말한다. 주의 만찬은 한시적인 것이다. 주님이 재림하시면, 성경은 주의 만찬이 더 이상 지켜지지 않을 것임을 나타내고 있다. 그때에는 눅 14:15-24과 계 19:9에 언급된 어린양의 혼인 잔치가 지켜질 것이다. 현재는 주의 만찬을 지키는 신자들이 주님의 미래에 오심을 기대하며 그렇게 하고 있다.

---

34 Ibid., 565.

35 주의 만찬은 사적인 행사가 아니다. 왜냐하면 주님의 죽으심을 선포하는 일은 사적으로 이루어지지 않기 때문이다. 바울의 "너희가 함께 모일 때(고전11:20)," 그리고 "그러므로 너희가 함께 모일 때에 형제들아 서로 기다리라(고전 11:33)."와 같은 표현들은 주의 만찬이 사적으로 이루어진다면 전혀 의미가 없는 것이다. 그러한 실행들은 주의 만찬을 개인적인 행사로 만드는 것이지 지역교회의 의식으로 만드는 것이 아니다.

누가 주의 만찬에 참여해야 하는가?

이 책의 다음에 나오는 8장은 주님의 만찬에 합당한 참여자에 대하여 더욱 자세히 살펴 볼 것이다. 그러나 이 7장은 누가 주의 만찬에 참여하여야 하는가에 대해 간략하게나마 언급해야 하며 다음 장에서 지지하고 있는 것과는 약간 다른 입장을 보여줄 것이다. 참여자의 자격에 대한 이번 논의는 다음의 두 별개의 항목으로 나누어질 것이다. 첫째, 합당한 참여자가 논의될 것이다. 둘째, 합당한 집례자가 논의될 것이다. 나는 주의 만찬을 받을 수 있는 합당한 사람은 침례교회 멤버십 안으로 받아들여질 수 있는 사람이어야만 하지만 그러나 주의 만찬에 참여하는 것 자체는 특정한 그 지역 교회의 출석부에 멤버로 등록된 사람들에게만 제한되어야 하는 것은 아니라고 주장할 것이다. 주의 만찬를 집례하는 사람은 그 지역 교회에 의해서 교인들의 본으로 인정된 사람이어야 한다. 따라서 주의 만찬을 집례하기 위해서 안수가 요구되는 것은 아니다. 그러나 지혜로운 사람이라면 안수를 받은 목사나 그 교회의 안수 받은 직분자가 주의 만찬의 정상적인 집례자들이어야 함을 알 것이다.

이 논의를 시작하기 이전에, 용어에 대한 정의가 제시되어야 한다. 역사를 통틀어 이 문제를 논의하기 위한 어떤 일관된 용어가 제시되지 않았다. 성만찬의 참여자에 대해선 세 가지 주요 범주들로 논의되어 왔다. 그 첫 번째 범주는 닫힌 성만찬_{Close Communion} 이라 불린다. 이것은 또한 닫혀진, 엄격한, 그리고 제한적 성만찬_{closed, strict, and restricted Communion}으로 알려져 있기도 하다.[36] 현재의 논

36　Pendleton은 그의 책에서 "닫힌" (close) 이라는 단어를 사용하였다 [*Three Reasons Why I Am a Baptist with a Fourth Added on Communion* (Nashville: Graves, Marks, and Co., 1857), 199]. Edward Hiscox은 "닫힌"이라는 단어를 사용하였지만 "엄격한 혹은 제한된"이라는 단어도 인정하고 있다. 다음의 자료를 참조하라 [*The New Directory for Baptist Churches* (Philadelphia: Judson Press, 1894), 448]. W. T. Conner도 역시 "닫힌"이라는 단어를 사용하였다 [*Christian Doctrine* (Nashville: Broadman Press, 1937), 289]. J. R. Graves 는 "엄격한 또는 제한된"이라는 단어를 사용하였다 [*Communion in Intercommunion: Inconsistent, tent, Unscriptural and Productive of Evil* (Memphis: Baptist Book House, 1881), 10, 14]. J. L. Dagg 는 "엄격한"이라는 단어를 사용했다 [*Manual of Church Order* (Charleston, SC: Southern Baptist Publication

의에서 '닫힌 성만찬'은 오직 특정 교회의 멤버들만 성만찬에 참여할 수 있다는 것을 의미할 것이다. 다른 교회 소속으로 비슷한 신앙을 가진 기독교인(침례교인)이라 하더라도 또는 다른 교단의 멤버들은 성만찬에 참여하는 것이 허용되지 않는다.[37] 두 번째 범주는 "제한적 성만찬"transient Communion 으로 불린다.[38] 이 실행은 또한 "교단적 성만찬" 혹은 "(침수 침례를 받지 않은 사람들에겐) 닫혀진 상호 성만찬"으로도 알려져 있다.[39] 이 글에서는 특정 지역 교회의 멤버는 아니지만 같은 신앙과 같은 실행(신자의 침수 침례)을 한다는 조건 하에서 성만찬에 참여하도록 허용하는 견해를 일컬어 "제한적 성만찬"이라고 부를 것이다. 이런 제한적 성만찬에 참여 할 수 있는 방문자는 (만일 그가 원한다면) 그 특정한 교회의 멤버십 안으로 받아 들여질 수 있는 사람이어야 한다. 세 번째 범주는 열린 성만찬이다.[40] 이 형태의 성만찬은 이 의식이 그리스도에게 속한 것이며 따라서 하나님의 모든 백성에게 열려 있기 때문에, (신자의 침수 침례 유무에 상관 없이 신앙을 고백하는) 어떤 그리스도인이라도 성만찬에 참여하도록 허락한다. 이 실행은 또한 "혼합된 성만찬mixed Communion"으로 언급되기도 한다.[41]

Society, 1858; reprint, Harrisonburg: Gano Books, 1990), 225]. 현대 학자들 중에는 H. Leon McBeth가 "닫혀진"(closed) 이라는 단어를 사용하였다 [*The Baptist Heritage: Four Centuries of Baptist Witness* (Nashville: Broadman Press, 1987), 81]. 또한 Slaydon Yarbrough은 close와 closed 모두 특정 교회의 멤버들만 그 교회의 주의 만찬에 참여 할 수 있다는 것을 의미한다고 적고 있다[*Southern Baptists: A Historical, cal, Ecclesiological, and Theological Heritage of a Confessional People* (Nashville: Fields, 2000), 109]. 새로운 용어인 "일관된 성만찬" (consistent Communion)이라는 단어가 Nathan Finn의 최근 글"Baptism as a Prerequisite to the Lord's Supper"에서 등장하였다. 이 글은 다음의 웹싸이트에서 볼 수 있다. http://www.baptistheology.org.

37 이 저자는 모든 사람들이 성만찬의 닫혀져 있는 형태를 의미하기 위해 이 용어(닫힌)를 사용하지 않는다는 것을 알고 있다. 예를 들어, McBeth는 침례 교회들 간에 (같은 교단내에 있는 사람들 간에 혹은 여행 중인 침례교인들 간에) 일어나는 상호 성만찬의 가능성을 열어 놓았다. 그는 닫혀진 성만찬을 "신자의 침수 침례를 받은 사람들만이 만찬에 참여할 수 있는 것"으로 정의하였다 (McBeth, *The Baptist Heritage*, 81).

38 Dagg, *Manual of Church Order*, 214. 문자적으로는 '일시적인 성만찬'이라고 해야 하지만 독자들에게 오해의 소지가 있을 수 있어 '제한적 성만찬'이라 번역하였다.

39 Graves, *Intercommunion*, 11. Yarbrough, *Southern Baptists*, 110.

40 이 용어는 널리 사용되어져 왔다. Dagg, *Manual of Church Order*, 214; Hiscox, *The New Directory for Baptist Churches*, 447; Yarbrough, *Southern Baptists*, 110; and McBeth, *The Baptist Heritage*, 81.

41 Thomas F. Curtis, *Communion: The Distinction Between Christian and Church Fellowship and Between Communion and Its Symbols: Embracing a Review of the Arguments of Robert Hall and Baptist W. Noel in Favor of*

성찬의 참여자들

신자들(열린 성만찬)

최소한도로 거의 모든 침례 교회는 주의 만찬을 신자들에게만 제한한다. 비록 주의 만찬에 대한 완전한 이해를 유월절로부터 이끌어 낼 수는 없지만 어떤 연관성이 주의 만찬과 유월절 사이에 존재한다. 출12:43-45은 "여호와께서 모세와 아론에게 이르시되 유월절 규례는 이러하니라 이방 사람은 먹지 못할 것이나 각 사람이 돈으로 산 종은 할례를 받은 후에 먹을 것이며 거류인과 타국 품꾼은 먹지 못하리라"고 말한다. 유월절은 그것이 의미를 갖는 사람들에게만-이스라엘의 자녀들-제한되어 있었다.[42] 마찬가지로, 주의 만찬은 그것이 의미를 가지는 사람들에게만-신자들-제한되어 있다.

신약 성경도 역시 주의 만찬에 합당한 참여자들이 신자들임을 지지한다. 고전 10:21은 누군가 두 주인의 종이 될 수 없음을 보여준다: "너희가 주의 잔과 귀신의 잔을 겸하여 마시지 못하고 주의 식탁과 귀신의 식탁에 겸하여 참여하지 못하리라." 고전 11:26은 주님의 죽으심을 선포하는 것을 논의하면서 다음과 같이 기록하고 있다: "너희가 이 떡을 먹으며 이 잔을 마실 때마다 주의 죽으심을 그가 오실 때까지 전하는 것이니라." 주 예수 그리스도를 믿지 않는 사람은 그가 오실 때까지 그분의 죽음을 선포하지 못할 것이다. 마지막으로, 고전 11:33에서 바울은 "그러므로 내 형제들아 먹으러 모일 때에 서로 기다리라"고 명한다. 바울의 "형제들"은 오직 믿는 자들만을 의미한다. 따라서, 믿는 이들만이 주의 만찬의 합당한 참석자들이다. 그러므로, 주의 만찬의 집례자는 모든 경우에 그리스도를 믿지 않는 사람들로 하여금 주의 만찬에 참여하지 않도록 지도해야 한다.

더욱이, 바울은 신자의 상태에 관하여 엄격한 경고들을 주고 있다. 첫째, 고

Mixed Communion (Philadelphia: American Baptist Publication Society, ety, 1850).

42 유월절은 할례받은 개종자들도 포함했다.

전 11:27-30은 다음과 같이 경고한다: "그러므로 누구든지 주의 떡이나 잔을 합당하지 않게 먹고 마시는 자는 주의 몸과 피에 대하여 죄를 짓는 것이니라 사람이 자기를 살피고 그 후에야 이 떡을 먹고 이 잔을 마실지니 주의 몸을 분별하지 못하고 먹고 마시는 자는 자기의 죄를 먹고 마시는 것이니라 그러므로 너희 중에 약한 자와 병든 자가 많고 잠자는 자도 적지 아니하니." 이 문장에서 바울은 주의 만찬에 참여하는 사람은 반드시 두 가지를 이해해야 한다고 말한다: (1) 자기를 살피는 것이 무슨 의미인가 그리고 (2) 합당치 않게 먹는다는 것이 무슨 의미인가. 확실히 그리스도 안에 있는 신자만이 마음의 동기를 어떻게 시험하는 것인지를 이해할 수 있다. 그리고 오직 그리스도를 따르려고 추구하는 신자만이 합당치 않게 먹는 것이 무엇인지 이해할 수 있다. 또한 어린 아이들로 하여금 주의 만찬에 참여하게 하는 그룹은 이 아이들이 자신을 살피는 것과 합당치 않게 먹는 것이 무엇인지를 이해할 것을 확실히 하도록 주의를 기울여야 한다.

이 열린 성만찬의 견해는 존 번연John Bunyan, 찰스 스펄전Charles Spurgeon, 존 홀John Hall 과 존 파이퍼John Piper 와 같은 유명한 침례교인들에 의해 지지되었다. 사실, 이 침례교인들은 열린 성만찬이 신자의 침수 침례를 요구하지 않기 때문에 그것을 시행하기 시작했던 것으로 여겨진다. 그러나 유아들에게 세례(혹은 침례)를 주는 모든 교단들은 역사적으로 세례나 침례가 주의 만찬 이전에 시행되어야 한다고 믿어왔다.

침수 침례를 받은 신자들 또는 같은 믿음과
실행을 하는 자들을 위한 제한적 성만찬

역사를 통틀어 다수의 침례교인들은 신자라는 자격 이외에 침수 침례가 주의 만찬의 전제 조건이라고 주장해 왔다. 좀 더 구체적으로 이런 침례교인들은 주의 만찬에 참여하는 자들이 "같은 신앙과 같은 실행"을 하는 사람들어야만 한다고 주장한다. 전제 조건으로서의 침례에 대한 요구는 침례교인들에게만 제

한되지 않는다. 유아 세례주의자들 또한 주의 만찬에 참여하기 이전에 세례를 받아야 한다고 주장한다.[43]

많은 사람들이 주의 만찬 테이블 주위에 어떤 울타리를 세워서는 안된다고 반대한다. 그러나 어떤 종류의 경계선도 없는 것은 비 현실적인 것이다. 오직 두 가지의 실제적인 선택만이 있을 뿐이다 – 제한하는 것 혹은 완전하게 열어놓는 것. 제한하는 것은 그 정도에 있어서 다를 수 있지만 두 가지 주요한 만찬의 범주는 어떤 형태의 울타리를 가지고 제한되든지 아니면 활짝 열려지는 것이다. 만일 성만찬이 모든 사람들에게 열리게 되면, 만찬의 테이블은 누구에게나 허용되는 것이다. 만일 이 견해가 일관되게 실천된다면, 어떤 장벽이나 제한도 야만인이나 이교도나 몰몬교나 무슬림이나 회개하지 않은 죄인들이나 심지어 동물들이 주의 만찬 테이블로 오는 것을 금할 길이 없다. 그러나 아무도 실제로 "어떤식의 제한도 금지"하자고 주장하지 않는다. 모든 사람은 만찬의 참여자가 사람이어야 하며, 신자이어야 하고 신앙에 큰 문제가 없어야 한다는 제한들을 가지고 있다. 대다수 침례교인들이 주의 만찬에 대해 가지고 있는 제한들은 (1) 신자이어야 함, (2) 침수 침례를 받아야 함, (3) 교회의 멤버십을 가지고 있어야 함, 그리고 (4) 자기를 살펴야 함과 같은 것이다.

침수 침례가 요구되는 이유는 신약 성경 안에 그 기반을 두고 있다. 그리스도께서 주의 만찬을 제정하셨을 때, 그는 이미 침례를 받은 사람들과만 그렇게 하셨다.[44] 우리 주님의 지상 명령은 사람이 제자가 되어 침례를 받고 그 다음 모

---

43 히스콕스(Hiscox), *The New Directory for Baptist Churches*, 456. Hiscox는 많은 다른 사람들 중에 다음과 같은 것을 주목하고 있다. 순교자 저스틴(Justin Martyr)은 "이 음식은 우리에 의해 성만찬이라 불리운다. 아무나 이 음식을 취하는 것은 합당하지 않다. 그러나 우리에 의해 가르쳐진 것들을 참된 것으로 믿고 침례를 받은 자들만이 이 음식을 취할 수 있다"고 주장한다. 잘 알려진 유아 세례주의자 윌리암 월(William Wall)은 "어떤 교회도 결코 성만찬을 그들이 세례를 받기 전 상태에 있는 사람들에게 주어서는 안된다. 지금까지 주장되어 온 모든 어리석음 중에서, 그 누구도 세례받기 이전에 주의 만찬을 받아야만 한다고 주장한 사람이 없다"라고 주장한다. 유아 세례주의자인 신학자 존 딕(John Dick)도 다음과 같이 적고 있다: "할례 받지 않은 사람이 유월절 음식을 먹도록 허락되지 않았다. 그리고 세례 받지 않은 사람이 만찬에 참여하는 것이 허용되어서는 안된다."

44 요 4:1-2은 "예수께서 제자를 삼고 침례를 베푸시는 것이 요한보다 많다 하는 말을 바리새인들이 들은

든 것(주의 만찬도 포함됨)을 배워야 한다고 요구한다. 베드로가 사도행전에서 설교하였을 때, 그는 구원과 침례를 언급하였다. 구원과 침례는 누군가 주의 만찬에 참여하기 이전에 발생하였다. 신약 전체를 통틀어 주의 만찬 이전에 침례가 있었다는 일관된 패턴이 있다.

이런 견해(침수 침례가 주의 만찬에 전제조건이라는 견해)에 대해 반대하는 사람들이 있는데 그 이유는 주로 침례교인들이 유일하게 바른 침례는 신자의 침수 침례라고 믿기 때문이다. 따라서, 이 견해는 유아 세례론자들이 주의 만찬에 참여하는 것을 허용하지 않는다. 유아 세례론자들과 침례교인들 사이에 있는 진정한 이슈는 주의 만찬이 아니라 침례의 교리이다.

침례교인들은 신약 성경이 침례는 신자의 침수에 의해서만 이루어져야 한다고 가르치고 있음을 확고하게 믿기 때문에, 그들은 유아세례론자들을 성만찬에 참여 시킬 수가 없다. 유아 세례를 받았거나 뿌리는 세례를 받은 사람들을 만찬에 허용하는 것은 잘못된 신학적 견해를 알면서도 인정해 주는 것이 된다. 어떤 사람이 당신이 구원을 상실할 수 있으며, 침례가 구원에 필수적인 것이며, 또는 교회가 믿는 사람으로만 구성되어서는 안된다고 믿는다고 가정해 보자. 그런 사람은 침례 교회에 멤버가 되도록 허락 되지 않을 것이다. 왜냐하면 그는 침례교인들과 신학적으로 동의하지 않기 때문이다. 두 사람이 동의하지 않으면 그들이 함께 걸을 수 없는 것이다. 만일 이런 사람이 멤버가 되는 것이 허용된다면, 교회는 이런 합당하지 않은 신학에 대해 즉각적으로 교정할 의무를 가지게 된다. 만일 그런 잘못된 신학을 가진 사람이 성경으로부터 분명하게 자신의 오류에 대해 가르침을 받은 이후에도 자신의 견해를 바꾸는 것을 거절한다면, 교회 치리가 있어야 할 것이다. 그리고 그 사람은 주의 만찬에 참여하는 것이 허

줄을 주께서 아신지라 예수께서 친히 침례를 베푸신 것이 아니요 제자들이 베푼 것이라"라고 말한다. 비록 성경이 제자들의 침례 받은 사실을 기록하고 있지는 않지만 그들이 침례를 받지 않고서 다른 사람들에게 침례를 베풀었을 리가 없다.

락되어서는 안된다. 만일 유아 세례론자가 (혹은 성인으로 세례를 받은 자가) 자신
의 오류를 교정하지 않고 침례교회에 멤버가 되고자 한다면, 이런 절차가 발생
할 것이다.

신자의 침수 침례가 주의 만찬의 전제 조건이라는 견해에 대한 다른 반대
의견은 "같은 신앙과 같은 실행을 하는"자를 주의 만찬에 참여 시켜서는 안
된다고 주장하는 사람들로부터 나온다. 이런 입장의 주된 옹호자는 그레이
브J. R. Graves 이다. 그의 책 Intercommunion : Inconsistent, Unscriptural and
Productive of Evil은 침례교인들이 제한적인 성만찬을 허용해서는 안된다는
입장을 제시하고 있다.[45] 펜들톤J. M. Pendleton , 에드워드 히스콕스Edward Hiscox , 그리
고 존 대그John Dagg 와 같은 그 당시 다른 침례교 신학자들은 제한적 성만찬이 어
떠한 문제도 일으키지 않지만 방문자 자신이 만찬에 참여하겠다고 교회에 강요
할 수는 없는 것으로 믿었다. 어떤 개인이 참여할 권리를 주장하는 것은 개 교
회의 자율성을 부정하는 것이 될 수 있다.[46] 각 교회가 독립적이며 주의 만찬의
순수성을 지켜야 할 책임을 가지고 있기 때문에, 어떤 개인도 자기를 주의 만찬
에 포함시켜야 한다고 주장할 수는 없다. 그러나 펜들톤, 에드워드, 히스콕스는
"같은 신앙과 실행"을 하는 방문 중인 침례교인들은 그들을 존중하는 의미에서
포함시키는 것이 좋다고 믿었다.

같은 신앙과 같은 실행을 하는 사람들을 주의 만찬에 포함시키고자 하는 견

---

45 Graves는 주의 만찬에 대하여 적어도 세 개의 책을 썼다. 그가 가장 자세하게 설명하고 있는 책은
*Intercommunion. munion. His other works include: The Lord's Supper: A Church Ordinance, and So Observed by the
Apostolic Churches* (Texarkana, AR-TX: Baptist Sunday School Committee, 1881)와 *What Is It to Eat
and Drink Unworthily?* (Texarkana, AR-TX: Baptist Sunday School Board, 1881)이다.

46 Pendleton이 J. J. D. Renfroe에게 보낸 편지를 참조하라. 그 편지에서 Pendleton은 이 문제와 관련
하여 Graves에 반대하였다. Pendleton은 또한 사도행전에 나오는 드로아 (사도바울의 전도팀들이 여행 중
에 그곳 교회와 주의 만찬을 함께 함)에 있었던 그룹들이 교회가 아니라는 주장에 다음과 같이 반박하였다.
만일 교회라는 말이 나타나지 않기 때문에 드로아 모임이 교회가 아니라면, 그 동일한 주장이 베뢰아에도 적
용되어야 한다. 이 편지는 다음의 작품에서 찾아 볼 수 있다. *Selected Writings of fames Madison Pendleton, ed.
Thomas White* (Paris, AR: Baptist Standard Bearer, 2006), 407-10.

해의 주된 성서적 논점은 드로아로 간 바울의 여행에서 찾을 수 있다. 행 20:6-8은 그점을 이렇게 설명하고 있다: "우리는 무교절 후에 빌립보에서 배로 떠나 닷새 만에 드로아에 있는 그들에게 가서 이레를 머무니라 그 주간의 첫날에 우리가 떡을 떼려 하여 모였더니 바울이 이튿날 떠나고자 하여 그들에게 강론할새 말을 밤중까지 계속하매 우리가 모인 윗다락에 등불을 많이 켰는데…" 이 구절에 관련된 많은 질문들이 있다. 첫째, 드로아에 교회가 있었는가? 둘째, 이 구절들은 주의 만찬을 묘사하고 있는가? 만일 두 질문에 대한 대답이 모두 '그렇다'이면, 성경은 제한적 성만찬에 대한 견해를 지지하고 있는 것이다. 어떤 사람은 바울이 사도였기 때문에 만찬에 참여할 자격이 있었지만 사도가 없는 오늘날 바울의 경우를 현대 교회의 정책으로 삼을 수는 없다고 주장한다. 그러나 사도행전에 있는 위 본문은 "우리"라는 단어를 사용하여 사도가 아니지만 사도행전의 저자인 누가도 이 만찬에 참여하였음을 지적하고 있다. 두 번째 질문은 아마도 대답하기 더 쉬울 것이다. 주의 첫날 그들이 모여 "떡을 떼었다." 대부분의 주석가들은 이것은 사실상 주의 만찬을 의미한다고 본다.[47]

그레이브Graves는 드로아에 교회가 있었다는 것과 행 20:7이 주의 만찬을 언급한다는 것을 거부함으로써 행20이 제한적 성만찬의 근거가 될 수 없다고 주장했다. 드로아에 교회가 있었다는 견해를 지지하는 사람들은 행 16:8-11절을 주목한다: "무시아를 지나 드로아로 내려갔는데 밤에 환상이 바울에게 보이니 마게도냐 사람 하나가 서서 그에게 청하여 이르되 마게도냐로 건너와서 우리를 도우라 하거늘 바울이 그 환상을 보았을 때 우리가 곧 마게도냐로 떠나기를 힘쓰니 이는 하나님이 저 사람들에게 복음을 전하라고 우리를 부르신 줄로 인정함이러라. 우리가 드로아에서 배로 떠나…" 바울과 그의 선교팀이 행 20장 이

---

47   John Calvin, *Commentary on the Acts of the Apostles* (Grand Rapids: Baker, 1999), 235-36; John MacArthur, *Acts* 13-28 (Chicago: Moody, 1996), 203; F. F. Bruce, *The Book of Acts* (Grand Rapids: ids: Eerdmans, 1998), 384; and Simon Kistemaker, *Acts*, New Testament Commentary (Grand Rapids: Baker, 1990), 716.

전에 드로아를 방문한 것으로 보인다. 우리는 논리적으로 바울이 설교를 하였고 회심자들이 드로아에 남아 있었다고 결론 지을 수 있다. 바울이 드로아로 돌아왔을 때(행 20), 그는 그 회심자들과 함께 모여 주의 만찬을 지켰고 제한적 성만찬에 대한 단 하나뿐인 성경적 근거를 세운 것이다.

교회 멤버들만을 위한 닫힌 성만찬

그레이브와 그와 같은 생각을 가진 사람들은 오직 지역 교회 멤버만이 참여할 수 있는 성만찬의 가장 엄격한 형태를 주장하지 않고서는 주의 만찬의 순수성이 유지될 수 없다고 주장한다. 이런 주장을 펴기 위해서 이 견해의 지지자들은 드로아에 있던 형제들의 모임이 합당한 교회임을 거절해야만 하는 것이다. 그레이브는 자신의 주장을 입증하기 위해 다음과 같이 주장한다. 바울이 행 16장에서 드로아에 도착하자마자 마케도니아에 대한 소명을 받았고 교회를 세우거나 어떤 사람을 그리스도께로 인도하지 못한 채 드로아를 떠났다는 것이다. 따라서 행 20장에는 같은 신앙과 행습을 하고 있는 방문객에 한해 시행되는 어떤 제한적 성만찬도 일어나지 않았다. 이런 주장의 토대가 마련된 후에야, 닫힌 성만찬은 가장 일관성 있는 주의 만찬의 실행이며 이 의식의 순수성을 가장 잘 유지할 수 있는 견해로서 분명하게 자리잡을 수 있게 된다.

닫힌 성만찬은 오직 특정한 지역 교회의 멤버들만 주의 만찬에 참여하도록 허용하기 때문에 주의 만찬의 순수성를 가장 잘 보장해 준다. 이 견해는 몸의 하나됨과 고전 5장에 언급된 것처럼 공개적인 죄를 회개하지 않는 사람과는 식탁의 교제를 하지 말라는 고린도전서에 있는 바울의 경고를 가장 쉽게 지킬 수 있도록 한다. 그레이브는 성만찬의 다른 견해들은 현재 다른 교회에서 치리를 받고 있을 수 있는 사람들을 주의 만찬에 참여하게 만드는 위험을 가지고 있음을 지적한다. 치리를 받고 있는 사람을 주의 만찬에 참여시키는 그런 행위는 같은 교단에 속한 자매 교회의 치리를 무의미한 것으로 만들어 버린다.

저자(토마스 화이트)는 닫힌 성만찬이 가장 일관성 있는 주의 만찬의 형태라고 믿으며 그런 실행에 공감을 갖지만, 드로아 교회에 대한 행 20장에 있는 증거는 제한적 성만찬이 "같은 신앙과 같은 실행"을 하는 사람에게는 허용될 수 있음을 보여준다. 제한적 성만찬은 어떤 교회로 하여금 현재 다른 교회로부터 치리를 받고 있는 형제와 교제하도록 부지불식간에 허용할 수도 있다. 그러나 닫힌 성만찬은 초대받은 다른 침례교회의 설교자의 경우 그가 설교단에 설 자격은 갖추었다고 인정하지만 그 주일날 진행되는 주의 만찬에는 그 교회 교인이 아니라는 이유로 참여할 수 없게 되는 상황을 초래하게 된다.[48] 그러나 침례교회들 간에 서로를 인정해 주는 태도는 침례교인들 가운데 하나의 역사적 선례에 해당한다. 침례교인들은 계속해서 한 교회의 안수직을 다른 교회에도 충분한 것으로 인정하고 있다. 다만 이런 상호적인 관계에 있는 교회들은 침수 침례를 받은 신자들이 자신들의 교회에서 신앙 생활을 잘 하고 있는 사람이어야만 다른 침례교회의 주의 만찬에 참여할 수 있다고 주장한다. 그러나 다른 침례교회를 방문 중인 형제는 주의 만찬에 참여하는 것을 자신의 권리로 내세워서는 안된다. 교회의 자율성이 있기 때문에, 각 지역 교회는 "같은 신앙과 같은 실행"을 하는 사람이 주의 만찬에 참여 할 수 있는지 아니면 오직 그 교회의 멤버십에 등록된 교인만 할 것인지를 결정해야만 한다.

주의 만찬의 집례자

집례자는 지역 교회에 의해 신앙의 본보기로 인정된 사람이어야 한다. 꼭 안수를 받아야만 주의 만찬을 집례할 수 있는 것은 아니다. 그러나 지혜는 우리로 하여금 그 교회의 목회자나 안수를 받은 교회의 직분자들이 주의 만찬의 정상적인 집례자들이 되어야 함을 가르치고 있다.

---

48 물론 이런 경우 때문에 누군가 닫힌 성만찬이 아닌 다른 견해를 취해야만 된다고 주장하는 것은 아니다. 어떤 개 교회가 초대 받은 설교자가 그 교회의 주의 만찬에 참여하지 못하도록 하는데 어떤 신학적 문제도 없다. 만일 설교자가 스스로 주의 만찬에 참여할 권리를 주장한다면, 이것은 지역 교회의 독립성을 위태롭게 하는 행위가 될 것이다.

주의 만찬의 제일 중심이 되는 집례자인 그 교회의 담임 목회자 이외에, 보통 집사들이 떡과 포도 주스를 회중에게 분배한다. 이런 전통은 성경이 명령한 것은 아니지만 전통적으로 그렇게 해왔는데 그 이유는 행 6장에 보면 성도에게 칭찬받았던 일곱 명의 남자들이 회중으로부터 선출되어 식탁을 섬겼기 때문이다. 물론 행 6장에 나오는 식탁의 섬김은 주의 만찬 식탁의 섬김 보다는 더 넓은 의미를 가지고 있지만, 많은 침례교회들은 행 6장을 반영하기 위하여 주의 만찬 식탁에서 집사들이 섬기도록 하고 있다. 더욱이 이런 실행은 회중의 다스리는 자들이 아닌 종으로서의 집사의 역할을 강화시켜준다.

주의 만찬의 빈도

성경은 결코 분명하게 얼마나 자주 주의 만찬이 집행되어야 하는지를 언급하고 있지 않다. 행 20:7은 드로아 교회가 주의 첫날(주일날)에 떡을 떼었다고 보고하고 있다. 행 2:42은 "그들이 사도의 가르침을 받아 서로 교제하고 떡을 떼며 오로지 기도하기를 힘쓰니라"고 보고한다. 이 구절은 어떤 특정한 시간에 대해선 말하지 않고 떡을 떼었던 실행이 계속 되었음을 말해준다. 행 2:46는 - "날마다 마음을 같이하여 성전에 모이기를 힘쓰고 집에서 떡을 떼며 기쁨과 순전한 마음으로 음식을 먹고" - 믿는 이들이 매일 매일 떡을 떼는데 참여했음을 보여준다. 디다케the Didache 14:1에서 주의 만찬이 매주 집행되었다는 증거를 찾을 수 있다. 그러나 성경은 얼마나 자주 주의 만찬이 지켜져야 하는지를 결코 분명하게 말하지 않는다.

기독교 역사에서 칼빈, 웨슬리, 그리고 스펄전 같은 몇 몇 사람들이 매주 집행되는 주의 만찬을 지지해 왔다. 많은 침례교인들은 일 년에 네 번 또는 한 달에 한 번 주의 만찬을 지켜왔는데 그 이유는 매주 집행되는 주의 만찬은 그 의식을 의미 없는 것으로 만들어 버릴 수 있었기 때문이다. 그러나 많은 침례교회들은 주의 만찬을 주일 저녁이나 주일 낮 예배 순서의 맨 마지막에 놓았다. 주일 저녁이든 주일 낮 예배 마지막 순서든 (가장 중요한 회중 예배의 핵심이 되지 못함으로) 이렇게 지켜지는 주의 만찬은 그 의식의 중요성을 약화시켰다. 주의 만찬은 지역 교회에 의해서 결정된 정확한 시간에 자주 집행될 가치가 있다. 그러나 주의 만찬의 집행은 매번 의미가 있어야 하며 가능한 분명하게 설명되어져야 한다.

결론

그리스 전설에 따르면, 선원들이 메시나 해엽을 지날 때마다, 그들은 두 가지 공포스런 장애물을 처리해야만 했다. 해엽의 한 쪽에는 열 두 개의 발과 각각 세 줄로 된 이빨를 가지고 있으며 여섯 개의 머리를 가진 무시무시한 괴물 스킬라이가 매끄럽고 몹시 가파른 바위에 숨어서 그 바위 가까이로 지나가는 배로부터 선원을 잡아채려고 기다리고 있었다. 해엽의 반대편에는 바다가 영원토록 토해내고 으르렁 거리며 성난 물결이 산처럼 싸여서 하늘까지 닿아 버리는 소용돌이 괴물인 카리디브스가 자신에게 너무나 가까이 다가오는 모든 배를 삼키려고 준비하고 있었다.[49] 신들로부터 도움을 얻었던 아라곤의 제이슨, 오딧세이, 그리고 아이네아스와 같은 선원만이 이 해협을 해쳐 나갈 수 있었다. 그리고 심지어 오딧세이는 스킬라의 여러 머리에 여섯 명의 선원들을 빼앗겼다. 자신들 앞에 놓여 있던 엄청난 임무를 알고 있었던 선원이 경험했던 그 전설적 느낌이 주의 만찬의 신학을 제시하고자 하는 침례교 신학자의 느낌과 비슷하다. 한편에는 은혜의 주입과 만찬의 요소가 바뀐다고 가르치는 카톨릭의 견해, 공재설의 견해, 그리고 존 칼빈이 부적절하게 정의해 놓은 신비적 견해가 놓여 있다. 그리고 또 다른 한편에는 주의 만찬의 중요성을 약화시키는 "단순 상징" 혹은 "의미없는 상징"으로서의 만찬에 대한 견해가 놓여있다. 침례교 신학자는 이 위험한 해엽을 반드시 바르게 항해해야 하며, 불필요한 신비주의적 요소가

---

49 Edith Hamilton, *Mythology: Timeless Tales of Gods and Heroes* (New York: Penguin Books, 1982), 127.

배제된 의미있는 상징적 축하로서의 성만찬 신학을 제시해야 한다. 그런 의미 있는 주의 만찬의 준수는 자신의 죄성과 우리의 위대하시고 은혜로우신 하나님을 묵상하도록 믿는 자를 격려하게 될 것이다.

내가 구세주의 보혈에서 어떤 유익을 얻는 것이 가능하단 말인가? 그분의 고통을 야기시킨 나를 위해 그분이 죽으시다니, 그분을 죽음으로 내몬 나를 위해 죽으시다니? 놀라운 사랑 아닌가! 어찌 나의 하나님 당신께서 나를 위해 죽으실 수 있습니까?[50]

---

50   Charles Wesley, "And Can It Be That I Should Gain?" (1738).

8장

주의 만찬을 보호하기

주의 만찬, 그 참여자들, 그리고 교회치리와의 관계

이머 F. 케이너 Emir F. Caner

◇◇◇◇◇

급진적인 열린 주의 만찬

매 4년 마다 모이는 미 연합 감리 교단의 총회가 2004년 봄 펜실베니아의 피츠버그에서 열려 교단의 정책 결정 기구의 대표들이 모였다. 그 모임은 교회의 공식적 핸드북_{The Book of Discipline of the United Methodist Church}을 개정하고 현대의 이슈에 대해 말하는 결의안을 채택하기 위한 것이었다.[1] 최근에 도입된 에큐메니컬 주제인 "열린 마음, 열린 생각, 열린 문"이 다시 한번 이 모임의 중심 무대를 차지했고 이번에는 주의 만찬에 대해 논의하였다. 특별히"누가 주의 만찬에 참여 할 수 있는가?" 그리고 "누가 합당한 참여자로 간주되어야 하는가?"에 대한 문제들이 제기되었다. 천 명이 넘는 대위원들 가운데 압도적인 대다수에 의해 확증된 문서는 다음과 같이 주장하였다: "교회는 회중으로부터 환영받지 못한다고, 심지어 배제되었다고 느끼는 사람들을 의식적으로 확인하고 찾아내어야만 하며 그들을 그리스도의 몸의 일부분이 되도록 초대하여 주의 만찬를 함께 축하하도록 해야만 한다."[2] 이런 결정을 채택한 후 수 주 뒤에 연합 감리교단의 목사인 하비마르츠 박사_{Dr. Harvy C. Martz}는 그 새로운 진술문을 확대하여 다음과 같이 말했다: "오늘, 이 테이블에서 예수님은 동일한 일을 하십니다. 그분은 민주당원들, 공화당원들, 자유주의당원들, 독립당원들, 과거 침례교인이

---

1 *The Book of Discipline ofthe UnitedMethodist Church* (Nashville: Abingdon Press, 2005).

2 The General Board of Discipleship, "This Holy Mystery: A United Methodist Understanding of Holy Communion" (Nashville: United Methodist Publishing House, 2004), 34, available from GBOD Web site, at http://www.gbod.org/worship/thisholymystery/default.html (accessed September 28, 2006).

었던 자들, 과거 카톨릭교인이었던 자들, 게이들이나 비 게이들이나 낙태를 반대하는 자들이나 낙태를 찬성하는 자들과 함께 식사하십니다. 그리스도는 모든 사람을 환영합니다. 이것이 우리 연합 감리교단의 믿음입니다. 심지어 3주 전에 있었던 우리 총회에서 가장 뜨거웠던 논쟁에서 그 누구도 그들의 의견들이나 신념들 때문에 그리스도의 테이블로부터 거절된 사람이 없었습니다. 그리고 그 누구도 그렇게 되지 않을 것입니다."[3]

이런 진보적인 진술들과 함께, 어떤 이는 왜 "열린 주의 만찬"이라는 용어가 어떤 역사적 중요성이나 의미를 상실했는지를 쉽게 이해할 수 있다. 한때는 일반적으로 예수 그리스도에 대한 신앙을 고백하는 모든 사람을 주의 만찬으로 받아들이는 것과 동일시되었던 "열린 주의 만찬"이라는 용어가 지금은 주의 만찬에 참여하는데 필요한 최소한의 조건(예수님에 대한 신앙) 조차도 포기하고 있다. 사실, The Book of Discipline of the United Methodist Church는 연합 감리교단의 멤버가 되는 것의 시간적 순서에 대한 완전히 새로운 특징을 추가하였다.[4] 그 문서는 이렇게 말한다: "연합 감리교회는 모든 사람이 신성한 가치를 가지고 있다는 것을 인정한다. 인종, 피부색, 국적, 지위 또는 경제적 조건에 상관 없이 모든 사람은 연합 감리교회의 예배를 드리고 프로그램에 참여하며 성례를 받으며 세례를 받자마다 세례 교인으로서 입교가 허용된다. 그리고 기독교 신앙을 선언하는 맹세를 한 후에는 연합 감리교단에 있는 어떤 지역 교회에서도 멤버로 선언되어질 것이다."[5]

연합 감리교단에 가해질 만한 그리고 그래야만 하는 모든 비판에도 불구하

---

3   Harvey C. Martz, "Who Belongs at the Table?" (sermon preached at St. Andrew United Methodist Church, Centennial, CO, May 23, 2004). Available at http://st-andrew-umc.com/sermons/2004/052304.htm (accessed September 28, 2006).

4   *The Book of Discipline of the United Methodist Church* (Nashville: Abingdon Press, 2000).

5   United Methodist Office of Public Information, "Living Our Promise," at http://archives.umc.org/interior.asp?ptid=6&mid=9549 (accessed September 28, 2006).

고, 우리 남침례교단도 주의 만찬에 대한 신학적 이해와 의미있는 참여라는 문
제에 이를 때 연합 감리교단보다 더 잘하고 있는 것처럼 보이지 않는다. 주의
만찬은 보통 교회 예배의 각주처럼 처리되어 그 의미를 묵상하는데 아주 적은
시간이 사용되며 참된 자기 성찰을 위해 따로 떼어둔 시간은 더욱 적다. 아마도
현재의 남 침례교인들은 어떤 점에서 주의 만찬에 대한 자신들의 견해가 타 교
단들과 기독교 단체들과는 다르게 특별한 것인지에 대하여 우리 침례교 역사상
그 어느 때보다 더욱 더 무지하다.

그러나 이런 비난이 단순하게 주의 만찬의 중요성을 무시하는 교회 멤버에
게만 해당하는 것이 아니다. 침례교 목회자도 종종 주의 만찬에 대하여 죄라고
할 수 있을 만큼의 무관심으로 이 의식을 집행해 왔기 때문에, 이런 비난의 상
당한 부분을 목회자가 받아야만 한다. 침례교인들은 신자만이 받아야 하는 침
례의 의미나 침수 형태를 바꾸려는 자들에 대해서는 아주 많은 주의를 기울여
왔지만 주의 만찬에 나타난 태만한 태도는 무시해 왔다. 사실상, 많은 침례교
인들이 침례와 관련하여 열정적으로 비판하는 사람들(유아 세례주의자들)과 동일
한 해석학적 오류를 주의 만찬에서 주장하는 잘못을 저지르고 있다. 더욱이 침
례교 학자들 역시 주의 만찬이라는 주제를 침례교 문서 사역에서 주의를 끌기
에는 별로 가치 없는 것으로 만든 죄에 대한 책임을 져야 한다. 침례교 서점에
서 주의 만찬과 관련하여 거의 텅빈 진열대가 보이는데 이런 현상은 침례교회
가 교인들이 사용할 수 있는 견실한 신학적 자료를 가지고 있지 않음을 분명하
게 고발하는 것이다.

역사적 개관: 엄격한 주의 만찬에 대한
전형적인 예로서의 두 증인들

남침례교인들은 이 주의 만찬과 관련하여 우리 선조들의 가르침에 주의하고

침례교회의 특징 중 하나로서 주의 만찬의 중요성을 인식하는 것이 필요하다. 펜들톤_{J. M. Pendleton, 1811-1891}은 유니온 대학의 신학과 교수였으며 지계석주의의 선구자였다. 그는 1858년 *Three Reasons Why I Am a Baptist with a Fourth Reason Added, on Communion*라는 책을 저술하였다. 이 책에서 펜들톤은 침례교회의 특징들로서 신자의 침례, 침례의 필수적 형태로서의 침수, 그리고 회중의 교회 정치를 강조하였다. 그 다음 그는 침례교 신앙을 받아들인 네 번째 이유를 덧붙였다: "침례교인들만이 주의 만찬을 성경적으로 준수 할 수 있다."[6] 여기서 펜들톤은 "닫혀진 주의 만찬" 혹은 때때로 "엄격한 주의 만찬"으로 알려진 당시 침례교인들의 일반적 견해를 잘 표현하고 있다. 이 견해는 주의 만찬의 허용을 중생하여 그 이후에 신자들의 교회에 의해 신자의 침수 침례를 받은 사람들에게만 제한하는 것이었다.[7] 이 책에서 펜들톤은 다음과 같이 진술하면서 그의 논제들을 자세히 설명하고 있다.

1. "침례교인들의 교리는 주의 만찬이 교회의 의식이며 그리스도의 죽음에 대한 기념으로서 지켜져야 한다는 것이다."

2. "비교적 거의 예외없이, 침례교인들은 (신자의 침수) 침례를 주의 만찬의 전제조건으로 여겨왔다."

3. 침수를 받은 신자들로 이루어진 신약 교회를 인정함으로써 침례교인들은 필연적으로 유아세례를 받은 사람들의 교회 멤버십을 부정한다. 주의 만찬을 오직 교회의 의식으로만 인식함으로써, 침례교인들은 시온의 왕께 불충성을 하지 않고서는 유아세례자나 세례자들을 주의 만찬상에 초대할 수는 없다."[8]

---

6   J. M. Pendleton, *Three Reasons Why I Am a Baptist with a Fourth Reason Added, on Communion* (Nashville: Graves, Marks, and Co., 1857), 172.

7   Mark Dever, ed., *Polity: Biblical Arguments on How to Conduct Church Life* (Washington DC:: Center for Church Reform, 2001). 어떤 저자가 설명하였듯이, "침례교인들이 외부의 침수침례를 거절하였기 때문에, 심지어 유아세례를 주는 사역자들의 손으로 침수를 받은 신자들이라도 침례를 받은것이 아니다(ibid., 25)."

8   Pendleton, *Three Reasons Why I Am a Baptist*, 177, 178, 192.

유아 세례지자들에 반대하는 그의 논쟁에 덧붙이면서, 펜들톤은 그들 안에 있는 현저한 모순을 통렬하게 지적하고 있다: "그들은 (유아 세례를 주는 자들) 세례 받은 아기는 주의 만찬에 참여할 자격이 없다고 한다. 그러나 침례받은 자가 그리스도인의 인격에 무가치하게 행동하지 않는한 주님의 테이블에서 교제할 권한이 있다는 것은 신약 성경으로부터 분명하다… 하나님이 침례와 주의 만찬을 합쳐 놓은 것을 유아세례론자들이 분리 시켜서는 안된다."[9]

아마도 오늘날의 남침례교의 삶 속에서 부족한 것은 참된 교회에 대한 펜들톤식의 인식일 것이다. 다시 말하면, 누군가 주의 만찬이 다소간 성경적인 침례로부터 분리되어 있을 뿐만 아니라 신자들의 지역 회중으로부터도 떨어져 있다고 주장할 수 있기 전까지는 남 침례교 안에 주의 만찬에 대한 의미 있는 논의는 불가능하다. 그러나 펜들톤의 입장은 당시에도 많은 사람들이 그의 견해가 사랑이 부족하고 편협하다고 보았던 것처럼 오늘날에도 우리가 듣고 있는 그 동일한 현대의 감상주의적 공격에 먹이감이 되었다. 그런 공격에 대하여 펜들톤은 다음과 같이 반응하였다.

나는 주의 만찬과 관련하여 침례교인들의 행습(오직 신자의 침수 침례를 받은 자만 주의 만찬에 참여시키는 행습)이 종종 자유가 없고 사랑이 없으며 고집스럽다라는 평가를 받고 있다는 것을 알고 있다. 나는 이렇게 답한다. 그런 평가는 신약의 자유를 넘어서는 거짓된 자유이며, 진리를 제외한 그 무엇이라도 즐거워하는 거짓된 사랑이다. 고집이라는 것과 관련하여, 내가 할 말은 고집이란 자신의 가장 큰 애착이 이단적인 교조주의가 아닌 하나님의 진리에 있는 사람의 마음 속에는 자리 잡을 수가 없다는 것이다. 그러므로 만일 신약성경이 침례교인들이 추구하는 교회의 길을 옹호해 준다면, 그것은 자유를 제한하는 것도 아니며 사랑이 결여된 것도 아니고 고집이 센 것도 아니다.[10]

---

9   Ibid., 198.
10   Ibid., 201.

위에서 본 것처럼 흥미롭게도, 펜들톤의 작품은 열린 주의 만찬에 대해 남침례교단 안에서 어떤 사람들이 가지고 있던 증가하는 에큐메니컬적인 성향에 대한 응답이었다. 그러나 21세기에 만연하는 포괄주의_{inclusivism, 침례교회의 성서적 신앙과 행습에 배치된다 해도 교회 성장을 위해 수용하려는 교회론적 포괄주의 – 역자주}는 19세기의 그것보다도 더욱 진보되어 있다. 그 당시 펜들톤 자신이 지적했듯이, 이제 막 자라고 있던 19세기의 에큐머니즘_{ecumenism, 교회연합 운동}은 대부분의 교단들로부터 강한 반발에 직면했었다. 더욱이 에큐머니즘은 "감독교회 사람들이(성공회 교인들) 장로교인들과 감리교인들을 그들의 주의 만찬에 초대할지라도 장로교인들과 감리교인들은 그런 행동에 같은 식으로 화답하지 않을 만큼 일관성이 없었다."[11]

펜들톤처럼, 내쉬빌에 있는 the First Baptist Church의 목사였던 그러나 지계석주의에 대해선 전혀 호의적이지 않았던 호웰_{R. B. C. Howell}도 주의 만찬에 대한 책_{The Terms of Communion at the Lord's Table}을 1846년에 저술하였다. 이 책에서 그는 펜들톤과 비슷한 입장을 주장하며 주의 만찬에 대한 전제 조건들로 회개, 믿음, 그리고 신자의 침수 침례를 제시하였다. 19세기의 전형적인 스타일로 호웰은 책의 한 장을 다음과 같이 길게 제목을 붙였다: "우리[침례교인들]는 침례와 주의 만찬에 대한 우리의 침례교적 원칙들을 실제로 버리거나 혹은 왜곡되게 실행하지 않고서는 성례전적인 교제를 통해 유아 세례주의자들과(유아 세례를 받았거나 침수가 아닌 세례를 받은 자들과 함께) 연합할 수 없다."[12] 같은 장에서 호웰은 주의 만찬을 시행하는데 있어 침례교인들과 유아세례주의자들이 분리되어야 함을 강조하였는데 그의 강조점은 다음과 같은 사항들을 포함하고 있다:

1. "우리는 우리 주 예수 그리스도에 의해서 가르쳐지지 않았고 설립되지 않은

---

11   Ibid. 204.

12   R. B. C. Howell, *The Terms of Communion at the Lords Table* (Philadelphia: American Baptist Publication Society, 1846), 118. 이 글을 쓰던 당시, 호웰은 여전히 목회를 하고 있었다 (The First Baptist Church in Richmond, Virginia) Period.

그 어떤 형태의 주의 만찬도 받아들일 자유를 가지고 있지 않다."

2. "만일 내가 예수 그리스도의 사역자로서 위선 없이 선한 양심에 따라 유아 세례지지자들이 집행하는 주의 만찬 테이블에 참여한다면, 우리(유아 세례지지자나 침례교인) 모두가 침례(세례)는 주의 만찬의 필수불가결한 전제조건이라는 것에 동의하기 때문에, 나는 그들의 만찬 속에서 함께 참여하고 있는 그리고 유아기 때 물 뿌림만 받았던 사람들이 세례를 통해 참으로 침례를 받은 것이라고 인정해야만 한다."

3. "용감하게 싸워왔고 1800년간 성도들에게 단번에 주신 믿음을 유지해 왔던 우리 침례교인들이 이제 모든 희망의 목적에 가까이 와 있는 이 시점에서 비천하게 우리의 갑옷을 벗어버리고 다른 교단 형제들 안에 존재하는 신학적 자유주의를 다정하게 받아들임으로써 불명예스럽게 멸망할 것인가?"[13]

역사적인 것과 성경적인 것을 섞어 놓은 호웰의 논증은 가장 중요한 신자의 교회와 에큐머니즘의 골치아픈 증가를 밀접하게 연계시켰다. 사실, 1851-1859까지 섬겼던 남침례교단의 제2 총회장으로서 호웰은 지계석주의와 자유주의 신학이라는 두 가지 성가신 적들에 대항하여 교단을 성장시키는데 그의 삶 대부분을 헌신했다. 그러나 자유주의 신학에 대한 그의 정죄는 교리적인 것인 반면, 지계석주의에 대한 그의 반대는 교단적인 것이었다. 다음의 인용문에 나타난 호웰이 가지고 있던 침례교회의 역사적 계승주의를 주목하라:

나는 지금은 침례교라 불리는, 그러나 사도 시대 이후로 모든 역사 가운데 존재해 왔던 교회에 대해 앞선 장에서 빈번하게 말해왔다. 나는 이런 주장들을 터무니없는 것으로 간주하려는 사람들이 있다는 것을 알고 있다… 나는 침례교회가 상대적으로 순결성을 보존한 상태로 교황주의자들이나 종교 개혁 개

---

13   Ibid., 118, 120, 128. 호웰의 간략한 전기문을 위해선 다음의 자료를 보라. Emir Caner and Ergun Caner, *A Sacred Trust: Sketches of the Southern Baptist Convention Presidents* (Nashville: Broadman & Holman, 2003), 5-8.

신교와 상관없이 그리스도 이후부터 모든 세대에 존재해 왔다고 주장한다. 그리고 이런 의미에서 하나님은 증인들을 남겨두셨다.[14]

그 다음의 페이지에서 호웰은 믿는 자들의 교회 역사에 대해 강력하게 강조하고 있다. 위에서도 보았듯이, 그의 주장은 이렇다. 침례교인들이 1800년 동안 다른 사람들이 덜 여행해 본 그 길(성서적 교회의 길)을 따라 왔는데 이 시점에서 침례교인들이 에큐머니즘이라는 새로 발견된 이론 속으로 빠져서는 안된다는 것이다.

침례 교단이 어떻게 운영되어야 하는가에 있어서 완전히 다른 견해들을 제시했던 펜들톤과 호웰은 주의 만찬에 누가 참여해야만 하는가에 있어서는 연합하였다. 그들은 남침례교의 삶의 형성기에 가졌던 전통적 견해 즉 닫혀진 주의 만찬의 견해를 대표한 것이다. 가장 유명하며 넓게 퍼진 미국 침례교의 고백문인 1833년의 The New Hampshire Confession은 주의 만찬에 대한 그런 보편적 견해를 잘 보여주고 있다. 그 신앙 고백문은 이렇게 주장한다:

〔우리는 다음과 같이 믿습니다〕 〔신자의 침수〕 침례가 교회 관계의 특권들과 주의 만찬에 대한 전제 조건입니다. 주의 만찬에서 교회의 멤버들은 빵과 포도주의 구별된 사용을 통해 그리스도의 죽으심에 나타난 사랑을 다함께 기념하는 것입니다. 그리고 이 기념은 언제나 자기 자신에 대한 엄중한 성찰 뒤에 일어납니다.[15]

침례교인들은 닫혀진 주의 만찬에 대해 거의 만장일치적인 것으로 보인다.

---

14 Howell, *Terms of Communion at the Lords Table*, 248. 호웰은 우리가 아나뱁티스트들의 직계자손이라고 믿고 있음이 이 작품으로부터 분명하게 나타난다.

15 W. J. McGlothlin, *Baptist Confessions of Faith* (Philadelphia: American Baptist Publication Society, 1911), 306. 이 책의 저자가 지적하듯이, the Free Will [알미니안] 침례교도들은 닫혀진 주의 만찬에 있어 예외적이다. 그들은 "그리스도 안에 있는 모든 참된 신자 즉 그의 영적인 몸의 한 지체이며 그 분의 지역 교회에 소속된 멤버라면 주의 만찬에서 주의 몸과 피에 참여할 권리를 가지고 있을 뿐 아니라 그 분의 죽음심을 기념해야만하는 의무를 가지고 있는 것이다(ibid., 326)." 한편, 독일(1908), 프랑스(1879), 그리고 스웨덴(1848)에서 나온 침례교 신앙고백문들은 모두 닫혀진 주의 만찬을 지지하고 있다.

그러나 펜들톤은 호웰보다 한 걸음 더 나아간 주의 만찬에 대한 자신의 견해를 제시하였다: "침례교회의 멤버가 아닌 사람은 그 어떤 침례 교회에서도 주의 만찬에 참여하는 권리를 주장할 수 없다."[16] 호웰은 교단 안에서의 연합에 더 많은 관심을 가지고 있었기 때문에 침례 교회들 간의 주의 만찬을 지지했던 반면, 펜들톤은 주의 만찬이 방문 중인 다른 침례교회의 멤버에게까지 허용되면 지역교회의 순수성이 타협될 수 있다고 믿었다왜냐하면, 다른 교회에서 잠깐 방문한 침례교인의 영적 상태를 교회가 점검할 수 없기 때문이었다 – 역자주. 그는 "진리는 이것이니 어떤 지역 교회도 치리를 행사할 능력을 가지고 있는 않은 사람들(즉, 방문한 다른 침례교회의 멤버들)을 자신의 교회가 집행하는 만찬에 초대하도록 요구 받을 수 없다."[17] 결국, 펜들톤은 같은 마음을 가진 침례교회들 중에서 주의 만찬이 지켜져서는 안된다는 자신의 주장에 있어서 그렇게 엄격한 것은 아니었다다른 침례교인들이 자신들이 방문 중인 침례교회의 주의 만찬 의식에 절대 참여할 수 없다기보다는 참여할 권리가 있다고 주장해서는 안된다는 것이다 – 역자주. 그러나 그는 만일 침례 교회들이 다른 남침례교회에서 온 방문 중인 사람에게 주의 만찬을 허용해야만 한다고 강요된다면, 지역 교회의 자율성이 훼손될 수 있다고 염려하였다. 궁극적으로 지역 교회는 형제간의 예의에 따라 타 침례교회에서 온 방문객에게 주의 만찬을 허용할 수는 있지만 그것이 강요되어서는 안된다는 것이다.

하나의 역사적 변형: 열린 주의 만찬의
전형적인 예로서의 스펄전

이 두 신학자들(펜들톤과 호웰)은 대부분의 미국 침례교인들이 엄격한 주의 만찬을 지켰다는 것을 상기시켜준다. 이런 견해는 자신들의 구원 경험을 신자의 침수 침례를 통해 선언하지 않은 사람들에게는 주의 만찬을 허용하지 않는 것이었다. 사실, 침례교인들 중에 아주 유명한 예외적인 경우들이 있는데 대부분

---

16   Pendleton, *Three Reasons Why I Am a Baptist*, 206.

17   Ibid., 209.

은 스펄전C. H. Spurgeon, 로버트 홀Robert Hall Jr., 그리고 존 번연John Bunyan[18]과 같은 영국 침례교인들[19] 가운데 존재하였다. 미국 침례교인들은 자유의지Free Will 침례교인들을 제외하고는 제한적 주의 만찬의 견해를 확고하게 견지하였다.[20]

이들 세 명 중 스펄전은 정기적인 교회 치리를 실행하는 신자들의 교회론을 확고하게 고수했지만 교단의 소속이나 침례의 형태에 상관없이 그리스도 안에 있는 모든 신자들에게 주의 만찬을 열어 놓았던 자신의 독특한 관점을 침례교인들에게 제시한다. 스펄전은 주의 만찬 이전에 신자의 침수 침례를 받아야 함을 격려했다. 그러나 그는 신자의 침수 침례를 주의 만찬의 전제 조건으로 만들지는 않았다. "주의 만찬"이라는 그의 설교 마지막에 그는 다음과 같이 호소하고 있다:

"결론적으로, 모든 불경건한 사람이 이 주의 만찬에 어떤 분깃도 없음을 알게

---

18 번연이 열린(섞여진) 멤버십(신자의 침수 침례가 아닌 유아 세례나 다른 형태로 세례를 받은 사람들에게 교회 멤버십을 허용함)을 주장했기 때문에, 역사가들은 여전히 번연이 회중 교인인지 아니면 침례 교인인지에 대한 논쟁을 하고있다. 다음의 작품을 보라. Bunyan's 1673 publication, *Differences in Judgement About Water-Baptism: No Bar to Communion*. 열린 주의 만찬을 했던 세 명의 신학자들에 대한 논의를 위해선 다음의 자료를 참조하라. Timothy George, "Controversy and Communion: The Limits of Baptist Fellowship from Bunyan to Spurgeon," in *The Gospel in the World: International Baptist Studies, Studies in Baptist History and Thought*, ed. D. W. Bebbington (Waynesville, GA: Paternoster, 2002), 1:38-58.

19 그러나 심지어 영국 침례교의 삶 속에서도 닫혀진 주의 만찬은 일반적이었다. 특별히 신앙 고백문들을 보면 알 수 있다. 존 스미스의 Short Confession of Faith는 "그리스도의 제정하심에 따라 거룩한 만찬은 침례를 받은 자에게 집행되어져야 한다(McGlothlin, *Baptist Confessions of Faith*, 62)." *Propositions and Conclusions Concerning True Christian Religion*의 72조항은 주의 만찬이 "오직 침례를 받은 사람만이 참여해야 하는 의식이라고 선언했다(ibid., 79)." *The First London Confession* (1646), [침수]침례는 신약 성경의 의식으로서 그리스도에 의해서 주어졌으며 신앙을 고백하는 즉 제자가 된 자들에게 시행되어야 한다. [침수]침례를 받은 다음에야 주의 만찬에 참여할 수 있다."마지막으로 *the Second London Confession*은 그 고백문의 주요 작성자중 한 사람인 윌리암 키핀이 닫혀진 주의 만찬의 강력한 지지자였음에도 불구하고 이상하게 이 문제에 대해서 침묵하고 있다. 그러나, 이 점이 2차 런던 신앙고백문이 열린 주의 만찬을 지지했다는 것을 말하는 것은 아니다.

20 이 주제에 대한 좋은 서론을 위해선 다음의 글을 참조하라. John S. Hammett, Biblical Foundations for Baptist Churches: A Contemporary Ecclesiology (Grand Rapids: Kregel, 2005), 283-88; Nathan Finn, "Baptism as a Prerequisite to the Lord's Supper," White Paper 3 (September 2006), published by The Center for Theological Research, Southwestern Baptist Theological Seminary, Ft. Worth, TX, at http://www.baptisttheology.org/documents/BaptismasPrerequisteforSupper.pdf.

하시오. 죄인인 당신의 첫 번째 일은 그리스도 그 분과 함께 하는 것입니다. 가서 그 분에게 당신의 신뢰를 두시오! 이 밤에 가시오. 당신은 어쩌면 또 다른 밤을 결코 가지지 못할 수도 있습니다. 그리고 당신이 믿게 된다면, 그러면 침례를 받으라는 그분의 명령에 순종하시오. 그리고 나서 그 분의 테이블로 나아와서 그 분이 오실 때까지 그 분의 죽으심을 사람들에게 보여주시오. 주님께서 그리스도로 말미암아 당신에게 복 주실 것입니다. 아멘."[21]

그러나 그의 다른 설교 "A Question for Communicants"에서는 스펄전의 견해가 더욱 분명해졌는데 그 설교에서 스펄전은 의심할 여지없이 주의 만찬에서 배제되어야 하는 사람은 주님을 알지 못하여 그 분의 희생을 기념할 수 없는 사람이라고 주장했다. 신자의 침례에 순종하지 않았을 수도 있고 아마도 다른 방식으로 하나님께 거역적일 수 있지만 불신자 이외의 다른 사람들은 주의 만찬에 참여할 수 있어야 하는데 그것은 주의 만찬의 본질과 의도 때문이라고 말한다. 스펄전은 다음과 같이 외쳤다:

나는 주의 만찬이 가지는 의미 중 가장 큰 부분이 그리스도와 교제 뿐만 아니라 성도들 간의 교제라는 생각을 떨쳐 버릴 수가 없다. 우리 모두가 오늘 밤에 이 만찬을 즐기는 것이 어떤가! 나로서는, 주의 만찬에 올 때 이 큰 교회와 함께 교제하는 것 뿐만 아니라, 한 교단(영국 침례교단)의 멤버들 (나는 교단들이라는 것이 없었으면 좋겠다), 그리고 그리스도인들의 한 그룹의 공동체 – 하나님께는 전 세계를 통틀어 그리스도인들의 몸이란 오직 하나 밖에는 없다 – 를 넘어서 가시적인 교회의 어느 부분에라도 속한 모든 사람들을 자유롭게 초대하여 교제하고 싶다. 나는 오늘 밤 이 만찬의 식탁에서 미국에 있는 모든

---

21   Charles Haddon Spurgeon, "The Feast of the Lord," from The Spurgeon Archive, Metropolitan Tabernacle Pulpit (1916), at http://www.spurgeon.org/sermons/3501.htm (accessed September 29, 2006). 스펄전은 이 설교를 1871년 8월 6일the Metropolitan Tabernacle교회에서 하였다.

이름의, 그리고 모든 종류의, 모든 연령층과 모든 계급의 그리스도인들과 교제를 할 것이라고 생각하는 것이 즐겁다. 그리스도의 두 교회들이 있을 수 없다. 한 교회, 한 머리와 한 몸이 있을 뿐이다. 비록 주님의 가정에 매우 버릇없는 자녀들이 있기는 하지만 그들이 자신들의 저녁식탁으로부터 배제되어서는 안된다. 그들을 책망하는 다른 방법이 있다. 그리고 한 그리스도인과 다른 그리스도인 사이에 참으로 살아있는 교제가 있는 한, 즉 주의 만찬이 상징하는 형제 간의 교제가 있는 한 나는 감히 떡과 포도주를 다른 형제들로부터 금지 시키지 않을 것이다. 만일 하나님이 그들에게 그리스도와 교제하도록 주의 만찬을 주셨다면 내가 누구관대 "당신은 나와 교제할 수 없습니다"라고 말하겠는가? 나는 감히 그 말을 하지 않을 것이다."[22]

이 설교의 독자는 신학적인 자유주의로 인해 자신의 교단과 분리하는 것에 있어서는 단호했지만 근본적으로 정통주의 신앙을 가진 사람을 주의 만찬에서 배제시키지 않으려 했던 사랑스런 스펄전의 마음을 잠깐이나만 볼 수 있다. 중생한 사람은 누구라도 스펄전 목사의 주의 만찬 집행에 환영되었다. 간략하게 말하면, 주의 만찬을 제한하는 것은 스펄전에게 비 양심적인 것이었다. 왜냐하면 스펄전은 교회가 한 지역에만 제한될 수 없다고 믿었고, 그 대신 지역 교회란 어느 특정한 날 하나님께서 그의 백성들을 십자가의 깃발 아래에 모이도록 한 가시적 현장이라고 이해했다 스펄전은 주의 만찬을 지역 교회의 신앙고백이라기 보다는 우주적 교회의 교제를 위한 수단으로 보았다 - 역자주 .

그러나 스펄전의 주장은 대부분의 미국 침례교도들에 의해선 환영을 받지 못했다. 스펄전이 가지고 있던 주의 만찬에 대한 견해 때문에, 많은 미국 침례

---

22   Charles Haddon Spurgeon, "The Feast of the Lord," from The Spurgeon Archive, Metropolitan Tabernacle Pulpit (1916), at http://www.spurgeon.org/sermons/3501.htm (accessed September 29, 2006). He preached this sermon on August 6, 1871, at the Metropolitan Tabernacle.

교도인들은 그 빈틈없는 설교자를 참된 침례교인이 되기에는 뭔가 부족한 사람으로 보았다. 그레고리 윌즈Gregory Wills는 침례교도의 삶에 대한 스펄전의 충성심을 의심했던 수많은 사람들의 예들을 자세히 기록하고 있다:

1859년 South Carolina에 있던 콜롬비아 침례교 지방회는 열린 주의 만찬을 가르친 스펄전을 "반쪽만 침례교인"이라 불렀다. 동일한 이유 때문에 Georgia's Baptist Champion의 편집자였던 조셉 워커Joseph Walker는 "침례교인들은 스펄전을 건전한 침례교 설교자라 인정할 수 없다"고 말했다. North Carolina's Biblical Recorder에 글을 쓴 한 저자도 같은 식으로 "스펄전은 위대한 사람이지만 침례교인은 아니다"라고 주장했다. Kentucky Baptists' Western Recorder의 편집자였던 조셉 오티스Joseph Otis는 1860년에 스펄전을 침례교인이라고는 전혀 인정하지 않았다. 그는 "스펄전주의 (열린 주의 만찬주의)"를 비처리즘Beecherism, 노예 해방주의와 함께 분류하여 두 가지 모두 침례교의 신앙의 울타리를 넘어서는 것으로 격하시켰다."[23]

스펄전의 주의 만찬에 비판적인, 위에 언급된 미국 침례교인들 중 많은 사람들이 때로는 신학적 자유주의에 대항한 그의 강력한 반대 때문에 스펄전을 당시 가장 위대한 침례교인으로서 칭찬하고자 했다. 스펄전에게 있어서 신학적 자유주의는 다른 것이 아닌 곧 새로운 이단이었다. 그들의 유일한 공격 무기인 하나님의 말씀을 무디게 하려는 자유주의라는 적을 대항해 자신들의 교단의 생명을 구하고자 싸움에 뛰어든 많은 침례교인에게 있어서 스펄전이 보여준 진리를 향한 담대함은 그가 누구였는지에 대한 어떤 의혹도 다 사라지게 하였다. 그들에게 있어서 주의 만찬에 대한 스펄전의 입장은 그의 신학적 공로에 비하면

---

23 Gregory A. Wills "The Ecclesiology of Charles H. Spurgeon: Unity, Orthodoxy, and Denominational Identity-Southern Baptist Leader," Baptist History and Heritage (Summer-Fall 1999), from FindArticles.com at http://www.findarticles.com/p/articles/mi_mONXG/is_3-34/ai 94161024 (accessed September 29, 2006).

무시해도 상관없는 문제였고 어떤 이들에게는 고려할 만한 것이었다.[24]

하나의 역사적 생략: 주의 만찬과 치리의 상실

20세기가 되자, 대체적으로 주의 만찬은 침례교인들 가운데서 잊혀진 의식이 되어 버렸다. 그 이유는 침례교만의 특징으로서의 주의 만찬의 기능이 약화되었고 기독교계의 새로운 깃발 아래에 연합과 사랑이라는 정의되지 않은 두 가지 원칙이 계속적으로 증가하고 있었기 때문이다. 한때 거의 모든 기독교 교단들에 의해서 지켜져 왔던 제한적 주의 만찬은 분열적이며 파괴적인 것으로 무시 되어졌다. WCC 세계 교회 통합 위원회와 같은 단체들이 결성되면서부터, 교회 일치 운동이 교단들 사이에서 전진하기 위해 제한적 주의 만찬은 무효화될 필요가 생겼다. 다른 한편, 그 분리주의적 뿌리를 유지하고 있던 남침례교단은 최소한 원칙상으로는 제한적 주의 만찬을 유지하였다. 세 개의 남침례교단의 신앙고백서들 the Baptist Faith and Message 모두 이 사실을 증명해 준다. 2000년 침례교 신앙과 메세지는 다음과 같이 선언한다:

교회의 의식으로서 〔침례〕는 교회 멤버십의 특권들과 주의 만찬에 대한 전제조건이다. 주의 만찬은 순종에 대한 상징적 행위이다. 그에 따라 교회의 멤버들이 빵과 포도나무의 열매에 참여함으로써 구세주의 죽으심을 기억하고 그분의 재림을 기대한다.

---

24 윌즈의 글, "The Ecclesiology of Charles H. Spurgeon,"은 이런 미국 침례교인들의 스펄전에 대한 정서를 더 자세히 보고하고 있다. 윌즈는 다음과 같이 적었다:"Kentucky Baptists' Western Recorder의 편집자이자 지치지 않는 신학적 자격들에 대한 조사관이었던 T. T. Eaton은 스펄전이 교단과 결별한 그 행위를 스펄전의 신학적 정통성의 증거로 보았다. Eaton은 "그는 지금까지 살아있는 사람 중에 가장 위대한 사람이다."라고 썼다. 다른 사람들이 스펄전이 여전히 침례교인지에 대해 의구심을 나타내었을 때, Eaton은 그의 경력 내내 끈질기게 닫혀진 주의 만찬을 방어했었다. 그러나, 스펄전에게 있는 열린 주의 만찬의 오류는 넘어가기로 한 것처럼 보인다. Eaton은 아마도 스펄전이 이제는 닫힌 주의 만찬을 채택할 것이라고 희망했다" (ibid., 8).

연합의 원리가 주의 만찬에 관한 어떤 엄격한 부분도 제해버린 반면, 사랑의 원칙은 교회 치리의 모든 정책을 거절했다. 불공평하고 비판적인 것으로 인식된 교회 치리는 용납할 수 없는 교리의 쓰레기 더미 위로 던져져 버렸다. 실제로, 19세기의 많은 교회들은 때때로 교회 치리가 부정확하게 실행되었음을 증거하고 있다. 조지 쇼얼_{George Shore}은 그의 책 *Church Discipline in Ten Baptist Churbces in Wake County, North Caroline* (1850-1915)에서 Holly Spring Baptist Church의 연구 사례를 제시하고 있다. 이 교회에서는 65년 동안 227번의 교회 치리 안건이 회중 앞으로 소개되었다. 몇 가지 항목들은 정말 합당한 치리의 대상이었다. 그 치리의 대상은 집을 불 태우는(분명히 KKK단을 의미한다) 어떤 조직에 가입한 것, 탈영, 노예 무역, 남편과 아내를 유기한 것, 그리고 만인 구원론 등이었다. 그러나 비밀스런 죄들, 집에서 춤을 춘 것, 교회에 말을 끌고 들어온 것 등과 같은 다른 치리의 안건들은 그 당시 침례교 공동체에 퍼져있던 율법주의를 반영한 것이었다.

20세기 말에 이르러, 교회 치리는 많은 남침례교인에게 낯선 개념이 되어 버렸다. 주의 만찬의 피상적인 의미 말고는 거의 모든 것이 대부분의 남침례교인들에게서 사라졌지만 그 의식 자체는 계속 되었다. 남침례교단의 형성기에 있던 많은 침례교인들과는 달리, 현대 침례교인들은 주의 만찬의 심오함, 주의 만찬과 교회의 관계, 그리고 교회 치리와의 관계를 이해하도록 더 이상 훈련을 받지 않는다.

주의 만찬의 참여자들에 대한 현대적 견해들을 이해하기

누가 주의 만찬에 참여할 수 있는가 하는 질문은 과거엔 침례교인들 사이에서 매우 분명했다. 그들은 두 가지 경쟁적 견해들 중 하나를 지지했다: 열린 주의 만찬(신앙을 고백한 모든 신자들) 그리고 닫혀진 주의 만찬(성경적 교회에서 성경적으로 신자의 침수 침례를 받은 신자들). 그러나 지난 세기에 이 두 가지 견해들은 많은 하위 견해들로 발전하게 되었다. 확실히, 어떤 열린 주의 만찬주의자들(스펄전과 번연같이 오직 신자만 포함시키려는 사람들)을 더욱 급진적인 열린 주의 만찬주의자들(비그리스도인도 주의 만찬에 포함시키려는 사람들)과 함께 묶는 것은 공정한 것이 아닐 것이다. 마찬가지로, 제한된 주의 만찬 주의자들도 제한하는 정도가 다양하다. 오늘날, 누가 주의 만찬에 참여해야 하는지에 대하여 적어도 다섯 가지의 경쟁적 이론들이 있다. 각각의 이런 이론들 안에서 독자는 세 가지 교리를 고려해야 한다: 구원론, 침례, 그리고 교회론.

첫째, 어떤 사람들은 내가 "자유 방임주의"라고 부르는 것을 지지한다. 빵과 포도주가 취하고 싶은 모든 사람에게 개방되어 있다. 이런 관점에서 구원은 성경에 아무런 기반도 두지 못하는 철저히 주관적 경험이 되어 버렸다. 주의 만찬에 있어서의 급진적 개방성은 만인 구원설과 일치한다. 예를 들어, 남침례교단에서 출생했지만 자유주의 교회로 바뀐 Covenant Church Houston, TX. 이 교회는 "에큐메니컬 자유주의 침례교회"라는 공식 타이틀을 가지고 있다는 이런 관점을 잘 표현하고 있다.

주의 만찬 자체는 카톨릭, 유대교, 그리고 침례교, 그리스도교에서부터 감독교와 유니테리언에 이르는 이전의 개신교 멤버십의 범위을 포함하고 있는 우리 회중의 신앙 배경의 넓은 폭을 반영한다. 예배는 대부분 고백, 중보, 헌신 그리고 감사의 기도들과 신앙의 확증을 포함하는 의전적 형태로 짜여진다. 이런 요소들은 예배 준비자들에 의해 채택되며 예배 안내서들이나 현대 문학들 그리고 언약의 참여자들(교인들)이 자체적으로 만든 것 중에서 선택된 것들을 포함한다. 만찬은 한 달에 한 번 하며 다양한 형태로 진행된다. 이 만찬은 누구든지 하고자 하는 사람에게는 완전한 참여를 허용한다.[25]

---

25 "Worship" at http://www.covenanthouston.org/worship.htm(accessed at September 20, 2006).

이런 급진적인 견해를 볼 때, 어떤 형태의 교회 치리도 남지 않고 사라져버렸다는 것을 인식하는 것은 어려운 일이 아니다. 더욱이 신약교회가 이런 회중 안에 더 이상 존재하지 않는다는 것은 두 말할 필요도 없다.

두 번째 견해는 열린 성만찬인데 나는 이것을 예수 그리스도를 믿는 모든 신자들을 주의 만찬에 참여하도록 허용하는 것으로 정의한다. 따라서, 이 견해를 지지하는 사람들의 구원론은 배타주의적인 것으로 남아있다. 즉 성경이 명령한 대로 그리스도의 참된 제자들만 떡과 잔을 취하도록 하는 것이다. 반면 열린 성만찬의 교회론은 포괄주의적이다. 교회는 보통 우주적이며 보이지 않는 것으로 정의되는데 많은 경우에 고전 12:13와 같은 구절들이 인용된다: "우리가 유대인이나 헬라인이나 종이나 자유인이나 다 한 성령으로 침례를 받아 한 몸이 되었고 또 다 한 성령을 마시게 하셨느니라."[26] 그러나 교회나 주의 만찬과 관련하여 신자의 침수 침례에 대한 어떤 언급도 없다. The Second Baptist Church _{Houston, Texas} 는 열린 주의 만찬(이런 침수 침례를 요구하지 않는)에 대한 입장을 설명하면서 다음과 같이 분명히 밝히고 있다.

주의 만찬은 교회의 의식이다. 이것은 주님께서 그의 십자가 이전에 유월절 식사를 하실 때 제정하신 것이다. 우리의 죄를 위한 예수 그리스도의 속죄를 기념하기 위해 우리는 정기적으로 주의 만찬을 지킨다. 이 의식은 그 분의 죽으심과 그 분의 다시 오심에 대한 선포이다. 우리는 예수 그리스도에 대한 신앙을 선언한 사람들만 주의 만찬에 참여하도록 요구한다. 빵과 포도 주스의 요소들은 찢겨지신 그리스도의 몸과 우리의 죄를 사하시기 위하여 흘리신 그리스도의 보혈에 대한 상징들로서 사용된다.[27]

---

26 이 장에서 사용되는 모든 성경 구절들은 New King James Version에서 가져왔다.

27 Second Baptist Church, "Our beliefs" (Houston, TX), at http://www.second.org/global/our beliefs.aspx (accessed September 30, 2006). The Scripture verse used for justification are 1 Corinthians 1:21-32; 5:11-13; and Matthew 26:39.

한 사람의 구원과 주의 만찬의 요소들에 참여하는 것이 내용상 연결되어 있지만 위에 있는 문장에서는 그 외의 자격에 대한 것은 언급되어 있지 않음을 주목하라.

세번째 견해는 "금이 간 성만찬_{Cracked Communion}"이다. 비록 이 견해는 신자들의 교회라는 조건과는 명확하게 연결되어 있지는 않지만, 신자들의 침수 침례를 성만찬의 조건으로 강조하는 특징이 있다. 따라서, 만일 회심 이후 누구라도 침수 침례를 받은 사람이라면 그 사람은 주의 만찬에 환영을 받는다. "같은 믿음과 실행"에 근거하여, 이런 견해를 주장하는 교회들은 믿음을 가진 후 침수 침례를 받은 사람들을 주의 만찬에 받아준다. 그러나 이런 교회들은 침례의 의미보다는 침례의 형태에 대해 많은 강조를 두고 있는 것이다. 따라서 이런 교회들은 어떤 교회의 권위에 의해서가 아니라 개인적으로 침례를 받은 자들도 주의 만찬에 참여 시킬 것이다.

네 번째 견해는 "제한된 성만찬(문자적으론 닫혀진 성만찬)"으로 여전히 그 역사적 전례로부터 훼손되지 않은 채 남아 있다. 주의 만찬에 참여하기 위해선 먼저 신자가 되어야 하고, 신약 교회의 권위 아래에서 침수로 신자의 침례를 받은 사람이어야 한다고 주장한다. 이 견해에 대한 가장 분명한 표현은 2000년도 침례교 신앙과 메세지를 받아 들인 지역 교회들에 의해서 유지되고 있다. 참된 회심과 성경적 침례만 강조가 된 것이 아니다. 교회가 다음과 같이 명확하게 정의되었다. 침례교 신앙과 메세지 제 6항은 다음과 같이 말한다:

주 예수 그리스도의 신약 교회는 믿음과 복음의 교제 가운데서 언약을 맺음으로 연합하여 침례받은 신자들의 자치성을 가진 지역 회중이다. 이 신약 교회는 그리스도의 두 가지 의식들을 준수하며, 그분의 법에 따라 다스려지고, 그분의 말씀에 의해 그들에게 주어진 은사와 권리와 특권을 행사하며 복음을 세상 끝까지 전하는 것을 추구한다. 각 회중은 민주적 절차에 따라 그리스도의 주권 아래에서 운영된다. 그러한 회중 속에서 각 교회 멤버는 주님이신 그리스도께 책임을 지며 설명해야 한다. 교회의 성경적 직분자들은 목사들과 집사들이다.

제 7조항은 다음과 같은 것을 덧붙이고 있다: "교회의 의식으로서 침례는 교회의 멤버십과 주의 만찬에 대한 전제 조건이다." 따라서 구원, 침례, 그리고 교회에 대한 세 가지 교리들이 분명하게 서로 연결되어 있다.

마지막으로 다섯 번째 견해는 "잠겨진 성만찬"Locked Communion으로 신자는 그가 현재 멤버로 속해 있는 교회의 주의 만찬에만 참여할 수 있다는 것을 주장한다. 바울이 고린도에서 지역 교회의 테두리 아래에서 주의 만찬을 제정했다는 사실(고전 11:20 "너희가 한 장소에 함께 모일 때")에 근거하여, 이 견해의 옹호자들은 치리와 주의 만찬 사이에 있는 연결에 대한 증거로 고전 5:1-13을 제시한다. 이 구절에는 나오는 한 젊은 남자의 고린도 교회의 교제로부터 출교(5절 "그런 자를 사탄에게 내어준다")는 구약 성경의 이미지를 통해 주의 만찬과 분명하게 연결되어 있다. 그는 "제명되었으며" 그래서 교회는 "새로운 덩어리"가 되어 "우리의 유월절이신 그리스도"를 잘 대표하게 되었다. 이 견해의 지지자에 의해 제기되는 질문은 이것이다: 만일 누군가 어느 교회에서나 주의 만찬에 참여 할 수 있다면, 그럼 반대로 어떤 교회라도 자기 교회에 속하지 않은 누군가를 혹은 다른 교회들에 있는 모든 사람들을 출교할 수 있단 말인가? 매우 간단하게 말하자면, 주의 만찬은 그리스도 안에 있는 형제들과 자매들이 서로를 향한 뜨거운 사랑을 서로 책임감 있게 나누는 방법이다.[28]

1857년 존 리들리 대그John Leadley Dagg, 1794-1884는 미국에 있는 침례교인 중 처음으로 조직신학 책 *Mannual of Theology*을 써서 출판하였다. 그 책에서 대그

---

[28] 스트롱(A. H. Strong)은 열린 성만찬을 정죄했는데, 그 이유는 이것이 모든 치리를 사라지게 할 경향이 있기 때문이다. 교회의 교제에 대한 최고의 표현인 주의 만찬이 자기 자신을 그리스도인이라 여기는 누구에게나 열려 있기 때문이다. Systematic Theology (Valley Forge, PA: Judson Press, 1907), 978. 스트롱에게 더욱 성가셨던 것은 열린 성만찬이 열린 멤버십(신자의 침수 침례를 받지 않아도 교회 멤버십을 허용하는 것)으로 이르게 될 가능성있었다. 한 가지 지적되어야 하는 것은 어떤 사람들은 (스트롱같은) 완화된 형태의 "잠겨진 성만찬"를 주장한다는 것이다. 이 수정된 형태에서는 만일 지역교회의 멤버가 아닌 사람이지만 자신의 교회와 방문 중인 교회에 그들이 책임감 있는 침례교 신자들임에 대한 충분한 증거를 제시할 수 있다면 (예를 들어, 가끔씩 몇 달 동안 자신의 교회를 떠나있어야 하는 대학생들), 그런 사람들이 자신의 교회 이외의 다른 침례교회에서도 주의 만찬에 참여할 수 있다는 것이다.

는 만찬의 참여자들과 하나님의 말씀을 다룰 때 주의 만찬의 중요성에 대한 설득력 있는 주장을 제시하였다. 주의 만찬의 의도로부터 시작하여 대그는 다음과 같이 적고 있다: "주의 만찬은 그리스도에 대한 기념으로, 참가자가 그 분으로부터 영적인 자양분을 받는 것에 대한 묘사로, 그리고 참가자들 사이에 있는 교제에 대한 증거로 의도된 것이다. 대그는 의식이란 "기념을 하기 위한 것이며," "그리스도께서 우리의 죄들을 위해 죽으신 것과 우리가 그분의 죽음으로 인해 살고 있는 (요 6:53) 것을 전파하기 위한 것이다"라고 주장한다. 더욱이, 주의 만찬은 "참석자들 서로 간에 교제하는 것을 의미하도록" 의도되었다(고전 10:16-17, 21).[29]

주의 만찬은 또한 "각 교회에 의해서 공식적인 모임에서 집행되도록 의도되었다." 추가적으로, "믿음 역시 주의 만찬을 받는 사람들에게 필요 조건이다." 만찬 의식은 "사회적"이어야하며(고전 11:2, 23), 공식적인 모임에서 교회에 의해 집행되어야만 한다(고전 11:26)." 궁극적으로, 어떤 형태의 열린 성만찬도 반대하면서 대그는 다음과 같이 썼다: "우리는 주의 만찬이 그 집행과 항구성을 위해 지역 교회에 맡겨진 것과 만일 성경적으로 조직된 지역 교회라면 (신자의 침수)침례를 받은자 외에는 누구도 주의 만찬에 포함시키지 않는 것을 보아왔다. 따라서, (신자의 침수)침례가 주의 만찬의 교제에 참여하기 위한 전제 조건이라는 사실은 당연히 따라온다.[30]

그러므로, 주의 만찬에 대한 공정한 성경적 평가는 그리스도인이 반드시 대답해야만 하는 몇 가지 질문들을 제시한다:

1. 침수 침례가 교회와 밀접하게 연결되어 있는가? 만일 그렇다면, 어떤 사람이 침례라는 입교 의식에 들어가지 않은 상태에서 주의 만찬이라는 교회의 계속적인 의식에 들어갈 수 있는가?

---

29 J. L. Dagg, *Manual of Theology* (Harrisonburg, VA: Gano Books, 1982), 209-11.
30 Ibid., 212-14.

2. 성경은, 특별히 고전 5장과 11장은 주의 만찬을 지역 교회의 의식으로 보는가 아니면 우주적 교회의 의식으로 보는가?

3. 주의 만찬은 그리스도와 동료 그리스도인들에 대한 헌신을 요구하기 때문에, 성서적으로 침례를 받지 않은 사람이 그런 헌신을 할 수 있는가? 그런 폭넓은 헌신이 지역 교회를 넘어서서 만들어 질 수 있는가?

4. 신자가 성서적 침례에 참여하지 않은 상태에서 주의 만찬에 나타나는 〔성서적 침례를 고백하는〕 그리스도의 몸에 진정으로 연합할 수 있는가?

5. 만일 주의 만찬에 참여하기 위하여 그 만찬을 집행하는 교회의 멤버가 될 필요가 없다면, 누군가가 지역 교회와 연합되기를 원하지 않으면서도(그 교회의 멤버가 되고자 원하지 않으면서도) 그 교회가 주도하는 침례를 받는 것이 적절한 것인가?[31]

한 명의 잊혀진 신학자가 주의 만찬이라는
잊혀진 의식에 대해 말하다.

주의 만찬에서 의미 있는 단체적 참여를 회복하고자 한다면 우리가 먼저 우리 자신들을 개인적으로 살피고 우리 자신들을 떡과 포도주를 받기 위해 확실하게 준비시킬 때에만 성취될 수 있다. 아마 그 누구라도 발사자르 후브마이어 Balthasar Hubmaier,1480-1528 만큼 주의 만찬의 중요성을 우리에게 상기시켜 줄 사람은 없을 것이다. 그는 침례교 운동의 형성에 도움을 주었으나 대체적으로는 잘 알려지지 않은 재침례교 인물이다. 종교의 자유와 신자의 침례에 대한 그의 작품들 때문에 알려져 있기는 하지만, 주의 만찬에 대해서도 상당히 많은 양의 저술 활동을 하였다.[32] 이 목회자이자 신학자인 후브마이어는 14개월 만에 6천 명의

---

31 어떤 질문들은 논지 전개를 위해 해밋에 의해 수정되었다. Hamett, *Biblical Foundations for Baptist tist Churches*, 284-88.

32 후브마이어는 주의 만찬에 대한 세 가지 책을 썼다: *Several Theses Concerning the Mass* (1525), *A Simple*

남녀에게 침례를 주었는데 주의 만찬의 합당한 참여자는 그들이 취하려고 하는 그 의식을 심각하게 대해야 하며 철저하게 이해해야 한다고 요구했다. 그의 저작, *A Form of Christ's Supper*는 매우 높게 평가 받았다. 이 저작은 재판 인쇄된 가장 오래된 텍스트들 중 하나이며 사실상 오늘 날에도 사용 가능한 몇 안되는 저작들 중 하나이다.

이 불후의 명작에서, 후브마이어는 의미 있는 주의 만찬의 필요한 특징의 개요를 서술하였다. 나는 그것을 7개의 주요 원칙으로 분류하였다.

1. 주의 만찬은 개인적인 것이 아닌 단체적인 것이어야 한다. "그리스도의 제정하심에 따라 주님의 테이블을 지키고자 하는 형제들과 자매들은… 합당한 장소와 시간에 함께 모일 것이며, 그리하여 어떤 분쟁도 생기지 않도록 하고 누군가 일찍 오거나 혹 다른 이가 늦게 오지 않으며 복음적 가르침이 무시되지 않도록 해야 한다."

2. 주의 만찬은 개인적이며 공동체적인 고백을 함께 포함시켜야 한다. "무엇보다도 사제가 교회와 함께 무릎을 끓고 마음과 입으로 다음과 같이 말하는 것은 부적절한 것이 아니다: "아버지여 우리가 하늘과 당신에 대하여 죄를 지었나이다."

3. 주의 만찬은 그 의미에 대한 성서적 설명이 그 의식의 집행 이전에 주어져야 한다. "이제 그 사제로 하여금 백성들과 함께 앉은 다음에 자신의 입을 열어 그리스도에 관한 성경을 설명하도록 하라."

4. 주의 만찬은 성경적인 그리고 개인적인 조사를 포함한다. "주의 만찬의 자리에 있는 사람들은 어느 시점이라도 자신들이 주의 만찬에 대한 어떤 오해를 하고 있는지 혹은 이 의식에 합당하고 필요한 그리고 그리스도인으로서의 중요한 무엇인가를 결여하고 있는 것은 아닌지 그리고 이 의식에 그리스도에 대한 민음과 형제에 대한(간의) 사랑으로 참여하고 있는 것인지에 대해 질문할 기회와 권리가 있다."

Instruction (1526), and *A Form of Christ's Supper* (1527).

5. 자신을 내적으로 살피는 것은 자신의 믿음과 하나님을 향한 열망과 하나님의 사랑에 대한 감사함과 다른 그리스도인에 대한 맹세를 살펴보는 것이다. "먼저, 참여자는 믿는자이어야 한다… 둘째 그 참여자는 자신이 합당한 내적 그리고 열정적인 갈구함을 가지고 있는지 자기 자신부터 살펴보아야 한다… 셋째, 자기 자신이 주님의 은혜에 감사하고 있는지 확실히 하라… 넷째, 교회의 성례전 또는 맹세한 서약을 지키겠다고 교회에 공식적으로 선언하는 것이다."
6. 주의 만찬은 경계의 말로 마무리한다.
7. 주의 만찬은 또한 격려의 말로 마무리한다. "일어나 그리스도 예수의 평안 가운데 가십시오. 하나님의 은혜가 우리 모두에게 함께 하실 것입니다. 아멘."[33]

끝으로 주의 만찬의 막중한 중요성은 바울이 고린도 교회에 보낸 서신이나 혹 그리스도의 마지막 만찬 자체에서만 발견되는 것이 아니다. 잃어버린 자를 주님께 인도하라는 마 28:19-20에 있는 지상 명령을 촉구하는 바로 그 구절 속에서도 분명하게 보인다. 가라는 명령과 함께 제자를 삼고 침례를 주라는 것 이외에 종종 잊혀진 구절이 바로 이것이다. "그들에게 내가 너희에게 명령한 모든 것을 가르쳐 지키게 하라." 지상 명령이 성경적으로 실행되기 위해서는 주의 만찬이 합당하게 실행되어야 한다. 사실, 주의 만찬의 의미와 구성요소를 희석시키는 것은 지상 명령의 의미와 구성 요소를 희석시키는 것이다. 이런 아름다운 기념을 통해 주님의 죽으심을 선포하는 것은 세상을 위한 그리스도의 희생을 세상에 분명히 보여주는 것이다. 그런 중요성을 다소간이라도 약화시키는 것은 그리스도께서 우리를 부르신 그 명령을 약화시키는 것이다. 이런 것은 하나님이 금지하시는 것이다. 진리는 영원하다.

---

33   H. Wayne Pipkin and John H. Yoder, *Balthasar Hubmaier:Theologian of Anabaptism* (Scottdale, PA: Herald Press, 1989), 393-97, 406.

9장

남침례교인들과 교회 치리: 발전과 쇠퇴

그레고리 월즈 Gregory A. Wills

◇◇◇◇◇

남쪽에 있던 침례교인들은 거의 2백년 동안 철저한 교회 치리를 실행했었다. 그들은 그리스도께서 명령하셨다고 믿기 때문에 그렇게 했던 것이다. 1845년에서 1900년 사이에 남침례교인들은 약 130만명의 교인을 치리하였고 그 치리를 받은 사람 중 65만명의 교인을 출교시켰다.[1] 그러나 1950년경에는 치리의 행습에 대한 사라져가는 기억만 남아 있었다. 남침례교회들은 신약 교회의 치리를 포기하였다. 남침례교 목사들과 교단의 리더들은 치리를 버리는 것이 그리스도에게 순종하지 않는 것임을 알고 있었다. 두 세대동안 그들은 치리에서 실패한 것에 대해 불평하였고 교회들로 하여금 교회 치리를 회복할 것을 촉구하였다.

남침례교인들은 보수주의자들이나 진보주의자들 모두에게 교회 치리가 불가능한 것으로 보이게 만든 세 가지 구조적 변동을 경험하였다. 첫째, 그들은 그리스도께서 구체적인 교회론을 명령하셨다는 것에 대한 자신감을 상실하였다. 따라서, 교회의 실행을 실용주의적 관심사, 즉 효과성이라는 인간적 기준위에 기초하게 하였다. 둘째, 그들은 인간의 경험에 따라 교회론 신학을 재정의하도록 이끈 새로운 침례교 정체성을 채택하였다. 이런 새로운 교회론과 신학은

1　10개의 남부에 있는 주에서 76개의 다른 지방회들을 대표하는 1, 875개의 침례교 지방회의 기록들에 나타난 멤버십과 출교에 대해 살펴본 후 나는 10년마다 이루어진 평균 출교 비율을 계산하였다 (교회 멤버의 수로 출교의 수를 나누었다) 그리고 남침례교단의 모든 교인의 수로 출교 비율을 곱하였다. 그 결과 1845년에서 1900년사이에 682,812명이 출교된 수치가 나왔다. 조지아주에 있는 교회들의 회의록에 기초해 보면 교회들은 치리의 과정에 있었던 교인들의 40%-50%를 출교했다. 따라서 치리를 받았던 총 교인들의 수는 출교된 사람들의 두배였다. 남침례교인 가운데 있었던 교회 치리의 범위에 대한 추가적인 논의를 위해선 다음의 자료를 참조하라. Gregory A. Wills, *Democratic Religion: Freedom, Authority, and Church Discipline in the Baptist South, 1785-1900* (New York: Oxford University Press, 1997), 22-23, 116-17.

특별히 하나님을 인도주의적인 용어로 재설명하였고 하나님에 대한 그들의 경외감을 약화시켰다. 셋째, 남침례교인들은 사회적 질서의 수호자가 되었는데 그것은 교회를 세속화 시키고 세상으로부터 분리되고자 하는 교회의 헌신을 손상시켰다.

이와 같은 헌신들은 침례교의 경건성을 크게 바꾸었고 그에 따라 현대 교회의 인도주의적이며 세속화 된 목적을 달성하는데 교회 치리는 어울리지 않는 것으로 보였다. 교회 치리는 교회 성장에 비효과적이며 현대 사회에서 필요한 사역과는 상관없는 것처럼 보였다. 남침례교회 목회자들은 마침내 순종 보다는 교회 성장을 위한 타당성을 선택하였고 순종을 상실한 자신들의 양심을 조용히 무마하였다.

침례교들 안에 있는 교회 치리의 기원들

초기 영어권 침례교인들은 그들이 자신들을 분리시킨 청교도 교회들이 사용했던 것들과 비슷한 방법으로 교회 치리를 시행했다. 청교도들은 교회와 치리에 대한 칼빈의 가르침을 매우 높게 평가했다. 칼빈과 청교도들은 교회 치리를 참된 교회의 본질적 요소 중 하나로 보았다. 치리는 주의 만찬에 참여하는 것에 경계선을 세웠다. 따라서 치리는 주의 만찬의 순수한 집행을 위해선 필요한 것이었다. 칼빈은 빵과 포도주를 악을 행하고 회개하지 않는 사람들에게 주기 보다는 차라리 (주기를 거부하여 생겨날 수도 있는) 죽음의 고통을 받을 준비가 되어 있었다. 그래서 칼빈은 1536년 이런 확신 때문에 제네바에서 쫓겨나게 되었다. 1538년 다시 제네바로 돌아왔을 때, 칼빈은 제네바 교회안에서 교회 치리를 다시 시행한다는 것을 조건으로 내세웠다.[2] 칼빈의 영어권 제자들은 덜 성공적이

---

2   Robert Kingdon, "The Geneva Consistory in the Time of Calvin," in *Calvinism in Europe, 1540-1620* (Cambridge: Cambridge University Press, 1994), 21-34.

었다. 토마스 크랜머Thomas Cranmer 는 의회를 설득시켜 개신교 교리와 예배를 법제화 하였지만 의회로 하여금 개신교의 교회 치리를 채택하도록 하는데는 실패하였다. 그러나 청교도들이 영국이든 피난지이든 자신들의 교회를 설립할 때는, 교회 치리를 포함한 원칙 위에서 자신들의 교회를 세웠다.[3]

아나뱁티스트들이 초기 영어권 침례교인들에게 교회 치리와 관련하여 영향을 미쳤을 수도 있다. 그러나 그런 생각을 뒷받침할 증거가 부족하다. 초기 영어권 침례교인들은 청교도 교회들에서 나왔다. 그리고 그들은 영국 성공회와는 독립된 청교도들이 행하던 식으로 치리를 제정하였다. 침례교인들은 치리의 수단으로 사회적 교류 금지social ostracism of the ban 를 사용하지 않았는데 이 사회적 교류 금지는 아나뱁티스트들이 출교의 한 본질적 요소로 만들어 놓은 것이다. 그리고 남침례교 운동에 상당히 공헌한 분리주의 침례교인들 the Separate Baptists 은 뉴잉글랜드 회중 교회로부터 나왔지만 회중 교회가 행하던 치리의 원칙들은 인정해 주었다.

그러나 침례교인들은 17세기 영국에서든, 18세기 미국의 뉴잉글랜드에서든 청교도주의에 충성할 필요를 느끼지는 않았다. 침례교인들은 그들의 교회 실행들에 있어서 성경적인 정당성을 요구하였다. 그러므로 그들은 청교도 교회의 유아 세례와 관세례를 거절하였다. 그러나 그들은 청교도들의 교회 치리는 그 중심 내용에 있어서는 올바른 것이라고 판단했으며 그래서 비슷한 식으로 교회 치리를 실행했다. 침례교인들과 청교도들 사이에 가장 큰 차이점은 침례교인들은 훨씬 오랫동안 교회 치리를 유지했으며 청교도들보다 더 엄격하게 세상으로

---

3   See James C. Spalding, "Reformatio Legum Ecclesiasticar um of 1552 and the Furthering of Discipline in England," *Church History* 39 (1970): 162-71; Gerald Bray, "The 1552 Reform of English Church Discipline," *Churchman* 116 (2002): 201-19; and J. William Black, "From Martin Bucer to Richard Baxter: 'Discipline' and Reformation in Sixteenth and Seventeenth-Century England," *Church History* 70 (2001): 644-73.

부터의 분리를 주장했다는 것이다.[4]

침례교 교회 치리의 형성

침례교인들은 신약 성경에 일치하는 교회 치리를 시행하려고 노력했다. 중생한 자만의 교회 멤버십이라는 신약성경의 교리는 논리적으로 교회 치리를 전제로 한다. 그러나 침례교인들은 그들의 실행을 그 논리적인 근거에 세우지 않았다. 그들은 치리의 실행을 마 18장에 있는 예수님의 분명한 명령과 고전 5장 그리고 고후 2장에 계시된 사도적 실행의 규범성에 기초하였다. 침례교인들은 어떤 희생과 결과가 있더라도 그들 자신을 그리스도의 명령에 순종하는데 전념하였다. 미 식민지 통치자들이 버지니아 침례교 설교자 존 월러 John Waller 에게 설교하지 말라고 명령했음에도 불구하고, 그는 설교하였다. 그 이유는 그리스도께서 설교를 명령하셨기 때문이었다.[5] 한 조지아주의 농장 주인이 침례교 목사였던 존 리랜드 John Leland 에게 만일 자신의 아내에게 침례를 시행하면 자신의 아내를 채찍으로 때리고 리랜드 목사는 죽이겠다고 협박했을 때, 리랜드 목사는 자신의 목을 내놓았고 그 농장주의 아내는 자신의 등을 내 놓았다.[6] 왜냐하면 그리스도께서 신자의 침수 침례를 명령했기 때문이었다. 존슨 W. B. Johnson 목사의 성경적인 설교에 불만을 품은 어떤 회중이 그가 설교자로 선택된 것 때문에 폭력배를 동원해 존슨 목사를 때리려 했을 때, 그는 좌절하지 않았다. 왜냐하면 그리스도께서 그에게 성경을 설교하라고 명령하셨기 때문이었다.[7] 치리에 불만

---

4   뉴잉글랜드 회중 교회들의 교회 치리에 대한 논의를 위해선 다음의 자료를 참조하라. Emil Oberholzer, *Delinquent Saints: Disciplinary Action in the Early Congregational Churches of Massachusetts* (New York: Columbia University Press, 1956).

5   Robert Semple, *A History of the Rise and Progress of the Baptists in Virginia* (Richmond: John Lynch, 1810), 15-16.

6   John Leland, "Events in the Life of John Leland," in *The Writings of the Late Elder John Leland*, ed. L. F. Greene (New York: G. W. Wood, 1845), 20, 27.

7   William B. Johnson, "Reminiscences," *South Carolinian Library*, University of South Carolina,

을 품은 한 교회 멤버가 모임의 장소에 불을 질러 태워 버린 후에 교회 치리를 방해하기 위해서 총으로 위협하였을 때, 그 교회의 회중은 그럼에도 불구하고 그 형제를 출교시켰다. 왜냐하면 그리스도께서 출교라는 치리를 요구하셨기 때문이었다.[8] 침례교인들은 침례, 주의 만찬, 또는 회개와 예수 그리스도의 이름에 대한 믿음을 설교하는 것을 등한시 할 자유가 없듯이 교회 치리를 등한시 할 자유가 없다. 그들은 그리스도께서 아주 분명한 교회의 질서를 명령하셨다고 믿었으며 그 질서가 얼마나 비 현실적이며 비 효과적으로 보이든 그 명령을 실천하겠다고 서약했다. 침례교인들은 이 세련된 사회의 멸시에도 불구하고 하나님께서 자신들에게 세상으로부터 분리되어야 한다고 명령하셨음을 믿었다.

침례교인들은 또한 그들이 신실하게 치리를 행할 때 하나님이 복 주실 것이며 그분께서 교회 치리의 신실한 실행을 통해 영적인 유익을 산출하실 것임을 믿는다. 치리는 교회의 순결을 지켜왔다. 그것은 신실함에 걸림돌이 되는 것들을 제거해 주었다. 치리는 죄의 끔찍한 성격을 눈에 보이도록 보여줌으로써 믿는이들로 하여금 의에 대한 그들의 열망안에서 더욱 강해지도록 하였다. 치리는 그리스도의 이름을 불의와 함께 고백하는 자들을 배제함으로써 그리스도에 대한 명예를 지켜왔다. 치리는 공개적인 죄를 범하고도 회개하지 않는 형제들로 하여금 회개에 대한 적절한 장려책을 제시하였고 질서 있는 그리스도인의 삶으로 돌아오도록 하였다. 치리는 죄와 유혹에 대한 복음적인 치료였으며 하나님께서 믿는이들을 성화시키시기 위하여 제공하신 방법 가운데 본질적인 것이다. 그리고 침례교인들은 일반적으로 하나님이 치리를 통해 그리스도께 순종하는 교회에게 영적인 능력과 부흥을 부어 주신다고 믿었다.

침례교인들은 예수님이 교회로 하여금 실제로 드러난 모든 죄에 대하여 치리를 행사하라고 요구하셨다고 믿었다. 침례교회들은 내적인 죄라고 용서하지

Columbia, 16-17.

8   Bethel Baptist Association (Georgia), *Minutes* (1841), 14-16.

는 않았다. 그들은 오히려 그런 내적인 죄를 책망했다. 그러나 침례교인들은 그리스도께서는 교회의 치리를 외적인 죄를 다루기 위해 만드셨다고 믿었다. 교회는 개인의 내적인 죄들을 심판할 수 있는 능력을 가지고 있지 않다. 그러나 밖으로 드러난 죄들은 보이는 것들이고 치리를 통해 교정될 수 있는 것들이다. 침례교인들은 살인, 낙태, 방화, 육체적 공격, 도둑질, 사기, 신성모독, 거짓, 술취함, 온갖 종류의 남용, 음란, 그리고 간음과 같이 심각한 죄를 지은 멤버를 치리했다. 그들은 교회나 개인에게 적대적이며, 분노하며 중상모략하거나 위협하는 사람도 치리하였다. 침례교인들은 또한 자신의 교회적인 의무에 반하여 습관적으로 예배를 결석하는 자, 교회의 권위에 순종하기를 거절하는 자, 세상 오락에 빠져있거나 또는 열린 성만찬을 실행하는 자를 치리하였다. 그들은 또한 교회안에서 분열이나 파당을 조성하는 자, 잘못된 교리를 퍼뜨리거나 이단을 수용하는 자도 치리하였다. 침례교인들은 신약 성경이 치리를 위한 두 가지 절차상의 원칙을 세워 놓았다고 주장했다. "개인적"인 성격을 띄는 죄나 덜 심각한 죄의 경우에는 일반적으로 교회 멤버들이 마 18장에 설명되어 있는 "복음적 단계"를 따라야 한다. 그러나 "공적인" 성격의 죄와 심각한 죄의 경우에는 일반적으로 바울이 고전 5장에서 고린도 교회에게 명했듯, 교회 멤버들이 그 문제를 직접 교회에게 보고한다.

19세기에 침례교인들은 한 달에 한 번 보통 토요일에 모이는 교회 회의나 운영 위원회에서 치리의 문제를 다루었다. 어떤 경우에는, 죄로 인해 고발이 된 개인들이 자신들의 죄를 고백하였고 용서를 구했다. 그러나 대부분의 경우에는 집사들 중 한 사람이 교회가 관심을 가지고 살피도록 치리해야 할 문제를 보고하였다. 사회자가 문제를 일으켰다고 지적된 사람에게 그 보고에 대해 대응할 것을 요구했다. 만일 그 문제가 된 사람이 교회 모임의 현장에 없다면, 교회는 그 사람을 다음 번 모임에 소환하여 교회 앞에 답을 하도록 했다. 사실상 치리의 모든 경우에 교회는 그 사안을 조사할 위원회를 임명하였다. 조사 위원들은 죄가 있는 경우든지 무죄의 경우든지 그 사안과 관련된 모든 증거를 가지고 있다는 확신을 갖기 원했다. 그들은 또한 그 보고된 문제의 여러 정황과 관련된 정보를 원했다. 이런 것들 만큼이나 중요한 것은, 조사 위원들이 문제가 지적된 그 사람의 마음과 정신의 상태를 알기 원했다는 것이다.

관련된 증인들과 이야기를 해보고 문제가 있다고 지적된 사람과 많은 시간을 보내고 난 후에, 조사 위원회는 보고서를 교회에 제출하였다. 그 보고서는 유, 무죄에 대한 위원회의 견해와 그들이 발견한 것 즉 완화될 수 있는 그리고 더욱 악화될 수 있는 상황들에 관련된 사실적 근거를 포함하였다. 그 보고서는 마지막 부분에 교회가 취해야 할 치리의 행위에 대한 추천을 하게 된다. 만일 교회가 조사 위원회가 주어진 의무를 잘 수행했다고 만족하면, 교회는 그 보고서를 받고 위원회를 해산시켰다. 그렇지 않은 경우, 교회는 조사 위원회로 하여금 그들이 더욱 철저하게 자신들의 일을 수행하도록 지도하였다. 이런 절차를 통해 오직 세 가지 결과만 나올 수 있었다. 첫째, 교회는 문제가 있다고 지적을 받은 사람이 무죄하다는 것을 알고 비난을 금지시키는 것이다. 둘째, 교회는 문제가 있다면 그 사람에게 책망한 후 그를 용서 할 수 있다. 그리고 그를 교회의 형제로 계속 남아 있게 하는 것이다. 셋째, 교회는 그를 교회로부터 배제, 즉 출교시키는 것이다.

출교는 언제나 회개가 없을 경우에 실행되었다. 그러나 회개가 치리 대상자를 모든 문제로부터 구해낸 것은 아니다. 특별히 그리스도를 불명예스럽게 했거나 습관적인 기만 또는 사기를 불러일으킨 심각한 죄들의 경우에는, 그 문제의 당사자가 회개했다고해도 보통 교회로부터 출교를 시켰다. 그리고 교회의 치리 위원회에 나왔던 치리 대상자의 50%가 출교를 경험했다. 침례교회들은 이런 출교가 된 사람의 회복을 추구했다. 그가 재허입을 요청할 때, 교회는 만일 회중이 그가 실제로 회개하였다고 믿어지면 그 요청을 수락하였다. 교회는 이런 재허입의 요청을 판단할 때 문제가 된 죄의 성격과 심각성을 치리 받은자가 보여 준 신실함의 증거에 비추어 평가하였다. 교회는 그 개인이 행했고 말한 것에 근거하여 그의 회개를 판단했다. 교회는 그 개인이 재허입 이후에 성실히 예배 출석을 하고 그리스도인 답지 못한 행위를 진실로 버렸다는 것을 기대했다. 특별히 죄가 심각하거나 교회 또는 여러 사람을 기만했다면, 교회는 일반적으로 회개의 진정성이 입증될 시간을 길게 가졌는데 거의 1년 정도까지도 출교의 시간을 가졌다. 교회가 얼마나 오랫동안 범죄한 형제를 출교해야 하는지에 대하여 어떤 법을 만들지는 않았지만 각 상황에 맞는 상식적인 기간을 발전시켜 나갔다.

회복을 추구하는 사람은 또한 회복에 대한 그의 요구에 있어서 바른 정신과 마음을 표현해야만 했다. 교회는 그가 자신의 죄를 인정하고 회개를 서약하며 교회의 치리를 기꺼이 받아들이며 의에 따라 살겠다는 서약을 애통함과 겸손한 심령으로 하기를 기대했다. 그렇게 한다면, 교회는 그 사람을 회복시킬 것이다. 만일 그 개인이 자신을 정당화하고 적어도 다른 사람을 비난한다면, 교회는 그것을 참된 회개와는 일치하지 않는 교만한 마음의 증거로 보았고 그런 사람은 회복시켜 주지 않았다. 19세기에는 출교된 남침례교인들의 30-40%가 교회 멤버십의 회복을 추구하였다. 멤버들은 동료 멤버들에 대한 문제점을 보고하는데 주의를 기울였던 것으로 보인다. 교회의 서기가 문제가 있는 사람의 반응을 기록한 경우에 대다수가 그들의 죄를 고백했다. 그리고 교회는 상당히 공정하게 이 문제들을 다룬 것으로 보인다. 문제점이 지적된 사람이 보고를 거절했던 모든 경우의 거의 절반 정도는, 교회가 조사를 통해 죄가 없다고 선언했는데 이런 무죄의 선언 비율은 당시 형사 법정보다 높은 것이었다. 만일 한 멤버가 다른 사람에 대해 충분한 근거 없이 문제를 지적했다면, 교회는 일반적으로 중상모략 또는 적대감을 가졌다는 이유로 오히려 그 보고자를 치리하였다.

치리는 통계치가 보여주는 것보다 훨씬 효과적이었다. 일반적으로 치리는 중생한 자의 교회라는 특징을 유지하는데 도움을 주었고 멤버들에게 그들이 맺은 언약의 의무와 멤버십의 의미를 생각나게 해 주었다. 치리는 거룩하지 않은 자를 교회에서 배제함으로써 뿐만 아니라 멤버들에게 죄에 대항하여 자기 자신을 지키도록 분명하고 생생한 경고를 함으로써 교회의 순수성을 지속시켰다. 그러나 치리가 또한 마 18장에 있는 절차들을 따라 진행되었을 때, 많은 경우 문제가 전체 교회의 주의를 끌기 이전에 사람들이 회개하는 효과를 가져왔다. 치리는 또한 멤버들에게 교회의 순수성과 신실함에 대한 단체적인 책임을 상기시켜 주었다. 신약 성경의 회중주의에 대한 침례교인들의 헌신은 모든 멤버가 책임이 있다는 것이며 회중은 교회의 교제권에 대하여 함께 권위를 행사한다는 것을 의미했다.

옛 교회 치리를 칭찬하며

1880년대에는 교회 치리가 남침례교회에서 점차적으로 줄어가고 있었다. 1930년대가 되었을 때, 교회들은 1880년대 이전에 했던 것에 비해 80-90%가 줄어든 출교를 행하고 있었다. 그러나 교회 치리의 약화는 통계가 보여주는 것보다 더 심각했다. 1930년대에 대부분의 출교는 치리의 과정을 전혀 거치지 않았다. 교회들은 활동하지 않는 멤버들을 그들의 출석부에서 제거하였고 이런 이름 지우기를 출교라고 보고하였다. 실제로 치리의 과정들은 거의 희귀한 것이 되어버렸다. 그러나 많은 침례교인들은 이런 결과에 저항했다. 목회자들과 교인들이 교회 치리가 사라지는 것을 막기 위해 몇 번이고 노력했다. 그들은 옛 교회 치리를 찬양했고 그것이 땅속에 묻혀져서는 안된다고 생각했다. 그럼에도 불구하고 교회 치리는 땅속에 묻히게 되었다.

남침례교인들은 그들이 1870년대에 교회 치리에 대한 지배력을 상실해 가고 있음을 알았다. 예를 들어, 써든 침례 신학교_{Southern Baptist Theological Seminary}의 윌리엄 H. 윗시트_{William H. Whitsitt} 교수는 1874년에 다음과 같은 불만을 토로했다: "지금은 술 취함이나 다른 일반적인 범죄로 인해 사람을 교회에서 출교 시키는 것이 매우 어렵다."[9] 1878년에는 Greenville_South Carolina의 제일 침례교회 목사인 하이든_J. C. Hiden이 Baptist Courier라는 잡지에 글을 기고하여 당시에 발생하고 있던 유명무실해진 교회 치리에 대한 안타까움을 나타내었다.[10]

몇십 년 동안 침례교인들은 그들의 주_state에 있는 교단 신문지와 지방회 보고서에 옛 교회 치리로 돌아가야 한다고 경고하는 글들을 출판하였다. 예를들어, The Texas Baptist Standard는 조지 트루윗_George Turett이 1911년에 쓴 전통적인 교회 치리에 대한 호소를 출판하였다.[11] 1922년에는 South Carolina의 Baptist Courie지가 Furman 대학의 총장 윌리암 맥글로트린_William McGlothlin의 걱정을 실었는데, 그의 걱정은 치리를 버리는 것은 교회 뿐만 아니라 사회 전체에도 해를 끼친다는 것이었다.[12] 비록 옛 교회 치리를 회복하자는 촉구들이 20세기가 진행되면서는 덜 빈번해졌지만, 남침례교 지도자들은 가끔씩 1950년대와 1960대까지도 치리의 회복을 촉구하였다. 1958년 Southern Baptist Encyclopedia에 있는 교회 치리에 대한 글은 치리를 침례교회에 "필수 불가결한" 것으로 묘사하였다.[13] 1962년까지도 Tennessee에 있는 침례교의 Baptist and Reflector는 이 문제를 강조하였다. 그 잡지에서 써든 신학교의 교수였던 글렌 힌슨_Glenn Hinson은 자신의 글 전체에서 교회 치리의 회복을 추천하였다.[14]

교회의 삶에서 일어난 여러가지 발전들은 치리를 더욱 어렵게 만들었다. 얼굴과 얼굴을 맞대는 문화가 상실된 미 남부에서 일어난 도시화는 예의를 지키

---

9   William H. Whitsitt, *Journal*, William H. Whitsitt Collection, James P. Boyce Centennial Library, Southern Baptist Theological Seminary, Louisville, Kentucky, 266.

10   J. C. Hiden, "Church Discipline, No. I," Baptist Courier, March 14, 1878, 2. 하이든은 적어도 이 주제에 대하여 세 개의 추가적인 글을 기고하였다.

11   George Truett, "Church Discipline," *Baptist Standard*, September 23, 1923, 1-2.

12   William McGlothlin, "Reflections on Reading an Old Church Book: Number Two," *Baptist Courier*, November 16, 1922, 5.

13   Theron Price, "Discipline," in *Southern Baptist Encyclopedia* (Nashville: Broadman Press, 1958), 1:366.

14   E. Glenn Hinson, "Early Christian Discipline and Ours," *Baptist and Reflector*, December 6, 1962, 12-13.

는 공손함의 문화를 촉진 시켰고 그룹보다는 개인의 특권을 더 확대하였다. 도시 교회가 크게 증가 하면서, 긴급한 재정적 문제의 압박과 프로그램 중심으로 발달한 교회의 생명은 치리를 교회 생활의 주변으로 내몰았고 그곳에서 치리는 무관심 속에 소멸해 갔다. 교회와 사회에서의 변화들이 교회 치리를 더욱 어렵게 만든 것이다. 그러나 성경이 교회 치리를 요구하고 있다는 남침례교의 지도자들과 일선 목회자들의 강력한 믿음에 비추어 볼 때, 이런 교회와 사회의 변화들이 치리를 포기해도 되는 충분한 원인들로 보이지는 않았다. 당시 남침례교인들은 그들의 치리를 포기하려는 어떤 의도도 없었다. 누구도 치리를 일부러 멀리 하도록 촉구하지 않았다. 모두가 치리는 회복되어야 한다는데 동의하는 것처럼 보였다. 그러나 그들은 교회의 치리와 공존할 수 없는 새로운 변화들을 자신들이 수용했다는 점을 간과했다. 첫째, 그들은 이제 교회의 실행을 사도적인 패턴이 아닌 그것의 명확한 효율성에 기초하게 되었다. 둘째, 그들은 (성경의 객관적 진리나 공동체의 유익보다) 주관적인 가치들과 개인의 자유에 더 큰 특권을 부여하는 방식으로 침례교의 정체성을 새로 규정하였다. 따라서 그들은 신앙과 행위를 판단하는 교회의 권위를 약화시켰다. 셋째, 그들은 교회 선교의 정의를 수정하여 교회가 해야 하는 선교를 사회의 병폐를 치유하는 것으로 보았다. 이런 새로운 선교에 대한 정의는 세상으로부터 교회가 분리되어야 한다는 의식을 약화시켰으며 교회를 세속화 시켰다. 남침례교 지도자들은 1880년에서 1930년 기간에 이런 새로운 변화들을 받아들였다. 그런 새로운 변화들은 아주 값비싼 결과를 가져온 구조적인 변화들이었다. 이런 새로운 변화들은 치리를 완전히 해체시켜 버렸다.[15]

15　치리를 불가하게 만든 다른 요인들도 있지만, 위에서 언급된 세 가지들이 치리를 반이성적인 행습으로 전락시킨 남침례교단안에서 발생한 구조적 변화들을 설명해 준다. 다른 요인들에 대해선 다음의 자료를 참조하라. Wills, *Democratic Religion*, 116-38.

새로운 교회: 효율성에 대한 욕망

이런 변화들 가운데 첫번째는 남침례교인들이 교회에 대해 새로운 이해를 갖게 되었다는 것이다. 그들은 옛 침례교 교회론에 대해 존경을 표하지만 그것에 대한 자신감을 상실하게 되었다. 효율성이 새로운 교회의 좌우명이 되었다. 효율성의 옹호자들은 그들의 동료 남침례교인들에게 오직 효율적인 교회만이 현대 사회의 새로운 환경 속에서 번성할 수 있다고 설득시켰다. 그리고 이런 옹호자들은 매우 급속하게 늘어났다. 새로운 교회론이 옛 교회론을 현대 사회와는 무관한 것으로 밀어내는데 그리 오래 걸리지 않았다. 그 결과, 교회 치리는 새로운 역할을 하게 되었다. 효율성 전문가들은 치리를 무시하도록 권장하지는 않았다. 그들은 오히려 치리의 효율성을 치리의 목적으로 삼았다. 그러나 다소간 치리는 그들이 기대하던 결과를 내지 못했다. 그래서 교회들은 어쩌면 자신들이 효율성의 전문가들이 요구하는 식으로 기계(교회라는 체제)를 운영하기에는 충분히 기술적이지 않다고 느꼈다.[16]

전통적인 침례교의 교회론에선 침례교인들이 주장한 효율성을 얻을 수 있는 가장 좋은 방법은 순종에 의한 것이었다. 신약 성경의 교리, 의식들, 그리고 치리를 유지하는 교회들이 하나님의 복을 얻을 것이다. 이런 영역에서 실패하는 교회들은 하나님이 징계를 하시거나 파멸에 이르게 하실 수 있다. 옛 침례교인들 모든 영적인 일에 있어서 최고의 권위와 능력을 가진 동력자는 성령님이라고 확신했다. 오직 성령님이 죄인들에 대한 책망과 회심을 위한 설교를 효과 있게 만들 수 있다. 오직 성령님만이 기도를 능력 있게 만들 수 있다. 오직 성령님만이 딴 길로 가고 있는 성도들을 회복하고 교회를 소생 시키기 위한 치리를 효과적인 것으로 만드신다. 성령님은 참으로 영적인 교회에게, 즉 크건 작건 모든

---

16 남침례교인들은 사회의 제도들과 효율성에 대한 이성적 질서를 향해 나아간다는 진보주의적 시대(the Progressive Era)의 강력한 문화적 흐름들을 따라갔다 - 그런 흐름들 중에는 전문가들에게 의존하기, 전문성 갖추기, 그리고 사회 과학들이 있었다.

일에 순종 하려는 교회에게 복을 주신다. 반대로 교회 내에 있는 세속화와 악함
은 성령님을 근심케 한다.

　콜롬비아 제일 침례교회의 목사이며 후에 Southern Baptist Theological
Seminary의 총장이었던 제임스 P . 보이스_{James P. Boyce}는 덧붙여 말하기를 만일
교회들이 교회 치리를 행사하지 않는다면 교회는 지상 명령을 성취 할 수 없게
될 것이라고 주장했다. 오직 교회 치리만이 교회로부터 세속화를 멀리할 것이
며 심지어 교회의 작은 모임들 가운데서 거룩함을 증진 시킬 것이다. 오직 치리
를 통해 자기 부정을 배움으로써, 교회는 세상의 복음화에 필요한 진심 어리고
일관된 노력을 행사할 수 있다. 그러나 보이스는 그 이전에 성령님은 오직 순결
하고 거룩한 교회만을 돕는다는 사실을 알아야 한다고 말한다. 성령님의 도우
심이 없다면, 교회는 성공할 수 없다.[17] 1870년대 이전에는 회심하는 사람이 적
거나 영적으로 쇠퇴하게 될 때, 지도자들은 그 원인을 빈약한 설교 또는 빈약한
치리에 돌렸다. 선베리 침례교 지방회_{Sunbury Baptist Association}는 이 점을 1868년에
잘 표현했다: "교회들의 힘과 효율성을 확고히 하는 유일한 방법은 그들을 순
결하게 유지하는 것이다."[18] 그러나 1880년대에 이르러서는 교단적인 문제점
을 시스템, 질서, 그리고 계획의 부족함 때문이라고 탓하게 되는 것이 일반화되
었다. 당시 교단의 지도자들은 교회의 가장 큰 결함을 조직화의 부재라고 여겼
다.[19] 그들에겐 순결함이 아니라 조직의 효율성이 교회의 근본적 문제들에 대한
답이었다.

　교회 리더들은 교회 치리가 시들어가던 기간에 충격적일만큼 정기적으로 효
율성을 선전하였다. 그들은 효율성을 지상 명령에 대한 신실함을 실제적으로
시험하는 잣대로 만들었다. 효율성은 순수함이나 순종이 아니라 교회 활동의

17　James P. Boyce, "Church Discipline-Its Importance," *Baptist Courier*, February 18, 1852, 2.

18　Sunbury Baptist Association (Georgia), *Minutes*, 1868, 6.

19　Flint River Baptist Association (Georgia), *Minutes*, 1900, 13.

모든 영역에 있어서 시스템, 조직화, 그리고 합리성으로 구성되었다. 사실상 목회자들은 점점 더 그들의 역할을 교인의 활동을 조직화하는 것으로 보았다. 이전에 목회자들은 신실한 설교와 교회 치리를 통해 그들의 교회가 순결한 도덕성과 교리를 유지하도록 능숙하게 인도하였기 때문에 높은 칭송을 받았었다. 1880년대에 이르러는 그와 반대로 목회자들이 그들의 교회를 재정, 선교, 구제, 훈련과 봉사에 대한 효율적 시스템으로 전락시킬 수록 더욱 더 칭송을 얻게 되었다.[20]

1900년까지 옛 침례교 교회론은 빠르게 쇠퇴하고 있었다. 써든 침례 신학 대학교의 교수인 다간E. C. Dargan의 1905년 책 *Ecclesiology: A Study of the Churches*는 그 옛 교회론의 마지막 작품이었다. 그러나 진보적인 교회 리더들은 현대 시대에 교회는 고대의 권위가 아닌 과학, 합리성, 그리고 시스템에 기초한 정책이 필요하다고 주장했다. 그들은 사회 과학자들과 프레드릭 윈스로우 테일러Frederick Winslow Taylor와 같은 효율성 전문가에게 귀를 기울였다. 테일러는 이 시기에 경영을 효율적인 조직을 만들어 내기 위한 하나의 과학으로 발전시켰다.[21] 시카고 대학의 신학부의 학장이었던 쉐일러 매튜즈Shailer Mathews 는 이런 새로운 접근을 잘 대표하였다. 그는 교회로 하여금 과학적인 경영법을 채택하도록 촉구하였다. 그 경영법은 교회 인력의 효율적인 조직화를 의미했다. 교회의 핵심적 본성이 개정되었다. "이론적으로 교회란 경영을 하는 위원회가 윤곽을 그려준 그대로 분명한 임무들을 수행하기 위해 준비된 일단의 일군들로 여겨져야 한다… 이것이 정확하게 효율의 철학이 요구하는 것이다." 매튜즈에 따르면, 목회자는 메세지를 전달하는것 보다는 사회적 기능(조직화)을 실행하는데

20　Wills, *Democratic Religion*, 131-34.

21　E. C. Dargan, *Ecclesiology: A Study of the Churches*, 2nd ed. (Louisville: C. T. Dearing, 1905). 첫 판은 1897년에 출판되었다. Frederick Winslow Taylor, *Principles of Scientific Management* (New York: Harper and Brothers, 1911). 전통적인 교회론에서 과학적인 교회론으로의 이전은 다간의 보직에 대한 타이틀 변경에서 가장 암시적으로 나타난다. 다간은 설교학과 교회론 교수였다. 그러나 그를 뒤이은 Charles S. Gardiner(찰스 S. 가디너)는 설교학과 기독교 사회학의 교수였다.

더 집중해야 한다. 그러므로 신학교는 "학생들을 단순히 정통주의 신학에 대해 배우도록 하기 보다는 오히려 효율성에 대한 훈련을 시켜 내보내야 한다." 성경적 순수함과 정통주의 신앙 보다는 효율적인 경영이 이상적인 목회자를 평가하는 기준이 되었다.[22]

남침례교단에서는 Southern Baptist Theological Seminary의 교회 효율성 교수였던 게인즈 다빈스_{Gaines Dobbins}가 새로운 교회론을 가장 성공적으로 전파하였다. 그는 자신의 1923년 이런 새로운 교회론의 대표작인 The Efficient Church라는 책에서 다음과 같이 말한다: 효율성의 원칙이 교회 운영에 중심적인 것이다. 왜냐하면 교회는 일반적으로 하나의 "비지니스 회사_{business enterprise}" 이며 "비지니스 업무를 운영하는 법"을 따라야 한다.[23] 신약 성경 자체가 효율성을 가르치고 있다고 다빈스는 적고 있다. 왜냐하면 성경은 그리스도인들로 하여금 "사람들과 가르침들을" 그들의 열매로 "시험"해 보라고 요구하는데, 이 결과물이 정확하게 현대 효율성이 시험하고자 하는 것이다. 다빈스는 예수님의 "사역, 열두 명에 대한 그의 훈련, 그의 교회를 조직하고자 하는 그의 계획, 세상을 정복하고자 하는 그의 프로그램, 이 모든 것이 완벽한 효율성을 보여주는 것이다"라고 설명 하였다. 그 이전에는 주목을 받지 못했지만 사도행전은 사실상 "교회 효율성의 매뉴얼이었다." 그리고 다빈스에 따르면, 바울은 "종교에 있어서는 세상의 가장 위대한 효율성 전문가"이다.[24]

그러나 효율성의 교회론은 교회 치리를 거절할 의도는 없었다. 새로운 교회론은 치리가 효율성을 유지하는데 도움이 되는 중요한 역할을 감당하길 원했

22　Shailer Mathews, *Scientific Management in the Churches* (Chicago: University of Chicago Press, 1912), 36-37, 45. 이 책은 매튜즈가 1911년 Sagamore Beach Sociological Conference에서 행한 강의에서 나온 것이다.

23　Gaines Dobbins, *The Efficient Church: A Study of Polity and Methods in Light of New Testament Principles and Modern Conditions and Needs* (Nashville: Sunday School Board of the Southern Baptist Convention, 1923), 93, 11.

24　Dobbins, *Efficient Church*, 25-26. 다빈스는 후에 이런 주장들의 몇 가지들을 수정하였다.

다. 효과적인 교회는 교회의 질서와 의욕 그리고 경영을 진보시키기 위한 "높고 가치있는 기준들"을 유지해야만 한다. 치리는 이런 기준들에 이르도록 멤버들에게 도전을 주고 그 기준들을 유지하도록 하는데 필요하다.[25] 옛 침례교 교회에서는 치리란 문제가 있다고 보고된 멤버의 선과 그리스도의 명예와 교회의 순결을 위한 것이었다. 그러나 새로운 교회에서는 치리가 효과적인 경영을 유지하는 것이었다. 새로운 교회에서 교회 치리는 일차적으로 비효율적인 멤버들을 잘라내는 역할을 했다. 교회의 예배, 주일 학교, 훈련, 그리고 전도 프로그램들을 유지하지 못한 멤버는 교회의 짐이 되었다. 효율적이지 않은 멤버는 교회의 조직화된 업무체계에서 자신의 자리를 가질 수 없다. 효과적인 목회자는 그런 멤버의 고집스러움 또는 더욱 잦은 경우 게으름과 무관심으로부터 그 멤버를 회복시키고자 하였고 그런 멤버를 설득하여 다시 봉사하도록 만들려고 노력하였다. 그러나 다시 봉사하도록 모집되기를 거절하고 무관심한 상태로 남아있는 자는, 교회 운영에 비 효율적이며 제거되어야 했다. 사실상 20세기 초에 남침례교의 교회 치리는 대부분 이러한 출교였는데, 바로 활동적이지 않은 멤버라는 교회의 "무거운 짐"을 벗어 버리는 것이었다.[26]

남침례교인들이 20세기 중엽으로 들어가면서, 교회를 일차적으로 효율성의 측면에서 평가하려는 대유행은 가라앉았다. 그러나 실용주의와 효과성에 근거한 새로운 교회론이 교회를 장악하게 되었다. 효율성에 대한 욕망 중에서 가장 오랫동안 지속된 유산은 교회의 사도적 모델을 폐지시키는 것이었다. 치리는 사도적일 수 있지만 효율성의 테스트를 통과하지 못했고 용도 폐기되었다. 남침례교인들은 더 이상 하나님이 교회의 모습과 방법들을 계시하셨다는 것을 믿지 않았다. 그리스도께서 교회에게 치리를 행하라고 명령하셨다. 그러나 치리

25　Ibid., 20. 효율성 전문가인 Harrington Emerson은 그의 효율적 경영의 열두 원칙들 중 하나에 "치리"를 포함하였다. See Harrington Emerson, *Twelve Principles of Efficiency*, 4th ed. (New York: Engineering Magazine, 1916), 135-64.

26　Wills, *Democratic Religion*, 129.

는 교회의 사회적 적합성, 선교적이며 호의적인 구제, 그리고 효율적인 평신도를 사역 프로그램에 모집하는 것을 약화시키는 것으로 보였다. 그리스도께서 교회의 모습과 방법들을 직접 명령하셨다는 확신이 없었기 때문에, 교회는 치리를 유지할 수 없었다.

새로운 침례교: 개인의 자유라는 혁명

침례교의 삶 속에 나타난 두 번째 변화는 침례교의 정체성에 대한 새로운 관점에 기초하여 신학과 교회론에 대한 철저한 재해석을 가져왔다. 새로운 관념론적 철학이 이런 재해석의 근거를 제공해 주었다. 과학, 학문, 사회에서의 발달은 그런 새로운 개념을 그럴듯하게 만들었으며 마침내 대부분의 남침례교단 지도자들에게 설득력을 갖게 되었다. 이런 혁명은 옛 교회 치리를 전적으로 불가능한 것으로 만들었다. 이런 새로운 접근은 소위 침례교 운동의 "본질" 또는 "정신"이라고 불리는 것의 권위에 호소함으로써 침례교 신학과 실행을 재정의하였다. 이 본질은 여러 가지 이름으로 불렸다: 자발적 원칙, 영적 원칙, 제사장주의, 인격성, 또는 개인주의. 그러나 이 모든 것을 뒷받침하는 것은 자유의 원칙이었다: 인격적인 하나님과 다른 자유로운 개인들과 관계를 맺겠다고 자발적으로 결정 내리는 자유로운 개인. 침례교 정체성에 대한 이런 재정의는 1880년에서 1920년까지의 시기에 뿌리를 내렸고 성장하게 되었다. 이 개인주의적 자유라는 새로운 침례교의 정체성은 효율성에 대한 헌신 만큼 강력했으며 오래 지속되었다. 개인주의적 자유라는 사상은 남침례교의 신학과 교회론을 심각하게 변형시켜 버렸다. 개인주의적 자유의 정신은 심지어 효율성의 교리마저 흡수하며 그 효율성의 원리를 이 새로운 정신에 복속시킨 것처럼 보인다.[27]

---

27 기독교의 본질을 결정하려는 관심은 개신교 자유주의 시대의 특별한 열정이었다. 예를 들어, 다음과 같은 작품에서 볼 수 있다. Adolf von Harnack, *What Is Christianity?*, trans. Thomas Bailey Saunders (New York: G. P. Putman's Sons, 1901); and William Adams Brown, *The Essence of Christianity: A*

옛 신학은 다원주의로부터 압박을 받고 있었다. 교육받은 미국인들은 점점 더 진화론을 받아들였고 진화론과 기독교 신학 그리고 성경을 동시에 유지하려는 방법을 추구하였다. 그러나 어떤 종류의 진화론도 창세기에 있는 창조 이야기에 대한 전통적 해석에는 문제점을 가져다 주었다. 그리고 많은 사람이 더 이상 성경의 정확성을 받아 들일 수 없었다. 이런 문제는 만일 진화론에 영향을 받은 사람들이 성경을 기독교의 중심으로 계속 유지하려면 성경이 역사적으로는 사실일 필요는 없으나 권위는 유지할 수 있는 영감설을 받아들여야 한다는 것을 의미했다.[28] 또한 성경에 대한 새로운 비평적 접근법은 옛 정통 신학에 압력을 가했다. 그 압박의 첫 번째 원칙은 성경을 다른 책처럼 해석하는 것이었다. 이 새로운 신학의 옹호자들에 따르면, 해석의 규칙들은 보편적인 적용을 가지고 있어야 하고 그렇지 않다면 합리적이지 않다는 것이다. 그러므로 성경을 해석하는 유일한 합리적 규칙은 그 책을 인간의 다른 책을 해석할 때 사용하는 동일한 방법 그대로 해석해야 한다는 것이다. 그 결과, 모순처럼 보이는 것들이 실제 모순으로 변질되었고 기적에 대한 이야기들이 종종 단순한 전설 또는 신화로 변질되었다. 이런 결론을 비슷하게 받아들인 기독교인들은 역사적 진술문에서는 반드시 사실일 필요가 없지만 그래도 권위적인 성경으로 남게 하는 성경의 영감_{inspiration} 이론이 필요했다.[29]

관념론적 철학_{Idealist philosophy}은 가장 매력적인 해결책을 제시하였다. 하나의 널리 알려진 형태의 관념론은 역사는 영원한 정신의 일시적 표현이라고 가르쳤

Study in the History of Definition (New York: Charles Scribner's Sons, 1902). 현대 신학에서 본질에 대한 개념을 더 논하고자 한다면, 다음의 자료를 참조하라. Gary Dorrien, *The Word as True Myth: Interpreting Modern Theology* (Louisville: Westminster John Knox Press, 1997), 22-25.

28 영감에 대한 이런 견해는 특별히 유럽에서 다윈이 자신의 종의 기원을 1859년 출간하기 이전에 이미 중요한 지지자들을 가지고 있었다. 그러나 특별히 미국에서는 다윈주의 과학의 확산이 영감에 대한 이런 새로운 입자의 확산에 큰 역할을 하였다. Gary Dorrien, The Making of American Liberal Theology: Imagining Progressive Religion, 1805-1900 (Louisville: Westminster John Knox Press, 2001), 109-10, 286-88, 298-302.

29 Ibid., 334-58.

다. 하나님은 변하지 않으신다. 그러나 역사 속에 나타난 특정한 하나님의 표현들은 변한다는 것이다. 또한 더욱 기본적인 형태의 관념론에서는 모든 물리적 대상이 영원한 정신의 한시적이며 불완전한 표현이라는 것이다. 이런 대상은 생겨났다가 사라진다. 그러나 영원한 정신은 변하지 않는다. "현대 자유주의는 보통 일원론적 관념주의_{monistic idealism}의 어떤 형태에 의해 영감을 받았다"라고 하버드 대학의 펜_{W. W. Fenn}이 1913년에 말했다. 관념주의는 기독교 신앙에 대한 자유주의적 이해에 근본적인 것이었다. 이 관념주의의 빛 아래에서 "대부분의, 아마도 거의 모든, 신학적 교리들이 놀랍게 변형되었다."[30]

영감에 대한 이런 새로운 견해에 따르면, 성경의 항구적인 요소는 당연히 내적인 것이었다(성경의 역사적 진술들이 아니라 구원의 교리가 성경의 항구적인 진리라는 사상). 성경의 기록된 표현들과 형태들은 역사라는 변화를 겪고 있는 껍질의 한 부분이었다. 역사속에 나타난 하나님의 활동은 인간 사회의 진보를 위한 하나님의 목적들에 대한 한시적인 표현 또는 계시였다. 이런 견해에서는 성경이 (하나님의 계시 자체가 아니라) 그런 계시들에 대한 기록일 뿐이었다. 이런 계시들은 계시를 기록한 문장들의 진실성 여부 보다는 계시의 내적인 가치를 발견함으로써 하나님의 구속 목적들을 발견하도록 조사되어질 수 있다. 심지어 비록 전설이나 신화의 형태로 옷을 입고 있었다 해도, 성경의 진술들은 영적인 진리와 원칙을 계시한다고 자유주의자들은 말했다. 그러므로 성경은 영감되었고 권위를 가지고 있지만 그것의 역사적 진술들(과일의 껍질 처럼 의미 없는 진술들)에서는 사실일 필요가 없었다. 성경은 영원한 영적 진리를 가르쳐 주었지만 불완전하며 종종 부정확한 역사적 진술을 통해, 즉 신화를 통해 그렇게 했다는 것이다.

자유주의자들의 기본적인 성경 해석의 방법은 그 역사적 진술들 아래에 놓여있는 변하지 않는 영원한 원칙을 발견하기 위하여 성경의 모든 구체적인 역

---

30 W. W. Fenn, "Modern Liberalism," *American Journal of Theology* 17 (1913): 512.

사적 진술을 조사하는 것이었다. 영원한 것이 역사적 언어라는 껍질 아래에 숨겨져 있는 영적인 알맹이 안에 거하고 있었다. 성경을 읽는 사람의 임무는 그 일시적이며 변하는 역사라는 껍질을 제거하여 변하지 않는 영적인 본질을 드러내는 것이었다. 자유주의자들은 이런 방법론을 성경 뿐만 아니라 교회의 역사에도 적용하였다. 교회의 신학과 형태는 그리스도인들의 영적인 경험에 대한 단순한 일시적인 표현이었다고 주장했다. 이런 일시적 표현은 변했지만 그들이 경험한 하나님은 변하지 않았다는 것이다. 이것은 기독교 자체가 교리(시간에 따라 변하는 표현)에 대한 것이 아니라 삶에 대한 것이라는 의미였다.

많은 학식 있는 남침례교 리더들이 기독교에 대한 이런 새로운 이해를 수용하였다. 그들은 신학과 교회론을 영적 경험에 대한 변하는 표현으로서 보기 시작했다. 신학과 교회론은 변하는 사회적 상태의 필요를 충족시키기 위해서 변화를 거쳤다는 것이다. "신학들은 매일 변한다"라고 북 캐롤라이나 편집자인 베일리 J. W. Bailey 는 적었다: "보이스 Boyce 가 하나의 신학을, 스트롱 Strong 이 또 다른 신학을, 클락 Clarke 이 또 다른 신학을 가지고 있었다."[31] 또한 그는 "침례교인들은 체계화된 교리 보다 삶의 원칙을 추구한다"라고 말했다.[32] 신학의 재 건설은 교회에게 새롭게 된 건강을 약속했다. 이런 신학적 재건설이 주는 하나의 유익은 "교리적 외침"이 사라져 가는 것이라고 버지니아 침례교 리더인 스미스 W. R. L. Smith 가 말했다.[33] 외부적인 신학은 항구적이지 않지만 하나님과의 살아있는 관계에 대한 경험은 영원히 거한다고 주장했다.

남침례교단 안에 있던 전통적 보수주의자들은 이런 진술들이 문제가 많다는 것을 발견했다. 그러나 그들은 자신들이 자유주의자들의 문제점을 이해하고 있는지 확실하지 않았다. 보수적인 침례교인들은 기독교가 교리이자 삶이며 기독

---

31   J. W. Bailey, "The Appeal to the Scriptures," *Biblical Recorder*, December 2, 1903, 8.

32   J. W. Bailey, "The Danger of Denominationalism," *Biblical Recorder*, November 5, 1902, 8.

33   W. R. L. Smith, "The Baptist Law of Conduct," *Biblical Recorder*, November 25, 1903, 2.

교의 삶은 그리스도와 그의 사도들에 의해서 단번에 주어진 교리가 없이는 유지될 수 없다고 느꼈다. 그러나 그들은 자유주의 신학의 진보적 재구성에 근본적인 요소인 관념론을 이해할 수 없었다. 그리고 그들은 전통적인 관념론을 의심해 볼 이유를 발견하지 못했다. 그런 보수주의자들이 남침례교단의 다수로 남아 있었다. 그러나 진보주의자들은 배움의 전당들(신학교들)을 차지하고 있었고 더 넓은 영향력을 교단에 행사하고 있었다.

진보주의적 지도자들은 교리를 재정의하였다. 개인적인 자유의 원칙은 많은 사람으로 하여금 형벌 대속적 구속과 개인에 대한 영원한 하나님의 선택 등과 같은 전통적인 침례교 교리들에 반대하도록 만들었다.[34] 다른 침례교인들은 스스로 개인적인 자유의 사상에 호소함으로써 옛 교리들을 새로운 교리들로 바꾸었다. 예를 들어, 멀린스E. Y. Mullins는 이런 개인의 자유라는 원칙에 근거해 놀랍게도 지옥의 교리를 가르쳤다. 천국은 믿음으로 하나님과의 교제를 선택한 것에 대한 합리적이며 영적인 결과이다. 지옥은 그 교제를 거부한 것에 대한 합리적이며 영적인 결과이다. 지옥은 본질적으로 하나님과의 교제의 상실이다. 그리고 지옥은 도덕적이며 영적인 우주의 법칙에 의해서 영혼안에 역사한다.[35] 하나님의 거룩함보다도 인간의 자유가 지옥을 필요한 것으로 만들었다. 따라서, "하나님이 지옥을 취소할 수 있는 것은 오직 자유를 취소함으로써만 가능하다." 멀린스에 따르면, 사람들은 "자유로운 선택'에 의해서 지옥에 들어간다. 그들의 불신과 죄에 의해서 그들은 "그들의 마지막 거처로서 지옥을 선택하는 것"이다.[36] 예수님이 악한 자들에게 "저주받은 너희들이여 나를 떠나서 마귀와 그의 천사들을 위해 예비된 영원한 불로 들어가라(마 25:41, KJV에서 번역함)"라

---

34   E. g., W. R. L. Smith, "Wherein Lies the Efficacy of Jesus' Work in the Recondicilation?" in *Eighteenth Annual Session of the Baptist Congress* (New York: Baptist Congress Publishing, 1900), 85-94. Broadly, see Paul Harvey, *Redeeming the South: Religious Cultures and Racial Identities among Southern Baptists, 1865-1925* (Chapel Hill: University of North Carolina Press, 1997), 152-54.

35   E. Y. Mullins, *The Christian Religion in Its Doctrinal Expression* (Philadelphia: Judson Press, 1917), 488-89.

36   E. Y. Mullins, "The Meaning of Religion," *Religious Herald*, July 24, 1919, 4.

고 말씀하셨을 때, 멀린스에 따르면 예수님은 "사람들이 그들 스스로를 고통으로 밀어넣었다" 그리고 "사실은 사람이 자기 자신의 지옥을 만드는 것이다"라고 하셨다는 것이다.[37] 자유가 진리의 시금석이 되었다.

진보주의적 침례교인들은 인간 본성에 대한 교리를 개인적 자유와 합의될 수 있도록 재정의하였다. 뉴올리언즈 침례 신학 대학교_{New Orleans Baptist Theological Seminary}의 프랭크 스태그_{Frank Stagg} 교수는 다음과 같이 주장했다: "사람의 본질은 자기 결정을 위해 하나님이 주신 자유에 있다."[38] 하나님이 자유를 가장 선한 것으로 정하셨고 그것을 인간 본성의 중심적인 기능으로 만드셨다. 진보주의적 지도자들은 또한 관념론적 방법을 침례교 정체성에 적용하였다. 그들은 침례교회의 여러 세대를 살펴 보았고 다양한 신학적 입장과 교회의 실행 뒤에 있는 변하지 않는 본질을 찾고 있었다. 그들이 발견한 것은 침례교 정체성의 근본적 요소는 개인의 자유였다는 것이다. 이것이 침례교가 세상에 공헌한 것이었다.[39] 진보주의적 침례교인들은 "각각의 교단이 세상의 구원에 그들의 특정한 공헌을 한다"고 말했다. 한 유명한 진보주의적 침례교 목사는 구원의 문제에 있어서 장로교인들은 가족의, 감리교인들은 종족의, 감독교인들은 국가적인 그리고 로마 카톨릭은 우주적인 원칙에 공헌하였다. 그러나 침례교인들은 개인주의자이다"라고 말했다.[40]

따라서 개인적인 자유의 원칙은 침례교 교리와 교회 치리에 새로운 토대가 되었다. 성경의 권위가 자발적인 수용과 해석에 대한 개인적인 자유 위에 세워

---

37 Mullins, *Christian Religion*, 489.

38 Frank Stagg, letter to Clifton Mathews, March 16, 1955, Box 2, Folder 4, Frank Stagg Collection, Samford University, Birmingham, Alabama.

39 William L. Poteat, "Religion in Education," in *The Baptist Message* (Nashville: Sunday School Board of the Southern Baptist Convention, 1911), 65. 비슷하게, A. T. Robertson, "The Distinctive Baptist Principle," *Biblical Recorder*, September 16, 1903, 2.

40 W. W. Landrum, "Baptist Self-Respect-A Drawing Force," in *The Baptist Message* (see note 39), 76.

졌다. 믿음으로 의롭게 된다는 교리는 하나님과 개인이 갖는 인격적 관계의 교리적 표현이며 신자의 침례는 의식적 표현이었다. 이런 측면에서 침례교회는 민주주의와 주권을 가진 개인에 대한 헌신으로부터 유래된 비슷한 행습을 실천하게 된다. 그리고 그 침례교적 원칙(개인적인 자유의 원칙)이 하나님 나라를 향한 사회적 진보라는 하나님의 움직임과 완전하게 조화를 이루고 있기 때문에, 침례교인들이 대중에게 영향력을 행사할 수 있는 가장 좋은 위치에 있으며 여러 교단들 중에서 주도권을 얻게 되었다고 본다. "우리의 성공은 이런 원칙들에 대한 우리의 충성심에 달려 있다"라고 조지 맥대니엘_{George McDaniel} 은 말했다.[41]

침례교 운동의 핵심이 개인적인 자유라는 견해는 전통적인 교회 치리와 잘 어울릴 수 없었다. 그러나 이런 새로운 신학의 주창자들 조차도 치리를 완전히 없애지는 않았다. 그들은 치리를 인격의 실현화에 대한 그리고 개인적 자유와 대인관계의 교차지점에 대한 요소로서 재정의하였다. 그들은 출교를 멤버들의 개인적인 선택으로 재정립하려고 안간힘을 썼다. 프랭크 스태그_{Frank Stagg} 는 1947년에 출교를 다음과 같이 설명했다: "엄격하게 말해서, 교회는 누구도 출교시키지 않는다. 교회는 단순히 그 문제가 있는 사람이 그 회중들 중 하나가 아님을 인정하는 것 뿐이다."[42] 믿어지지 않지만 이 새로운 신학에서는 치리를 한다는 것 자체가 말이 되지 않는다. 자유를 기독교인의 중심된 가치로 만들면서 사람들을 교회로부터 그들의 의지에 반하여 출교시키는 일에 착수하는 것은 이해가 되지 않는 것이었다. 교회는 개인의 자유를 존중해야만 했다. 써든 신학교의 교수인 헤롤드 트리블_{Harold Tribble} 은 교회가 치리에 있어서 강요를 하지 않는다는 것을 다음과 같이 설명했다: "멤버의 자유를 억압하는 교회안에서는 어떤 종류의 통치 구조도 정당화 될 수 없다… 그리스도와의 교제에 대한 경험으로부터 자발적으로 발생하지 않은 교회의 정책에 개인이 복종하게 만드는 어떤

---

41 George W. McDaniel, *The People Called Baptists* (Nashville: Sunday School Board of the Southern Baptist Convention, 1919), 61. See also pp. 39-60.

42 Frank Stagg, *New Testament Theology* (Nashville: Broadman Press, 1962), 275.

실행도 정당성을 가질 수 없다."[43] 자원주의voluntarism는 이 새로운 신학에서 개인과 교회의 삶의 본질을 형성했다. 치리는 다소간 비자원주의적으로 보였다. 그러므로 침례교 정체성에 대한 이런 새로운 견해는 강제성에 대한 어떤 여지도 주지 않으면서 치리라는 것을 각 개인을 설득하여 자발적으로 교회 멤버십을 취소하는 것으로 축소 시켜버렸다.

침례교 정체성, 교회론, 그리고 신학에 대한 이런 이상주의적 재정의는 심각한 결과들을 초래하였다. 그 이상주의적 방법은 불가피하게 신학과 교회론을 인간의 경험과 가치라는 기준으로 평가하였다. 아마도 가장 혁명적인 결과는 인본주의적 가치에 따라 하나님을 재개념화 하였다는 것이다. 많은 남침례교 리더들은 인본주의적 하나님에 대한 개념을 받아들였다.[44] 이런 견해에 따르면, 하나님은 신성한 목적과 거룩함이라는 성경적 기준에 따라서라기 보다는 공공의 선이라는 인본주의적 기준에 따라 명령을 내리시고 역사를 운행하신다. 또한 이런 인본주의적 신론은 하나님의 공의와 분노라는 전통적 교리를 하찮은 것으로 만드는 경향을 가지고 있었다. 인본주의적 신론은 부모의 죄악으로 인해 자식까지도 심판 가운데 들어가게 하시며 아나니아와 삽비라를 죽게 하시는 하나님을 받아들일 수 없었다.[45] 인본주의적 신론은 하나님을 두려워하는 것을 지혜의 시작이거나 덕이 아니라 미신과 비겁함으로 이해하는 경향이 있다. 인본주의적 신은 교회 치리를 혐오하는것처럼 보였다. 새로운 침례교 정체성과 그 새로운 정체성이 산출해낸 새로운 신학과 교회론은 옛 교회가 실행하던 치

---

43   Harold Tribble, "typescript on the church," *Harold Tribble Papers*, Reynolds Library, Wake Forest University, Winston-Salem, North Carolina.

44   제임스 터너(James Turner)의 신학적 재구성의 원천으로서의 하나님에 대한 재개념화와 "교리적 의심들"에 대한 논의는 남침례교 리더들 가운데 비슷한 역동성에 대하여 유익하며 시사하는 바가 많다. See James Turner, *Without God, Without Creed: The Origins of Unbelief in America* (Baltimore: Johns Hopkins University Press, 1985), 142-43.

45   See W. O. Carver, *Acts of the Apostles* (Nashville: Sunday School Board of the Southern Baptist Convention, 1916), 55-56; Frank Stagg, *The Book of Acts: The Early Struggle for an Unhindered Gospel* (Nashville: Broadman Press, 1955), 83-84.

리와는 어울릴 수 없는 것으로 판명되었다.

새로운 청지기 직분: 이 땅의 어려움으로부터 나라를 구하기

교회 치리를 약화시킨 세번째 변화는 교회의 선교 범위를 확대하여 사회적 질서에 대한 청지기 직분을 포함하는 것이었다. 미국 남북 전쟁 이후에, 교회의 선교는 전도와 제자도 이상을 포함한다고 가르쳤던 남침례교 리더들의 한 세대가 일어났다. 새로운 청지기 직분에 따르면 교회 선교는 미국 남쪽, 미국 전체, 그리고 전 세계에 기독교 문명을 만들어가는 것 또한 포함해야만 한다. 남침례교 리더들은 자신들이 교회와 세상의 질서 모두에 대한 청지기 직분을 가지고 있다고 느끼기 시작했다. 그러나 그들은 사회를 거룩하게 하고자 더욱 애쓸수록, 교회를 거룩하게 하는데 덜 관심을 갖게 되었다.[46]

미국의 진보주의적 시민 운동의 리더들은 일반적으로 교회가 사회 질서에서 중심적 역할을 감당했다고 믿었다. 그들은 미국의 자유에 대한 안전성은 시민들의 도덕성에 달려 있으며 시민들의 도덕성은 강력한 교회들에 달려 있다고 주장했다. 그래서 그들은 교회에게 선하고 질서 있는 사회를 건설하기 위해서 그리고 그런 사회가 파멸되지 않도록 보호하기 위해서 자신의 역할을 감당해야 한다고 요청하였다. 그리고 교회는 시민 운동가들의 요구에 순응하였다. 예를 들어, the Atalanta Constitution지의 편집장인 헨리 그레이디_{Henry Grady}는 남침례교회들을 사회 질서의 기둥들로써 보았다. 미 남부의 출중한 문명은 사람들의 "바르고 단순한 믿음"위에 상당히 의존하고 있었는데 그 사람들은 기독교

---

46   Parts of this section are adapted from Gregory A. Wills, "The First One Hundred Years of Baptist Home Mission in America: Civilization, Denominationalism, and Americanization" (a paper presented at the Fourth International Conference on Baptist Studies, Acadia College, Nova Scotia, Canada, July 2006, to be published in the volume of conference papers).

의 신앙의 보수적 가치들을 지녔으며 현저하게 종교적이었다.[47] 정통 신앙과 미국 민주주의에 대한 헌신의 결합은 남부를 사회적 위기로부터 구해 내었다. 그레이디는 당시 미국의 다른 지역들이 정치에 있어서 무정부주의와 사회주의 그리고 종교에 있어서는 이단과 의심의 확산으로 인해 파멸의 위험 속에 있었다고 암시했다. 그레이디는 아마도 남부가 정통 종교와 미국의 공화주의라는 자유의 두 기둥들을 구하기 위한 "마지막 희망"일 수도 있었다고 제안했다.[48]

남침례교 리더들은 일반적으로 문명을 구하도록 도와야 한다는 이런 도전을 받아들였다. 그들의 교회들은 남부의 교육, 경제, 문화 그리고 질서의 증가에 공헌하려고 하였다. 그런 사회적 봉사를 통해 교회들은 모든 "옳은 사고를 하는" 사람들의 존경과 감사를 얻었고 종교에 대한 그들의 영향력을 확대하였다. 그리고 침례교인들은 그들이 얻은 존경과 영향력을 즐겼다. 루프스 위버 Rufus Weaver 가 주장하듯, 그 결과 "남침례교인들이 침례교 원리들을 새로운 남부의 문명속으로 엮어 넣으며 새로운 사회 질서를 침례교적인 기초안에서 만들 수 있는 기회를 가지게 되었다."[49] 남침례교인들은 교회가 사회적 관련성을 갖지 못하는 것을 참을 수 없었다. 그들은 문명을 파멸로부터 보호하기 위한 위대한 방어벽으로서 해변에 서 있었다. 참된 종교는 사회적 질서를 도와주지만, 사회를 그 세속적 위협으로부터 구하고자 하는 교회의 사명은 그런 구조에 함께 할 교단적 노력에 대한 지지를 이끌어 내었다. 많은 침례교 리더들이 복음을 전하고 제자로 삼는 것에 대한 헌신은 그들의 교단적 성공에는 불충분한 기반이라고 느꼈던 것 같다. 남침례교인들 사이에서 폭넓은 지지를 얻기 위하여, 교단 리더들은 더 큰 비전, 즉 더 설득력 있는 정당성이 필요했다. 그들은 그것을 사회를 문명화하려는 임무 속에서 발견하였다.

---

47 Henry Grady, *The New South* (New York: Robert Bonner's Sons, 1889), 154.

48 Ibid., 185-86.

49 Rufus M. Weaver, "The Baptist Opportunity in the World of Modern Thought," in *The Baptist Message*, 106.

이런 비전에 대한 가장 현저한 표현은 남침례교단의 국내 선교부에 대한 지지 호소문에서 나타났다. 남부에 있던 국내 선교 지지자들은 기독교 신앙이 북부보다는 남부에서 더 바르고 순결하다고 주장했다. 남부의 침례교인들은 현대 이성주의라는 새로운 신앙이 북부의 침례 교회들을 무기력하게 만들었다고 보았다. 북부 교회들의 힘은 미국 문명에 대한 위협을 대처하기에는 더 이상 적절하지 못했다. 남부 침례교인들은 미국과 세계의 운명은 이제 미 남부를 선교하고자 하는 노력의 성공 여하에 달렸다고 생각했다. The Manufacturer's Record의 편집자인 리차드 에드몬즈_{Richard Edmonds}가 국내 선교부를 위한 선교 운동을 촉구하였다. 물질주의, 미신, 그리고 사회주의의 영향력이 "세계의 문명"을 위협하였다. 그러나 에드몬즈는 하나님이 이런 위협에 맞서도록 남부를 일으키셨다고 말했다. 그는 "미국의 구원은 대체적으로 남부에 달려있다"라고 썼다. 만일 남부인들이 국내 선교부의 역할을 지지해 준다면, 그 선교부의 전도적이며 교육적 노력들이 남부, 미국, 그리고 세상을 악, 무지, 불법, 그리고 야만주의로부터 구할 것이라고 주장했다. 남부의 종교는 세계의 희망이었고 남부 침례교인들은 남부 종교의 희망이었다. "미국과 전 세계를 혼란으로부터 그리고 중세의 암흑기로 빠져 들어가는 것으로부터 구해내는 것은 남부의 침례교인들에게 달려 있다"라고 에드몬즈는 결론지었다.[50] "남부를 구하라 그러면 당신이 세상을 구원하게 된다."

1909-1921에서 국내 선교부의 언론 담당자인 빅터 마스터즈_{Victor Masters}는 20세기의 첫 20년 동안 같은 주장을 제시했다. 국내 선교를 촉구하는 그의 많은 책들과 팜플렛에서 마스터즈는 미국 문명을 위협하는 비슷한 위협을 나열하였다: 이민, 로마 카톨릭주의, 사회주의, 물질주의, 몰몬교, 그리고 도시화. 그는 또한 독일 이성주의, 진화론, 그리고 새로운 모던니스트 신학을 위협으로 추가하였다. 이런 악들은 미국 문명과 기독교를 위협하고 있다. 이민자들은 반드

---

50 Richard H. Edmonds, *The South, America and the World* (Atlanta: Home Mission Board of the Southern Baptist Convention, [c. 1920]), 1-3.

시 미국화되어야 하며 국내 선교만이 이 일을 감당할 수 있다고 믿었다. "그 어떤 나라에도 지금 미국 복음주의 기독교 공동체들이 직면하고 있는 것과 비교될 만한 국내 선교의 노력에 대한 필요가 있었던 적이 없다."[51] Wake Forest College의 총장이었으며 남침례교의 잘 알려진 자유주의자인 윌리암 포티트(William L. Poteat)는 1910년 남침례교단 모임의 대표자들에게 침례교인들이 문명을 구원할 가장 좋은 위치에 있으며 그들은 침례교 대학들을 지원해 줌으로써 그 사명을 감당할 수 있다고 말했다. 미국의 교육 기관들은 철저하게 세속화되어가고 있다고 포티트는 경고하였다. 세속화된 교육은 덕을 산출할 수 없으며 덕이 없다면 민주적 제도들이 실패하게 될 것이다. 그 결과는 "국가적 무질서, 해체, 그리고 부패"가 될 것이다. 그러나 종교, 즉 침례교인들의 종교는 사람들에게 그들의 의무를 가르칠 뿐만 아니라 그들에게 그 의무를 실행하고자 하는 마음까지도 주었다. 이런 식으로 종교는 미국의 민주주의를 구성하는 힘이었다. 안전을 향한 국가의 희망은 "경찰이 아니라 하나님이었다." 침례교 원칙들은 문명을 구할 것이라고 믿었다.[52]

남침례교 리더들은 이렇게 종교로 하여금 사회적 질서를 섬기도록 하였다. 그들은 경건성을 경제적 성장, 사회적 안정, 그리고 문화적 진보의 수단으로서 이해하였다. 그들은 사람의 영원한 운명에 대한 관심을 국가의 정치적 복락에 대한 염려에 종속시켰다. 그들은 하나님 보다 사회적 무질서를 더욱 두려워하는 것처럼 보였다. 교회는 사회에게 적합한 존재가 되었지만, 이것은 형편없는 거래였다. 교회 안에서 영적 생명력은 줄어들었고 세속화는 증가하게 되었다. 목회자들이 그들의 교회를 세상과의 분리라는 성서적 기준에 이르도록 할 때만, 교회 치리는 생존할 수 있다. 그러나 목회자들은 사회적 무질서와 문명화되고 교육받은 사람들로부터 소외될 것과 책망과 교정의 불편함을 두려워 하였

---

51 Victor I. Masters, *Making America Christian* (Atlanta: Home Mission Board of the Southern Baptist Convention, 1921), 52.

52 William L. Poteat, "Religion in Education," in *The Baptist Message* (see note 39), 67, 61.

으며 교회를 그런 두려움에 따라 인도해 갔다. 목회자들이 교회를 사회의 복지에 얽매이게 했으며 교회와 세상 사이에 있는 거리를 상당히 없애 버렸다. 세상으로부터의 분리는 교회 성장에 비 효과적으로 보였고 교회를 사회에 부적합한 존재로 전락시키는 것처럼 보였다. 남침례교인들은 더 이상 자신들이 세상으로 분리되어 있다고 느끼지 않았다. 교회 치리는 이런 변화에서 생존할 수 없었다.

대부분의 일반적인 남침례교인들과 목회자들은 이런 세 가지 구조적 변동을 지지하는 진보주의적 사상들에 무관심했다. 그러나 그들 역시 교회에 대한 새로운 개념을 받아들이는 경향이 있었고 침례교 정체성에 대한 새로운 이해에 영향을 받았다. 그들은 또한 그들의 교회들로 하여금 신약 성경의 치리를 실행하도록 하는데 실패하였다. 진보주의적 남침례교 리더들에 의해서 전개된 사상들은 남침례교라는 보수적 교단에 일반적으로 인식된것보다 더 심각하게 영향을 미쳤다.

침례교의 삶 속에서 이런 세 가지 변화들은 전통적인 교회 치리를 쇠퇴시켰다. 이것은 의도된 것은 아니었다. 그러나 이런 변화들이 합쳐지면서 옛 교회의 치리는 불가능한 것으로 그리고 실용적이지 않은 것으로 정죄가 되었다. 이론적으로 남침례교 목회자들은 여전히 교회 치리의 필요성을 믿고 있다. 그러나 효율적인 교회론에 대한 헌신이 그리스도께서 제정하신 교회의 질서를 압도적으로 억누르게 되었다. 침례교 정체성에 대한 새로운 견해에 헌신하는 것은 하나님을 인본주의자로 만들었으며 하나님을 두려워하는 것을 비 이성적인 것으로 여기게 하였고 교회론을 개인의 자유라는 기준에 따라 재정립하게 하였다. 사회를 구원하겠다는 헌신이 세상으로부터 분리되겠다는 헌신을 압도하게 되었다.

10장

합당한 교회 치리의 재정립

스탠턴 놀만 R. Stanton Norman

◇◇◇◇◇

현대 침례교의 삶속에서 가장 두드러지게 사라진 것 중 하나는 정기적인 성서적 교회 치리의 실행이다. 이 실행이 사라진것은 아마도 대체적으로 현대 침례교인들이 신약 교회에 대한 개념을 배워 보지 않았거나 이해하지 못하기 때문일 것이다. 오늘날 대부분의 침례교회는 자신들을 성령의 하나 되게 하심으로 함께 묶여 있으며 주 예수 그리스도에 대한 믿음을 서로 공유하는 신앙 고백을 통해 언약을 맺은 그리스도인들로 보지 않는다. 그 대신 현대 침례교인은 자신을 교회라 불리우는 결속력이 그다지 강하지 않은 그룹속에서 우연히 서로 관계를 맺고 있는 자율적인 개인으로 보고 있다. 하나님과 서로에 대한 영적인 책임감이라는 개념은 안타깝게도 상실되었거나 무시되었다. 정기적이며 의미있는 교회 삶의 한 부분인 교회 치리를 무시하는 것은 우리 침례교의 뿌리로부터 이탈하는 것이다. 역사적으로 침례교인은 교회 치리가 단순히 순종의 문제만이 아니라고 믿어 왔다. 왜냐하면 교회의 건강과 생명력이 교회의 치리에 달려 있기 때문이다. 침례교인은 우리의 신념, 선교, 간증, 선포, 영적인 생동력, 교회의 통치, 교제, 그리고 도덕성이 모두 치리에 대한 신실한 실행과 연결되어 있다고 믿었다.

19세기 미국 침례교인들은 교회 치리의 절차와 실행에 주의 깊은 관심을 기울였다. 침례교 역사가인 그레고리 윌즈는 "미국의 남북전쟁 이전에 살았던 침례교인에게, 치리 없는 교회는 거의 교회로서 여겨지지 않았다"는 것을 주목한다.[1] 당시의 침례 교회들은 몇 날 며칠을 치리의 문제를 처리하는데 사용하였

---

1   Gregory A. Wills, *Democratic Religion: Freedom, Authority, and Church Discipline in the Baptist South 1785-1900* (New York: Oxford University Press, 1997), 12.

다. 회중들은 교제의 단절을 치유하고, 어긋난 멤버들을 훈계하며, 또한 고집을 부리는 멤버를 책망하고, 필요하다면 회개하지 않는 자를 출교하기 위해 함께 모였다. 침례교인은 이런 활동에 참여함으로써 교회의 건강과 효과성을 위해 그리스도와 사도들이 세운 성서적 형태를 따르고 있다고 믿었다.[2]

침례 교회들의 영적 재활력은 우리가 책임지고 이 중요한 교회 사역(치리)을 다시 한번 실행할 것을 요구한다. 우리 교회의 건강은 그리스도께서 우리에게 행하라고 명하신 것을 신실하게 실천할 때까지는 영적인 문제들로 인해 계속해서 고통을 받을 것이며 도덕적 타락과 문화적인 순응에 빠져 버릴 것이다. 신약성경의 교회들은 교회 치리를 실행하였다. 만일 교회가 치리의 실천에 대하여 성경이 가르치는 것에 신실하지 않는다면, 그 어떤 교회도 자신을 신약교회 또는 침례교회라고 참으로 주장할 수 없다.

교회 치리의 교리에 대한 성서적 가르침

주님이 교회 치리의 실행을 직접 명령하셨다. 미래 교회에 관한 그분의 가르침 속에서 예수님은 제자들에게 치리를 위한 절차를 주셨다. 마 18:15-20은 교회 치리에 있어서 전형적으로 가장 중요하고 분명한 텍스트로 여겨진다. 신성한 권위에 대한 약속은 18절에 있는 예수님의 말씀에서 발견된다: "내가 너희에게 단언하노니 무엇이든지 너희가 땅에서 묶으면 하늘에서도 이미 묶여 있고 무엇이든지 너희가 땅에서 풀면 하늘에서도 이미 풀여져 있다."[3] "묶는 것과 푸는 것"이란 표현 또한 예수님이 마 16:19에서 사용하였다. 베드로의 위대한 신앙고백에 대한 응답으로 예수님은 다음과 같이 약속하셨다: "내가 너에게 천

---

2   R. Albert Mohler Jr., "Church Discipline: The Missing Mark," in *Polity: Biblical Arguments on How to Conduct Church Life*, ed. Mark E. Dever (Washington, DC: Center for Church Reform, 2001), 44.

3   모든 성경 구절들은 the Holman Christian Standard Bible 에서 가져온 것이다(HCSB).

국 열쇠를 주겠다. 네가 무엇이든지 땅에서 묶는다면 하늘에서도 이미 묶여 있고 네가 무엇이든지 땅에서 풀면 하늘에서도 이미 풀려 있다." 묶는 것과 푸는 것은 1세기 유대인 랍비들이 하나님의 계시에 근거하여 문제들을 심판하는 능력을 일컬을 때 사용한 개념들이다. 유대교의 권위들은 어떻게 성경이 특정한 상황에서 적용되어야 하는지를 결정하여, 묶거나(제한하거나) 풀어서(자유롭게 하여) 심판을 내렸다. 그리스도는 죄된 사람을 치리의 과정 아래에 있도록 제한하거나 회개한 죄인을 그 과정으로부터 자유롭게 놓아 줄 필요한 권위를 교회에 주셨다. 교회는 하늘의 권위로 치리를 행사한다. 왜냐하면 주님이 그 교회와 함께하시며 그 과정에서 확신과 인도하심를 제공하시기 때문이다.

교회 치리에 대한 근거는 직접적으로 하나님의 거룩함에 근거하고 있다. 하나님은 그분의 자녀들이 거룩하기를 요구하신다. 성경을 통틀어, 하나님의 백성은 그분의 거룩함으로써 특징지어진다. 이런 도덕적 순결은 그들 자신의 성취가 아니라 그들 가운데 계신 하나님의 역사이다. 신약 성경은 교회를 하나님의 백성으로 묘사한다. 하나님의 백성은 그들의 삶의 거룩함과 그들이 전하는 메세지의 순전함으로 세상에 알려져야 하는 사람들이다. 베드로는 벧전 2:9-10에서 자신이 엄선한 구약 성경의 구절을 인용하면서 교회에게 이런 거룩함에 대해 상기시키고 있다: "그러나 너희는 택하신 족속이요 왕 같은 제사장들이요 거룩한 나라요 그의 소유가 된 백성이니 이는 너희를 어두운 데서 불러 내어 그의 기이한 빛에 들어가게 하신 이의 아름다운 덕을 선포하게 하려 하심이라. 너희가 전에는 백성이 아니더니 이제는 하나님의 백성이요 전에는 긍휼을 얻지 못하였더니 이제는 긍휼을 얻은 자니라." 그 다음에 사도는 그의 독자들에게 다음과 같이 권고하였다: "사랑하는 자들아 거류민과 나그네 같은 너희를 권하노니 영혼을 거슬러 싸우는 육체의 정욕을 제어하라 너희가 이방인 중에서 행실을 선하게 가져 너희를 악행한다고 비방하는 자들로 하여금 너희 선한 일을 보고 오시는 날에 하나님께 영광을 돌리게 하려 함이라(11-12절)." 침례교 신학자인 알버트 몰러 Albert Mohler 는 교회 치리의 개념을 위하여 이 구절의 적용점들에 대한 주석을 제시하고 있다.

하나님의 새로운 백성으로서, 교회는 그 자체를 영적 암흑기 가운데 있는 낮선 공동체-세상의 욕망과 유혹으로부터 피해야 하는 세상의 이방인들-로 보아야 한다. 교회는 그 순결함과 거룩함이 현저해야 하며 성도들에게 단번에 전달된 믿음에 대한 고백에 있어 확고부동해야 한다. 도덕적(또는 비도덕적) 환경에 복종하기보다는 그리스도인들은 그들의 선한 행위가 두드러져야만 한다. 베드로가 요약했듯이, "너희를 부르신 이가 거룩하신 것처럼, 너희가 하는 모든 일에 있어서 거룩하라(벧전 1:15).[4]

그러므로 개인적인 신자와 특정한 교회는 하나님의 거룩함에 의해서 특징지어져야만 한다(히 12:7-11). 교회는 이제 거룩한 하나님의 임재를 위한 성소, 즉 그의 거룩한 임재가 거하시는 그의 성전이다. 하나님은 교회가 그의 거룩한 성품을 반영할 것을 요구하신다(벧전 1:16). 치리에 대한 실패는 교회가 하나님의 성품이 바르고 분명하게 반영하기를 꺼리고 있음을 보여준다. 오직 순결하고 거룩한 교회만이 하나님의 영광을 세상에 비출 수 있다. 교회 치리는 교회의 거룩함을 보존하는 하나의 수단이다. 하나님은 그분이 사랑하시는 자들을 스스로 치리하시기 때문에 교회는 치리를 행해야만 한다. 모든 하나님의 자녀는 언제나 하나님의 책망하시는 사역을 경험해 왔다. "주께서 그 사랑하시는 자를 징계하시고 그가 받아들이시는 아들마다 채찍질 하심이라 하였으니(히 12:6)." 가족 관계에 대한 표현으로써, 하나님은 그분에게 속한 자들을 치리하신다. 그분의 거룩한 성품에 대한 표현과 반영으로써, 하나님은 그분의 교회가 멤버들을 치리할 것을 요구하신다.

바울의 글은 초대 교회가 주님의 가르침을 실행하고 있었음을 보여준다. 고

---

4   Mohler, "Church Discipline," 48.

전 5:1은 "그의 아버지의 아내와 살고 있는" 어떤 사람의 근친상간에 대해 말하고 있다. 바울은 고린도 교회가 그 문제를 다루는데 실패한 것을 책망하고 있다. 사실상, 바울은 고린도 교회의 교만과 그런 도리를 벗어난 죄된 행위를 용인한 것을 책망한 것이다(2절). 그는 고린도 신자들에게 "그 죄를 범한 자를 사탄에게 내어주어 육신을 멸하도록 지시했다(5절)." 이것은 고린도 교회가 그 형제를 출교해야 한다는 것이었다. 이런 치리의 과정은 그 목적을 달성한 것으로 보인다. 왜냐하면 고후 2:4-8은 사도 바울이 회중에게 회개한 자를 용서하고 위로하여 교제권으로 다시 회복하여 받아 들여야 함을 상기시켜야만 했기 때문이다. 신약의 다른 구절들 또한 초대 교회가 그리스도의 명령에 순종하여 교회 치리를 실행한 경우을 보여준다. 갈 6:1은 회복을 위한 가르침을 제시하며 교만하지 말 것을 경고한다. 데살로니가에 있는 교회는 게으른 자들과 사도적 가르침을 거절한 자들을 경고하고 그들과의 교제를 중단해야 했다(살후 3:6-15). 죄 짓는 장로들/감독들은 다른 이들에게 경고가 될 수 있도록 공개적으로 책망 받아야 했다(딤전 5:19-20). 디도는 분열을 일으키는 사람들에게 그들의 논쟁적이며 이단적인 사상들을 중지하라고 경고해주어야 했다. 적절한 경고들 이후에는, 그들을 "거절"하거나 멀리해야만 했다(딛 3:9-11).

침례교의 사상에 나타난 교회 치리

신약 교회의 특징으로서의 합당한 교회 치리에 대한 인식은 1561년 벨직 고백서 the Belgic Confession 까지 거슬러 올라간다.

참된 교회임을 알 수 있는 징표는 다음과 같다: 만일 복음의 순수한 교리가 설교된다면, 만일 교회가 그리스도에 의해서 제정된 성례들에 대한 순수한 집행을 유지한다면, 만일 교회 치리가 죄에 대한 처벌에 있어서 실행된다면, 간단히 말해, 만일 모든 것이 하나님의 말씀에 따라 이루어지고, 말씀에 위배되는 것들이 거절된다면, 그리고 예수 그리스도께서 교회의 유일한 머리로서 인정되신다면, 이로써 참된 교회를 확실하게 알수 있으며, 누구도 이런 참된 교회로부터 자신을 분리할 권리가 없다.[5]

교회 치리와 교회 멤버십에 있어서 치리가 갖는 적용점들이 재침례교도들Anabaptists의 초기 저작들과 실행들 가운데서 나타나는 현저한 강조점이었다. 울리히 츠빙글리Ulrich Zwingli의 초기 제자들 중 후에 재침례교라고 불린 자들의 기원은 종종 국가로부터 분리된 신실한 교회와 유아 세례의 오류로부터 자유롭고자 했던 그들의 추구에서 시작된 것으로 여겨진다. 이런 신념들은 분명히 이 재침례교 운동을 지탱해준 주요 확신들이었다. 그러나 재침례교 운동의 발전은 또한 부분적으로는 마 18장의 패턴에 따라 자신들의 교제 안에 있는 죄된 형제를 다루고자 했던 그들의 관심에 의해 촉진되었다는 것을 주목하는 것이 중요하다. "그리스도의 다스림(마18장을 언급하고 있는)"이라는 표현은 1524년경 재침례교도들의 어휘 목록에 이미 하나의 고정된 문구였다.[6]

여러가지 요인들이 초기 재침례교도들로 하여금 유아 세례를 거절하게 만들었다. 아이가 자신의 믿음을 행사하거나 죄를 회개할 수 없다는 것은 분명한 문제였다. 더구나 재침례교도들은 이 유아세례에 대한 성서적 가르침의 분명한 부재 때문에 이것을 거절했다. 그들이 유아 세례를 거부했던 또 다른 이유는 침례를 요구하는 사람은 회중에게 "책망"을 주기도 하고 받기도 하는 상호 의무에 순종할 수 있으며, 그렇게 하고자 자원해야 한다는 것을 믿었기 때문이다. 유아는 이런 치리를 행할 수 없다. 예를 들어, 1524년 9월, 콘라드 그레벨Conrad Grebel은 물이 구원하는 효력을 가지고 있는지 또는 침례 받지 않은 유아는 구원

---

5   Philip Schaff, *The Creeds of Christendom*, rev. David S. Schaff (New York: Harper and Row, 1931), 3:419-20.

6   재침례교도트들은 교회의 정치 형태나 신자의 침례의 실행 또는 국가로 부터의 독립성을 가지는 교회에 대한 어떤 최종적 결론 이전에 이미 치리에 대한 결론에 이른 것으로 보인다.

받지 못하는 것인지에 대해 논의하기 이전에, "심지어 성인이라도 '묶고 푸는' 그리스도의 통치가 없다면 침례를 받을 수 없다"라고 적었다.[7] 그러므로 이슈는 침례를 받고자 하는 사람의 나이 뿐만이 아니었다. 그것은 또한 회중들 서로의 상호 책임에 대한 분명한 이해를 가지고, 언약의 공동체 안으로 들어가고자 하는 헌신을 요구하는 개인의 능력에 관한 것이기도 했다.

발사잘 후브마이어Balthasar Hubmaier 는 누가 침례에 대한 적절한 후보자인가를 결정하는데 우선적으로 고려되어야 할 사항은 교회에 의한 훈계를 받겠다는 자발성이어야 한다고 주장한다. 그의 교리 교육서에서 후브마이어는 다음과 같이 기록하고 있다:

질문: 무엇이 침례의 서약인가?

답: 그것은 교회 앞에서 공개적으로 그리고 입술의 고백을 통해 하나님께 하는 서약이다. 그 서약 안에서 침례 후보자는 사탄과의 관계를 단절하며 그의 사상과 일을 버리는 것이다. 침례 후보자는 또한 그의 모든 믿음과 소망과 신뢰를 오직 하나님께만 둘 것이며, 그의 삶을 신성한 말씀에 따라 예수 그리스도 우리 주님의 능력 안에서 이끌어 나갈 것을 서약한다. 그렇게 할 수 없는 경우에는 서약자가 교회의 멤버들로부터 그리고 교회로부터 위에 기록된 대로 형제간의 책망fraternal admonition 을 당연하게 받아 들이기를 원한다는 것을 교회에 약속하는 것이다.

질문: 교회안에 있는 자들이 무슨 힘을 다른 사람에게 가지고 있는가?

답: 형제간의 책망의 권위

질문: 무엇이 형제간의 책망인가?

---

7   Conrad Grebel, "Letters to ThomasMuntzer," in *SpiritualandAnabaptist Writers*, ed. George H. Williams and Angel M. Mergal (Philadelphia: Westminster Press, 1957), 80.

답: 형제가 죄를 짓는 것을 본 사람이 사랑으로 그에게 다가가 그를 형제로서 그리고 조용히 책망하여 그 범죄한 형제가 그런 죄를 버리도록 하는 것이다. 만일 그가 죄를 버린다면, 책망을 한 형제는 죄를 범한 형제를 얻는 것이다. 만일 죄를 범한 형제가 회개하기를 거절한다면, 그러면 책망하던 형제가 둘 또는 셋의 증인들을 자신과 함께 데리고 가서 그들 앞에서 그 죄를 범한 형제를 다시 책망한다. 만일 그 죄를 범한 형제가 자신을 책망한 형제를 따른다면, 치리는 끝나는 것이다. 그러나 그렇게 되지 않는다면, 그 책망한 형제가 이 문제를 교회에 말해야 한다. 그 문제를 보고한 형제가 죄를 범한 형제를 불러 세번째 그를 책망한다. 만일 그 죄를 범한 형제가 자신의 죄를 버린다면, 그 책망한 형제가 죄를 범한 형제의 영혼을 구하는 것이다.

질문: 어디로부터 교회가 이런 권한을 갖게 되는가?
답: 제자들에게 다음과 같이 말씀하신 그리스도의 명령으로부터 갖게 된다. "너희가 땅에서 묶는 모든 것들은 또한 하늘에서도 묶일 것이며 너희가 땅에서 푸는 모든 것들 또한 하늘에서도 풀릴 것이다."

질문: 그러나 한 형제가 다른 형제에게 이런 묶고 푸는 권위를 행사하는데 무슨 권리가 있는가?
답: 그리스도의 말씀을 따라 자기 자신을 교회와 자기 교회의 멤버들에게 복종시킨 그 침례의 서약에서 권리를 찾을 수 있다.[8]

가장 오래된 재침례교도들의 신앙 고백문 중 하나인 쉴라이다임 고백서the Schleitheim Articles, 1527는 "금지ban"를 그들의 연합을 위한 원칙적인 요소로서 모든 멤버들이 반드시 동의하고 순종해야만 하는 것으로 논의하였다.[9] "하나님의 교회"(1560)라는 그의 글에서 디트리히 필립스Dietrich Philips는 참된 교회의 7가지

---

8   Denis Janz, ed., *The Reformation Catechisms* (New York: Edwin Mellen Press, 1982), 135-36.
9   William L. Lumpkin, *Baptist Confessions of Faith* (Valley Forge, PA: Judson Press, [c. 1959]), 25.

"규정들" 혹 "특징들" 중의 하나로서 "복음주의적 분리"를 지적했다. 이 "복음주의적 분리가 없다면 하나님의 교회는 바로 서거나 유지될 수 없다."[10] 피터 라이드만_{Peter Rideman} 은 다음과 같이 말하며 교회로부터의 출교라는 문제를 언급했다: "그러므로 우리는 서로 돌아보아 자신의 오류를 형제들에게 고백하며 모든 열심으로 서로에게 죄에 대해 경고하며 책망한다. 그러나 한 형제가 그런 책망을 받아 들이지 않을 때에는 그 문제를 교회 앞으로 가져 간다. 만일 그 형제가 교회의 말도 듣지 않으면, 그때는 그 형제가 모임으로부터 배제되고 교회로부터 쫓겨나게 된다."[11] 메노 시몬즈_{Menno Simons} 또한 교회 치리에 대하여 많은 것들을 썼다.[12]

교회 치리와 교회의 멤버십에 대한 치리의 적용점들은 초기 침례교인들에게 있어서도 역시 두드러진 강조점들이었다. 존 스미스_{John Smyth} 는 그리스도께서 교회에게 출교시킬 수 있는 능력을 주셨으며 치리의 문제에 대한 최종적인 호소는 교회의 책임이라고 선언하였다.[13] 암스테르담에서 선언한 그의 영어로된 신앙 고백에서, 토마스 헬위스_{Thomas Helwys} 는 다음과 같이 기록하고 있다:

교회의 책망 이후에도 어떤 죄 가운데서 회개하지 않는 형제들은 성도들의 교제로부터 단절되어야만 한다. 마 18:17, 고전 5:4, 13. 그러므로 사람이 교회로부터 단절 되는 것은 어떤 사람이 죄를 지어서가 아니라 개혁을 요청하는 교회의 요구을 거부하기 때문이다.[14]

---

10   Dietrich Philips, "The Church of God," in *Spiritual and Anabaptist Writers*, 246-48.

11   Peter Rideman, *Account of Our Religion, Doctrine, and Faith* (Rifton, NY: Plough Publishing House, 1970), 131-32.

12   Menno Simons, "A Kind Admonition on Church Discipline" (1541), in *The Complete Writings of Menno Simons*, trans. Leonard Verduin, ed. John C. Wenger (Scottdale, PA: Herald Press, 1956), 407-18; idem, "A Clear Account of Excommunication" (1550), in *Complete Writings of Menno Simons*, 455-85; and idem, "Instruction on Excommunication" (1588), in *Complete WritingsofMenno Simons*, 959-98.

13   Lumpkin, *Baptist Confessions of Faith*, 101.

14   Ibid., 121.

특수 침례교인들의_{Particular Baptists, 제한 속죄설을 믿는 칼빈주의 침례교인들} 제1차 런던 신앙고백서는 모든 멤버가 회중의 치리에 복종하며 "교회는 상당한 주의와 부드러움을 가지고 필요한 조언을 받아 교회의 멤버들에 대한 치리를 진행해야 한다"라고 적고있다.[15] 찰스턴 교회 치리 문서_{The Charleston Church Discipline, 1774} 는 교회 치리의 세 가지 형태 혹은 단계들을 정의하고 있다: (1) 책망, 권고, 또는 형제적인 질책, (2) "직분과 주의 만찬의 참여" 금지, 그리고 (3) 출교, 즉 "교회와의 연합과 교제로부터 그리고 교회의 모든 권리와 특권으로부터"의 배제."[16] 교회 치리는 그레이브스_{J. R. Graves}의 작품들에 나타나는 두드러진 주제이며 지역 교회가 주의 만찬을 어떻게 실행해야 하는지에 대한 그의 주장에서 하나의 중요한 요소이다.[17] 써던 침례 신학 대학원의 신학 문서인 원칙들의 개요_{The Abstract of Principles of The Southern Baptist Theological Seminary, 1858} 는 신약 교회의 세가지 본질적 특징들을 질서, 치리, 그리고 예배로 규정하고 있다:

주 예수님이 교회의 머리시다. 교회는 그분의 모든 참된 제자로 구성되며 교회의 통치에 대한 모든 능력이 더할나위 없이 그분에게 주어져 있다. 그분의 명령에 따라서 그리스도인들은 자신들을 특정한 단체 또는 교회와 연합해야만 한다. 이런 각각의 교회에게 그리스도께서는 그분이 지정하신 교회의 질서, 치리, 그리고 예배를 집행하기 위해서 필요한 권위를 주셨다. 교회의 정규적인 직분자들은 감독들 또는 장로들과 집사들이다.[18]

---

15   Ibid., 168.

16   "A Summary of Church-Discipline Shewing the Qualifications and Duties, of the Officers and Members, of a Gospel Church, by the Baptist-Association, in Charleston, South Carolina, 1774, V," in Baptist Church Discipline, ed. James Leo Garrett Jr. (Nashville: Broadman Press, 1962), 42-45.

17   J. R. Graves, *The Lords Supper: A Church Ordinance* (Texarkana, AR-TX: Baptist Sunday School Committee, 1928), 14, 28-30, 36-39.

18   여기서 감독이나 장로는 목사에 대한 다른 명칭으로 사용되었다 - 역자 주. "The Abstract of Principles of The Southern Baptist Theological Seminary," at http://www .sbts.edu/About-Us/Beliefs/Abstract of Principles.aspx (accessed March 2, 2007).

이러한 증거는 교회 치리가 우리 침례교 조상들에게 성서적 실행으로 간주되었다는 것을 보여준다. 우리의 남침례교 역사 또한 치리가 20세기 이전에는 대부분의 침례 교회에서 실행되었음을 보여준다. 우리 교단의 선조들이 가지고 있던 확신들 중 하나는 자신들을 세상으로부터 분리하여 그리스도와 서로에게 복종하겠다는 서약이었다. 교회 치리는 이런 교회의 구별을 성취하기 위한 한 가지 수단으로 간주되었다.

치리의 경우

신약 성경은 어떤 죄들이 치리를 받아야만 하는지를 결정하기 위한 기준을 분명하게 기술하지는 않는다. 비록 성경이 교회 치리를 교회의 순수성과 함께 연결시키고 있지만, 성경적 패턴은 치리의 과정이 신중함과 주의를 기울여 실행되었음을 보여준다. 사도 바울은 고린도 교회에 있는 사람들의 죄들에 대하여 많은 것을 말하고 있다. 그런 죄들 가운데는 내부 분열, 성적 부도덕, 그리고 무질서한 행위들이었다. 그러나 바울은 근친상간 관계에 빠진 남자에 대한 치리만 지시한다. 우리는 신약 성경 전체에서 이와 동일한 자유재량권을 가지고 진행된 치리를 발견한다. 모든 죄된 이탈 또는 위반을 치리함으로써 교회를 죄 없는 완벽한 상태로 만들려는 어떤 시도도 이루어지지 않았다.[19]

신약 성경에 있는 교회 치리의 경우들을 함께 묶는 것처럼 보이는 공통된 주제는 어떤 식으로든 회중에게 해로운 그리고 공개적 영향을 미치는 죄들에 대한 것이다. 신약 성경에서 치리를 요구하는 죄의 여러 항목들은 한 교회의 멤버들 사이에 있는 어려움들 (마 18:15-17; 고전 5:5-6), 무질서한 행위(살후 3:6-15), 내부 분열(롬 16:17-18, 딛 3:9-10), 그리고 뻔뻔스런 부도덕성(고전 5:1-13)을 포

19　Robert Saucy, *The Church in God's Program* (Chicago: Moody, 1972), 120-21.

함한다. 성적으로 부도덕한 죄들과 함께 바울은 탐욕, 우상숭배, 술취함, 폭력적인 말과 사기 행위 또한 치리받아 마땅하다고 열거하고 있다(고전 5:11). 거짓된 가르침 또한 교회 치리를 받아 마땅한 죄악으로 분류되고 있다(딤전 1:20; 딤후 2:17-18; 계 2:14-16). 이런 거짓된 가르침은 성경 해석과 관련된 덜 중요하고 사소한 문제들이 아니라 오히려 기독교 신앙의 근본적인 교리들과 관련된 것이다.[20]

신약 성경에서 명백하게 치리된 죄들은 공개적으로 알려진 죄이거나 겉으로 분명하게 드러난 것으로 보인다. 그리고 아마도 상당한 시간동안 발생했던 죄였을 것이다. 그 죄의 공개적인 성격과 사람들에게 알려진 사실은 교회에 비난을 가져오며, 교회의 메세지와 선교의 순전함에 의심을 갖게 만들며 그리고 그리스도의 명예를 더럽혔다. 더욱이 교회가 그런 죄의 문제를 언급하는데 있어서 실패한다면, 회중에게 교회가 그런 죄를 용인한다는 인상을 주게 되고, 다른 사람으로 하여금 교회의 교제권 안에서 공개적으로 용인되고 있는 그런 죄의 실행을 따라 하도록 격려하는 꼴이 될 수 있다.[21] 너무나 단순화하지 않으면서도 우리는 교회 치리에 해당하는 다양한 죄들을 세가지 주요 항목으로 정리해볼 수 있다: 정통 교리에 대한 충성, 삶의 순수성과 거룩성, 그리고 교회 교제의 연합을 위배하는 죄들. 이 세가지 영역들은 교회의 신앙과 실행에 있어서 본질적이며 아주 중요한 것들이다.

교회 치리의 목적

교회 치리는 신앙을 고백했지만 죄에 빠지게 된 그리스도인을 지역교회가 회복하기 위한 과정이다. 그 죄를 범한 사람은 어떤 교단의 리더일 수도 있고 작은 시골 교회의 이름없는 한 멤버일 수도 있다. 모든 멤버들은 교회의 치리 활동에 다 복종하게 된다. 교회 치리의 우선적 목적은 (죄를 범한 사람으로 하여금 바른 행위와 태도를 갖도록 하는)회복과 (다른 신자들과 하나님에 대한)화해이다. 교회

---

20 Ibid., 121.

21 Wayne Grudem, *Systematic Theology* (Grand Rapids: Zondervan, 1994), 896-97.

치리는 죄를 범한 형제나 자매의 삶 속에 회개와 회복을 가져다 주는 사랑의 행위이다. 회복을 위한 소망은 치리와 함께 온다(고전 5:6-8). 죄는 동료 신자들과의 그리고 하나님과의 교제를 방해한다. 화해와 회복은 오직 교회가 죄를 범한 자를 대면하여 문제를 해결할 때에만 일어날 수 있다. 치리하는 교회는 길을 벗어나 방황하고 있는 형제와 자매를 다시 찾고, 그 사람을 바른 교제로 회복하며, 그리고 그를 교회의 사역과 메세지를 위협하는 삶의 파괴적인 패턴들로부터 구해내고자 하는 사랑안에서 행하고 있는 것이다. 심지어 출교의 행위도 그 죄를 범한 개인이 회개할 것이며 하나님의 양떼 안으로 회복될 것이라는 희망을 가지고 행해진다. 만일 교회가 치리의 궁극적 목적을 기억한다면, 이 치리에 관련된 그리스도인들이 치리의 과정에 참여할 때 사랑과 돌봄으로 진실되게 행동하는 것이 더욱 쉬울 것이다.

교회 치리는 또한 죄가 교제권에 있는 다른 사람들에게 퍼져 나가는 것을 막아준다. 정기적으로 그리고 신실하게 성서적 교회 치리를 행사하는 교회는 교제권 안에 있는 나머지 사람들에게 죄가 확산되어 그들을 오염시키는 것을 막는 성서적 규정을 따르는 것이다. 히브리서 저자는 죄의 단체적이며 오염시키는 효과를 이렇게 언급하고 있다: "아무도 하나님의 은혜에 이르지 못하는 자가 없도록 하며 쓴 뿌리가 자라 문제를 일으켜 많은 사람들이 그것으로 인해 더 렵혀지지 못하도록 하라"(히 12:15). 사도 바울이 고린도 교회에게 다음과 같이 경고했을 때, 그는 죄의 이런 다이내믹한 측면을 언급한 것이다: "너희는 적은 누룩이 밀가루 전체 반죽에 퍼져 나가는 것을 알지 못하느냐? 옛 누룩을 없애라 그리하면 너희가 새로운 반죽이 되리라"(고전 5:6-7). 치리받지 않은 자들의 죄악된 영향력은 그 문제에 대해 알고, 또한 교회가 그것에 대해 아무 것도 행하지 않았음을 알고 있는 사람들에게 쉽게 퍼져나간다. 교회쪽에서의 그런 무책임함은 교회의 교제권에 있는 어떤 사람들로 하여금 죄는 그들이 과거에 생각했던 것처럼 그렇게 나쁜 것이 아니라고 생각하게 한다. 그리하여 교회의 무책임함은 그들도 하여금 비슷한 죄를 짓도록 유혹한다. 교회 치리는 교회로 하여금 죄에 오염되는 것을 피하도록 돕는다. 사실, 그리스도의 도에서 벗어난 장로인 목회자를 회중 앞에서 공개적으로 치리하는 것은 교회 멤버들로 하여금 비슷한 죄를 범하지 못하도록 금지하는 경고의 역할을 감당한다(딤전 5:20).

교회 치리는 또한 회중의 공동체적 순결함과 거룩함을 보존해 준다. 주 예수 그리스도께서 "영광 중에, 티나 주름 잡힌 것 또는 그와 같은 어떤 것도 없이 오직 거룩과 흠없는" 교회를 자신 앞에 세우시려 하셨다(엡 5:27). 그리스도는 교회의 머리시며 교회의 특징은 그분에 대한 간증을 반영하는 것이다. 심지어 천사들과 귀신들도 교회를 보며 하나님의 다양한 지혜를 보게 된다(엡 3:10). 바울은 그리스도인들에게 "너희가 받은 그 부르심에 합당하게 살라"고 촉구한다(엡 4:1). 교회의 도덕적 순결과 영적인 거룩함은 세상에 하나님의 성품을 반영하는 것이다. 한 교회 멤버가 세상에도 분명하게 알려진 식으로 공개적인 죄를 계속해서 지을 때, 그리스도께서는 수치를 당하시는 것이며 교회의 사역과 간증의 순전함은 의심을 받게 된다. 사도 베드로는 믿는 이들을 격려하여 "그분 앞에 점이나 흠 없이 화평 가운데 발견되도록 모든 노력을 기울이라"고 하였다(벧후 3:14). 그리스도인들은 하나님의 말씀에 대한 순종 가운데 그리고 그들의 행위에서 본이 되도록 살아야 한다.

교회 치리 실행의 쇠퇴

침례교의 삶속에 있는 여러 가지 요인이 우리 침례교회 안에서 교회 치리가 쇠퇴하도록 기여하였다. 20세기의 문화적 변화는 아주 강력한 개인주의적 자율성의 출현을 촉진시켰다. 그리스도인은 우리 시대에 너무나 널리 퍼져 있는 "모든 것이 내 중심으로every-man-is-an-island"라는 사고방식을 받아들였다. 더구나 서구 세속 사회에 깊이 침투된 상대주의는 서서히 그러나 확실하게 우리 교회들 안으로 스며들어 왔다. 그 결과로, 교회에는 도덕적 판단을 내릴 능력을 효과적으로 없애버린 노골적인 개인주의가 만연해 있다. 이런 태도의 일반적인 공식들은 "당신 일이나 신경 쓰세요"와 "우리가 누구길래 남을 심판할 수 있는가?"이다. 하나님의 말씀에 근거하여 도덕적 판단을 내려야 할 그리스도인들의 침묵 때문에, 과거에는 자동적으로 교회의 치리 또는 어쩌면 출교까지도 받았어야 할 어떤 죄들이 지금은 교회에 의해서 정당화 될 수 있거나 받아들여질 만한 것으로 간주되고 있다. 자치적인 개인주의를 위해 공동체적인 책임감을 버리려는 교회의 움직임이 치리를 행사하고자 하는 교회의 권위와 의지를 파괴하는 한 요소이다.

교회 치리가 쇠퇴하게 된 또 다른 원인은 아마도 권위에 대한 존경심이 교회 내부에서 전반적으로 결여되어 있기 때문일 것이다. 지난 40년간의 반-제도주의적 _{anti-institutional} 분위기가 효과적으로 교회적인 권위를 서서히 무너뜨렸다. 우리 침례교 조상들은 교회의 권위에 대하여 높은 견해를 가지고 있었고 교회 치리를 아주 심각한 문제로 여겼다. 대조적으로 오늘날 교회의 권위는 (특별히 우리 침례교가 속해 있는 자유 교회〔국가로부터의 자유를 주장하는 교회〕 전통에서) 회의와 조롱을 받고 있다. 교회 밖에서는 일반적인 현상인 교회와 사역자들의 권위에 대한 무례한 태도가 교회 안으로 심각한 영향을 미쳤다. 그 결과, 많은 그리스도인들이 일반적으로는 사회와 국가의 권위에 대한 그리고 구체적으로는 교회 안에 있는 권위에 대한 세속적 혐오감을 받아들였다.

서로 다른 교단적 정책들 역시 교회 치리의 쇠퇴에 기여하였다. 본질적으로 어떤 교단들은 전혀 치리가 없다. 다른 교단들은 치리가 너무 느슨하거나 치리를 하기 위한 어떤 규칙이나 가이드라인이 있다고 해도 그것을 지킬 수 있는 방법을 결여하고 있다. 더구나 지역 회중은 자신의 교단에 속한 다른 교회의 치리를 존중해 주지 않는다. 치리를 받고 있거나 출교를 받고 있는 누구라도 치리에 반대하여 자신이 속한 교단이나 지역 교회를 떠나 아무 어려움 없이 다른 교회에 (심지어 같은 교단에 속한 다른 교회에) 멤버가 될 수 있다. 이런 교단적인 무관섭의 태도가 교회 치리의 효과성을 심각하게 감소시키고 있다.

지역 교회내에 있는 그리스도인의 책임감에 대한 혼란이 교회 멤버들을 치리할 수 있는 교회의 능력을 더 심각하게 좀먹고 있다. 주님께 속한다는 것은 그분의 교회에 속하는 것이며 그분의 백성들이 가지고 있는 치리권에 순종한다는 것이다(마 18:15-18; 갈 6:1-2). 그러나 오늘날 거의 어떤 그리스도인도 다른 그리스도인에게 책임을 지는 신앙 생활을 원하거나 그런 책임에 동의하려고 하지 않는다. 영적인 책임감은 많은 침례교 회중들 가운데 사실상 존재하지 않는다.

교회 치리의 쇠퇴에 기여한 문화적, 철학적, 그리고 신학적 요인들 배후에는 치리의 쇠퇴를 부채질한 두 가지 "두려움들"이 있다. 그중 첫번째 두려움은 교회 재정의 실제적 손실에 대한 것이다. "텅빈 헌금 바구니"의 잠재성이 왜 어떤 교회들은 단순히 치리를 하지 않는가에 대한 주된 이유이다. 이런 침례교회 안에 있는 리더들은 만일 치리가 실제적으로 이루어진다면, 아주 거대한 교인 이탈이 따를 것이고 그렇다면 교회는 그 재정적 의무를 감당할 수 없게 될 것이라고 두려워한다. 더욱이, 교회가 헌금을 가장 많이 하는 사람을 대항해서 출교까지 해야 할 경우 십일조와 그외 헌금이 사라질 가능성은 특별히 증가하게 된다. 물론, 이런 태도는 즉각적으로 진리와 하나님에 대한 확신을 타협하는 것이다. 지역 교회는 이런 위협에 "포로로 잡혀"있을 수 없다. 침례교회는 반드시 주님께서 그들의 필요를 채워 주실 것을 믿어야 하며, 그리스도께서 명령하신 것을 순종적으로 실행해야만 한다.

치리의 실행과 관련된 두번째 두려움은 점점 증가하고 있는 법적 문제 때문이다. 치리를 행사하는 사람들이 교회의 치리를 받아야 하는 사람들로부터 고소를 당하게 되는 것을 발견하게 된다. 점점 더 많은 교회들이 만일 그들이 멤버들을 치리하려는 어떤 시도를 하게 된다면 법적 고소라는 협박을 받게 될 것을 두려워하고 있다. 교회는 어떤 멤버를 치리해야만 할 때 사려깊고, 애정 어린 태도를 가지며, 그리고 주의 깊게 실행해야만 한다. 그러나 교회는 잠재적인 법적 제재에 대한 협박에도 불구하고 치리에 대한 성서적 명령에 신실해야만 한다. 어떤 교회가 이전의 멤버에 의해서 고소를 당했을 때, 척 콜슨_{Churck Colson} 은 다음과 같은 글로 반응하였다: "만일 법정이 교회는 성경적 기준을 교회의 멤버에게 집행할 수 없다고 판결을 내림으로써 교회를 무기력하게 만든다면, 이것은 슬픈 소식이 될 것이다. 그러나 만일 교회가 우리의 성서적 책임감을 무시함으로써 우리 자신들을 무기력하게 만든다면, 그것은 더욱 슬픈 소식이 될 것이다."[22]

이런 이유들 하나하나가 교회 치리의 회복과 실행을 요구하는 우리 침례교회에게 강력하고 실제적인 도전을 형성하고 있다. 그러나 이런 도전에 직면한 침례교인들 각 세대는 잠재적으로 교회 치리의 실행을 위태롭게 할 수 있는 자신들만의 독특한 문화적이며 실제적인 압박들과 씨름해 왔다. 20세기 이전에는 대부분의 침례교회들이 이런 도전들을 직면하고 극복할 수 있었다. 그러나 20세기는 대부분의 남 침례교회들이 수많은 철학적 그리고 사회적인 압력들에 거의 완전히 항복했음을 보여준다. 21세기로 옮겨가는 이때에, 우리는 성서적 교회 치리에 대한 우리의 충성을 약화시키려 위협하는 그 어떤 도전도 대항해 극복해야만 한다.

언약 공동체

2000년 침례교 신앙과 메세지_{The Baptist Faith and Message 2000} 는 신약 교회란 "믿음과 복음의 교제 안에서 언약을 맺어 연합하게 된" 신자들의 모임이라고 선언했다. 우리 침례교 교회론의 한 부분은 참된 교회란 하나님과 자발적으로 언약을 맺어 연합하게된 그리스도의 제자들의 모임이라는 것이다. 초기 침례교인들은 교회는 일반적으로 세상으로부터 따로 떨어져 나와 모인 그리고 그리스도의 주

---

22   Chuck Colson, "The Church Should Mind Its Own Business," *Jubilee* (April 1984): 3.

권 아래에서 함께 섬기고자 하는 목적을 위해 연합한 회심한 개인들의 모임이
어야만 한다고 믿었다.

17세기 침례교인들은 그리스도의 모든 가르치심대로 함께 신앙생활을 하기
위하여 관례적으로 하나님과 그리고 구원받은 형제들과 서로 "언약을 맺어" 새
로운 교회 회중을 형성하였다. 한 교회의 멤버들로 구성된 사람들은 그들의 언
약서를 만들었고 공적인 모임에서 그 문서에 자신들의 이름을 서명하였다. 이
언약을 맺는 행위는 침례식에서 이루어진 서약과 헌신들을 문서로 작성함으로
써 분명하게 하였다. (언약서가 제정된 이후에 교회로 들어온) 새로운 멤버들은 그 언
약서에 동의한다는 것을 서면으로 확증하도록 요구되었다. 전체 회중은 정기적
으로 모여 교회의 몸으로서 자신들의 언약 서약을 새롭게 다짐하였다. 어떤 침
례 교회들은 그들의 언약 서약의 갱신을 주의 만찬 집례와 연결시키도 하였다.[23]

17세기 중요한 침례교 지도자였던 벤자민 키취_{Benjamin Keach}는 언약의 개념
을 침례교회에 대한 그의 정의에 사용하였다. 비록 실제로 정확하게 언약이라
는 단어를 사용하지는 않았지만, 키취가 사용한 언어는 언약의 사상을 묘사하
고 있다. 키취에게 있어서 교회란 "경건한 그리스도인들의 회중으로서 그들이
정해진 곳에서 (먼저 신앙의 고백위에 침례를 받고) 상호간의 합의와 동의에 의해서
자신들을 주님과 서로에게 하나님의 뜻에 따라 헌신하는 것이다."[24] 언약서의
언어들은 교회마다 달랐고 종종 문화적인 그리고 상황적인 요인들에 의해 형성
되었다. 그러나 어떤 기본적인 개념들은 매우 공통적이었다. 본질적인 개념은
다음과 같은 문장에서 발견될 수 있다: "그러므로 우리는 우리 자신들을 주님
과 서로에게 드려 그리스도께서 우리에게 알려주신 모든 방식대로 함께 살아갈
것을 동의한다." 서로를 구속하는 의무들과 반드시 지켜야 하는 행위들에 대한

---

23 Norman H. Maring and Winthrop S. Hudson, *A Baptist Manual of Polity and Practice* (Valley
Forge, PA: Judson Press, 1963), 72.

24 Ibid.

선포가 비록 언제나 그런것은 아니지만 종종 위에 언급된 문장 뒤에 나타난다. 언약서는 교회 멤버들에게 자신들의 영적인 헌신과 공동체적인 책임을 상기시키는데 가장 적합한 방법으로 인식되었다.[25]

한 교회의 언약은 믿는 이들이 개인적으로 중생를 통하여 교회로서 함께 연합하도록 성령님에 의해 감동받은 사람들이라는 점을 강조한다. 언약 공동체에 대한 침례교적 개념은 교회가 개별적인 믿는 이들의 삶속에서 일어난 하나님의 자유로운 사역의 결과임을 주장한다. "믿음과 교제 안에서 언약으로 만들어진 우리의 연합"은 교회가 강제적인 정부의 권위 또는 제도적인, 한 지역적 구역에 한정된, 교권주의적인 조작(카톨릭과 국교회의 교구제도)에 의해 만들어진 조직이라는 개념과는 분명한 대조를 이룬다. 언약은 교회의 삶이 반드시 지역 교회에서 경험되어져야 함을 암시한다. 언약 공동체는 본질상 지역적이며 신앙 고백안에서 연합하게 된 믿는 이들의 특정한 그리고 가시적인 모임의 결과이다. 침례교인들에게는, 신자의 침례가 믿는 이들을 예수 그리스도의 교회 안에서 함께 모이도록 확정한다.[26]

그러므로 언약의 개념은 교회가 예수 그리스도를 주로 함께 고백하여 연합한 사람들의 모임이라는 진리를 지적하고 있다. 교회는 복음 전파를 통해 하나님과 다른 믿는 이들과 연합하여 살아가도록 부르심을 받은 사람들로 구성된다. 한 회중의 모든 멤버들이 그리스도께 충성을 고백하기 때문에, 그들은 그리스도를 통하여 하나님께 대한 단체적인 고백과 순종 속에서 함께 모인 백성이다. 이런 사상은 2000년도 침례교 신앙과 메세지에 표현되어 있다: "그런 회중에서 각 멤버는 주님이신 그리스도께 책임있는 삶을 살아야 하며 자신의 삶에

---

25 Ibid., 72-73.

26 Stanley J. Grenz, *Theology for the Community of God* (Nashville: Broadman & Holman, 1994), 611-12. 비록 그렌즈의 신학적 방법과 제시들의 상당 부분이 문제가 있지만, 지역 교회에 대한 언약의 중요성과 역할에 대한 그의 통찰력은 배울만 한다.

대해 설명해야 할 의무가 있다."[27] 또한 예수님을 그리스도로 그들이 함께 고백하는 것은 믿는 이들이 교제와 봉사의 영역에서 서로 연합되어 있음을 보여준다. 그들은 그리스도의 제자들로서 서로에게 헌신되어 있다. 언약 공동체 안에서 믿는 이들은 상호간에 하나님의 백성으로서 함께 살아갈 것에 동의한다. 각 믿는 이는 하나님과 서로에게 속했다는 인식을 가져야만 한다.[28]

교회 치리의 재도입에 대한 실제적 고려사항들

교회 치리의 교리를 다시 주장하는 것은 우리 침례 교회들의 현재와 미래의 생존에 절대적으로 필요한 것이다. 치리를 현재 실행하지 않는 회중 안에서 교회 치리를 도입하는 것이 더디고 지루한 과정이 될 것이라는 것을 인정한다. 옛 격언인 "당신은 배의 방향을 빠르게 돌릴 수는 없다"라는 말이 교회의 문화에 변화를 가져오는데 동일하게 적용된다. "당신은 교회를 하루 아침에 바꿀 수는 없다." 그러나 이런 관점은 하나님께서 지역 회중에게 즉각적인 변화를 가져다 줄 수 있다는 사실에 의해 변할 가능성이 있다. 하나님은 어떤 것이라도 즉각적이고 완전하게 바꿀 수 있다. 이것이든 다른 것이든 교회의 문화에 대한 즉각적인 변화는 확실히 하나님의 전능하신 특권 안에 놓여 있다. 아무 것도 하나님으로부터 이런 종류의 강력한 개입을 막을 수 없다. 그러나 믿음과 실행의 변화는 목회자와 교회 리더십으로부터 의지적인 과정에 대한 헌신을 요구할 것이다.

교회 언약의 채택이나 개정은 성서적 교회 치리를 재도입하는 과정에서 시작할 하나의 단계이다. 교회가 새롭게 생겨나든 이미 잘 구성된 회중이든, 개개

---

27 The Baptist Faith and Message at http://www.sbc.net/bfm/bfm2000.asp (accessed March 2, 2007).

28 Robert T. Handy, "The Philadelphia Tradition," in *Baptist Concepts of the Church*, ed. Winthrop throp S. Hudson (Philadelphia: Judson Press, 1959), 36.

의 침례 교회는 언약을 가져야만 한다. 교회 언약은 보통 문서로 기록된다. 그리고 모든 성도가 지역 회중의 멤버십의 조건으로서 언약서에 사인을 해야만 한다. 언약서는 성서적 원칙들을 기반으로 하고 그 원칙들을 반영해야만 한다. 언약서는 각 회중의 다양한 신념을 반영할 수도 있지만, 침례 교회의 언약은 다음과 같은 것을 확증해야만 한다: 교회와 교회 멤버들에 대한 예수 그리스도의 주권; 성경의 신성한 영감, 무오성, 그리고 권위; 신자의 침수 침례로 그들의 신앙을 고백한 중생한자들로 이루어진 교회 멤버십; 그리고 교회의 치리 사역에 자신들을 복종시키겠다고 자발적으로 표현한 회중의 책임성에 대한 각 멤버의 상호적인 동의이다. 회중의 모든 멤버에 의해서 언약의 내용을 정기적이고 자발적으로 확증하는 것은 중생한자만의 교회 멤버십에 주의를 기울이게 하며, 각 교회 멤버에게 교회 멤버십의 순전함을 상기시키고, 지역 교회의 치리 사역에 재 헌신할 것을 요구한다. 언약서에 직접 서명하는 행위를 통해 각 멤버는 교회 치리가 한 부분인 언약서의 내용을 자신의 자발적인 동의로 확증한다는 것을 선언한다.

이런 과정의 일부분으로서, 나는 또한 교회의 법적 문서에 대한 주의 깊은 검토와 필요할 때는 개정할 것을 추천한다. 오늘날 우리 사회가 매우 법적인 다툼에 휩싸일 수 있기 때문에, 어떤 교회와 기독교 리더는 성서적 교회 치리란 심각한 법적 결과를 초래하지 않고서는 더 이상 실행될 수 없다고 결론 지었다. 비록 경우에 따라 세속 법정이 치리의 행습과 관련하여 어떤 교회에 불리한 판결을 내리기도 했지만, 이런 드문 경우가 침례 교회는 더 이상 교회 치리를 행할 수 없다는 결론을 내리도록 해서는 안된다. 이런 법적 상황에서 보상을 하도록 한 법정의 결정들은 교회가 치리를 하면서 취한 부적절할 방식에 집중되었지 교회가 치리를 했다는 사실에 집중된 것이 아니었다. 교회 치리에 관한 교회 내규_{bylaws}를 비평적으로 점검해 보는 것은 회중이 적절하게 행동하고 치리를 행사할 때 법적으로 할 수 있도록 보장해 준다. 뿐만 아니라 교회 내규에 대한 리뷰는 멤버들에게 교회 치리는 교회의 성서적이며 사역적인 정체성에 하나의 핵심적 부분임을 상기시켜 줄 것이다. 치리에 관한 신학과 방법론은 교회 헌장과 교회의 다른 법적 문서들에 분명하게 명시해야 한다.

교회 치리의 재발견과 시행은 지역 교회의 설교와 가르침의 사역에 반드시 의도적인 부분이 되어야 한다. 목회자와 교회 리더십은 반드시 정기적으로 이 치리 사역을 위하여 교회를 가르치고 준비시켜야 한다. 예를 들어, 담임 목회자는 주기적으로 교회 치리에 대하여 설교하고 가르쳐야만 한다. 회중적인 책임감과 순전함 뿐만 아니라 교회 치리에 대한 교리가 새 멤버반에서 그리고 성경을 가르치는 사역들 속에서 가르쳐져야만 한다. 이런 과정은 치리의 적절한 실행에 예비적인 것이며 반드시 교회의 지속적인 사역의 정규적인 부분이 되어야 한다.

교회는 반드시 교정적인 치리를 위한 하나님의 목적들을 이해해야만 한다. 이 사역에 대한 궁극적 목적은 언제나 회복과 화해이다. 이 치리의 사역에 관계된 사람들은 반드시 이런 목적들을 기억해야만 한다. 그렇게 하는데 실패한다면 치리가 해로운 결과들을 만들어 내는 방향으로 흘러 갈 것이다. 예를 들어, 이런 과정에서 하나의 유혹은 과정의 절자상에 있는 기술적 문제점에 집중하는 것이다. 문제들이 슬며시 사라지기를 희망하면서 문제의 요점을 무시하거나 회개와 화해에 대한 요청에 반대하여 타협의 "중간점"을 찾고자 하는 것은 성서적 해결책이 아니다. 영리한 회의, 상의 또는 행정적인 전략이 치리에 관련된 토론을 지배할 수도 있다. 그러나 그런 능수능란한 책략들은 회복이라는 성서적 이상을 성취할 수 없을 것이다. 이 치리의 과정에 있는 또 다른 유혹은 치리를 받아야 할 모든 문제들을 치료받아야 할 병으로 해석해 버리는 것이다. 치유의 관점에 있어서 나는 치리를 요구하는 어떤 경우는 성서적 상담을 필요로 할 수 있다는 것을 인정한다. 상담을 치리에 포함 시키는 것은 회복과 치유의 과정에서 한 부분을 차지할 수 있다. 그러나 상담 자체가 교회 치리와 일치되어서는 안 된다(상담을 받았다고 치리를 피할 수 있는 것은 아니다). 마찬가지로 어떤 치리의 경우는 과정의 한 부분으로서 어떤 형태의 중재를 요구할 수도 있다. 그러나 상 담의 경우에서와 마찬가지로, 중재가 교회 치리와 일치되어서는 안 된다. 치리 의 목적은 단순하게 논쟁을 불식시키거나 오해를 풀려고 하는 것이 아니다. 치 리의 목적은 오히려 믿음에서 벗어나 죄 가운데 살고 있는 교회 멤버가 회개하 고 하나님과 자신이 속한 교회와 화해하도록 하는 것이다.

교회 치리의 적절한 실행은 또한 누가 치리의 합당한 주체인가 뿐만 아니라 무슨 죄들이 "치리받기에 합당한 것"인가에 대한 이해를 요구한다. 문제를 진 단할 수 있는 어떤 질문들은 어떤 죄가 치리를 요구하는가, 아닌가를 결정하는 데 교회에 도움을 줄 수 있다. 그 죄가 성경이 치리가 필요하다고 가르치는 그 런 죄들에 속한 것인가? 그 죄가 정통 교리를 위배한 것인가? 그 죄가 회중의 삶의 순수함과 거룩성을 더럽히고 있는가? 이 죄가 교제의 연합을 어지럽게 하 고 있는가? 만일 그 죄가 치리를 요구한다면, 그 죄를 범한 자가 교회 멤버인 가? 그 죄가 공개적인 것인가 사적인 것인가? 사적인 죄는 일대일의 대면을 요 구한다. 공개적인 죄는 치리 과정이 좀 더 형식적이고 공개적인 방식으로 시작 될 것을 요구할 수 있다.

치리를 위한 절차

치리 과정에서의 첫 번째 단계는 죄가 발생했다는 것을 인정하는 것이다. "만일 너희 형제가 너에 대하여 죄를 범하거는 가서 그를 사적으로 책망하라. 만일 그가 너의 말을 들으면, 너는 너희 형제를 얻은 것이다"(마 18:15). 이런 얼 굴과 얼굴을 맞대는 접촉은 치리 과정의 핵심적인 부분 중 하나이다. 상처 받은 개인은 먼저 죄를 범한자와 화해를 추구해야만 한다. 만일 죄를 범한자가 그의 죄를 인정하고 회개한다면, 상처 받은 사람은 회복되어진다. 사적인 정보를 유 지하는 것은 중요하다. 왜냐하면 이것은 죄가 만들어낸 상처의 범위를 제한하며 그 문제를 더욱 악화시킬 수 있는 공개적인 대면_{confrontation} 을 방지한다.

그러나 첫 번째 사적인 대면은 회개와 회복으로 종결되지 않을 수 있다. 만일 이 과정이 화해를 이끌어 내는데 실패한다면, 그때는 교회의 다른 멤버들이 이 치리의 대면 과정에 포함되어야만 한다. "그러나 만일 그가 듣기를 원치 않는다면, 너와 함께 한 명이나 혹 두 명을 데리고 가라. 그리하여 둘 혹 세 증인들의 증언으로 인해 모든 사실이 확증될 것이다(마 18:16)." 이 구절에서, 예수님은 사실들을 확증하기 위해선 복수의 증인들로부터 나오는 증언이 필요하다는 신 19:15을 인용하셨다. 예수님은 사람이 한 증인에 의해서는 고소될 수 없다는 구약 성경의 금지를 의지하신다(민 35:30, 신 17:6, 19:15). 적어도 두 증인들이 죄에 대한 고소가 순전하고, 진실되며, 그리고 편견 없이 이루어진 것임을 확증하는데 필요하다. 치리의 과정에 다른 사람들을 포함시키는 것은 원래의 고소를 확증하려는 목적이 아니다. (고소된 내용이 참된 것으로 당연하게 인정되었을 경우) 다른 사람들의 참여는 죄를 범한 자에게 도덕적 압박을 주고자 하는 것이며 이 사건이 교회 앞에서 증언될 필요가 있을지 그의 태도를 살펴보고자 하는 것이다. 증인들은 오류에 빠진 교회 멤버를 회복하려는 시도에서 도와주는 역할을 하게 된다. 그러나 만일 그 시도가 실패할 경우에는 그 증인들이 원래 죄에 대해서가 아니라 회개를 하지 않은 것에 대한 증인들로서 역할을 하게 될 것이다. 증인들의 면전에서 어떤 형제나 자매로 하여금 그의 죄에 대하여 주의를 기울이게 하는 것은 죄를 범한 그를 위협하거나 겁을 주기 위한 것이 아니다. 오히려 죄의 심각성을 강조하고 회개에 대한 호소를 강화하기 위한 것이다.

치리의 첫번째와 두번째 단계들은 죄를 범한자가 책망을 듣고자 하는 진정으로 열린 마음을 보여주고 자기 죄의 심각함을 신중하게 생각하는한 반복될 필요가 있다. 사랑은 한번의 만남 이상이 필요하며 첫번째와 두번째의 단계 사이에 충분한 시간과 기도를 요구한다. 만일 죄를 범한자가 다른 사람들의 면전에서도 듣지 않고 회개하지 않으면, 그때는 치리의 과정이 세번째 단계로 옮겨

간다. 예수님은 그분의 제자들에게 "교회에 말하라"라고 하신다(마 18:17). 교회의 리더십은 이 치리 과정에 반드시 포함되어야 하고, 교회가 단체적인 몸으로서 그 치리 문제를 언급하도록 안내하는 방향을 제시해야 한다. 이렇게 함으로써 교회는 "영적인 자들"이 과실로 넘어진 자들을 회복시켜야 한다는 바울의 가르침(갈 6:1)을 따르게 된다. 치리의 행동을 받기에 합당한 죄들은 언제나 심각한 것들이어야 한다. 그러나 교회 전체가 치리의 결정에 포함되는 것은 상황의 심각성을 더하게 되며 회개에 대한 호소력을 더욱 강화시키는 것이다. 교회는 상황의 여러 사실들을 잘 분별하고 하나님의 말씀이 가르치는 것들에 근거해서 판단해야 한다. 이 세번째 단계에서 이루어지는 교회로부터의 출교는 언제나 그리스도의 성품을 반영하는 것이어야만 하며, 죄를 범한 형제나 자매의 회복을 그 목적으로 한다. 치리의 과정에서 회중의 공개적인 참여는 교회라는 몸이 그 멤버들의 궁극적인 치리에 책임을 지고 있다는 것을 보여준다.

교회 리더십의 역할은 이 과정에서 매우 중요하다. 리더들은 회개하지 않는 죄를 범한 형제를 만나서 이제는 치리의 문제가 좀 더 공개적인 형태로 옮겨 가야만 한다는 것을 반드시 전달해야만 한다. 이 시점에서 합당한 평신도 리더십과 함께 교회 목회 리더십은 성실하고 강력한 기도와 성경 공부에 전념해야 한다. 모든 리더들이 하루를 기도와 금식에 전념하여 특정한 치리의 문제에 관한 하나님의 방향과 뜻을 추구하는 것이 지혜로운 것이다. 목회자와 다른 교회 리더들은 전체 멤버십을 일정한 기간동안 이 치리(출교)의 결정 과정으로 옮겨 가도록 적절한 계획을 수립해야만 한다. 이 세번째 단계에서의 목적은 회중의 참여를 의도적으로 그리고 합당하게 넓히는 것이다. 회중이 참여하게 되면, 목회자와 다른 리더들은 이 치리의 과정에 전체 교인들이 참여 할 수 있도록 교회 전체의 교제권을 영적으로 훈련시키고 준비시켜야만 한다.

만일 이 세번째 단계가 화해와 회복을 가져오는데 실패할 경우에 관하여, 예수님은 교회에 추가적인 가르침을 주셨다: "만일 죄를 범한 그 형제가 심지어 교회의 권면도 받아 들이지 않는다면, 그를 너희에게는 불신자요 세리처럼 여기도록 하라"(마 18:17). 이 네번째 단계는 회중에 의해서 결정되는 공식적인 결정이다. 출교라는 특별한 치리의 행위를 위해선 교회의 공식적인 모임이 반드시 있어야만 한다. 죄를 범한 자는 자신의 지위가 교회 안에 있기에 합당한지 그렇지 않은지를 결정하기 위한 교회의 모임이 열리게 될 것에 대한 통보를 받아야만 한다. 그러나 그 죄를 범한 개인에 대한 결정은 공개적인 예배 시간에 되어서는 안된다. 교제의 순전성과 개인의 사생활 보호가 매우 중요하다. 질서와 품위가 유지되어야 한다. 오직 교회 멤버만(주일 예배에 참석하는 방문자 그리고 그리스도인이라도 아직 멤버가 아닌 단순 참여자는 제외한) 이 치리 과정에 공식적으로 참여해야만 한다. 회개하지 않는 개인을 교회가 어떻게 다루어야 하는지에 대한 분명한 성서적 가르침이 주어져야만 한다. 그리고 그 죄를 판단하는데 꼭 필요한 사실들만(느낌이나 추측이 아닌) 언급되어야 한다.

만일 죄를 범한 그 개인이 자신의 죄에 대하여 회개 하기를 거절한다면(그 죄 범한 자는 마지막 치리를 위한 교인들의 모임에 참석할 수도 있고 그렇지 않을 수도 있다), 교회는 그 회개하지 않는 멤버를 불신자처럼 대해야 한다. 회중은 그 죄를 범한 자의 "멤버십을 박탈" 하거나 또는 "출교"해야 한다. 출교된 자와 교회 멤버들 사이에 있는 이런 구별은 실제적이며 공개적인 것이어야 한다. 교회 멤버들은 이 치리의 문제에 대하여 교회 밖에 있는 외부인에게 발설하지 않으면서도 죄를 범한 후에 회개하지 않는 자를 기도와 복음의 증거가 필요한 비 그리스도인처럼 보아야 한다. 교회는 죄를 범한자에게 출교의 결정을 다음과 비슷한 방법으로 알려 주어야 한다:

우리는 당신의 현재 행위가 하나님과 이 교회에 용납될 수 없으며 적대적임을 발견했습니다. 그러므로 당신에 대한 우리의 사랑은 비록 고통스럽지만 이런 조치를 취할 것을 요구합니다. 이것을 통해서 우리는 하나님의 은혜로 당신이 회개에 이르며 하나님과 이 교제에 회복되기를 소망합니다.

이 출교의 결정은 기뻐하거나 축하할 일이 아니다. 회중은 슬퍼해야 하며 형제나 자매를 잃게 된 것에 대해 눈물을 흘려야 한다. 형제나 자매가 교회의 치리에 순종하지 않을 때, 그는 더 이상 교회의 한 부분으로 인정될 수 없다. 멤버십의 책임들과 특권들은 그 회개하지 않은 사람에게서 박탈될 것이다. 출교자는 그리스도의 공동체 밖에 있는 불신자, 중생하지 않은 자처럼 여겨져야 한다. 다른 어떤 비 그리스도인 처럼, 그 출교자는 예배에 참여하는 것이 허용될 수도 있다(만일 그 출교자의 예배 출석이 그가 상처를 주었을 다른 사람들을 불편하게 하지 않거나 성령님의 하나되게 하심에 또 다른 분란을 일으키지 않는다면). 복음이 선포되는 것을 듣는 것은 모든 불신자의 특권이다. 그러나 성도간의 연합, 교제, 그리고 후원과 사역을 위한 모임들은 회개하지 않는 죄인에게는 허용되지 않는다. 그 죄를 범한자가 믿는 자의 증거(회개함)를 보여주지 않기 때문에, 그 사람은 회개할 때까지 회개하지 않는 죄인으로서 대해야 한다. 기회가 생길 때, 교회는 그 출교된 개인에게 다시 권면할 수 있다. 그러나 회개와 회복이 일어나지 않는다면 그리고 그것들이 먼저 일어날 때까지는 출교 받은 자와 그리스도인 간의 교제는 발생할 수 없다.

교회는 죄를 범한자가 회개하며 하나님과 회중과의 회복과 화해를 추구하도록 지켜 보고 소망해야만 한다. 모든 멤버들은 기도하며 기대하는 마음으로 회개의 징후들을 기다려야 하고, 만일 그 사람이 자신의 죄를 회개한다면 그 죄 범한 자를 회복시켜주고 멤버로 다시 용납할 준비가 되어 있어야 한다(고후 2:7-11). 이 과정에 참여했던 모든 사람들에 의해서 그리고 그들을 위해서 용서와 완전한 회복에 대한 가시적 증거들은 진정으로 표현되어야 한다. 형식을 갖춘 그리고 공개적인 화해를 위한 모임이 회복의 과정 중 하나로 일어나야 한다.

만일 그 죄를 범한자가 보여준 회개의 진정성에 질문이나 의구심이 생겨난다면 어떻게 해야 하는가? 우리는 이 점에 있어서 매우 주의해야 한다. 왜냐하면 아무도 다른 사람의 속마음을 판단할 수는 없기 때문이다. 우리는 오직 그 사람의 드러난 행위를 판단할 뿐이다. 그러나 교회는 회개에 대한 모든 주장을 확인도 하지 않은 채 받아들여야 할 어떤 의무도 없다. 치리의 과정이 일대일 혹은 복수의 증인들에 의한 권면을 넘어서서 공식적인 출교로 결정된 것일 때는 회개한다고 주장하는 형제나 자매는 그 회개가 진정한 것인지에 대한 확신을 얻고자 하는 질문들에 대답을 해야 할 것이다. 치리의 과정이 비공개적인 권면을 넘어서서 공식적인 출교로 결정된 경우, 치리의 당사자가 회개한다고 주장한다면 그 회개가 진정한 것인지를 위한 질문들에 대답을 해야 할 것이다. 교회 리더십과 모든 멤버들은 이 문제에 있어서 사랑으로 충만한 분별력을 보여주어야 한다. 전체 멤버들이 이 회개의 진위성 여부에 대한 과정에 포함될 때, 이 문제에 대하여 직접적인 지식을 가지고 있는 멤버들이 자신들이 확인하여 알고 있는 회개의 진위여부에 대한 정보를 적절하게 전체 멤버들과 공유할 기회를 부여 받아야 한다. 전체 멤버들이 이 과정에 참여하는 경우, 이 사안과 관련하여 직접적으로 아는 것이 있는 멤버들은 그것을 전체 멤버들과 공유할 기회를 부여 받아야 한다.

성격상 공개적이며 교회 전체 회중에게 영향을 주는 죄들은 교회의 치리를 받기에 합당한 죄들이다. 앞에서도 이미 언급했듯이, 이런 치리의 죄들은 다음과 같은 것들을 포함한다: (1) 그리스도인의 연합과 교제를 파괴하는 내분과 마찰, (2) 삶의 순결성과 거룩성을 훼손하는 도덕적이며 윤리적인 이탈, (3) 기독교 신앙의 근본적 신념들을 부정하는 거짓 교리들. 이 세 가지 항목들 중 어느 하나의 위반도 치리를 불러 일으킬 수 있지만, 치리의 행위는 그 위반에도 불구하고 그들의 죄를 회개하지 않은 사람들에게 이루어진다. 그러므로 출교된 사람들은 이중으로 심판받는 것이다: (1) 그들은 자신들의 죄 가운데 머물러 있기 때문에 심판을 받는다. (2) 그들은 또한 그들의 죄를 회개하지 않기 때문에 심판을 받는다.

비록 개인들과 그룹들이 치리의 다양한 단계들에 참여하지만, 교회 치리는 단체적인 몸된 교회의 특권이며 책임이다. 출교라는 최종적인 행위는 회중의 단체적인 행동이다. 교회가 한 몸으로서 치리하기 때문에 회중은 또한 죄 범한 형제의 회복에도 단체적으로 행동한다. 교회는 회개한 죄인이므로 용서하고 위로해 주며 그를 향한 교회의 사랑을 확증해 주어야 한다(고후 2:6-8).

결론

"교회: 침례교인들과 18세기와 19세기 그들의 교회들 The Church: Baptists and Their Churches in the Eighteenth and Nineteenth Centuries "이라는 에세이에서, 그레고리 윌즈 Gregory A. Wills 는 교회의 치리를 받았던 한 명의 중요한 남침례교 리더의 이야기를 전해 준다.

1814년 10월 16일. 남북 전쟁 이전에 존경받던 침례교 지도자 중 한 명이었던 윌리암 존슨 William B. Johnson 은 조지아주에 있는 자신이 목회하던 사바나 Savannah 제일 침례교회에서 사임했다. 그는 자신이 더 이상 그 교회의 목회자가 아니며 심지어 교회 멤버도 아니라고 밝혔고 그 교회를 나가 버렸다. 회중은 존슨에 대한 그들의 존경심을 보여주었고 만일 그가 자신과 교회 사이에 있던 논쟁[각주 참조]을 더 진행시키지만 않는다면 그를 새로운 목회자가 청빙될 때까지 임시 설교 목사로 초대하겠다고 교인들의 선한 뜻을 표시하였다. 존슨은 그 초대의 조건에 응하였지만 그 다음 주일날 교회를 야단칠 유혹을 거절 할 수 없었다. 그는 교인들을 "부패한 몸"이라고 불렀다. 그 다음 5년 동안 그가 속해 있던 정규 침례교 교회들은 the Regular Baptist Churches 그 와의 교제를 단절하였다… 1819년 존슨은 사바나 교회를 정죄한 자신의 죄에 대하여 회개하였고 더 이상 자신의 견해를 그 교회에게 고집하지 않겠다는 약속를 한 뒤에 다시 정규 침례교회들과의 교제를 회복하였다.[29]

---

29   GregoryA. Wills, "The Church: Baptists and Their Churches in the Eighteenth and Nineteenth teenth Centuries," in Dever, *Polity*, 19-20. 존슨 목사는 남침례교단의 최초의 총회장이었다. 사바나 교회와 존슨 목사는 교회의 예배 뿐만 아니라 모든 모임(회의, 훈련)이 주일에 이루어져야 하는 가에

침례교의 삶에서 나온 이런 사건은 앞서 간략하게 다룬 교회 치리에 관한 연구에서 우리가 살펴 본 몇 가지 원칙들을 보여준다. 어떤 그리스도인이라도 - 그가 얼마나 유명하거나 존경을 받는다 해도 - 교회의 치리 위에 있지는 않다. 또한 회복과 재연합은 성취될 수 있다. 그리고 그 사람은 의미있는 사역으로 회복될 수도 있다_{그렇다고 모든 경우에 사역으로 회복된 것은 아님 - 역자주}. 초대 침례교인들이 가졌던 확신들 중 하나는 그들이 세상으로부터 분리되어야 한다는 것과 자신들을 그리스도와 서로에게 복종해야 한다는 것이었다. 우리가 그들의 전례를 따르는 것이 당연하다. 교회 치리는 이 세상과의 구분을 성취하는 한 방법이다. 교회 치리는 그리스도의 가르침에 대한 순종의 행위이며(마 18:15-20), 바른 교리, 삶의 순결함(거룩성), 그리고 교제의 연합을 보존하고, 이것들에 대한 충성을 강화시키는 한 방법이다.[30] 교회 치리는 지역 교회의 특권이다. 우리 침례교 선조들은 교회 치리를 참된 교회의 한 표징으로 보았고 그들은 치리를 정기적으로 행했다. 교회 치리에 주어진 이런 높은 평가는 존 리들리 대그_{John Leadley Dagg}가 쓴 다음 문장에 나타나 있다: "치리가 교회를 떠나면, 그리스도께서도 치리와 함께 교회를 떠나신다는 말이 있었 왔다."[31] 만일 이것이 사실이라면, 그렇다면 우리 많은 침례 교회들은 심각한 문제를 가지고 있다.

침례 교인들으로서 우리는 그리스도에 속한 자들과 세상에 속한 자들 사이에 있는 분명한 구분을 유지해야 한다. 우리는 침례교회에 가입하고자 하는 사람들에게 그들의 멤버십은 회중의 권위에 순종하겠다것을 포함하는 것임을 가르쳐야만 한다. 더구나, 우리 교회에 있는 멤버십은 개인의 신념들과 행위를 자발적으로 교회의 판단에 순종시키는 것을 요구해야 한다. 만일 우리 교회들이

대해 논쟁을 하였고 존슨 목사의 사임 이전에 교회는 6주 동안 신약 성경에 나타난 교회의 정책을 연구 하였다. 양쪽 모두 신약 성경이 이미 교회의 운영에 대한 핵심적인 원칙들을 다 결정해 놓았기에 교회는 신약 성경에 나타난 그리스도의 입법권을 침해 할 수 없으며 오직 입법된 교회의 법을 실행에 옮길 행정권만 가지고 있다는데 동의 하였다. 그러나 존슨 목사와 달리 교인들은 예배가 아닌 훈련과 운영 위원회의 모임 등은 주중 다른날 모일 수 있다고 반대하였다 - 역자주.

30   Mohler, "Church Discipline," 53-56.

31   John Leadley Dagg, *A Treatise on Church Order* (reprint, Harrison, VA: Gano Books, 1982), 274.

세상과 구분되지 않는다면, 복음의 메세지는 그 순전함과 능력을 상실하게 될 것이다. 교회 치리는 우리 침례 교회들의 메세지와 사역의 순전함과 영향을 보존하는 한 방법이다.[32]

　교회 치리의 교리는 확실히 전적으로 침례교인들만의 "신학적 자산"은 아니다. 그러나 교회 치리가 신약 교회의 한 증표라는 우리 침례교인들의 주장은 침례교의 삶 속에서, 특별히 20세기 이전의 침례교 안에서 강력한 역사적 지지를 받고 있다. 더구나, 교회 치리를 중생한 자의 교회 멤버십 그리고 회중 정치의 교리들과 함께 묶는 것은 교회 치리에 대한 우리의 이해와 실행에 침례교만의 특징적인 관점을 부여해 준다. 21세기가 더 진행될수록, 신약 교회의 참된 증표들 중 하나인 교회 치리의 회복과 실행에 대한 우리 침례교의 역사적이며 신학적인 뿌리로 돌아가자.

32　Wills, "The Church," 28.

11장

신자들의 제사장 직분

왕 같은 제사장직분에 대한 성서적 교리의 재 발견

말콤 야넬 Malcolm Yarnell III

◇◇◇◇◇

신자들의 제사장 직분은 교회사에서 여러 다양한 이름을 가지고 있다. 이 교리의 공동체적 성격을 강조하는 명칭들은 다음과 같다: "신실한 자들의 제사장 직분,""보편적 제사장 직분," "영적인 제사장 직분," "공동의 제사장 직분," "침례 받은자들의제사장 직분," "평신도들의제사장 직분," 그리고 "모든 신자들의 제사장 직분." 이 직분에 대하여 개인주의적 이해를 나타내는 사람들은 다음과 같은 명칭들을 사용하였다: "신자의제사장 직분the priesthood of the believer, 신자라는 단수가 사용됨을 주목하라 – 역자주, "각 신자의 제사장 직분the priesthood of every believer. "구약에서 제사장직에 대한 히브리어는 mamlakuth cohenim제사장들의 왕국이며 헬라어 70인경에는 basileion hierateuma왕 같은 제사장직분로 번역되었다(출 19:6). 베드로는 70인경의 번역을 따랐다(벧전 2:9). 이70인경은 히브리어의 왕국이라는 명사를 형용사로 사용하였다. 반면 요한은 제사장이라는 명사를 두번 사용하였다 (계 1:6; 5:10). 성령님은 어느 하나의 용어에 엄격하게 제한 받으시지 않으셨다. 왜냐하면 성경은 또한 형용사 "왕 같은"이라는 단어를 "거룩한"과 바꾸어 쓰고 있으며(벧전 2:5), 주된 형용사(혹은 명사)를 동사로 전환시키고 있다(계 20:6). 엄격한 성서주의자가 선호하는 영어 용어는 아마도 "왕 같은 제사장 직분"royal priesthood, "제사장들과 왕들"priests and kings , 그리고"왕국 제사장 직분"kingdom priesthood과 같은 대체 용어일 것이다.

이 에세이의 목적은 왕 같은 제사장 직분에 대한 성경적 교리를 주석하여 침례교 교회론의 특징으로서 제사장 직분의 의미를 살펴 보는 것이다. 고대와 현대에 이 교리에 대한 성서적 근거, 역사적 표현들, 그리고 신학적 의미를 설명하려고 했던 많은 책들과 글들이 있다. 이 에세이는 그런 전통에 대한 포괄적인 도서 목록을 제시하거나 심지어 그 주제와 관련된 주요 저작들을 살펴보지는 않을 것이다. 대신에, 이 에세이의 초점은 지역 침례교회의 성서적 교리로서의 왕 같은 제사장 직분의 회복에 관한 것이 될 것이다. 제사장들과 왕들로 이루어진 교회에 대한 교리에 대해서 성경이 어떻게 증거하고 있는지 살핀 후, 역사적 패러다임의 개요를 설명하고, 다섯가지 신학적 결론들을 제시할 것이다.

<h1 style="text-align:center">성서적 증거</h1>

다섯 가지 형태의 왕 같은 제사장들

성서의 역사 속에는 제사장과 왕의 직분을 조합해 놓은 적어도 다섯 가지의 형태가 있다. 타락 전 아담의 통치와 제사장 직분 그리고 이스라엘의 열조들의 계속된 왕과 그리고 제사장적 활동들에 대한 질문을 제쳐 둔다면, 제사장과 왕의 겸직된 직분이 가장 처음으로 등장하는 것은 신비로우면서도 기독론적으로 중요한 인물인 멜기세덱의 경우이다.

첫 번째, 창세기에서 모습을 드러낸, 멜기세덱("의의 왕")은 "살렘의 왕"("평화의 왕")이며 "지극히 높으신 하나님의 제사장"(창 14:18-20)으로서 묘사되고 있다.[1] 그돌라오멜에 대한 아브람의 승리 뒤에, 멜기세덱은 아브람의 승리로 인하여 아브람에게 복을 빌어주고 하나님을 찬양하고 있다. 그 다음, 아브람은 멜기세덱에게 그가 얻은 모든 것의 십일조를 주었다. 중요한 메시아적 시편에서, 주님은 오른편에 계신 주님께 약속하시길 그가(오른편에 계신 주님) 멜기세덱의 반차를 따라 영원한 제사장이 될 것이라 하셨다(시 110:4-5 참조). 이 전통을 계승하여, 히브리서 저자는 그리스도의 제사장 직분이 아론의 제사장 직분 보다 더

---

1   이 에세이에서 사용되는 성경 구절들은 특별하게 표시하지 않는 이상 New King James Version (NKJV)에서 인용한 것이다.

뛰어난 것이라고 결론 짓는다. 왜냐하면 아브라함의 허리에 있던 레위가 멜기세덱에게 십일조를 바쳤기 때문이다(히 7:9-10).[2]

제사장-왕의 두번째 타입인 아론 또는 레위의 제사장직분은 종교적이며 행정적인 역할들을 조합해 놓았다. 다윗 왕 아래에서 사역했던 대제사장 사독(삼하 8:17)과 다윗의 아들들(삼하 8:18)은 제사장과 행정가로서 현저하게 조합된 역할들과 관련되어 자세히 검증받았다. 중간기 동안에는 마카비우스 가문이 대제사장과 이스라엘 통치자로서의 역할을 조합하려고 실제로 시도했으나 별로 성공적이지 못했던 첫번째 이스라엘인들이었다.[3] 유대인의 자치 통치가 막을 내린 후, 쿰란 공동체는 성전의 제사장 직분을 인정하면서도 동시에 제사장 직분의 개념을 영적으로 이해하기 시작했다.[4]

제사장-왕의 세번째 타입은 이교도적 형태로 성서시대와 그 이후에 있었던 일반적인 근동 지방의 현상이었다. 많은 문화들이 그들의 왕들을 최고의 통치력 뿐만 아니라 최고의 종교적 권위를 가진 것으로 보았다. 전쟁터에서의 승리는 그들이 신들의 영향을 받았기 때문이었다. 로마에서는 이런 동방의 풍습이 답습되었고 제사장 직분이 처음으로 줄리어스 시저의 통치 아래에서 황제의 권한으로 복속되었다. 모든 공식 종교들을 관장하는 최고 제사장 직분인 pontifex maximu는 아우구스투스Augustus 황제 때에 황제의 여러 직분의 리스트에 영구적으로 추가되었다. 그러나 이런 추가에 논란이 없었던 것은 아니었다.[5]

---

2   Joseph A. Fitzmeyer, "Melchizedek in the MT, LXX, and the NT," *Biblica: Commentarii Periodici Pontificii Instituti Biblici* 81, no. 1 (2000): 63-69.

3   Deborah W. Rooke, *Zadoks Heirs: The Role and Development of the High Priesthood in Ancient Israel* (Oxford: Oxford University Press, 2000).

4   Ernest Best, "I Peter 114-10-A Reconsideration," *Novam Testasnentnm* 11, no. 4 (1969): 285.

5   Lily Ross Taylor, *The Divinity of the Roman Emperor* (Middletown, CT: American Philological Association, 1931), 59-60. 다음의 작품도 참조하라. Mary Beard, "Priesthood in the Roman Republic," in *Pagan Priests*, ed. Mary Beard and John North (London: Duckworth, 1990), 17-48.

제사장-왕의 네번째 타입은 주 예수 그리스도이시다. 히브리서 7장에 있는 모형으로서의 멜기세덱 그리고 원형으로서의 그리스도에 대한 묘사는 제사장 직분에만 국한 되지 않고 왕권을 병합해 놓았다. 예수님은 아주 뛰어나신 "신성한 왕" 또는 "왕이신 제사장"이시다.[6] 그러나 그리스도가 단지 두 가지가 아닌 세 가지의 직분들을 가지고 계시다고 말하는 것이 적절하다. 라틴어 신학 용어인 triplex munus Christi(그리스도의 삼중직)은 제사장과 왕으로서 뿐만 아니라 선지자로서의 예수님에 대한 성서적 증언을 하고 있다.[7] 이제 우리는 제사장-왕의 마지막 타입인 하나님의 백성으로서 왕의 신분을 가진 제사장 직분에 초점을 맞추고자 한다.

왕 같은 제사장 직분에 대한 구약의 증언

우리의 주제를 언급하고 있는 첫번째 텍스트는 출 19:6이다. 존 홀 엘리엇 John Hall Elliott 은 이것을 "출애굽 공식"이라 부르며 이후에 나오는 모든 관련 성경 구절들이 이 텍스트에 의해서 형성되었다는 자신의 결론을 지적한다. 사실, 엘리엇의 입증은[8] 무시할 수 없는 성서 학자인 어니스트 베스트 Ernest Best 로 하여금 그 자신의 초기 주장 – 출 19:6은 신학적으로 후기 성경적 형식들에 중요하지 않다 – 을 "재고 하도록" 유도하였다.[9] 출애굽 공식에서 하나님은 이스라엘을 mamlakuth cohenim (제사장들의 나라 또는 "왕국과 제사장들" 또는 "제사장 같은 왕들" 또는 "왕 같은 제사장들")으로 만드시겠다고 약속하셨다.[10] 출 19:6의 문맥이 중요한 이유는 이 약속이 시내산에서 모세에게 처음 전달 될때 주어진 언약이기 때문이다. 만일 이스라엘이 하나님의 음성에 순종해서 그분의 언약을 지켰

---

6   Deborah W. Rooke, "Jesus as Royal Priest: Reflections on the Interpretation of the Melchizedek Tradition in Heb 7," *Biblica* 81, no. 1 (2000): 81-94.

7   Millard J. Erickson, *Christian Theology*, 2nd ed. (Grand Rapids: Baker, 1998), 780-87.

8   John H. Elliott, *The Elect and the Holy: An Exegetical Examination of I Peter 2:4-10 and the Phrase Basileion lerateuma, Supplements to NT X11* (Leiden: E. J. Brill, 1966), 50-128.

9   Ernest Best, "Spiritual Sacrifice: General Priesthood in the New Testament," Interpretation 14 (1963): 273-99; and idem, "I Peter II 4-10-A Reconsideration."

10   John I. Durham, Exodus, *Word Biblical Commentary* (Waco, TX: Word, 1987), 263.

다면, 그들은 하나님께 "열방보다 뛰어난""특별한 보물" 되었을 것이다(19:5). 이 특별한 선물의 본질은 "제사장들의 나라와 거룩한 나라," 즉 특별한 백성으로서 묘사 되었다. 이런 약속의 근거위에서, 이스라엘 장로들은 언약에 동의하였다. 모세는 후에 율법의 언약을 그 엄중한 충만함속에서 받기 위하여 돌아왔다(19:7-15).

국가의 제사장 직분을 위한 언약안에는 성전과 규약들과 희생물들과 함께 레위기서에 기록되어 있는 레위지파의 특별한 제사장 직분이 포함되어 있었다.[11] 아론의 제사장직분, 성전 그리고 성전의 제사들이 언급될 때의 자세함을 고려해 본다면, 제사장들의 왕국에 대한 제례 의무들이 결코 분명하게 구약에서 언급되어 있지 않았다는 것은 흥미롭다. 그러나 제사장인 백성들의 의식적이며 윤리적인 책임들이 정기적으로 희생제사의 용어들을 통해 묘사되었다고 추측할 수 있다: "의로움의 제사들을 드리고 여호와를 의지하라"(시 4:5); "하나님께 감사의 제사를 드리라"(시 50:14 NASB; 참조. 레 7:11; 시 27:6; 50:23; 107:22; 116:17); "하나님의 제사들은 깨어진 영이다"(시 51:17); "모든 불의를 제거하시고 우리를 은혜롭게 받아 주옵소서 그리하며 우리가 입술의 열매를 드릴 것입니다"(호 14:2 NASB).진실로, 그런 행위들은 제례적인 의식들 보다 더 중요한 것들이다: "나는 노래로 하나님의 이름을 찬양할 것이며 감사로 그분이 위대하심을 전할 것이다. 그리고 이것이 소나 뿔과 굽을 가진 젊은 황소 보다 주님을 기쁘시게 할 것이다"(시 69:30-31 NASB; 참조, 사 1:11-17; 호 6:6; 9:4; 미 6:6-8).[12]

구약의 역사적인 책들은 하나님의 음성에 대한 이스라엘의 계속된 불순종

---

11   It often has been noted that the Old Testament universal priesthood did not invalidate the Old Testament particular priesthood. E.g., C. E. Pockree, *The Priesthood of All Believers* (London: St. Charles Booklet Library, 1969).

12   A. Feuillet, "Les 'sacrifices spirituels' du sacerdoce royal des baptizes (1 P 2,5) et leur preparation tion dans 1'Ancien Testament," *Nouvelle Revue Theologique* 96 (1974): 704-28.

과 언약의 파괴에 대한 슬픈 소식을 들려주고 있다. 이런 슬픈 소식은 앗수르인들에 의해 일어난 북 왕조의 멸망과 뒤이은 남 왕조의 고통스런 최후로 이어졌다. 특별히 예레미야 당대의 예루살렘에 살던 엘리트들의 오만함은 매우 당황스러운 것이었다. 그들은 하나님께서 자신들의 불순종에도 불구하고 유다 왕국을 보존하실 것이라고 믿었던 것이다. 그들은 그들의 오만한 견해로부터 교정되었다. 선지자들은 새 언약이 필요함을 선포하였다. 예레미야와 에스겔은 예루살렘이 언제가는 회복될 것이며 사람들의 생각과 마음에 대한 하나님의 변화가 평화에 대한 영원한 언약을 보장할 것이라고 약속하였다. 원래의 시내산 언약에 주어진 국가적 회복(제자장들의 왕국)에 대한 암시들이 다음의 예언들속에서 발견된다. "나는 그들의 하나님이 될 것이며 그들은 내 백성이 될 것이다"(렘 31:31-34; 참조. 렘 32:37-41; 겔 37:24-28).

이사야는 여러 곳에서 이스라엘 사람들이 "주님의 제사장들이라 불리워 질 것"을 포함한 국가의 종말론적 회복에 대한 약속을 반복하였다(사 61:6). 종말론적 제사장직분에 대한 약속은 다시 한번 레위지파가 아닌 국가 전체에 주어졌다. 그러나 이 약속의 보편성은 이사야서의 마지막 결론에서 한 단계 더 나아갔다. 종말의 때에 모든 사람들은 모여들 것이다. 이방인에 대한 언급에서 여호와는 "내가 그들 중 몇을 제사장들과 레위인들로 삼을 것이다"(사 66:21)라고 선언하였다. 새로운 제사장 직분은 모세의 언약 백성 중 경건한 남은 자들뿐만 아니라 열방 가운데서 선택된 많은 자들을 포함할 것이다.

왕권을 가진 제사장 직분에 대한 베드로의 증거

베드로의 첫번째 편지는 심각한 핍박을 경험하고 있던 소 아시아의 그리스도인들에게 쓰여진 것이다. 물론 그들이 이 땅에 거주하고 있고 책임감 있게 이 땅에서 살아야 하지만, 그들의 시민권은 실제로는 하나님의 도시에 있었다.[13]

---

13 The three levels of Roman citizenship were *politai*, full citizens; *paroikoi*, resident aliens; and *zenoi*, strangers. Christians found themselves existing between full rights and no rights. See John

베드로는 그들이 하나님의 선택받은 자들이었음을 상기시킴으로써 이런 핍박받던 공동체를 격려하였다. 베드로전서의 증거를 분석하면서 엘리엇 Elliott 은 그들의 예정에 대한 삼위일체적인 기원, 중재, 목적을 설명하고 있다: "그들은 예정되었으며(선택되었으며, RSV) (a) 하나님 아버지의 미리 아심에 따라"(1:17 참조), (b) "성령의 거룩하게 하시는 역사로 말미암아"(1:10-12, 14-16, 4:14 참조), (c) "순종과 예수 그리스도의 피 뿌려짐 때문에"(1:14, 19, 22 참조).[14] 베드로전서에 나오는 교회에 대한 주요 이미지는 oikos tou theou 즉 '하나님의 권속' the household of God 이다. 진실로, 이 이미지는 벧전 2:9에 있는 다른 비유어들과 함께 사용되어 그룹 의식, 연대, 그리고 응집력을 촉진시키고 있다.[15]

왕권을 가진 제사장직에 대해 베드로가 제시한 두개의 언급은 베드로전서 2:4-10에 나타난다:

사람들에게는 참으로 버림 받으셨지만 하나님에 의해선 선택받으신 귀한 산 돌이신 그분에게 나아옴으로써, 너희는 또한 살아 있는 돌들로서 영적인 집으로 지어져 가며 예수 그리스도를 통하여 하나님께 받아들여질 만한 영적 희생제물들을 드리는 거룩한 제사장이다. 그러므로 또한 성경에 다음과 같은 말도 있다. "보라 내가 선택한 귀한 모퉁이의 머릿돌을 시온에 두노니 누군든지 그를 믿는자는 부끄러움을 당하지 않을 것이다." 그러므로 믿는 너희에게는 그분이 귀하시나; 불순종하는 자들에게는 그분이 "건축자들이 거절한 돌이 모퉁이의 머릿돌이 된 것이며," "넘어지는 돌이며 거치는 반석"이 되었다. 그들은 자신들에게 요청된 그 말씀에 불순종하기 때문에 넘어진다. 그러나 너희는 택하신바 된 세대요 왕권을 가진 제사장들이며, 거룩한 나라요 그분

H. Elliott, *A Home for the Homeless: A Sociological Exegesis of I Pete; Its Situation and Strategy* (Philadelphia: Fortress, 1981), 25. The reference to Augustine's historiography is intentional. Cf. Augustine of Hippo, *Civitas Dei*.

14   John H. Elliott, "Salutation and Exhortation to Christian Behavior on the Basis of God's Blessings(1:1-2:10)," *Review and Expositor* 79 (1982): 416.

15   Elliott, *Home for the Homeless*, 132-33; and idem, "Salutation and Exhortation," 419.

의 특별한 백성이므로 너희를 어두움에서 불어내어 그분의 기이한 빛으로 부르신 분에 대한 찬양을 선포하게 하려 함이다. 너희가 전에는 긍휼을 얻지 못했더니 지금은 긍휼을 얻게 되었다.

이 구절은 그리스도와 그의 교회에 대한 비유들의 복잡한 기도문, 즉 의도적으로 좀 더 충분한 신학적 고찰을 요청하는 기도문을 포함하고 있다. 4절과 5절에 일곱가지 비유적 구성들이 있다. "각각의 비유는 다른 비유들을 설명하고 또 그것들에 의해 설명되어진다. 모든 비유들이 함께 그것들 뒤에 놓여 있는 실재들을 가리키고 있다."[16] 몇몇 구약의 텍스트들을 사용한 6절에서 8절까지(사 18:16, 시 118:22, 사 8:14-15)의 이 비유들은 살아 있으며, 생명을 주시는 돌이신 그리스도라는 핵심적인 비유를 중심으로 합쳐지고 있다. 그들의 삶을 이 돌위에 건축하는 자들은 복될 것이다. 그러나 그를 거절하는 자들은 저주를 받게 될 것이다. 이 살아있는 돌위에 세워진 교회는 다섯 가지 공동체적 비유들의 조합을 통해 분명하게 그려지고 있다: 5절에는 1) "집"으로, 9-10절에는 2) "제사장," 3) "나라," 4) "족속," 그리고 5) "백성." 이 다섯가지 비유들은 다섯가지 형용사로 보충 설명된다: 1) "영적인," 2) "선택된," 3) "거룩한," "왕같은," 그리고 "하나님 자신의."[17]

이런 비유들은 구약에 그 기원을 두고 있다. 베스트_{Best} 는 그것들을 "원시 전통"이라고 재치있게 언급했으며, 신약에서도 광범위하게 사용되고 있다. 위에 사용된 대부분의 구약 언급들이 이사야, 시편, 호세아, 그리고 출애굽기에서 온 것이다. 가장 많이 구약을 사용한 신약의 책들은 베드로전서, 히브리서 그리고 계시록이다.[18] 아주 흥미롭게도 위에 언급된 구약과 신약의 일곱 책들이 왕 같은

16　Paul S. Minear, "The House of Living Stones: A Study of 1 Peter 2:4-12," *Ecumenical Review* 34, no. 3 (1982): 242.

17　Ibid., 245.

18　구약 배경을 위해선 다음의 자료를 참조하라. Best, "I Peter II 4-10-A Reconsideration," 270-78. 신약을 위해선 같은 책 280-82 페이지를 보라.

제사장 직분과 이것의 영적인 희생제물들에 대한 논의에서 두드러지게 나타난 다는 것이다.

베드로전서 2장에서 이 복잡한 비유들을 하나의 사상적 구성 단위로 함께 묶어주는 세가지 주요 이미지들이 있다.[19] 첫 번째 주요 이미지는 그리스도라 는 살아있는 돌이 그를 믿는 살아있는 돌들의 생명의 기초이자 근원이라는 것 이다. 그를 믿는 살아있는 돌들의 두번째 주요 이미지는 이 살아있는 돌들이 oikos pnematikos, 즉 성령님의 집으로 계속적으로 지어져[oikodomeisthe] 가고 있 다는 것이다.[20] 이 성령님의 집은 성전에 대한 다른 성서적 이름이다. 세번째 주 요 이미지는 이런 신령한 성전이 영적인 제물들을 바치는 거룩하고 왕 같은 제 사장들인 돌들로 구성되어 있다는 것이다. 이런 세가지 주요한 이미지들은 두가 지 중요한실재들, 즉 그리스도와 그분의 교회, 그리고 두 가지 활동들, 즉 그리 스도에 의한 화해의 통치와 교회가 영적 제물을 드리는 것들을 시사하고 있다.

베드로가 비유들을 의도적으로 섞어 놓아서 엄격한 문자적 해석가들은 혼 란스러워 한다. 그러나 잘 다듬어진 비유적이며 예표적인 해석을 기꺼이 받 아 들이는 사람에게는 이 이미지들이 신학적으로 건설적인 것이다. 신약에 있 는 그리스도인의 제사장 직분과 희생제물에 대한 대부분의 언급들과 마찬가지 로, 베드로전서 2장을 문자적인 의미로 해석하면 안된다는 것은 오랫동안 인정 되어 왔다.[21] 오히려, "영적인"[pneumatikos/pneumatikas] 이라는표현은 이 비유들, 특별 히 "집"[oikos] 과 "희생제물들"[thusias] 에 대한 어떤 문학적 제한을 보여주는데 그렇 기 때문에 성령님이 인도하시는 해석[Spirit-led exegesis, 2:5] 을 요구한다. 폴 미니어[Paul Minear] 는 이점을 다음과 같이 진술한다: "바울이 인식했듯이, 성령님께서 가르

---

19 Minear outlines two major images in "The House of Living Stones," 243-46.

20 Elliott, "Salutation and Exhortation," 422.

21 Frederic Gardiner, "The Use of the Words Priest, Sacrifice, and Prophet in the New Testament," *The Old and New Testament Student* 9, no. 5 (1889): 289-91.

치신 말은 같은 성령님에 의해서만 이해되어져야 한다"(고전 2:6-16).[22] 보수적인 신학자라면 성경의 말씀에 영감을 주신 성령님께서 같은 말씀을 조명해 주셔야만 한다라고 말할 것이다. 반면 현대적인 역사-비평적 방법을 사용하는 이성주의적인 해석자는 성령님이 계시하는 것이 무엇인지 바르게 이해하는데 실패하게 된다.

어떻게 베드로전서의 왕 같은 제사장 직분을 이해해야 하는가? 베드로전서 2장은 왕 같은 제사장 직분의 본질과 기능 모두에 대한 단서들을 제공하고 있다. 첫째, 존재론적으로 왕 같은 제사장 직분은 예수 그리스도의 교회에 대한 많은 비유들 중 하나이다. 9절에서 베드로는 "선택된 세대" 그리고 "그분 자신의 특별한 백성들"이라는 비유들을 이사야 43:20-21로부터 그리고 "왕 같은 제사장"과 "거룩한 나라"를 출애굽기 19:6으로부터 교회에게 적용하고 있다. 10절에서 베드로는 호세아서로부터 공동체적 이미지들을 추가하여 백성이 아닌 자들이 이제 하나님의 백성이 되었다는 것을 나타낸다(참조 호 1:6, 9; 2:21-23). 9절과 10절에 사용된 교회에 대한 비유들은 5절에 있는 "영적인 집"이라는 교회에 대한 서론적인 이미지를 확장하고 있는 것이다. "왕 같은 제사장"의 비유 자체가 공동체적 성격을 가지고 있다는 것 이외에도 이 비유가 교회에 대한 비유들의 리스트안에 포함되었다는 것은 왕 같은 제사장 직분이라는 교리가 개인적인 것이 아니라 회중적인 것임을 강력하게 증거하고 있다.

엘리엇은 헬라어 basileion(왕 같은 - 개혁개정 성경)을 형용사라기 보다는 주어(왕궁)로 번역하였다. 다른 말로, 그는 basileion hierateuma는 두개의 명사들을 합쳐놓은 것으로 보는 것이 가장 좋은 해석이라고 보았다. 즉 "왕 같은 제사장들"이라는 표현 보다는 "왕궁(과) 제사장 직분palace [and] priesthood" 또는 "왕의 거처(와) 제사장들의 무리royal residence [and] body of priests"가 좋은 번역이라는 것이다.

---

22   Minear, "House of Living Stones," 239.

이런 식으로 엘리엇은 두개의 명사들이 하나의 공동체적 존재를 나타낸다는 견해에 더 근접했다.[23] 보통 −euma로 끝나는 헬라어 명사들은−eion으로 끝나는 단어들처럼 한 공동체를 의미한다. 이 단어들이 단체적인 의미로(하나의 몸) 해석되어야 하는지 아니면 집합적인 의미로 (함께 모인 개인들) 해석되어야 하는지는 신약 학자들 사이에서 아직 정리되지 않은 논쟁으로 남아 있다.[24] 그러나 의심의 여지가 없는 것은 이 단어들이 교회라는 공동체적 성격에 대한 이미지라는 것이다.

왕 같은 제사장직의 기능이 무엇인가와 관련된 두번째 문제에 대하여, 베드로전서 2장은 즉각적으로 문맥에 따른 해석 뿐만 아니라 정경적 입장에서 본 해석을 장려하는 세부 사항들을 제공한다. 셀윈 E. G. Selwyn 을 따라, 엘리엇과 미니어 모두 4-5절을 6-8절과 9-10절에 대한 개요로서 다루었다.[25] 세가지 제의적인 용어들을 사용하면서, 5절은 "거룩한 제사장직" hierateuma hagion 이 "영적인 희생제물들 pneumatikas thusias "을 "드리기 위하여 anenegkai " 의도되었다는 사상을 소개하고 있다. 9절은 왕 같은 제사장직의 두번째 기능이 사람을 구원하는 복음 전파임을 제시하고 있다. 교회는 "여러분들로 하여금 당신들을 어두움에서 불러내셔서 그분의 놀라운 빛안으로 들어가게 하신 분의 찬양들을 선포하도록" 그리스도안에서 택함받았다. 이 복음의 선포는 왕 같은 제사장 직분의 두번째 기능으로서 또는 영적 희생제물의 한가지 형태로서 이해될 수 있다. 만일 영적인 희생제물의 한 타입으로 이해한다면, 여러 영적 희생제물들 중에서도 "여러분을 불러내신 그분"에게 집중된 복음전파가 의심의 여지없이 가장 탁월한 것으로 인정되어야 한다.

---

23   Elliott, Elect and the Holy, 73, 166, 223.

24   Ibid., 66; and Best, "I Peter 11 4-10-A Reconsideration," 286-87, 290-91.

25   Edward Gordon Selwyn, *The First Epistle of St. Peter: The Greek Text with introduction, Notes and Essays* (London: Macmillan, 1949), 268-81, 295; Elliott, *The Elect and the Holy*, 147-59; idem, "Salutation and Exhortation," 421; and 112inear, "The House of Living Stones," 240.

신약에 있는 영적 희생제물들

왕 같은 제사장 직분은 영적인 희생제물들을 드린다. 베드로의 주장은 무엇이 정확하게 영적인 희생제물들인가에 대한 질문을 하게 만든다. 베드로가 희생제물을 드리는 것이 무엇을 의미하는지를 즉각적으로 알려주지 않기 때문에, 학자들은 그 답을 찾기 위해서 정경the canon으로 향했다. 전형적으로, 신약 학자들은 영적 희생제물들을 복음 선포와 개인적 윤리 모두를 포함하는 것으로 여기고 있다: "이런 희생제물들은 분명히 하나님을 이 세상에서 명예롭게 하고 그분의 영광을 크게 증진시키는 말과 삶을 사는 것으로써 그분을 찬양하는것이다."[26]

영적인 희생제물에 대한 본문의 암시들은 어떤 제의적인 명사들과 그것들의 관련어들을 포함하고 있다: "희생제물thusia,""드림prosphora," 제사장들에 의한 "봉사letourgia," 어느 누구라도 행할 수 있는 종교적 "예배latreia."다음과 같은 드림의 동사들도 - 〔희생제물을〕 "바치다"paristanein 그리고 "올려 드리다"anapherein - 역시 중요하다. 또한 영적 희생제물에 대한 지시어가 "흠 없는amomos"이라는 형용사였다. 왜냐하면 누구도 하나님께 가치없는 희생제물을 바치지 않을 것이기 때문이다.[27] 이런 희생제물을 드리는 행위들이 반드시 비유적으로 이해되어야만 한다는 것은 "영적으로"pneumatikos 라는 단어가 포함된 것과 그리스도인들에게 적용되어야 하는 문맥에 의해서 알 수 있다. 그리스도인들은 더 이상 〔구약의 제사장처럼〕 제의적인 제사장 직분을 요구하지 않는다. 그러나 "영적으로"라는 단어는 "비 현실적인"이라는 말을 의미하지 않는다. 오히려 이 단어는 신령한 것들에 대한 깊은 실재를 시사한다.

26　I. Howard Marshall, *New Testament Theology: Many Witnesses, One Gospel* (Downers Grove, IL: InterVarsity Press, 2004), 654. Cf. Thomas D. Lea, *The New Testament: Its Background and Message* (Nashville: Broadman & Holman, 1996), 543; Elliott, *The Elect and the Holy*, 184; and Selwyn, *The First Epistle of St. Peter*, 161.

27　Alan Richardson, *An Introduction to the Theology of the New Testament* (New York: SCM Press, 1958), 297-99.

알랜 리차드슨 Alan Richardson 은 신약에 있는 영적 희생제물의 다섯 가지 형태들을 파악했다. 나는 이것들에 두 가지가 추가될 수 있다고 믿는다. 이런 영적 희생제물의 리스트들은 그리스도인들이 하나님께 습관적으로 봉사를 드리는 살아있는 생명들임을 보여준다. 그 희생제물들은 다음과 같다.

1. 그들의 전체 삶 즉 영혼과 몸을 하나님에 대한 거룩한 희생제물로 드리는 그리스도인들(롬 12:1; 엡 5:2; 롬 6:13).

2. 선한 행위들에 열중하는 그리스도인들(히 10:24; 13:16).

3. 재정적인 또는 물질적인 선물들을 나누는 그리스도인들(히 13:16; 빌 4:18).

4. 찬양, 기도, 그리고 고백을 통해 예배하는 그리스도인들(히 13:15; 계 5:8; 8:3-4).

5. 복음 전파를 통해 섬기는 그리스도인들(롬 15:16; 고전 16:15).[28]

6. 다른 사람들의 믿음(빌 2:17; 골 1:28). 물론 이것은 복음 전파를 통해 얻어진 것이다. 그러나 희생제물은 복음 전파 그 자체 보다는 복음 전파에 대한 믿음의 반응이다.

7. 그리스도와 그분의 교회를 위한 순교(딤후 4:6).

그리스도인 제사장들과 왕들에 대한 요한의 증거

베드로가 왕 같은 제사장의 공동체적 존재와 희생제물의 기능에 대해 집중한 반면, 요한은 동일한 교리의 기독론적 기원과 다스리는 기능에 집중하고 있다. 요한의 종말론적 계시에는 제사장들이며 왕들인 그리스도인들에 관한 세 가지 구절들이 있다: 요한계시록 1:4-8; 5:6-10; 그리고 20:4-6. 각 구절의 문맥은제사장들이며 왕들인 그리스도인들의 기원과 이미지를 삼위일체의 제 2위격이시며 선지자, 제사장, 그리고 왕으로서의 삼중직분을 성취하신분(그리스도) 안에서 계시하고 있다. 모든 것을 함께 고려해 본다면, 이 구절들은 교회의 왕

---

28   Ibid., 299-301. Richardson's categories have been retained, and supplemental citations have been provided. In at least one case (Rev. 14:4-5), a citation has been deleted, for the sacrifice is not apparently that offered by Christians.

같은 제사장직의 과거, 현재, 그리고 미래의 측면들을 보여주고 있다.

첫 구절인 계 1:4-8은 소 아시아의 일곱 교회들에게 보내진 요한의 인사말을 포함하고 있다. 이 인사말은 곧 바로 송영으로 변한다. 그리고 이 송영안에 핍박받는 교회에 대한 약속이 있다. 은혜와 평강이 삼중적인 근원으로부터 교회에게 약속된다. 이 삼중적인 근원은 "지금도 계시고 이전에도 계셨고 장차 오실 분"이신 1) 아버지와 요한 계시록에서는 특이하게 그분의 보좌 앞에 계시는 "일곱 영들로 그려진 2) 성령님"과 3) "예수 그리스도로부터이다." 교회의 소망의 근원은 삼위일체 하나님이시다 – 성부, 성령, 그리고 성자.

그 다음에 요한은 성자의 삼중적인 사역에 대해 설명한다. 첫째, 예수 그리스도는 "신실한 증인"이시다. 그분은 우리를 위해 성육신 하신 하나님이시기 때문에 가장 완전하게 하나님을 계시할 수 있는 선지자로서의 역할을 보여 주신다. 둘째, 예수 그리스도는 "죽은자들로부터 처음 나신자_{the firstborn from the dead}"이시며 그분의 희생으로서 죽음을 정복하신 대제사장으로서의 역할을 보여 주신다. 많은 주석가들은 그리스도의 주권성에 대한 언급으로서 "처음 나신자"라는 의미에 초점을 맞춘다.[29] 의심의 여지없이 사실이기는 해도, 이후에 요한은 그리스도의 죽음이 가지고 있는 구원론적 중요성을 확대함으로써 그리스도의 탄생보다는 그분의 죽으심을 강조한다: 그는 "우리를 사랑하시며 그분의 피로 우리의 죄에서 우리를 해방시키셨다"(계 1:5, NASB). 제사장적 이미지는 분명하다. 제사장으로서 그리스도는 그분의 피를 우리의 죄를 속죄하기 위하여 희생제물로 드리셨다. 예수 그리스도의 세번째 사역은 왕으로서의 다스림이다. 그분의 타이틀은 "땅의 모든 왕들에 대한 통치자"이시다(계 1:5, NASB). 그리스도께서 하나님을 충만하게 계시함으로써 모든 선지자들을 능가하시듯, 그리고 모

29　George Eldon Ladd, *A Commentary on the Revelation of John* (Grand Rapids: Eerdmans, 1972), 25; and Robert H. Mounce, *The Book ofRevelation*, New International Commentary on the New Testament, rev. ed. (Grand Rapids: Eerdmans, 1977), 48-49.

든 죄를 속하심으로써 모든 제사장들을 능가하시듯, 마찬가지로 그는 모든 왕들을 능가하신다.

　성육신 하신 하나님으로서의 예수 그리스도의 인격과 삼중직으로서의 그분의 사역을 정의 내린 다음에야, 요한은 교회가 가지고 있는 왕 같은 제사장직을 고려하였다. "이 순서는 중요하다. 첫째, 그분의 구속 사역에 대한 언급이 먼저 나온다. 오직 그 다음에, 〔하나님의 백성의〕 왕국에 대한 언급이 나온다."[30] "그분의 죽으심으로 인하여 예수님은 그분의 제자들을 왕국으로 만드셨다."[31] 그리스도인의 제사장 직분의 기원은 삼위일체의 제 2위격이며 선지자, 제사장, 그리고 왕으로서 역사하시는 이 한분〔그리스도〕안에서 발견된다. 이 분이 우리를 "〔제사장들로〕 만드셨다" epoiēsen hēmas . 만들었다는 동사의 부정과거 직설법은 과거 행동을 지시하고 그리스도의 제사장적 사역은 성육신을 나타낸다. 자신의 피의 희생제물로 우리의 죄를 제사장으로서 속하여 주신 그리스도는 우리를 제사장들로 만드셨다. 다른 말로 하면, 제사장 직분은 창조라는 하나님의 사역이 아니라 구속이라는 하나님의 사역안에서 그리스도인들에게 주어진 것이다. 그리스도인의 제사장 직분은 창조된 자연인안에 선척적으로 주어진 천부적인 권리가 아니다. 그것은 구속된 사람안에서 창조된 특별한 선물이다.

　이제 이 신성한 선물의 내용과 역할에 대해 살펴보자. 교회들은 문자 그대로 "왕국, 제사장들" basileion hiereis 로 만들어졌다. 어떤 주석가들은 이 표현이 단체적인 왕국을 의미하지만 개인적인 제사장이 모인 왕국으로 이해한다.[32] 그러나 이 구절과 정경의 문맥에서 본다면 이런 관점은 본문을 주석한 것이 아니라 본문에 자신들의 견해를 강요한 것이다. 이 구절은 교회들에게 주어진 것이다.

30　Leon Morris, *The Book of Revelation: An Introduction and Commentary*, Tyndale New Testament Commentaries, rev. ed. (Grand Rapids: Eerdmans, 1987), 49.

31　Mounce, *Book of Revelation*, 49.

32　Morris, *Book of Revelation*, 50; Mounce, *Book of Revelation*, 50, 136.

요한계시록의 책은 일관되게 그리스도인의 제사장 직분을 복수로 사용하고 있다. 그리고 우리가 이미 본 바대로, 정경의 나머지 부분도 하나님의 백성의 제사장 직분을 공동체적으로 다루고 있다. 구속된 인류로부터 만드신 제사장들의 왕국이라는 특별한 창조물의 역할은 "그의 하나님이자 아버지께"_{to theo kai patri autou}라는 표현속에 암시되어 있다. 그리스도께서 자신의 아버지(성부 하나님)를 섬기도록 하기 위해 그리스도인들을 제사장들로 창조하셨다. 여기서 강조점은 제사장들이 가지게 되는 개인적인 특권이 아니라 하나님 앞에서 갖게 되는 그들의 중대한 책임감에 있다. 제사장들은 흠이 없어야만 한다. 그리고 예루살렘의 제사장들이 발견했듯이, 하나님은 그들의 공식적인 의무를 져버린 제사장들(왕자들과 선지자들도)을 매우 무섭게 심판하셨다(겔 22:26-28). 요한은 교회의 제사장 직분을 하나님의 탁월하신 우선권으로 제한하였으며, 즉각적으로 우리에게 하나님의 "영광과 능력의"_{hē doxa kai to kratos} 영원한 본성에 대해 상기시켜 준다(계 1:6b). 실제로, 하나님은 문자 그대로 "모든 것 위에 뛰어나신 능력자이시다"_{pantocrator} (8절).

요한 계시록 5:6-10절에 나오는 두번째 관련 구절은 하늘 보좌를 보여준다. 이 하늘 보좌는 모든것들의 종국을 자세히 밝히는 것을 준비하고 있다. 다시 한번 삼위일체 하나님이 중심이 되시며 이번에는 삼위의 상호 내재적인 이미지와 함께 나타난다. 성부께서는 하늘의 보좌에 앉아 계시며 (5:1), 성자는 그 보좌의 중앙에 서 계시며 (5:6b), 그리고 성령께서는 아들로부터 나오신다(5:6c). 성부께서 역사의 완성을 계시하는 두루마리를 가지고 계시고 오직 성자 이외에는 아무도 그것을 열어 읽을 수 있는자를 발견할 수 없다. 성자에 대한 요한의 타이틀은 극적인 것들이다. 그의 환상에서 요한은 "사자가 또한 어린양임을" 보고 있다.[33] 한편, 그리스도께서는 "다윗의 뿌리인 유다 지파의 사자"이시다. 이런것들은 "약속된 그리고 승리하신 메시야적 왕"안에서 성취된 다윗의 왕권

---

33 John P. Newport, *The Lion and the Lamb: A Commentary on the Book of Revelation for Today* (Nashville: Broadman Press, 1986), 123.

적 통치를 생각나게 하는 구약 성경의 이미지들이다 (창 49:9-10; 사 11:1-9; 참
조. 에스라 4서 11:37; 12:31).[34] 신약 성경은 반복적으로 그리스도의 왕권적 통치
가 마지막 심판에서 완전하게 드러날 것임을 확증하고 있다(참조. 행2:34-35; 고
전 15:25-26; 히 1:3; 계 1:18; 12:7-11, 19). 다른 한편으로, 그리스도는 또한 "양"
이시다. 이 양은 "마치 이전에 죽임을 당한 것 같아" 보이지만 모든 시간적 논
리를 거부하시고 현재 보좌와 장로들 사이에 서 계신다(계 5:6). 물론 어린양은
이스라엘이 이집트로부터 구출되었을 때, 유월절 절기 이후 부터는 희생제물과
동일시 되었다(출 12:13). 이사야의 고난받는 종 역시 "도살자에게 끌려 가는 어
린양"으로 묘사되었다(사 53:7 NASB). 자신의 영혼을 "죄를 위한 희생제물"로
주셨고 "범죄한자들을 위해 중보하신" 이 양은 또한 "그분의 날들을 길게" 할
것이다 (사 53:10, 12). 그의 복음서에서 요한은 왕이시자 제사장의 희생제물로
서의 그리스도에 대한 이중적 메세지를 논하였다 (요 1:29, 49). 그리스도의 공
식적인 사역에 있어서 다스리는 왕과 희생제물로서의 양이 합쳐지는 것은 베드
로에 의해서도 전달되고 있다 (벧전 1:19; 3:22).

성부와 성자가 함께 하시는 사자-양의 보자 앞에 네가지의 살아 있는 피조물
들과 이십사 장로들이 있다. 성도들의 기도들은 보좌에 계신 하나님 앞으로 들
려 올라 가며 성도들은 새 노래를 부른다. 이 노래는 그리스도를 칭송하는데 그
이유는 그분의 구속 사역이 성도들을 하나님께로 구속하였기 때문이다. 이사야
66:21에 대한 명백한 성취로 인해, 성도들은 "모든 지파와 언어와 백성과 나
라"에서 나온다(계 5:9). 그들은 사자이자 양이신 분을 찬양하는데 이는 그분이
자신들을 "왕국과 제사장들"_{basileian kai hiereis}로 만들어 주셨기 때문이다 – 다시 한
번 "만들다"_{poieō}라는 헬라어의 부정 과거 직설법이 사용되었다. 왕 같은 제사장
직분으로부터 제사장의 역할을 강조하기 보다는, 이제는 (10절) 왕 노릇의 동사
적 형태가 사용되어 왕국을 강조하고 있다. 왕국이 된 성도들은 "이 땅을 다스

---

³⁴ Ladd, *Commentary on the Revelation*, 83.

린다" 또는 " 이 땅을 다스리게 될 것이다."

이 '다스린다'라는 동사에 대한 헬라어 성경 사본의 증거는 현재 시제 basileuousin 를 사용한 것과 미래 시제 basileusousin 를 사용한 것이 반반씩 나누어져 있다.[35] 대부분의 번역가들은 미래 시제를 선택하는데, 그들은 미래적인 현재 시제를 선호하거나 계 20장으로부터 천년 왕국의 미래적인 현재 통치로 본문을 이해하기 때문이다.[36] 그러나 이 천상의 장면이 천년 왕국에 이르는 사건들 보다 앞서 벌어지기 때문에 현재 시제 (왕으로 "이 땅을 다스린다")가 더 적절할 수 있다. 더욱이, 이 제사장들은 하늘에서 하나님을 섬기고 있다는 말을 듣는다. 그리고 많은이들이 이미 보좌 주변에 위치해 있다. 또한 만일 '왕국과 제사장들'이라는 타이틀과 연관된 현재적 활동이 없다면, 그런 타이틀을 그들에게 돌리는 것은 이상하게 보인다. 마지막으로, 만일 현재 시제가 받아 들여 진다면, 그것은 왕 같은 제사장들에 대한 요한 서신서의 증언과 시간적 조화를 이루게 된다. 계 1:6절에서 그리스도인들은 제사장들이 되었다. 그리고 5:10절에서 그리스도인들은 하나님의 보좌 앞에서 제사장적인 왕국으로서 현재 섬기고 있다. 그리고 20:6에서 그들의 왕권은 그 실제적인 충만함에 이르게 된다. 왕 같은 제사장 직분은 과거, 현재, 그리고 미래의 측면을 가지고 있다.

만일 왕국이 이 땅을 다스리는 현재적 측면을 가지고 있다면, 어떤 식으로 그것이 사실인가? 바울은 고전 6:2에서 답을 하고 있다. 그곳에서 바울은 고린도 교회 회중으로 하여금 그들이 미래의 어느날 "세상을 심판"할 것이기 때문에 자신들의 멤버들에 대해 현재적 심판을 단행하라고 요구한다. 예수와 하

---

35   4세기 시내산 사본은 미래 시제를 가지고 있고 반면에 5세기 알렉산드리아 사본은 현재 시제를 가지고 있다. Kurt Aland et al., ed., *The Greek New Testament*, 3rd ed. (Stuttgart: United Bible Societies, 1983), 849n. 5. 대다수의 UBS 위원들은 미래 시제가 문맥에 더욱 맞다고 본다. Bruce M. Metzger, *A Textual Commentary on the Greek New Testament: A Companion Volume to the United Bible Societies' Greek New Testament*, 3rd ed. (Stuttgart: United Bible Societies, 1975), 736.

36   Ladd, *A Commentary on the Revelation, 92*; Mounce, *The Book of Revelation*, 136, 136n. 36.

나님의 왕국_{Jesus and the Kingdom of God} 이라는 중요한 저작에서, 비슬리-머레이_{G. R. Beasley-Murray} 는 왕국에 대한 예수님의 말씀들과 비유들을 현재에 속한 것들과 미래에 속한 것들로 주의 깊게 나누고 있다.[37] 교회는 현재 왕국이 임한 때에 살고 있지만 아직 그 왕국의 실제적 충만함속에 있지는 않다(마 13; 19:28; 막 13:24-27,32). 왕국은 아직 충만하게 오지 않았다. 그러나 그리스도를 왕으로 모시는 교회는 그 멤버인 왕들이 회중 정치를 통하여 영원한 왕국에 지금 참여해야만 하는 것이다.

그리스도인의 왕 같은 제사장 직분에 대한 세번째 요한의 언급은 계 20:4-6에 있는 그리스도의 천년왕국 통치에 대한 유일한 신약 성경의 증거에서 나타난다. 이 구절은 인자_{the Son of Man} 에 대한 구약 성경의 예언을 반영하는 것으로 보통 믿어져왔다.[38] 다니엘 7장에 보면, "가장 높으신 분의 성도들"이 제 5왕조에 함께 참여 할 것으로 나온다. 이 왕조는 "인자와 같은 분"의 영원한 왕국이다 (13절). 모든 사람들이 유일하게 인자를 섬기게 될 것이다(14절). 그러나 성도들은 또한 왕국을 "소유"하고 열국들에 대한 "통치권"을 행사한다(22, 27절). 마찬가지로, 천년왕국에도 성도들과 순교자들이 다스리게 될 보좌들이 있을 것이다(계 20:4). "첫 번째 부활"에 참여하는 성도들은 세가지 축복들을 받는다: "두번째 죽음"이 그들에 대하여 힘을 발휘하지 못한다; "그들은 하나님과 그리스도의 제사장들이 될 것이다"; 그리고 그들은 "그리스도와 함께 천년동안 다스릴 것이다"(6절). 성도들이 제사장들로서의 미래의 역할을 유지한다는 것을 주목해야 한다. 그러나 강조점은 성도들의 왕같은 역할에 있다. 이 구절에서 동사 '다스린다'_{basileusousin} 의 시제에 대한 본문상의 어떤 불확실성도 없다: 성도들의 실제적인 다스림은 분명히 미래시제로 표시되어 있다. 마침내, 이런 다스림은 "그분과 함께"_{met' autou} 발생할 것이다. "왕들의 왕이시며 다스리는 자들의 주

---

37 George R. Beasley-Murray, *Jesus and the Kingdom of God* (Grand Rapids: Eerdmans, 1986), chaps. 9-12.

38 Mounce, *Book of Revelation*, 364.

님"의 묵시적인 귀환(재림)의 때에는(19:16), 그리스도인의 왕권이 비록 실제적인 것이기는 하지만 그럼에도 불구하고 그 왕권은 타고난 것은 아니며 그리스도의 신하로서 갖게되는 이차적인 의미에서의 왕권이다. 성도들은 왕들중의 왕이신 그리스도의 통치 아래에 있는 왕들이 될 것이다.

기독교 역사에 대한 패러다임

우리가 논의한 모든 성도들의 왕 같은 제사장 직분에 대한 이런 본문들이 기독교 역사에서 어떻게 이해되어져 왔는가? 제임스 리오 개릿 James Leo Garrett 은 다음과 같이 말하였다: "모든 그리스도인들의 제사장 직분이 기독교 역사 동안 항상 반대에 부딪히고 부정되었던 것만은 아니더라도 오해되고, 잘못 적용되었고, 그리고 무시되어 왔다."[39] 이 왕 같은 제사장 직분이라는 성서적 교리에 대한 역사적 해석들(또는 오류들)을 분석하기 위하여, 오중적인 패러다임이 제시되었다. 비록 순수한 역사학자로서 – 어떤 편견도 없는 순수한 역사가란 실제로는 없지만 정직한 역사적 연구를 위해선 지지되어야 할 가상적인 개념이다 – 사실들을 자세하게 다시 재생시키는 혜택을 주지 못하면서 어떤 역사적 패러다임을 제시한다는 것이 위험할 수는 있겠지만, 신학자는 그런 요구들에게 엄격하게 얽매이지 않는다. 따라서, 다음의 역사적 패러다임은 왕 같은 제사장 직분의 성서적 교리를 시행하고자 하는 사람들에게 독자로서 역사안에 있는 주요 흐름들을 이해하도록 도움을 주기 위해 제시되는 것이다. 교회 역사에는 이 교리에 대한 다섯가지의 주요 형태들이 있었다. 이 형태들은 1) 카톨릭의 성례전적 제사장 직분, 2) 황제의 성스런 왕권, 3) 종교 개혁의 일반적 제사장 직분, 4) 회중의 왕 같은 제사장 직분, 그리고 5) 현대의 자유주의자적(개인의 자유를 가장 소중

---

39   James Leo Garrett Jr., "The Biblical Doctrine of the Priesthood of the People of God," in *New Testament Studies: Essays in Honor of Ray Summers in His Sixty-Fifth Year*, ed. Huber L. Drum-wright wright and Curtis Vaughan (Waco, TX: Baylor University Press, 1975), 137.

히 여기는) 제사장 직분.[40]

카톨릭의 성례전적 제사장 직분

왕 같은 제사장 직분에 대한 이 첫번째 교리는 신약 성경 시대 이후 첫 3세기 동안에 발전하였고 중세 기간에 더욱 심화되었다. 몇몇 저술가들은성직자와 평신도 사이에 있는 교회의 구분으로 인해 그리고 종종 성직자가 헬라어로는 hiereus(제사장), 라틴어로는 sacerdos(거룩한자)라는 이름을 가짐으로써 그리스도인의 제사장 직분이라는 성경적 교리가 수축되었음을 주목하였다. 이런 이해는 교회에 있어서 하나의 새로운 제사장 직분이었다. 왜냐하면, 성경은 결코 교회의 사역자들을 제사장들이라고 부르지 않았다. 이런 새로운 제사장 직분의 발전과 동시에 성례전적 신학의 발달이 있었다. 침례는 이 새로운 사제들에 의해서 원죄를 제거하기 위해 유아들과 개종자들에게 행해지는 구원론적 조건이 되었다. 새로운 제사장들인 사제들이 주관하는 고해성사는 침례 이후의 죄를 제거하는데 필요한것이 되었다. 그러나 구약적 의미의 제사장적 이미지는 주의 만찬에서 가장 강력하게 드러났다. 주의 만찬은 백성들을 대신하여 새로운 사제들에 의해서 드려지는 희생 미사가 되어 버렸다. 사제들은 오직 그들만이 집행할 수 있는 성례들을 통해서 구원을 분여한다.

---

40 왕 같은 제사장 직분에 대한 저자의 관심은 제임스 리오 개릿의 지도 아래에서 한 신진 역사 신학자로서 갖게 된 것이다. 개릿 교수와 마찬가지로 저자는 이 왕 같은 제사장 직분이라는 성서적 교리에 대한 부적절한 역사적 기술들과 현대의 오해들에 점점 더 만족할 수 없게 되었다. 역사가들중에서 시릴이스트우드 (Cyril Eastwood)가 이 분야에서 가장 야심찬 학자였지만 그의 학문은 크게는 자료를 선별적으로 뽑았기 때문에 심각하게 전문성을 결여하고 있고 작게는 이차자료에 너무 많이 의존하고 있다. 예를들어, 거시적 측면에서 보자면 이스트우드는 동방 정교회나 침례교회들을 고려하지도 않으며 그 자신의 현대적 에큐머니즘의 관점으로 희석시킨 역사적 기술을 제시하였다. Cyril Eastwood, The Priesthood ofAll Believers: An Examination of the Doctrine from the Reformation to the Present Day (London: Epworth, 1960); The Royal Priesthood of the Faithfnk An Investigation of the Doctrine from Biblical Times to the Reformation tion (London: Epworth, 1963). 일련의 잘 연구가 된 기사들을 통하여, 개릿 교수은 이 교리의 역사적 의미에 대한 주의 깊은 작업을 시작하였다. 개릿 교수의 이런 저작 이후에, 이 저자를 포함한 다른 이들이 이 교리의 역사적인 진술을 재 구성해 왔다. 본 저자는 이 왕 같은 제사장 직분에 대한 유럽 대륙의 종교 개혁적 이해와 영국 종교 개혁운동의 이해에 대하여 석사 논문을 썼다. 다음의 다섯가지 패턴들은 본 저자의 연구와 계속된 관심으로 부터 나온 것이다.

교회를 성직자_{Clergy}와 평신도_{laity}로 나눈것과 함께 성직자의 계급구조가 세 가지의 주요 등급들과 수 많은 작은 등급들로 그리고 광범위한 성직자 관료주의로 확대되었다. 집사 직분은 그 중요성에서 매우 약화되었으며 감독 직분은 장로 직분이나 정규적인 제사장 직분보다 위로 상승하게 되었다. 그리스도와 그분의 교회와의 연합하기 위하여 그리스도인은 반드시 감독과 연합해야만 했다. 카르타고의 시프리안_{Cyprian}은 성례전적 은혜를 나누어 주는 계급적인 성직자 중심의 사역이 발달하게 된 초기에 핵심적인 신학자이다.[41] 서방에서는 주교와 대주교의 교구들을 중심으로 복잡한 성직자 관료주의가 발달했다. 특별히 서방 기독교의 핵심에는 로마 교황청이 있었다. 중세 시대에 교황은 베드로의 자리, 최고의 제사장이라는 황제의 타이틀, 그리고 베드로, 그리스도, 하나님의 대리인이라는 권한을 그 스스로에게 이전하였다. 또한 그는 이탈리아의 귀족이 되어, 유럽의 왕들과 황제들과 경쟁하였다. 또한 그는 유럽의 왕들과 황제들과 경쟁하는 이탈리아의 귀족이 되었다. 동방에서는 성직자의 관료주의가 대주교들을 중심으로, 특별히 알렉산드리아, "새로운 로마"인 콘스탄티노플, 그리고 결국에는 "세번째 로마"라 불린 모스크바를 포함한 동방 정교회의 새로운 대주교들을 중심으로 발전하였다.

성직자들의 특별한 제사장 직분이 서방과 동방에서 각각 발전하는 사이, 모든 백성의 보편적인 제사장_{the universal priesthood} 직분은 위축되었다. 하나님의 백성들에게 제사장 직분을 허용하는 것은 그저 침례를 수동적으로 받아 들이는 것 안에서 일어났으며 미사를 수동적으로 받아 들이는 것에서 주기적으로 표현될 뿐이었다. 미사에서는 다음과 같은 것이 일어난다고 믿었다. 사람들이 드리는 기도와 제물들이사제에 의해 모여져 죄를 사하는 희생제물인 최근에 만들어진

---

41 James Leo Garrett Jr., "The Pre-Cyprianic Doctrine of the Priesthood of All Christians," in *Continuity and Discontinuity in Church History*, ed. F. F. Church and Timothy George (Leiden: Brill, 1979), 45-61; Collin Bulley, *The Priesthood of Some Believers: Developments f irom the General to the Special Priesthood in the Christian Literature of the First Three Centuries* (Waynesboro, GA: Paternoster, 2000).

성찬식의 빵과 함께하나님께 드려진다. 서방에서는 16세기까지 보편적인 제사장 직분은 어떤 실제적인 의미도 사실상 배제되었다.사람들은 성례들을 통하여 은혜를 받는 것이었고, 성례들은 사제들에 의해서 집행되었다. 그리고 사제들은 주교들에 의해 안수 받았고 주교들은 로마 교황청에 의해서 인정 받았다. 평신도들은 그들의 제사장 직분이 공식적으로는 수용적인 것이며 오직 사적으로만 능동적인 것이라는 말을 들었다. 은혜를 성직자 관할의 성례들에 제한하고 성경적 지식을 사제들에게만 일반적으로 제한함으로써, 평신도들은 구원에 대해 무지함으로 인해 비난 받을 수 있었고 종종 실제로 비난을 받았다.[42]

황제의 성스런 왕권

1950년대 초, 교회 역사 Church History 라는 저널에 나타난 일련의 간과된 기사들속에서 하버드 대학의 역사학자인 조지 헌스턴 윌리암스 George Hunston Williams 는 황제의 성스런 왕권에 대한 동방 정교회의 이해의 기원들을 재구성하였다. 상당한 지지를 받았던 그의 주장은 콘스탄틴의 교회와 국가의 병합이 처음에 무비판적으로 받아들여졌다는 것이다. 콘스탄틴은 '최고의 제사장'이라는 이교도 황제의 타이틀 아래에 교회를 병합시켰고, 교회 역사가이자 어느 정도는 아리우스주의자였던 (아리우스는 그리스도의 완전한 신성을 거부함 – 역자주) 유세비우스 Eusebius 에 의해서 콘스탄틴 황제는 "교회 밖 이교도들의 주교" episkopos ton ektos 로 여겨졌다.[43] 그러나 아리우스 논쟁은 정통 교인들로 하여금 콘스탄틴의 교회 지배에 대한 그들의 초기 수용을 다시 생각해보도록 만들었다.(235) 아리우스 이단들은 다른 정통 그리스도인들 보다도 훨씬 더 기꺼이 황제를 그리스도의 위

42　Malcolm Yarnell, "Royal Priesthood in the English Reformation" (D.Phil. diss., Oxford University, versity, 2000), chaps. 1-2.

43　그라티안(Gratian)은 '최고의 제사장'이라는 타이틀을 거부한 최초의 로마황제이다. 후에 교황들이 이 타이틀을 사용하기 시작하였다. Alan Cameron, "Gratian's Repudiation of the Pontifical Robe," *The Journal of Roman Studies* 58 (1968): 96-102.황제가 이 타이틀을 거부한 것은 그가 이 타이틀을 로마교회의 주교에게 넘겨 주고자 해서가 아니라 이교도와 기독교의 다툼에서 일어난 것이었다.Herbert Bloch, "A New Document of the Last Pagan Revival in the West, 393-394 A.D.," Harvard Theological Review 38, no. 4 (1945): 203-4, 213-15.

대한 모형으로 높이고자 했다.

아리우스의 그리스도는 니케아_{니케아 종교 회의에서 아리우스를 정죄하고 그리스도를 성부와 동등한 완전한 하나님으로 선포함 – 역자주}의 그리스도처럼 유일한 분이 아니었다. 그리고 아리우스의 신학을 지지하는 황제들은 이런 약한 아리우스의 그리스도로부터 신성한 특징들을 빌려 와서 자신들의 정치적 주장들을 훨씬 쉽게 강화할 수 있었다. 따라서 그리스도는 하나님과 동일한 본질을 가지신 분이라는 니케아 선언은 (그리스도의 몸인) 교회가 국가로부터 독립하도록 격려하였다. 반면, 그리스도는 완전한 하나님이 아니며 존재론적으로 하나님께 종속된 상태에 있다는 아리우스의 종속론은 아리우스주의자들로 하여금 황제를 그리스도와 견줄 수 있는 창조주_{demigod, 창조주는 인간 보다 뛰어나나 완전한 하나님은 아니다}의 지위로 격상시킬 수 있었고 따라서 교회를 황제에게 복종시킬 수 있었다. 따라서 기독론의 이단은 교회에 대한 황제의 지배를 강화시켰다.[44] 종교와 정부의 힘이 황제의 손안에서 오랫동안 집중된것이 또한 제국이 여러 나라들로 나뉘게 되는데 일조하게 되었다.[45] 성상과 화폐연구들속에는 신성한 전능자_{pantocrator} 라는 비잔틴 황제의 주장이 여전히 분명하게 나타난다. 이것은 추가적인 역사와 신학적인 조사가 요구되는 분야이다.

종교 개혁기의 보편적 제사장 직분

1520년 로마의 영적 위선들에 항거하여 마틴 루터_{Martin Luther} 는 카톨릭의 성례전적 제사장 직분에 대한 부분적이지만 그러나 중요한 해체를 가져오는데 도움을 주었다. 그의 독일 귀족들에게 고함_{Appeal to the German Nobility} 이라는 책에서, 루

---

44 George Huntston Williams, "Christology and Church-State Relations in the Fourth Century," *Church History* 20, no. 3 (1951): 3-33; idem, "Christology and Church-State Relations in the Fourth Century (continued)," *Church History* 20, no. 4 (1951): 3-26. Cf. Basil Studer, *Trinity and Incarnation: The Faith of the Early Church*, trans. Matthias Westerhoff, ed. Andrew Louth (Col- legeville, MN: Liturgical Press, 1993), 127-37.

45 Adolf von Harnack, *The History of Dogma*, trans. from the 3rd German ed. by E. B. Spiers and James Millar (reprint, Eugene, OR: Wipf and Stock, 1997), 4:241-52.

터는 교황제도의 세가지 벽들을 무너뜨렸다: 사제주의적 제사장 직분과 침묵하는 평신도 사이에 있는 존재론적 구분, 성경을 공식적으로 해석할 권리에 대한 로마 교회의 주장, 그리고 종교회의에 대한 로마의 소집. 그의 교회의 바벨론 포로기Babylonian Captivity of the Church 라는 책에서, 루터는 카톨릭의 일곱 성례전을 그리스도에 의해 제정되고, 그분의 약속을 포함하고 있는 성례들, 특별히 주의 만찬과 침례와 같은 성례들로 줄였다.(236) 그렇게 함으로서 루터는 효과적으로 성례전적 은혜에 대한 사제들의 영향력을 파괴하였다. 그리스도인의 자유The Freedom of a Christian 라는 책에서, 루터는 오직 믿음으로만 은혜로 말미암아 얻게 되는 칭의의 교리를 설명했다. 이 모든 세권의 책들속에서 루터는 모든 그리스도인들의 보편적 제사장 직분에 대한 자신의 생각을 발전시켰다. 참된 그리스도인의 제사장 직분은 모든 그리스도인들에 의해 소유되었으며, 로마 교황청이 사람들로 하여금 타락한 성직자에 대한 치리를 행하는 것을 금할 수 없게 되었다.(236)

그의 초기 개혁 사상에서 루터는 사람들이 사제가 없이도 성례전을 베풀 수 있다고 믿었다. 그러나 농민 반란이후 그의 종교적 평등주의가 가져온 혁명적인 정치적 암시들을 인식한 후, 루터는 공권력과 국가적으로 승인된 사역자에게 호소함으로써 보편적 제사장 직분에 대한 자신의 교리를 수정시켜 나가기 시작했다. 보편적 제사장 직분이라는 종교 개혁의 교리에 대한 비슷한 수정들이 개신교 종교개혁의 개혁주의와 성공회 진영에서 발견될 수 있다. 그러나 아나뱁티스트 가운데서는 보편적 제사장 직분의 교리가 더욱 엄격하게 회중들에게 적용되었다.[46]

회중의 왕 같은 제사장 직분

대륙의 아나뱁티스트들은 영국에서 발달된 것들과 아주 유사하게 왕 같은 제사장 직분의 교리에 대하여 회중적인 이해를 발달시켰다. 나는 다른 곳에서

---

46 Malcolm Yarnell, "The Reformation Development of the Priesthood of All Believers" (Th. M. thesis, Duke University, 1996); idem, "Royal Priesthood in the English Reformation," chaps. 3-7.

회중의 왕 같은 제사장 직분에 대한 영국 분리주의와 침례교의 이해의 발달에 대한 개요를 제시하였고 독자들이 그것들을 참조하길 바란다.[47] 요약해서 말한다면, 영국 분리주의자들과 초기 영국 침례교인들은 특별히 마 18:15-20에 대한 그들의 해석에 기초하여 왕 같은 제사장 직분은 회중 정치와 예배안에서 표현되어야만 한다는 결론에 이르렀다. 그리스도는 세상으로 나와 하나님께로 분리되었으며 언약을 맺은 회중을 직접 다스리신다. 회중안에 계신 그리스도의 임재는 회중으로 하여금 자신의 삼중직분을 따르도록 하신다. 그리스도께서 왕이며 그분의 백성들을 왕국으로 만드셨기 때문에, 그들은 자신들을 다스릴 수 있다. 그리스도께서 제사장이시며 그분의 백성들을 제사장들로 만드셨기 때문에, 그들은 예배하고 기도하며 의식들을 준수할 수 있다. 그리스도께서 선지자이시며 그분의 백성들로 하여금 선지자들이 되도록 하셨기 때문에 그들은 자유롭게 그분의 말씀을 선포할 수 있다. 누구도 더 이상 권위를 갖기 위해 로마의 사제적 제사장 직분이나 국가적으로 인정된 종교 개혁의 사역을 바라 볼 필요가 없다. 오히려, 우리는 언약을 맺은 회중안에 계시는 다스리스는 왕을 바라보아야만 한다.

현대 자유주의자의 제사장 직분

개신교들과 침례교인들이 미국으로 온 후에 어떤 사람들은 로마 카톨릭의 제사장 직분(그리고 연장선상에서 어떤 종류의 "제사장 직분")에 대한 그들의 두려움을 신학적 자유주의 그리고 계몽주의적 개인주의와 결합시켰다. 그 결과, 신자들의 제사장 직분과 개인의 권리에 대한 미국적인 이론이 동일한 것으로 인식되었다. 20세기 초반에 "신자의 제사장 직분"The priesthood of the believer "은 어떤 제사장으로부터도 분리된 채 하나님께 접근할 수 있는 타고난 권리를 부여받았다.

---

47 Malcolm Yarnell, "Changing Baptist Concepts of Royal Priesthood: John Smyth and Edgar Young Mullins," in *The Rise of the Laity in Evangelical Protestantism*, ed. Deryck Lovegrove (London: Routledge, 2002), 236-43; idem, "Congregational Priesthood and the Invention or Inventio of Authority," *Journal for Baptist Theology and Ministry* 3 (2005): 110-35. Cf. Reggie McNeal, "The Priesthood of All Believers," in Has Our Theology Changed? *Southern Baptist Thought Since 1845*, ed. Paul A. Basden (Nashville: Broadman & Holman, 1994), 204-29.

멀린스_{E. Y. Mullins}가 "영혼의 능력"_{soul competency} 이라는 그의 고상한 용어를 통해 이 사상에 기여하였다.[48] 때때로 "신자인 제사장"_{the believer priest}으로 줄여서 사용되기도 하는 이 제사장 직분은 그리스도인 한 사람 한 사람이 그리스도안에 있는 자유의 표현으로서 사적인 판단의 권리를 행사 할 수 있다는 것을 의미했다. 영혼의 능력을 가지고 있는 신자인 제사장은 목회자 보다 더 높은 위치에 서게 되었고 종종 교회를 대항하였다. 20세기 중엽에 들어서, 어떤 신학자들은 이런식의 제사장 직분에 대한 이해에 반대를 제기하기 시작했다. 도덕적 교만을 논하면서, 라인홀드 니이버_{Reinhold Niebuhr}는 다음과 같이 탄식했다: "사실은 모든 신자들의 제사장 직분이라는 개신교 교리가 개인주의적인 자아의 신격화를 산출해 낼 수 있다는 것이다. 이에 대해선 카톨릭 교리가 좀 더 적절한 억제력을 가지고 있다."[49]

20세기 말엽, 남침례 교단에서 보수주의가 부활하던 시기에 남침례교단 신학교들, 종합 대학교들, 단과 대학교들의 중도파(성경의 무오성을 믿지 않고 여성 목사를 지지하는 신학) 교수들은 이 '영혼의 능력'에 기반한 개인주의적 제사장 직분이라는 교리를 신앙고백의 교리적 순전함을 거부하는 수단으로 부활시켰다. 멀린스를 따르긴 했지만 실제로는 그 보다 더 나아가, 이 교수들은 (회중주의적인 것이 아니라) 개인주의적 제사장 직분을 가장 중요한 침례교의 특징, 즉 모든 침례교회의 특징들 가운데 어머니로 만들어 버렸다. 중도파 남침례교인들에 의해 설교된 이 개인주의적 제사장 직분의 교리는 교단과 교회들안에 교리적 혼돈을 부추기는 것으로 보였다. 1988년 남침례교단은 "신자의 제사장 직분에 대한 결의문"을 채택하였다. 이 결의문은 신자의 제사장 직분이라는 용어의 공허한 의미와 그 용어가 "오해되거나 오용되는것," 특히 지역 교회내에서 목회자의 권위를 훼손시키는 것을 비판하였다. 1988년 결의문은 신자의 제사장 직분이라

---

48 Yarnell, "Changing Baptist Concepts of Royal Priesthood," 243-49.

49 Reinhold Niebuhr, *The Nature and Destiny ofMan: A Christian Interpretation* (New York: Scribner, ner, 1964), 1:202.

는 같은 이름 아래에서 하나의 [아직은 명확하게] 정의되지 않은 성서적 교리를 확증하였다.[50] 얼마 지나지 않아서, 1993년에 있었던 국내 선교부의 종교간의 전도 부서에 의해서 제시된 "프리메이슨Freemasonry에 대한 보고서"는 "신자의 제사장 직분"을 그리스도인의 자유를 지지하는 교리로 다루었다.[51] 남침례교단안에 있던 신학자들은 현대적인 신자의 개인주의적 제사장 직분의 어려움들을 알고 있었다. 그러나 이들은 확실히 중심적인 이 침례교 특징에 대한 분명한 정의와 관련해서 하나의 일치된 견해에 이르는데 실패하였다.

그러나 2000년 총회는 남침례교단의 개정된 신앙 고백문을 채택하였다. 침례교 신앙과 메세지 1963년판의 서문은 "신자의 제사장 직분"을 확증하였다. 2000년도 침례교 신앙과 메세지 위원회는 처음에 이 신자의 제사장 직분에 대한 어떤 언급도 삭제하였다. 그러나 짧지만 강력한 소동이 있은 뒤에 그 위원회는 다음과 같은 문장을 새로운 서문에 삽입하였다: "우리는 영혼의 능력soul competency의 원칙들과 신자들의 제사장 직분the priesthood of believers을 존중하며 그리스도안에 있는 우리의 자유와 하나님의 말씀 아래에서 우리가 서로에게 책임을 져야 한다는 두 가지 모두를 확증한다."하나의 뛰어난 절차로, 따라서 위원회는 신자들의 제사장 직분에 대한 남침례교단의 헌신을 재확증해 주었다. 반면에 위원회는 복수(신자들)를 사용함으로써 제사장 직분의 공동체적 의미로 돌아감으로써 그리고 자유와 책임감을 합쳐 놓음으로써 교단을 더욱 성서적 이해로 가까이 다가서도록 하였다.

그러나 중도파 남침례교인들은 그들의 용어와 실행에 있어서 개인주의와 자유방임주의 모두를 계속적으로 강조하였다. 예를 들어, 새 신앙 고백문이 채

---

50   "Resolution on the Priesthood of the Believer" (June 1988), Southern Baptist Convention, at http://www.sbc.net/resolutions/amResolution.asp?ID=872 (accessed September 27, 2006).

51   "Report on Freemasonry," in *Annual of the Southern Baptist Convention* (Nashville: Executive Committee of the Southern Baptist Convention, 1993).

택된 이후 즉각적으로 어떤 중도파 북캐롤라이나 침례교회는 "개 교회의 자율성"local church autonomy 에 호소함으로써 동성애 결혼을 지지할 자신들을 권리를 천명하였다. 그 교회의 목사는 다음과 같이 선언하였다: "우리는 또한 신자들이 하나님 앞에서 그들 자신들의 제사장들로서 가지고 있는 개인적인 권리를 존중하며 그들이 느끼는대로 신앙 행위에 참여할 개인들의 권리 또한 존중한다."[52] 동시에, 중도파인 텍사스 일반 총회the Baptist General Convention of Texas – BGCT는 1963년의 신앙 고백문을 유지하고자 하는 결정을 재 확증하면서 일곱가지 "역사적 침례교 원칙들"에 호소하였다. 이 원칙들은 "개별적인 신자의 제사장직분과 하나님 앞에서 개인의 영혼이 가지고 있는 자율성"을 포함하고 있었다.[53] BGCT와 베일러 대학교Baylor University 에 있는 조지 투르웻George W. Truett 신학 대학원과 관계를 맺고 있는 중도파 침례교 지도자인 윌리암 핀슨William M. Pinson Jr. 은 제사장 직분의 공동체적 용어인 "신자들의 제사장 직분"이라는 용어를 이제는 인정하면서도 여전히 "신자의 제사장 직분"이라는 현대의 자유 방임주의적 교리를 계속해서 주장하고 있다.[54]

신학적 결론들

왕 같은 제사장 직분이라는 성서적 교리가 포함하지 않는 것

교회 역사에서 수 많은 개념들이 왕 같은 제사장 직분이라는 성서적 교리와

---

52 Todd Starnes, "Conservative, Moderate Baptists Speak Out on Wake Forest Homosexual Union," *Baptist Press*, September 12, 2000. Available at http://www.bpnews.net/bpnews.asp?id=6489 (accessed June 22, 2007).

53 "Two Churches Reaffirm Ties to BGCT," *Baptist Standard* (October 2, 2000).

54 William M. Pinson Jr., "Baptists: What Makes a Baptista Baptist?" at http://www.baptist-dis tinctives.org/textonly2.html (accessed September 27, 2006); idem, "Baptists: The Priesthood of the Believer or of Believers?" http://www.baptistdistinctives.org/textonly7.html (accessed September tember 27, 2006).

연결되었다. 이런 개념들 중 어떤 것들은 성서적 가르침 보다는 그 개념들이 발달된 시대의 정치적, 종교적 흐름들을 더욱 반영하고 있다. 이런 비판은 이 교리와 관련된 카톨릭과 개신교의 신학적 첨가들과 어떤 침례교적인 새로운 변화들에도 적용될 것이다.

첫째, 교회에 대한 효과적인 통치를 신성한 왕권을 추종하는 황제나 또는 카톨릭의 성례전적 제사장 직분의 연장선상에 있는 교황에게 한정시키는 것은 성서적 근거가 부족하다는 것이 너무도 명백하다. 그리스도인의 왕 같은 제사장 직분은 성경안에 있는 공동체적 개념이다. 이 공동체적 개념이 가지고 있는 동등성의 본질은 교회의 권위를 어떤 한 사람이나 교회내에 있는 어떤 사람들의 그룹에게 한정시키는 것에 반대한다. 성경이 교회와 관련하여 왕 같은 제사장 직분을 확증하고 있는 것과 같이, 성경은 또한 교회와 관련하여 사역적인 리더십에 대하여 말하고 있다(행 20:17-38; 엡 4:7-16; 딤전 3:1-13; 히 13:17). 그러나 성경은 왕 같은 제사장 직분과 사역 사이에 있는 정확한 관계를 보여주지는 않는다. 이런 침묵을 사용하여 어떤 초기 교회들은 성직자와 평신도의 불행한 구분을 도입하였고 그 구분의 꼭 대기에 위계질서를 건설하였다. 모벌리_{R. C. Moberly}가 선언 했듯이, "제사장이 거룩하고 평신도는 거룩하지 않다는 것, 제사장은 평신도를 대신해 하나님의 일을 수행한다는 것, 제사장은 평신도를 위하여 하나님께 속죄를 간구한다는 것, 평신도가 뭔가 해야 할 때는 사제가 들어와 하나님과 그 평신도의 관계를 바르게 해 주어야 한다는 것 – 이것은 정말로 왜곡되어 발전된 목회 이론이었다."[55]

둘째, 카톨릭의 성례전적 제사장 직분의 발달로 인하여, 왕 같은 제사장 직분은 침례와 주의 만찬의 교리와 직접적으로 연결되었다. 비록 한 사람이 왕 같은 직분으로 들어가는 것은 논리적으로 침례를 통하여 교회에 들어가는 것과

---

⁵⁵ R. C. Moberly, *Ministerial Priesthood: Chapters(Preliminary to a Strrdy of the Ordinal) on the Raitonale ofMinistiy and the Meaning of Christian Priesthood* (London: John Murray, 1897), 93

연관이 있지만, 그렇다고 왕 같은 제사장 직분과 침례 사이에 어떤 직접적인 성서적 연결은 없다. 사실, 침례가 왕 같은 제사장 직분에 입문하는 성직 수여식이라는 중세의 추측에 대한 어떤 성서적 근거도 없다. 그리고 비록 누군가가 주의 만찬이라는 교회적 집행에 참여하는 것이 영적인 희생제물에 관여하는 순간이라 해도, 주의 만찬과 왕 같은 제사장 직분에 대한 성경적인 연결은 없다.[56] 결과적으로, 평신도의 왕 같은 제사장 직분에 대한 공식적인 실행을 중세 카톨릭의 성례전적 제사장 직분에 따라 집행하는 성만찬적인 미사에만 한정시키는 것은 특별히 문제가 된다.

성서적 근거가 부족한 일반적인 개념의 세번째 경우는 그리스도인의 왕 같은 제사장 직분이 하나님의 보좌에 직접적으로 다가갈 수 있는 고유한 권리를 가져다 준다는 사상이다. 하나님께 직접 나아간다는 생각은 종교 개혁 당시에 처음으로 나타난 그리스도인의 왕 같은 제사장 직분의 한 기능이다. 그러나 이 생각이 현대적인 자유방임의 제사장 직분로 인해 명성을 얻게 되었다. 이런 생각의 옹호자들은 우리의 제사장 직분으로 하나님께 직접적으로 나아가도록 하는 권리를 낳았다는 그들의 주장을 위해 히브리서 4:16절로 향한다. 그러나 이것은 지지하기 어려운 것이다. "히브리서에서 비록 지성소로 나아간다는 언어가 특별히 제사장들에게 속한 특권을 암시하지만, 그리스도인들이 [구약의 제사장들이 지성소에 직접 들었갔던] 그런 상태에 있다고는 결코 분명하게 말하고 있지 않다.[57] 오히려, 그리스도인들은 그들의 삶을 그리스도안에서 계속된 순례로 이해하도록 격려받고 있다. 어떤 중보도 없이 하나님께 직접 나아가는 것은 단순히 이 삶에서는 가능하지 않다.[58] "사실, 새 언약의 신자들은 중보자

---

56 Elliott, *Elect and the Holy*, 224.

57 John Dunnill, *Covenant and Sacrifice in the Letter to the Hebrews*, New Testament Studies 75 (Cambridge: Cambridge University Press, 1992), 234.

58 Ibid., 256-59. 초기의 기사에서, 베스트는 하나님께 나아가는 것을 일반적 제사장 직분의 한 기능으로 보았다. 그러나 그는 이런 주장을 일반적 제사장 직분에 대한 히브리서에 있는 암시적인 증거에 근거하였다. 그의 길고 복잡한 주석은 아주 설득력이 없었다. 그래서 엘리엇의 진지한 논문이 나타난 이후, 베스트는 자신의 이런 생각을 버렸다. Best, "Spiritual Sacrifice," 280-86; and idem, "I Peter 11 4-10-A

가 없이는 안된다."[59] 왜 그리스도인의 제사장 직분과 하나님께 나아가는 것이 성경안에서 서로 연결되어 있지 않은가에 대한 진지한 이유는 우리가 한 제사장의 계속적인 중보가 필요하기 때문이다. 우리는 한 제사장이 필요하다. 그리고 그분의 이름은 예수 그리스도이시다! 이점은 우리를 우리의 첫번째 긍정적인 결론으로 나아가게 한다.

그리스도의 제사장 직분의 우선성과 유일성

교회의 왕 같은 제사장 직분이 언급된 신약 성경의 모든 문맥에서 예수 그리스도의 왕 같은 제사장 직분이 강조되고 있다는 것은 주목할 만한 것이다. 신자들의 제사장 직분은 예수 그리스도의 영원한 제사장 직분이라는 주된 교리에 대한 부수적인 것이다. 하나님의 아들로서 삼위일체의 제 2위격이신분이 제사장이자 희생제물이 되시기 위해 사람이 되셨다. "그러므로 하늘의 부르심에 참여한 거룩한 형제들아, 우리 신앙 고백의 사도이시자 대 제사장이신 그리스도 예수를 생각하라(히 3:1). 그분의 제사장 직분은 아론의 것을 능가하신다. 왜냐하면 그분의 제사장 직분은 불가사의한 멜기세텍의 그것과 같다(7장). 아론의 것과는 달리 그분의 제사장 직분은 "거룩하고, 악이 없고, 더럽혀지지 않았고 죄인들로 부터 분리되어 있으며 하늘들 보다 더 높아지셨다"(7:26). 그분의 언약은 모세의 그것을 능가하신다. 왜냐하면, 그분의 언약은 흠이 없으시기 때문이다(8:7-13). 그분의 희생은 구약의 희생제물들을 능가하신다. 왜냐하면, 그분은 자기 자신을 위하여 희생제물을 드리신 것이 아니기 때문이다. 그리고 그분은 자신의 희생제사를 다시 되풀이 할 필요가 없다. 왜냐하면, 그것은 영원한 결과를 가져오는 단 한번만의 희생제물이기 때문이다(7:27-28). 죄를 없앨 수 없는 그저 그림자에 불과한 옛 동물 제사와 달리, 그리스도는 자기 자신의 몸을 희생하셨는데 이 희생은 모든 죄인을 구속할 수 있는 것이다(10:1-4). 그분의

Reconsideration."

59   "De fait, les croyants de la nouvelle Alliance ne sont pas sans mediateur." C. Spicq, *L'Epitre Anx Hebrenx* (Paris: Librairie LeCoffre, 1977), 91.

성막은 옛 성막을 능가하신다. 왜냐하면, 그분의 성막은 창조의 한 부분이 아니라 영원한 것이기 때문이다(9:11). 예수 그리스도의 제사장 직분이 우선성을 갖는데 그 이유는 이것이 유일하게 효과적인 제사장 직분이기 때문이다. 그분의 희생이 우선적인 것이며 유일한 것인데 그 이유는 이것이 죄를 속하며 거룩한 하나님의 진노를 만족시키는 것이기 때문이다. 교회가 담대하게 은혜의 보좌에 나아갈 수 있는 것은 오직 그분의 희생 때문이며 그분의 제사장 직분을 통해서이다.[60]

우리에게는 하늘에 올라가신 위대한 대제사장이신 하나님의 아들 예수가 계십니다. 그러므로 우리의 신앙 고백을 굳게 지킵시다. 우리의 대제사장은 우리의 연약함을 동정하지 못하시는 분이 아닙니다. 그는 모든 점에서 우리와 마찬가지로 시험을 받으셨지만, 죄는 없으십니다. 그러므로 우리는 담대하게 은혜의 보좌로 나아갑시다. 그리하여 우리가 자비를 받고 은혜를 입어서, 제때에 주시는 도움을 받도록 합시다 (새번역, 히 4:14-16).

그리스도인의 제사장 직분은 그리스도의 유일한 제사장 직분에 참여하는 것이 아니다. 왜냐하면 그분의 제사장 직분은 하나님의 의로우신 진노를 해결하는 희생제물, 즉 죄를 제거하는데 효과적인 희생을 수반하기 때문이다. 요한의 계시는 그리스도께서 우리를 제사장들로 만드셨다는것에 대하여 매우 분명하다(계 1:6; 5:10). 우리는 그분의 제사장 직분을 공유하지는 않지만 그분이 우리를 제사장으로 만드셨다. 그리스도의 제사장 직분과 그리스도인의 제사장 직분 사이에 있는 메워질 수 없는 질적 차이가 반드시 유지되어야만 한다. 그리스도인의 제사장 직분은 존재론적으로 그리스도의 제사장 직분보다 열등하다. 그리스도의 제사장 직분은 본질상 영원한 것이다. 그러나 그리스도인의 제사장 직분은 본질상 창조된 것이다. 그리스도의 희생은 필연적으로 구속적이며 영원한

---

60 Ibid., 93.

것이다. 그러나 그리스도인의 희생은 영적이지만, 구속적이지는 않으며 일시적인 것이다. 그리스도의 성막은 영원하며 하나님의 바로 그 임재 가운데 있는 것이지만 우리의 성막은 하나님의 임재를 경험하기 위해선 은혜가 필요하다. 그리스도께서는 그분의 은혜 가운데서 언약을 주셨지만, 우리는 그분의 은혜의 결과로서 언약안에 들어간다.

그리스도인의 제사장 직분에 대한 회중적인 본질

이것은 우리로 하여금 두번째 긍정적인 결론에 이르도록 한다. 왕 같은 제사장직분에 대한 모든 언급에 있어서 구약과 마찬가지로 신약에서는 제사장이 복수로 번역되고 있다. 더욱이, 문맥은 항상 하나님의 백성인 회중이다. 이 회중은 이스라엘, 교회, 또는 영광중에 있는 자들일 수도 있다. 그러나 이 회중은 왕 같은 제사장 직분의 약속을 받고 왕 같은 제사장이 되어 함께 모인 하나님의 백성이다. 마지막으로, 회중의 왕 같은 제사장 직분 안에서 지켜져야만 하는 질적 차이들이 있다는 어떤 암시도 결코 주어지지 않았다. 성경에서 어떤 제사장도 왕 같은 제사장 직분안에 있는 더 위대한 제사장 직분을 부여 받지 않았다. 누군가 이런 회중의 왕 같은 제사장 직분 교리를 목회자의 리더십을 부인하는 완전 평등주의적 개인주의나 또는 〔반대로 카톨릭 교회에서 발견되는〕 계급화된 개인주의를 만들려고 한다면, 그는 성경을 버려야만 한다.

그리스도인의 제사장 직분이 가지고 있는 회중적 본질은 그리스도인들이 개인적인 것을 포함한 그들의 모든 삶의 영역에서 자신들의 제사장 직분을 수행하는 것을 제한해서는 안된다. 예를 들어, 어떤 영적인 희생제물들은 단체적일 뿐만 아니라 개인적인 활동임을 암시하는 것처럼 보인다.[61] 그러나 "확실히 그런 개인적 희생제물이 단순히 영적인 생각들이나 경건스런 말로만 축소되어서는 안된다." 하나님께 드리는 예배에서 희생제물을 함께 모으는 가장 분명한

---

61   Best, "I Peter 11 4-10-A Reconsideration," 286-87.

문맥은 회중 예배에서 일어난다(고전 5:7-8; 골 3:16-17).[62] 그리스도인의 회중주의적 제사장 직분은 회중의 결정이나 목회자의 리더십에 대해 반대하기 위하여 어떠한 개인이 자신의 개인주의적 제사장 직분에 호소 할 수 있다는 생각을 철저하게 배제한다. 이런 제한은 교회의 일반 성도들에게 뿐만 아니라 교회의 목회자들에게도 적용된다. 교회의 왕 같은 제사장 직분에 있는 어떤 제사장도, 그가 평신도이건 목회자이건, 교회보다 우선 하거나 월등하지 않다.

제사장적 활동들

회중의 왕 같은 제사장 직분의 활동에는 무엇이 있을까? 그리스도께서 자신의 제사장이자 왕들인 회중이 하기를 원하신 것은 무엇인가? 여러가지 활동이 하나의 중요한 기능 아래에서 분류될 수 있다. 왕 같은 제사장은 희생제물을 하나님께 바친다. 위에서 설명하였듯, 영적 희생제물의 일곱가지 형태는 모든 삶을 드리는 것, 선한 행위에 참여하는 것, 물질적 부를 나누는 것, 예배하는 것, 하나님의 말씀을 선언하는 것, 사람들이 복음을 받아 들이는 것을 경험하는 것, 그리고 순교를 받아 들이는 것을 포함한다. 베드로는 확실히 복음 전하는 것을 어쩌면 왕 같은 제사장 직분의 유일한 기능인 것 처럼 만들어 모든 다른 영적 희생제물보다 뛰어난 것으로 높였다. 바울과 요한과 히브리서 저자 또한 복음을 말로 전파하는 것을 그 어떤 영적 제물보다 강조하였다(벧전 2:9; 롬 15:16; 고전 16:15; 빌 2:17; 골 1:8; 히 13:15; 계 5:8; 8:3-4).영적 희생제물도 제물의 본질대로 어떤식으로든 반드시 하나님께로 향해야 한다. 왜냐하면, 그것은 하나님께 드려지기 위해 만들어진 제물이기 때문이다. 영적 희생제물은 하나님에 관한 무엇인가를 반드시 말해야만 한다.

모든 제사직분은 일종의 중보적 틀속에 존재하고 있다. 비록 하나님과 인간 사이의 한 중보자이신 사람이신 예수 그리스도가 (딤전 2:5) 있음에도 불구하고,

---

62　Martin J. Selman, "Sacrifice for Christians Today," *in Sacrifice in the Bible*, ed. Roger T. Beckwith with and Martin J. Selman (Grand Rapids: Baker, 1995), 166-67.

교회 또한 복음 전파를 통해 일종의 중보적인 역할을 한다. 물론, 교회의 중보는 전적으로 도구적인 것이다. 교회는 하나님의 손에 있는 한 도구이며 어떤 독립적인 그리고 구속적인 역할도 가지고 있지 않다. 그러나 바울은 교회의 선포를 잃어버린 인간성에게 절대적으로 필요한 것으로 보았다. 말씀을 선포함으로써 교회는 구원을 위한 중보적 역할을 한다. 그러나 교회는 성령님의 단순한 도구라는 의미에서만 그렇다. 교회는 구원의 중보 사역에 있어서 이차적인 것이지만 하나님의 준비하심에 의해 요구된 것이다. 백성들에게는 선지자가 필요하다는 이사야의 비전을[63] 선포하라는 부르심을 논평하면서, 바울은 다음과 같이 적고 있다:

"주님의 이름을 부르는 사람은 누구든지 구원을 얻으리라." 그렇다면 사람들이 자기들이 믿은 적이 없는 분을 어떻게 부를 수 있겠는가? 그러면 들어 본 적이 없는 분을 어떻게 믿을 수 있겠는가? 전파하는 자가 없이 어떻게 들을 수 있겠는가? 그러면 보내심을 받지 않았는데, 어떻게 전파할 수 있겠는가?…그러므로 믿음은 들음에서 생기고, 들음은 하나님의 말씀에서 비롯된다(롬 10:13-15, 17).

제한된 회중적의 왕권과 좀더 충만한 종말적 왕권

아마도 왕 같은 제사장 직분에서 가장 무시되어 온 것은 그 직분이 가지고 있는 왕권일 것이다. 이것은 침례교인들에게 논의하기 어려운 이슈이다. 한편으로 침례교회의 아나뱁티스 기원을 주장하는 사람들은 칼로 하나님 나라를 이 땅에 임하게 하려고 시도했던 아나뱁티스의 역사에 있는 뮌스터 Münster 의 유령을 반드시 다루어야만 한다.[64] 다른 한편으로, 영국 분리주의 기원들을 주장하

63　롬 9-11에있는이사야에대한바울의상당한의존을위해선다음의자료를참조하라. Earl E. Ellis, *Pail's Use of the Old Testament* (Grand Rapids: Baker, 1957), 160-70.

64　C. Arnold Snyder, *Anabaptist History and Theology: An Introduction* (Kitchener, Ontario: Pandora dora Press, 1995), 192-95, 201-7, 211-20.

는 침례교인들은 제5왕조 운동의 유령을 다루어야만 한다. 이 제 5왕조 운동은 (국가와 교회의 분리가 침례교회의 가장 중요한 특징 중 한가지임을 분명하게 배우지 못한) 침례교인들이 포함된 혁명적 그룹인데 일반적으로 무시되어온 그룹이다.[65] 폭력적인 묵시주의의 문제를 제쳐둔다면, 어떻게 회중이 왕권을 행사 할 것인가?

첫째, 왕국은 아직 그 충만함으로 임하지 않았다는 것을 분명히 해야 한다. 성도들의 보좌들은 예수 그리스도께서 재림후에 따라 올 천년왕국 때가지는 세워지지 않을 것이다(계 19-20). 둘째, 그러나 성도들의 왕국에 여전히 어떤 현재적이며 이 땅에 속한 측면이 있다(계 1:6; 5:10). 바울은 회중이 그들이 미래에 행사할 재판권의 전조로서 치리를 통하여 교회를 다스려야 한다고 지시하고 있다(고전 5:6). 그리고 예수님은 교회가 그 멤버십에 대한 일종의 치리를 행사해야만 한다고 선언하셨다(마 18:15-18). 이런 구절들로부터 우리는 현재의 교회 치리를 통해 주의 깊게 행사되는 그리스도인의 왕권에 대한 견해를 얻게 된다. 이 세상을 하나님의 백성들이 영적으로가 아니라 가시적으로 다스리는 통치권은 천년왕국을 위해 남겨진 것이다.

이것이 신자들의 제사장 직분에 대한 성경적 교리이다. 세번째 밀레니엄에 들어가면서, 남침례교인들은 왕 같은 제사장 직분의 공동체적 측면을 인지하게 됨으로써 이 성서적 교리의 회복을 향해 큰 발걸음을 내딛었다. 우리의 제사장이시며 왕이신 예수 그리스도의 우선성과 유일성을 유지함으로써, 이 교리의 교회적 측면을 강조하여 현대의 자유방임적 해석을 거부함으로써, 하나님께 영적 희생제물을 드림으로써, 특별히 그분의 성령님이 주시는 능력안에서 복음을 전파함으로써, 그리고 신자의 침수침례를 받은 자들에게만 해당하며 주의 만찬 안에서 완성되는 교회 치리를 회복함으로써, 침례교인들이 이 왕 같은 제사장 직분이라는 교리 전체를 수용할 것인가에 대해 누군가 궁금해 할 것이다. 왜냐

---

65 Mark R. Bell, *Apocalypse How? Baptist Movements Daring the English Reformation* (Macon, GA: Mercer University Press, 2000), 163-204.

하면 오직 이런 것이 이루어 질 때만 침례교인들이 왕 같은 제사장 직분에 대한 성서적 교리를 주장할 수 있기 때문이다.

대니얼 에이킨 _{Daniel Akin, Ph.D. University of Texas at Arlington} 는 Southeastern eastern Baptist Theological Seminary의 신학과 설교학 교수이자 총장이다. 그는 많은 저술들 중에는 다음과 같은 것들을 포함되어 있다. God on Sex: The Creator's Ideas About Love, Intimacy, and Marriage (Nashville: Broadman & Holman, 2003), Discovering the Biblical Jesus: Evidence from an Empty Tomb (Nashville: Lifeway Press, 2003). 최근에는 조직신학 책 A Theology for the Church (Nashville: B & H Publishing Group, 2007)를 편집하였다.

데이비드 알랜 _{David Allen, Ph.D., University of Texas at Arlington} 는 Southeastern Baptist Theological Seminary의 신학과 학장이며 설교학 교수이다. 그의 많은 저술들 중에는 다음과 같은 것들이 포함되어 있다. Hebrews in the New American Commentary series, The Authorship of Hebrews: The Case for Luke (both Nashville: Broadman & Holman).

이머 케이너 _{Emir F. Caner, Ph.D., University of Texas at Arlington} 는 Southwestern Baptist Theological Seminary 학부의 학장이었다. 다음의 작품을 포함한 다수의 저작물을 출판하였다. The Costly Call: Modern-Day Day Stories of Muslims Who Found Jesus (Grand Rapids: Kregel, 2005), The Sacred Desk: Presidential Addresses of the Southern Baptist Convention Presidents (Nashville: Broadman & Holman, 2004), Unveiling Islam: An Insiders Look at Muslim Life and Beliefs (Grand Rapids: Kregel, 2002), More Than a Prophet: An Insider's Response to Muslim Beliefs AboutJesus and Christianity (Grand Rapids: Kregel, 2003).

마크 데버_{Mark Dever. D.Phil., University of Cambridge}는 Capitol Hill Baptist Church의 담임 목사이다. 다음의 작품을 포한한 다수의 저작물을 출판하였다. The Message of the Old Testament (Wheaton, IL: Crossway Books, 2006), The Message of the New Testament (Wheaton, IL: Crossway Books, 2005), Nine Marks of a Healthy Church (Wheaton, IL: Crossway Books, 2004), Polity: Biblical Arguments on How to Conduct Church Life (Washington, DC: Center for Church Reform, 2005), The Deliberate Church: Building Your Ministry on the Gospel (Wheaton, IL: Crossway Books, 2005). 그는 또한 9 Marks Ministries 의 공동 설립자이다.

제이슨 두싱_{Jason G. Duesing. Ph.D. Southwestern Baptist Theological Seminary}은 Southwestern Baptist Theological Seminary의 역사신학 교수였다. 다음의 작품을 포한한 다수의 저작물을 출판하였다. First Freedom: The Baptist Perspective on Religious Liberty (Nashville: B & H Publishing Group, 2007).

존 해밋_{John S. Hammett. Ph.D., Southern Baptist Theological Seminary}은 Southeastern Baptist Theological Seminary의 조직신학 교수이며 다음의 작품을 포한한 다수의 저작물을 출판하였다. Biblical Foundations for Baptist Churches: A Contemporary Ecclesiology (Grand Rapids: Kregel, 2005).

제이슨 리_{Jason K. Lee. Ph.D., University of Aberdeen}는 Southwestern Baptist Theological Seminary의 역사신학 교수였다. 다음의 작품을 포한한 다수의 저작물을 출판하였다. The Theology of john Smyth (Macon, GA: Mercer University Press, 2003), The Selected Works of John Smyth (Scottdale, PA: Herald Press; Ontario, Canada: ada: Pandora Press, forthcoming).

스탠톤 놀만_{R. Stanton Norman. Ph.D., Southwestern Baptist Theological Seminary}은 Southwest Baptist University의 부총장이었다. 다음의 작품을 포한한 다수의 저작물을 출판하였다. Perspectives on Church Government: Five Views of Church

Polity (Nashville: Broadman & Holman, 2004), More Than just a Name: Preserving Our Baptist Identity (Nashville: Broadman & Holman, 2001).

토마스 화이트 Thomas White. Ph.D., Southeastern Baptist Theological Seminary 는 Southwestern Baptist Theological Seminary 학생처 부 총장이었으며 다음의 작품을 포한한 다수의 저작물을 출판하였다. Selected Writings of James Madison Pendleton (Paris, AR: Baptist Standard Bearer, 2006).

그레고리 윌즈 Gregory A. Wills. Ph.D., Emory University 는 Southern Baptist Theological Seminary의 교회사 교수이며 the Study of the Southern Baptist Convention 센터의 책임자이며 다음의 작품을 포한한 다수의 저작물을 출판하였다. Democratic Religion: Freedom, Authority, and Church Discipline in the Baptist South, 1785-1900 (New York: Oxford University Press, 2003).

말콤 야넬 Malcolm B. Yarnell III. D.Phil., Oxford University 은 Southwestern Baptist Theological Seminary의 조직신학 교수이며 the Center for Theological Research와 the Oxford Study Program의 책임자이다. 다음의 작품을 포한한 다수의 저작물을 출판하였다. The Formation of Christian Doctrine (Nashville: B & H Publishing Group, 2007)의 저자이기도 하다.